2026
결국은
부동산

Real
Estate
Insights

**16인의 멘토가
알려주는
부동산 인사이트**

2026
결국은 부동산

**올라잇
칼럼니스트
16인 지음**

원앤원북스

2025년은 한국 부동산 시장의 마지막 분기점이었다. 금리·정책·세금이라는 삼중고 속에서도, 시장은 멈추지 않았다. 하지만 그 흐름의 주체가 달라졌다. 집을 사던 세대가 떠나고, 집을 움직이는 세대가 등장했다. 은퇴 세대의 부동산, 그리고 그들의 '선택'이 대한민국 부동산의 미래를 결정하는 시대가 온 것이다.

이 책 『2026 결국은 부동산』은 바로 그 거대한 세대 전환의 현장을 해부한 기록이다. 16인의 대표 전문가들이 각자의 시선으로 2026년 이후의 부동산 시장을 진단하고, 대응전략을 제시한다. 누군가는 인구를, 누군가는 정책을, 또 누군가는 시장의 심리를 이야기한다. 그러나 결론은 하나다. "결국은, 부동산이다."

부동산은 정권의 정책을 가장 직접적으로 반영하는 시장이다. '한번에, 강하게, 넓게'—이재명 정부 부동산 정책의 핵심 키워드다. 단순한 규제 비판을 넘어, '풍선효과를 막기 위한 전면 규제 시대'의 구조를 분석할 필요가 있다. 시장과 정부의 밀당이 만든 2026년의 흐름 속에서, 우리는 어떤 전략으로 움직여야 하는가?

그러나 부동산은 결국 사람과 돈의 움직임이다. 정책과 함께 구조를 읽을 때, 시장은 예측 가능해진다. 부동산은 더 이상 꿈의 산업이 아니다. 그러나 여전히 삶의 중심이다. 세대의 흐름을 읽는 것이야말로 미래를 준비하는 가장 인간적인 전략이라는 것이다.

이 책의 16인은 서로 다른 배경을 가졌지만, 모두 하나의 질문으로 모였다. "누가 시장을 움직이는가?" 그 답은 금리도, 정부도 아니다. 바로 '사람', 특히 '세대'다. 퇴직금으로 오피스텔을 사는 60대, 신혼부부 대신 부모 집에 머무는 30대, 그리고 은퇴를 준비하며 자녀에게 증여를 고민하는 70대… 이들의 행동이 시장을, 도시를, 그리고 대한민국의 경제지도를 다시 그리고 있다.

『2026 결국은 부동산』은 단순한 시장 예측서가 아니다. 그것은 한국 사회의 세대 변화, 자산 이동, 정책 구조, 도시 진화가 교차하는 '부동산 인문서이자 통찰의 지도'다. 누군가의 퇴장은 또 다른 누군가의 시작이다. 그 거대한 순환의 한가운데서 우리는 묻는다.

"결국, 당신은 어디에 서 있을 것인가?"

16인의 시선이 만든 단 한 권의 미래 지도 『2026 결국은 부동산』. 부동산은 멈추지 않는다. 다만 그 방향을 바꿀 뿐이다.

스마트튜브 부동산조사연구소 소장
김학렬

part
1

2026년 부동산 시장, 변화의 서막

은퇴 세대가 선택하는
부동산에 주목하라

빠숑 김학렬

- 스마트튜브 부동산조사연구소 및 스마트튜브 경제아카데미 대표
- 대한민국 대표 부동산 블로그
  '빠숑의 세상 답사기' 운영자(blog.naver.com/ppassong)
- 저서 『다시 쓰는 대한민국 부동산 사용설명서』 『김학렬의 부동산 투자 절대 원칙』 등
- 유튜브 '스마트튜브(스튜TV)'

세대 교체가 만든 부동산의 전환점

"사람이 줄어들면 시장도 줄어든다." 누구나 알지만, 우리는 그 의미를 깊이 생각하지 않는다. 이 단순한 진실이 지금 한국의 부동산 시장을 뒤흔들고 있다. 1970년대에 태어난 100만 명 세대가 은퇴하고, 이제 새로 태어나는 아이들은 30만 명도 채 되지 않는다. 이 변화는 단순한 인구 감소가 아니라 '세대의 교체'이자 '경제 구조의 재편'이다.

'100만 명 세대'의 퇴장과 '30만 명 세대'의 등장

1970년대에는 매년 90만~100만 명씩 태어났다. 한국의 인구 피라미드는 그야말로 '튼튼한 삼각형'이었다. 그 시절의 정부는 인구가 너무 많다고 걱정하며 '산아 제한'을 외쳤다.

하지만 이 세대가 사회로 진입하자, 한국은 역사상 가장 강력한 노동력과 소비층을 얻게 되었다. 이들이 초등학생일 때는 교실이 모자랐고, 대학생일 때는 경쟁이 치열했다. 결혼적령기가 되자 집이 부족해 신도시가 건설되었다. 분당·일산·평촌·산본·중동 같은 1기 신도시가 바로 그들 세대의 주택이었다. 100만 명 세대는 그 자체로 한국 부동산 시장의 방향을 바꿨다. 그들이 직장을 얻으면 전셋값이 올랐고, 결혼하면 신축 아파트가 지어졌으며, 자녀를 낳으면 학군이 형성되었다. 그들의 인생 단계가 곧 한국 부동산의 주기(cycle)였다.

이제 그 100만 명 세대가 은퇴 연령대에 들어섰다. 1955년생부터 1974년생까지의 베이비부머 세대는 700만 명이 넘는다. 이들은 산업화의 주역이자, 부동산 자산을 가장 많이 축적한 세대다.

이들의 은퇴는 단순한 개인의 생애 이벤트가 아니다. 한 국가의 경제 순환이 바뀌는 전환점이다. 경제활동 인구에서 빠져나가는 인원이 늘고, 소득은 줄어들지만 자산은 유지된다. 즉 소비는 감소하지만 부동산 매도 압력이 커지는 구조가 형성된다.

그들은 여전히 전국 부동산 자산의 60% 이상을 보유하고 있다. 한국 부동산 시장의 절반 이상이 이 세대의 '의사결정'에 달려 있다. 이 세대가 매도하면 시장은 흔들리고, 이 세대가 매수하면 시장은 회복된다. 그들의 손끝이 시장의 방향을 정한다.

이제 그다음 세대의 숫자를 보자. 2023년 대한민국의 출생아 수는 23만 명이었다. 1970년대 100만 명 세대에 비해 4분의 1 수준이다. 이제는 '아이 울음소리가 들리지 않는 나라'가 되었다. 한 해에 태어나는 신생아가 줄면, 10년 뒤 초등학교가 줄고, 20년 뒤 대학이 줄며, 30년 뒤엔 부동산 수요가 줄어든다. 즉 인구 감소는 수요의 절벽이 만들어지는 구조적 문제다. 젊은 세대가 줄어드는 것은 '집을 살 사람'이 줄어드는 것과 같다. 특히 2025년을 기점으로 한국은 공식적으로 '자연감소 사회', 즉 사망자 수가 출생자 수를 앞서는 사회로 진입한다. 이것은 경제 성장의 둔화보다 더 근본적인 변화다.

인구 피라미드의 붕괴와 세대 교체의 경제학

한 사회의 인구구조는 그 사회의 시장 구조를 결정한다. 1950~1980년대까지만 해도 한국의 인구 피라미드는 넓은 저변과 좁은 상단을 가진 안정된 형태였다. 젊은 층이 많아 생산과 소비가 동시에 활발했다. 하지만 지금의 피라미드는 거꾸로 뒤집혀 있다. 하단은 가늘고, 상단은 무겁다. 다시 말해 젊은 세대는 줄고 은퇴 세대는 늘어난 사회다. 이 구조에서는 어떤 일이 벌어질까?

⓵ 노동 공급이 줄어 경제성장률이 낮아진다.
⓶ 소비 중심이 '생산 세대'에서 '은퇴 세대'로 이동한다.
⓷ 부동산 시장의 수요 중심이 '구매'에서 '관리와 처분'으로 바뀐다.

시장의 초점은 이제 '새로 짓는 것'이 아니라 '이미 지어진 것을 어떻게 순환시키느냐'로 이동한다. 부동산 시장은 근본적인 질문을 던진다. "누가 집을 살 것인가?"가 아니다. "누가 집을 팔 것인가?"이다.

그동안의 부동산 시장은 '수요 초과'였다. 하지만 앞으로는 '공급 과잉'이 지역마다, 세대마다 달라진다. 도심 핵심지는 여전히 부족하지만, 외곽 지역과 지방 중소도시는 '팔리지 않는 집'이 늘어난다. 서울과 수도권 일부 지역은 젊은 세대와 은퇴 세대의 수요가 동시에 몰려 경쟁이 치열하지만, 그 외 지역은 '팔고 싶지만 살 사람이 없는 시장'으로 변한다. 이것이 바로 인구 전환이 만들어낸 시장 양극화다.

그렇다면 시장의 중심은 어디로 옮겨갈까? 바로 은퇴 세대다. 그들은 '소비를 멈춘 세대'가 아니다. 70세에도 일하고, 60대에도 투자한다. '은퇴 후 두 번째 인생'을 준비하며, '이제는 편하게 살 수 있는 집'을 찾아 움직인다. 그들은 관리비가 적고, 의료 접근성이 높으며, 대중교통과 상권이 가까운 곳을 찾는다. 이제 은퇴 세대의 주거 재배치가 앞으로의 부동산 시장을 움직이는 핵심 요인이 된다. 그들의 이동은 지방 도시의 부활을 만들고, 수도권 외곽의 시장을 새롭게 정의할 것이다.

'인구'가 아닌 '세대'가 시장을 좌우한다

100만 명 세대가 떠나고 30만 명 세대가 들어오는 구조에서는 부동산 가격이 전반적으로 균일하게 움직일 수 없다. 젊은 세대의 수요가 몰리는 도심 신축 아파트, GTX·지하철·복합개발 인근 지역은 여전히 '희소성 프리미엄'을 유지한다. 반면 대형 평형·노후 단지·교통 불편 지역은 거래가 줄어들며 점진적 디플레이션 구간으로 들어선다. 이제 시장은 '전국이 오르는 시대'에서 '세대가 선택한 지역만 오르는 시대'로 바뀐다. 즉 부동산 시장의 가치 판단 기준은 '입지'보다 '세대 적합성'이 된다.

인구 전환은 단지 부동산 시장의 수요 변화가 아니다. 그것은 한국의 자산 구조가 이동하는 과정이다. 베이비부머 세대가 보유한 부동산이 향후 20년간 상속과 증여를 통해 젊은 세대로 이동한다. 하지만 이 전환이 순조롭지 않다면 자산 불균형이 더 심해질 수 있다. 자녀 세대는 부동산을 상속받기 전에 이미 시장 진입에서 탈락할 수 있기 때문이다. 따라서 향후 부동산 시장의 안정은 단순히 공급이나 금리의 문제가 아니라 세대 간 자산 순환 구조를 어떻게 설계하느냐의 문제로 귀결된다.

앞으로 30년간 한국의 부동산 시장은 경기나 정책이 아닌 세대의 흐름에 의해 결정될 것이다. 1970년대생이 70대가 되고, 2000년대생이 50대가 되는 그 시점, 즉 2050년경의 한국은 완전히 다른 부동산 지도를 가질 것이다. 그때의 시장을 미리 읽으려면 '얼마나 많은 집이 있느냐'보다 '그 집을 원하는 세대가 몇 명이냐'를 봐야 한다. 부동산은 인구보다 세대를 따라 움직인다.

100만 명 세대의 퇴장과 30만 명 세대의 등장은 결국 한 문장으로 요약할 수 있다. "부동산의 시대는 끝났지만, 세대의 시대는 이제 시작됐다." 사람이 줄어든다고 해서 시장이 사라지는 것은 아니다. 하지만 사람의 구조가 바뀌면 시장의 방향이 바뀐다. 지금 한국의 부동산 시장은 바로 그 전환점 위에 서 있다. 앞으로의 시장을 이해하려면 가격보다 사람을, 사람보다 세대를, 세대보다 그들의 '선택의 패턴'을 봐야한다. '100만 명 세대'가 떠난 자리, '30만 명 세대'가 들어오는 그 사이에 대한민국 부동산의 미래가 놓여 있다.

한국 사회의 가장 큰 손님, 베이비부머의 은퇴 러시

한국 사회는 지금 '거대한 손님'을 맞이하고 있다. 이 손님은 어느 날 갑자기 찾아온 존재가 아니다. 이미 수십 년 동안 산업화의 현장을 지탱하고, 도시를 세우고, 집값을 끌어올렸던 그들. 바로 베이비부머 세대다. 이제 그들이 일터를 떠나며, 은퇴라는 이름으로 사회의 구조를 다시 짜고 있다. 그들의 이동과 선택이 한국의 부동산 시장을 새롭게 정의하기 시작했다.

베이비부머(Baby Boomer)란 전쟁 이후 태어난 출산 폭발 세대를 말한다. 한국에서는 1955년부터 1974년 사이에 태어난 약 710만 명이 이에 해당한다. 이들은 산업화, 민주화, 정보화의 모든 과정을 통과하며 한국을 '개발도상국에서 선진국'으로 끌어올린 주역이었다.

1970년대 그들은 공장으로, 1980년대에는 대기업과 공공기관으로 흘러들어갔다. 직장에서 '성과'라는 개념을 처음 만든 세대였고, 퇴근 후 부동산, 주식, 학군, 아파트를 논하며 '자산 축적'을 인생의 전략으로 체득한 첫 세대였다. 그들은 '소유'를 가장 확실한 안정으로 여겼다. 그 결과 베이비부머는 전체 가구 자산의 절반 이상을 '부동산'이라는 형태로 보유하게 되었다. 이제 그들이 은퇴하면서 이 자산이 한꺼번에 사회로 풀려나오는 시대가 열렸다.

하루 5천 명, 거대한 은퇴 행렬

통계청 자료에 따르면 한국에서는 매일 약 5천 명이 정년퇴직 연령에 도달한다. 이 숫자는 1년이면 180만 명에 이르는 인원이다. 매년 작은 도시 하나의 규모만큼 사람들이 일터에서 빠져나가는 셈이다.

문제는 이 은퇴가 단기간의 현상이 아니라, 앞으로 10~15년 동안 이어질 '장기 러시(Long Rush)'라는 점이다. 이미 1955~1963년생은 대부분 정년을 맞았고, 이제 1964~1974년생까지 본격적인 은퇴 연령으로 진입하고 있다. 즉 2020년대는 한국 사회의 '대은퇴 시대'다. 이 대은퇴는 단순한 세대 교체가 아니다. 그것은 사회의 소비, 노동, 자산 이동 구조가 모두 동시에 바뀌는 '거대한 구조적 이벤트'다.

베이비부머의 은퇴를 '일의 끝'으로 보는 것은 오해다. 이 세대는 과거의 은퇴 세대와 다르다. 그들은 60대에도 여전히 일을 찾고, 70대에도 투자와 소비를 병행한다. 이제 은퇴는 '퇴장'이 아니라 '삶의 재진입(Re-entry)'이다. 그들은 다시 배우고, 다시 일하고, 다시 이사한다. 즉 은퇴는 새로운 형태의 순환인 것이다.

그 순환의 중심에는 언제나 '부동산'이 있다. 일터에서 벗어난 그들은 주거지를 옮기며 인생 2막을 설계한다. 퇴직금을 어디에 둘 것인가 고민하며, 안정적인 수익형 부동산을 찾는다. 자녀에게 증여하기 위해, 혹은 주택연금으로 활용하기 위해 보유 자산을 재정비한다. 결국 은퇴 세대의 모든 경제 활동은 부동산을 매개로 이루어진다. 이것이 바로 '은퇴 세대의 부동산을 주목해야 하는 이유'의 출발점이다.

은퇴 세대, 부동산 시장의 판을 바꾼다

한 세대가 은퇴하는 것은 거주 패턴, 지역 수요, 주거 가치의 재편을 의미한다. 이제 베이비부머는 두 갈래로 움직이고 있다.

1) 도심 잔류형(Stay Type)

기존 생활권을 유지하면서 더 작고 관리가 쉬운 집으로 옮긴다. 서울·분당·일산·용인 등 교통과 의료 인프라가 갖춰진 지역이 여전히 인기다.

2) 이동형(Move Type)

자연환경이 쾌적하고 생활비가 낮은 지방으로 옮긴다. 대표적으로 강릉·제주·전주·여수·통영 등지가 꼽힌다.

이 두 가지 흐름이 동시에 일어나며 한국 부동산 시장은 '은퇴형 이주'라는 새로운 수요 축을 형성했다. 서울 집값이 지방보다 견조한 이유도, 지방 도시 중 일부만 가격이 오르는 이유도 바로 여기에 있다.

현재 한국의 가계 순자산 중 60대 이상이 차지하는 비중은 58%에 달한다. 주택 보유율은 80%를 넘고, 다주택자 비율도 가장 높다. 즉 은퇴 세대가 부동산 시장의 실질적 지배층이다. 그들의 매도·매수·보유 전략이 시장의 방향을 결정한다.

예를 들어 금리가 오르면, 젊은 세대는 대출을 줄이지만 은퇴 세대는 현금 자산으로 대응한다. 정부가 세금을 강화하면, 젊은 세대는 거래를 멈추지만 은퇴 세대는 '증여·분할·임대전환'으로 대응한다. 즉 시장은 단기적 정책보다 은퇴 세대의 행동 패턴에 훨씬 더 민감하게 반응한다. 이들이 언제, 어떤 이유로 매물을 내놓느냐가 거래량과 가격을 결정하는 시대가 된 것이다.

은퇴 러시의 또 다른 핵심은 퇴직금의 이동이다. 퇴직금은 한국 경제에서 '두 번째 자산 시장'을 만든다.

퇴직자들은 대체로 ① 예금·채권 등 안정형 금융상품, ② 부동산, ③ 자녀 지원으로 자금을 배분한다. 그중 부동산의 비중은 평균 50%에 이른다. 이때 이 자금이 어디로 향하느냐가 중요하다. 최근 3년간 은퇴 세대의 자금이 수익형 오피스텔, 생활형 숙박시설, 장기임대 아파트 등으로 몰렸다. 이는 단순한 투자라기보다 '은퇴 후 현금흐름을 위한 포트폴리오 재배치'다. 이 흐름이 수도권과 지방의 자산 가격을 가르는 결정적 요인이 된다.

은퇴 세대의 거주 패턴이 바꾸는 도시의 구조

과거의 은퇴 세대와 달리, 베이비부머는 전혀 다른 성향을 보인다.

1) 능동적 소비자형 시니어

단순히 노후를 '버티는' 것이 아니라, '관리'와 '즐김'을 추구한다. 문화생활, 여행, 골프, 카페 창업 등 적극적 소비를 한다.

2) 자산 활용형 세대

부동산을 '보유'의 개념이 아닌 '현금흐름의 수단'으로 인식한다. 주택연금, 리츠(REITs), 월세형 자산으로 구조를 바꾸는 데 관심이 높다.

3) 정보 접근형 세대

디지털 정보에 익숙하며, 유튜브·블로그·커뮤니티를 통해 부동산과 세제, 정책 정보를 스스로 습득한다. 이 때문에 시장 정보의 격차가 줄어들고 은퇴 세대의 의사결정이 더욱 빠르고 전략적으로 바뀌었다.

이 세 가지 특징 덕분에 이들은 '경제의 주체로 남는 노년층'이 되었고, 한국은 세계에서 가장 활동적인 고령사회로 진입하고 있다.

은퇴 세대는 이동하지 않는 것 같지만, 실제로는 매우 전략적으로 '거주를 재설계'한다. 이들의 패턴은 크게 네 가지로 구분된다.

① 다운사이징형: 기존 주택을 팔고, 작은 평형으로 갈아타기(분당·평촌·일산·서울 내 구축단지)

② 이중 거주형: 도심 + 지방 병행 거주(주중·주말 분리형)(세종·강릉·제주)

③ 돌봄형: 의료시설·요양시설 인접지 중심 이동(용인·수원·전주·부산 해운대)

④커뮤니티형: 동년배 중심의 실버타운·공유주택(고양·파주·광주·대전)

이 패턴은 도시의 기능을 재배치하는 힘이 되기도 한다. 은퇴 세대가 몰리는 곳은 병원, 약국, 카페, 공공문화시설이 늘고 젊은 세대가 떠나는 곳은 상권이 약해진다. 도시의 구조가 세대에 의해 다시 쓰이고 있는 것이다.

과거에는 부동산 시장의 주도권이 30~40대 실수요층에게 있었다. 이제는 60대가 그 자리를 차지했다. 그들은 현금을 보유했고, 정보에 밝으며, 시장 사이클을 이미 두세 번 경험했다. 이제 부동산 시장의 '리더 세대'는 60대다. 그들의 거래와 매물이 통계의 방향을 결정하고, 그들의 선택이 언론의 논조를 바꾼다. 이는 한국 사회가 진입한 새로운 국면 '은퇴 주도형 시장'의 시작을 의미한다.

베이비부머 세대는 한국 사회가 맞이한 가장 큰 손님이다. 그들은 단순히 한 세대가 아니라, 한 국가의 구조를 새로 짜는 인구적 사건이다. 이제 그들의 선택이 도시의 지도, 산업의 방향, 부동산의 가치를 바꾼다. 그들이 어디로 이동하느냐에 따라 어떤 지역은 재생의 기회를 얻고, 어떤 지역은 침체의 길로 들어선다. 그들은 한국 사회의 마지막 '대규모 세대'이며, 그 이후로는 이만큼의 세대가 다시 등장하지 않는다. 따라서 그들의 은퇴는 단순한 세대 교체가 아니라 한국 부동산 시장의 시대 교체다.

신생아보다 은퇴자가 많은 사회
부동산 시장의 주도권 이동

2023년 대한민국의 출생아 수는 약 23만 명. 같은 해 은퇴 연령 (60세 이상)에 도달한 사람은 약 42만 명이었다. 태어나는 사람보다 일터를 떠나는 사람이 두 배 많아진 사회. 이것이 바로 '초저출산·초고령 사회'의 현실이다. 이제 한국의 부동산 시장은 더 이상 젊은 세대의 움직임으로 설명되지 않는다. 시장의 축은 이미 '신규 수요'에서 '기존 보유자와 은퇴 세대'로 이동하고 있다. 부동산의 주도권이 세대 교체를 맞이하고 있다.

부동산 시장의 세대별 구조가 완전히 달라졌다

부동산 시장은 언제나 사람의 나이를 따라 움직인다. 어떤 세대가 가장 많고, 그들이 어떤 단계에 있느냐가 시장의 흐름을 결정한다.

1970~1990년대에는 30~40대가 부동산 시장의 주역이었다. 가정을 이루고, 교육과 직장 접근성을 고려해 '내 집 마련'을 추진하던 시기다. 이 시기의 부동산 시장은 공급이 부족했고, '사는 사람'이 '팔려는 사람'보다 훨씬 많았다.

그러나 지금의 시장은 정반대다. 30~40대 인구는 줄었고, 60대 이상은 폭발적으로 늘었다. 수요와 공급의 주체가 서로 바뀐 시장, 다시 말해 '사는 사람보다 파는 사람이 많은 시장'으로 전환된 것이다. 이제 시장을 움직이는 세대는 '내 집을 마련하려는 젊은이'가 아니라 '집을 정리하려는 은퇴자'다.

"아이 울음소리보다 은퇴식의 박수가 더 많은 나라" 이 표현은 더 이상 비유가 아니다. 통계청에 따르면 2024년 한국의 합계출산율은 0.68명, 세계 최저 수준이다. 반면 65세 이상 인구 비중은 전체의 25%를 넘어섰다. 이 현상은 단순히 출생과 사망의 문제가 아니다. 그것은 곧 '경제활동 중심의 교체', 즉 시장 주도권의 이동을 의미한다. 젊은 세대는 줄고, 부동산 시장 진입은 늦어졌다. 결혼은 미뤄지고, 출산은 포기하고, 대출은 부담스럽고, 금리는 높다. 반면 은퇴 세대는 이미 집을 갖고 있고, 현금도 가지고 있으며, 새로운 주거지를 찾고 있다. 이 대조적인 구조가 만들어내는 것은 '은퇴 세대 중심 시장'의 도래다.

한국의 가구 구조를 보면 세대 전환이 얼마나 명확한지 알 수 있다.

구분	1990년대	2020년대	주요 특징
30~40대	전체 인구의 42%	25% 이하	주택 구매층 축소
50~60대	30% 미만	40% 이상	주택 보유층 확대
70대 이상	5%	15%	매도층 급증

이제 부동산 시장은 '세대별 삼각 구조'로 재편되고 있다.

- **20~30대: 진입하려 하지만 금리에 막힌 세대**
- **40~50대: 보유와 갈아타기 사이에서 고민하는 세대**

부동산 시장의 열쇠는 '보유자'에게 넘어갔다. 그들은 이미 가진 사람들이다. 이제 '사는 사람'이 아니라 '팔거나 유지하는 사람'이 시장의 주인이다.

부동산의 수요축이 '젊은 세대'에서 '은퇴 세대'로 이동

불과 10년 전만 해도 부동산 시장의 분석 대상은 '20~40대의 내 집 마련 수요'였다. 하지만 지금은 시장을 이해하려면 '은퇴 세대의 이동 패턴'을 봐야 한다. 예를 들어 2020년대 들어 거래가 가장 활발했던 지역들을 살펴보면 서울보다는 분당, 평촌, 일산, 용인, 수원 같은 1기 신도시와 제주, 강릉, 전주, 여수 같은 은퇴형 도시들이 중심이다.

이 지역들의 공통점은 ① 교통 접근성, ② 의료 인프라, ③ 생활비 효율성, ④ 여가 환경이 조화된 곳이라는 점이다. 즉 부동산 시장의 '수요 축'이 완전히 이동했다. 지금의 부동산 가격을 올리는 사람들은 더 이상 30대가 아니라, '은퇴 후 다시 살 집을 찾는 60대'다.

특이점은 은퇴 세대가 단순히 매도자 역할만 하는 것이 아니라 '매도자이자 재수요자'라는 것이다. 이들은 크고 관리비 많은 집을 팔고, 도심 접근성이 좋은 소형 아파트나 편의 시설이 갖춰진 신축 단지로 이동한다. 즉 팔고 사는 양쪽 거래를 동시에 유발한다. 이로 인해 '은퇴 세대의 거주 재편'이 곧 시장의 거래량을 결정짓는다.

특히 다음 세 가지 이동 패턴이 두드러진다.

① **도심 압축형 이동:** 서울·분당·용인 등 교통 편리 지역으로 재이주(예: 강남→

  분당, 목동→평촌, 일산→서울 북부)

② **지방 체류형 이동:** 강릉, 전주, 통영, 제주 등 생활비·자연환경 중심 이동

③ **복합형 이동:** 도심 아파트+지방 세컨드 하우스(서울 60m² 아파트+제주 타운

  하우스)

결국 은퇴 세대의 이동은 '거래량을 늘리는 동시에 시장의 방향성을 결정짓는 행위'다.

은퇴 세대가 시장의 중심에 서면서 부동산의 가치 개념 자체가 달라졌다. 과거엔 부동산이 '부의 상징'이었다. 하지만 지금은 '현금흐름의 수단'이 되었다. 그들은 단순히 보유하기보다 월세형 부동산, 주택연금, 리츠, 의료복합형 주거 등 운용 가능한 형태의 부동산을 선호한다. 이러한 변화는 한국의 부동산 자산이 '축적의 시대'에서 '운용의 시대'로 넘어가고 있음을 보여준다. 즉 부동산은 이제 은퇴 세대의 경제활동을 유지하는 플랫폼으로 진화하고 있다.

젊은 세대가 밀리고, 은퇴 세대가 지배하는 구조

30~40대는 여전히 부동산을 원하지만 현실은 녹록지 않다. 소득은 정체되어 있고, 대출 규제는 강화되었으며, 세금 부담은 커졌다. 그러다 보니 시장 진입 장벽이 너무 높다. 반면 은퇴 세대는 이미 자산을 축적했고, 현금 유동성이 충분하다. 따라서 같은 지역에서도 30대는 '살 수 없는 아파트', 60대는 '살 수 있는 아파트'가 된다.

결국 시장의 가격 결정권은 '새로 들어오려는 사람'이 아니라 '이미 안에 있는 사람'에게 있다. 즉 부동산 시장의 리더십이 완전히 교체된 셈이다. 부동산 시장의 주도권이 은퇴 세대로 이동하면서 다음 세 가지 변화가 나타난다.

① 가격의 이중화: 젊은 세대가 선호하는 신축·역세권·중소형은 여전히 강세, 은퇴 세대의 매물이 몰리는 노후·대형·외곽 지역은 약세

② 거래의 선택적 회복: 금리 인상기에도 은퇴 세대의 현금 매수가 버팀목 역할, 젊은층의 대출 의존 수요보다 안정적 수요가 시장을 유지

③ 정책의 세대 전환: 정부의 '청년·생애최초' 중심 주택정책만으로는 한계, 고령층 주거복지·세제완화·연금형 상품이 정책 핵심으로 부상

시장의 정책 설계자조차 세대 중심의 관점으로 전환하지 않으면 현실을 따라가지 못할 것이다.

지금 한국 사회는 매년 70만 가구 이상이 은퇴·상속·이전 등으로 자산 이동을 경험하고 있다. 그중 상당수가 부동산이다. 만약 이 자산이 현금화되어 소비로 이어지면, 지역 상권과 생활형 부동산이 성장한다. 반면 상속·증여 중심으로 이동한다면, 젊은 세대의 '비자발적 자산 진입'이 증가한다. 즉 '직접 벌지 않아도 자산을 가지는 세대'가 생긴다. 이 흐름은 부동산 시장의 세대 간 격차를 심화시키면서도, 새로운 형태의 자산 관리 시장을 키운다. 부동산이 세대 간 자산을 연결하는 인프라라고도 할 수 있을 것이다.

이제 한국의 부동산 시장은 완전히 다른 원리로 움직인다. 출산율이 오르지 않는 한, 새로운 수요층은 늘어나지 않는다. 결국 시장 안에서 이미 자산을 가진 세대, 즉 은퇴 세대가 가격을 결정하고, 거래를 유발하며, 시장의 흐름을 만든다. 부동산의 중심에는 젊음이 아니라 경험이, 확장이 아니라 순환이, 소유가 아니라 활용이 자리 잡았다.

왜 지금 '은퇴 세대의 부동산'을 주목해야 하는가

부동산 시장은 언제나 '누가 집을 사느냐'보다 '누가 집을 가지고 있느냐'로 움직인다. 지금 한국의 부동산 시장을 정확히 읽기 위해서는 단순히 입지, 금리, 정책을 넘어 '은퇴 세대의 선택'이라는 인간적 변수를 봐야 한다. 부동산 시장의 중심이 은퇴 세대의 결정에 따라 움직인다. 그들의 이사 한 번, 증여 한 번, 임대 한 번이 시장 전체의 유동성을 바꾼다. 그렇다면 왜 지금, 바로 이 시점에 '은퇴 세대의 부동산'을 주목해야 하는가?

누가 시장을 움직이는가: 은퇴 세대의 부동산 대이동

2025년을 기점으로 한국의 60대 인구는 전체의 22%, 70대 이상은 15%에 달한다. 즉 인구의 3명 중 1명이 고령층인 사회다. 이 시기는 '세대 교체'의 중간선이다. 젊은 세대는 줄었고, 노년 세대는 늘었다. 하지만 노년층은 여전히 경제력과 자산을 가진 현역 주체다. 소득은 줄었지만 자산은 압도적이다. 그 결과, 젊은 세대는 시장의 열망을 대표하지만, 은퇴 세대는 시장의 현실을 결정한다. 그러다 보니 지금은 '욕망의 주체'와 '자원의 주체'가 다르게 움직인다. 이 불일치가 한국 부동산 시장의 가장 큰 특징이다.

한국의 가계 순자산 1경 1천조 원 중 약 60%가 부동산이다. 그중 60대 이상이 소유한 비중이 58%에 이른다. 이는 한국 부동산 시장의 주도권 지도를 보여준다.

세대	평균 순자산	부동산 비중
30대	약 3.8억 원	45%
40대	약 5.7억 원	55%
50대	약 7.1억 원	63%
60대 이상	약 6.8억 원	75%

한국의 부동산은 60대 이상이 가진 자산이다. 그리고 그들이 지금 막 '이동'을 시작했다. 자녀에게 상속·증여를 고민하고, 큰 집을 팔고 작은 집으로 옮기며, 은퇴 후 임대사업이나 연금 전환을 고려한다. 이

거대한 움직임이 곧 시장의 실질적 거래 흐름을 만든다.

지금 은퇴 세대는 집을 파는 것이 삶의 구조를 옮기는 것이다. 이동의 패턴은 다양하지만, 핵심은 '삶의 효율성'이다. 즉 일터 중심에서 생활 중심으로의 전환이다. 도심에서는 관리가 편한 중소형 신축으로 이동, 외곽에서는 의료·복지 인프라가 있는 지역으로 이동, 지방에서는 자연과 커뮤니티가 결합된 도시로 이동한다.

이전까지 부동산의 가치는 '직장 접근성'이 결정했지만, 이제는 '삶의 접근성'이 시장의 기준이 되었다. 병원, 마트, 공원, 커뮤니티센터, 교통 등 생활 편의 요소가 '미래 가치'의 기준으로 부상했다. 즉 은퇴 세대가 선호하는 입지가 곧 지속 가능한 입지다.

'공급 시장'에서 '서비스 시장'으로

2010년대까지 부동산 시장의 핵심 변수는 청년층의 '내 집 마련 수요'였다. 하지만 2020년대 들어 시장은 정반대의 방향으로 움직이고 있다. 이제 시장은 ① 보유자의 이동, ② 고령층의 자산 활용, ③ 상속·증여를 통한 자산 이전이라는 세 가지 축으로 돌아간다. 즉 부동산의 거래가 '새로운 구매'가 아니라 '기존 자산의 재배치'로 이루어진다. 이 구조를 이해하지 못하면 정책도, 투자도, 시장 전망도 틀린다.

은퇴 세대는 부동산을 '가격'보다 '생활'로 본다. 젊은 세대가 오를 곳을 찾는다면, 은퇴 세대는 '살기 좋은 곳'을 찾는다. 그 차이는 명확하다.

구분	젊은 세대	은퇴 세대
관점	투자·가격 중심	삶·편의 중심
목표	시세 차익	안정적 거주 + 현금흐름
선호 입지	역세권·직주근접	병원·상권·문화시설 인접
주요 상품	중대형 신축	중소형 신축·민간임대·리츠형

부동산을 단순한 상품으로 보지 말자. 이제 부동산은 서비스 산업의 확장판이다. 은퇴 세대는 그 서비스의 핵심 고객이다. 부동산 시장의 기업들도 빠르게 반응하고 있다. 건설사는 '고령친화형 주거단지'를 확대하고, 금융사는 '주택연금·부동산 리츠' 상품을 강화하며, 정부는 '고령자 공공임대·케어복합형 주거'를 늘리고 있다. 모두 은퇴 세대를 중심 고객으로 재정의한 결과다.

정부 정책의 대부분은 아직도 '청년'과 '신혼부부' 중심이다. 하지만 현실은 이미 고령층이 시장의 절반 이상을 차지하고 있다. 이제 필요한 것은 ① 세대 간 균형 정책, ② 은퇴 세대 맞춤형 주거·세제·금융 정책, ③ 자산 이동을 원활히 하는 제도다. 예를 들어 주택연금 가입 확대, 중장년층 임대소득 과세 완화, 리모델링형 실버주거 지원, 세대 간 자산 이전 절차의 세제 효율화 등이 현실적 대안이다. 이런 정책 없이는 부동산 시장의 순환이 막히고, 자산 불균형이 더 심해질 것이다.

'은퇴 세대의 부동산'을 주목해야 하는 이유는 단순히 인구구조 때문이 아니다. 지금이 바로 그 전환이 현실화되는 시점이기 때문이다.

① 베이비부머의 본격 은퇴(1955~1974년생 전면 퇴장기)

② 출생아 수 20만 명대 정착(신규 수요의 약화)

③ 금리·세금·정책 변화로 인한 시장 재조정기

④ 고령층 자산 이동이 급속히 진행 중

이 네 가지가 동시에 일어나는 시기는 한국 역사에서 단 한 번뿐이다. 바로 지금, 2020년대 중반이다. 즉 지금의 시장을 놓치면 앞으로 30년간의 변화를 놓치게 된다.

은퇴 세대는 단순한 고령층이 아니다. 그들은 부동산 시장의 기억과 경험을 동시에 가진 세대다. 1980년대의 분양 붐, 1990년대 신도시, 2000년대 재건축, 2010년대 강남 상승을 모두 경험했다. 그들의 선택은 단순한 감이 아니라, 경험에 근거한 판단이다.

그들의 의사결정은 느리지만, 한 번 움직이면 시장이 요동친다. 따라서 '은퇴 세대를 분석한다'는 것은 한국 부동산의 30년 데이터를 해석하는 일과 같다. 그들의 움직임을 이해하는 것이 곧 미래의 시장을 예측하는 가장 정직한 방법이다.

이제 부동산의 키워드는 '속도'가 아니라 '방향'이다. 정책보다, 금리보다, 개발보다 더 강력한 변수는 '세대'다. 100만 명 세대가 은퇴하고, 30만 명 세대가 사회에 진입하는 지금, 시장은 거대한 세대 순환의 소용돌이 속에 있다.

이때 가장 현명한 사람은 '새로운 수요'를 찾는 이가 아니라, '기존 세대의 선택'을 읽는 사람이다. "은퇴 세대의 부동산을 이해하지 못하면, 한국 부동산의 미래를 읽을 수 없다." 지금 부동산을 이해한다는 것은 곧 은퇴 세대의 삶을 이해하는 일이다. 그들의 이야기를 듣는 순간, 시장의 미래가 보인다.

2030년 이후 시장의 결정권자는 더 이상 30대가 아니다

한때 부동산 시장은 '청년의 꿈'으로 움직였다. 내 집 마련은 인생의 목표였고, 청약은 '사다리의 마지막 칸'이었다. 하지만 그 사다리 위에는 이미 다른 세대가 올라서 있었다. 시간이 흘렀고, 인구구조는 바뀌었고, 이제 시장의 방향을 결정하는 세대도 바뀌었다.

2030년 이후의 한국 부동산 시장은 더 이상 '30대의 선택'으로 움직이지 않는다. 강조하지만 그 주도권은 이제 '은퇴 세대'의 손에 넘어가 있다.

열망의 세대가 떠나고, 결정의 세대가 남았다

1990년대생들은 이제 30대가 되었다. 하지만 그들은 과거의 30대와 전혀 다르다. 부모 세대보다 늦게 결혼하고, 아이를 낳지 않으며, 직장보다 삶의 균형을 중시한다. 무엇보다 그들은 집을 '목표'로 삼지 않는다. 그들에게 부동산은 소유의 상징이 아니라, '부담'과 '불평등의 증거'다. "열심히 벌어도 집을 살 수 없다." 이 한 문장이 그들의 세대를 요약한다. 그 결과, 부동산 시장의 젊은 수요층은 얇아지고 있다. 부동산 시장은 '30대가 사는 시장'이 아니라 '30대가 들어오지 못하는 시장'이 되어버렸다.

그렇다면 40대는 어떨까. 그들은 부모 세대의 가치관을 이해하면서도, 자녀 세대의 현실을 목격한다. 과거에는 '가장의 세대'였지만, 지금은 '부담의 세대'다. 그들은 여전히 대출이 있고, 아이들 교육비가 있고, 노부모 부양까지 감당해야 한다. 그리고 여전히 '이 집을 지켜야 한다'는 책임감이 있다. 하지만 40대의 시장 영향력은 이제 제한적이다. 그들은 이미 대부분 주택을 보유하고 있으며, 추가 매수 여력은 없다. 즉 40대는 '시장 주체'라기보다 '시장 유지자'에 가깝다. 이 세대의 역할은 시장의 변화를 주도하는 것이 아니라, 그 변화를 버티는 것이다.

과거 한국의 부동산 시장은 언제나 30~40대가 주인공이었다. 그들은 대출을 통해 수요를 창출했고, 결혼과 출산을 통해 주거 수요를 만들었다. "젊은 세대가 많을수록 집값은 오른다." 이것은 오랫동안 통용되던 불문율이었다. 하지만 지금 그 전제가 깨지고 있다. 이제는 집을 사려는 세대보다 이미 가진 세대가 많다. 팔려는 사람이 많아지고, 새로 들어올 사람은 줄어든다.

시장 구조가 이렇게 변하면, 가격은 수요가 아니라 '보유자의 의도'로 움직인다. 즉 시장의 키는 젊은 세대가 아니라 은퇴 세대의 손에 쥐어진다.

2030년대, '은퇴자 경제'가 시장을 주도한다

소득은 줄어들지만, 자산은 절대적으로 많은 은퇴 세대, 그들의 소비는 느리지만 꾸준하고, 그들의 지출은 생활보다 의료, 관리, 주거에 집중된다. 이 구조 속에서 부동산 시장은 '생산 중심'에서 '생활 중심'으로 이동한다. 더 이상 일터 근처의 집이 아니라 살기 편한 곳의 집이 비싸지는 시대, 즉 노년층의 이동이 곧 시장의 이동이다.

지금 이미 일부 도시는 이 변화를 선제적으로 보여주고 있다.

- 분당·일산: 자산 여유가 있는 중산층 은퇴자의 재이주 중심지
- 용인·수원: 자녀 근처로 이주하려는 60대의 선택지
- 세종·천안: 행정·교통 접근성 중심의 장기체류형 도시
- 강릉·전주·여수: 은퇴 후 여가형 주거지로 부상
- 제주: 세컨드 하우스형 은퇴자 주거지의 대표격

이 도시들의 공통점은 '젊은 층의 유입이 아닌 은퇴 세대의 잔류로 성장'하고 있다는 것이다. 예전에는 대기업, 공장, 대학이 지역 성장을 이끌었다면 이제는 은퇴 세대의 거주, 소비, 투자가 도시의 경제를 지탱한다. '산업의 도시'에서 '삶의 도시'로 중심이 바뀐 것이다.

노년층은 돈을 쓰지 않는다는 통념은 틀렸다. 그들은 소비의 형태가 다를 뿐이다. 이제 부동산 시장에서 은퇴 세대는 '주거 소비자'이자 '투자 소비자'다. 실버타운, 의료복합주택, 장기임대형 아파트 주택연금형 오피스텔, 생활형 숙박시설, 시니어 리츠 등 이 모든 상품의 공통

점은 '은퇴 세대의 자산 운용형 소비'라는 점이다. 그들은 '살기 위해' 집을 사고, '살아가기 위해' 부동산을 운용한다.

따라서 향후 20년간의 시장은 청년층의 대출 수요보다 은퇴 세대의 운용 수요가 훨씬 크다. 즉 시장은 더 이상 '꿈을 사는 세대'가 아니라 '현실을 관리하는 세대'에 의해 유지된다.

부동산, 세대 간 조율의 시장으로 진화하다

한때 부동산 시장의 언어는 '청약', '갭투자', '패닉바잉'이었다. 하지만 이제 시장은 '연금', '임대 수익', '리츠', '다운사이징'으로 바뀌고 있다. 언어가 바뀌었다는 것은 사람이 바뀌었다는 뜻이다.

2030년대의 부동산 뉴스 헤드라인은 이렇게 달라질 것이다. "신규 청약 경쟁률 급락, 은퇴형 주거상품은 완판", "주택연금 가입자 100만 명 돌파", "도심 소형 오피스텔, 60대 투자자 70% 차지", "강릉·전주, 노년층 순이동 인구 증가율 1위" 이것이 바로 은퇴 세대가 바꾼 시장의 언어다.

젊은 세대의 부동산은 '도전의 상징'이었다면, 은퇴 세대의 부동산은 '지킴의 상징'이다. 그들은 집을 통해 부를 만들기보다 삶의 안정을 유지하려 한다. 즉 '부동산의 심리적 중심'이 완전히 달라진다.

이 변화는 가격보다 '거래의 성격'을 바꾼다. 투기적 거래는 줄고, 생활 중심 거래가 늘어난다. 그리고 그 변화는 시장 전체의 속도를 느리게, 그러나 안정적으로 만든다. 이것이 2030년대 이후 한국 부동산의 핵심 특징이 될 것이다.

문제는, 이 세대 교체가 자연스럽게 이루어지지 않는다는 것이다. 은퇴 세대는 팔기 어렵고, 젊은 세대는 사기 어렵다. 세대 간의 거래 단절은 시장 유동성의 위기로 이어질 수 있다. 따라서 앞으로의 부동산 시장은 '가격의 문제가 아니라 연결의 문제'가 된다. 세대 간 리스크를 조정하기 위해 다음과 같은 새로운 형태의 시장이 등장할 것이다.

- **리츠(REITs): 개인이 부동산을 나누어 소유**
- **리버스 모기지: 자산을 현금으로 전환**
- **공유형 주택: 세대 간 공동 거주**
- **연금형 임대상품: 장기 안정 수익 구조**

이 시장의 공통점은 '세대 간 부동산 순환을 원활히 만드는 제도적 다리'라는 점이다. 즉 2030년대 부동산의 핵심 키워드는 '세대 간 조율'이다.

부동산 시장도 결국 사람의 집합이다. 사람이 늙으면, 시장도 늙는다. 그렇다고 해서 시장이 죽는 것은 아니다. 그저 방향이 달라질 뿐이다. 2030년 이후의 부동산 시장은 더 이상 '팽창의 경제'가 아니다. 이제는 '순환의 경제', '관리의 경제', '은퇴 세대의 경제'다. 그들의 이사는 조용하지만, 그들의 결정은 시장 전체를 움직인다. 그들이 팔면 가격은 흔들리고, 그들이 사면 시장은 살아난다. 시장은 나이를 먹고 있다. 그리고 그 나이의 얼굴에는, 은퇴 세대의 표정이 담겨 있다.

은퇴 세대의 부동산 보유 구조: 자산, 부채, 거주 형태의 변화

은퇴 세대는 '돈이 없다'고 말하지만, 사실 그들은 한국에서 가장 많은 자산을 가진 세대다. 통계청과 한국은행의 자료에 따르면 2024년 기준, 60대 이상 가구의 평균 순자산은 약 6억 8천만 원, 그중 부동산 비중은 75% 이상이다. 즉 그들은 현금은 부족하지만, 부동산은 많다.

더 흥미로운 사실은 그들이 전체 주택의 58% 이상을 보유하고 있다는 점이다. 아파트, 단독주택, 상가, 토지를 모두 포함하면 '은퇴 세대의 부동산'은 곧 '한국 부동산'의 대부분을 차지한다. 시장의 방향은 정부도, 청년층도 아닌 그들의 자산 재배치에 따라 결정될 것이다.

은퇴 세대의 현금흐름 불균형이 바꾸는 부동산 구조

은퇴 세대의 자산 구조는 한눈에 보면 탄탄하다. 하지만 안으로 들어가 보면 그 속에는 심각한 현금흐름 불균형이 존재한다. 그들은 집은 있지만, 소득은 줄고, 생활비는 늘었다. 특히 2020년대 들어 은퇴 세대의 생활비 중 주거비와 의료비 비중이 45%를 넘어섰다. 집을 '자산'이 아니라 '부담'으로 느끼는 순간이 오고 있다. 따라서 그들은 다음 두 가지 방향으로 움직인다.

① 부동산을 팔거나 줄인다(다운사이징)

② 부동산을 현금화하거나 수익화한다(임대·연금·리츠화)

    이 두 가지 흐름이 향후 10년간 한국 부동산 시장의 유동성을 결정할 것이다.

    서울, 분당, 일산, 용인 등지에서는 은퇴 세대의 '작은 집으로의 이동'이 빠르게 늘고 있다. 30평대에서 20평대, 4인 가족형에서 1~2인 중심형으로 옮기는 것이다. 이 과정에서 거래가 일어나고, 세대 간 자산 교환이 이루어진다. 즉 다운사이징이 시장의 순환을 만든다. 젊은 세대가 공급 부족으로 고민할 때, 은퇴 세대의 다운사이징은 새로운 공급을 창출한다. 따라서 시장의 안정은 공급 대책보다 은퇴 세대의 이동성에 달려 있다.

    한국 부동산 시장에는 지금 '조용한 혁명'이 진행 중이다. 이름하여 '현금화의 시대'다. 집을 팔아야만 하는 세대가 생겼고, 팔지 않아도 돈을 만들어내는 제도들이 등장했다.

- **주택연금:** 가입자 수가 **20만 명**을 넘어섰다. 집을 팔지 않고도 연금처럼 현금이 나온다.
- **임대전환형 아파트:** 실거주 대신 월세 수익 확보용으로 활용한다.
- **리츠(REITs):** 건물을 직접 사지 않고도 수익 분배를 받는다.

    이 세 가지는 모두 '부동산을 더 이상 쌓지 않고, 돌려 쓰는 방식'이다. 이 변화는 한국의 부동산 시장을 자산 중심에서 소득 중심 시장으로 바꾼다. 즉 '부동산으로 버는 시대'에서 '부동산으로 살아가는 시대'로 넘어가고 있는 것이다.

은퇴 세대의 이동이 부동산 지도를 다시 그린다

이제 은퇴 세대의 거주 형태는 단독주택, 아파트 중심 구조에서 점차 혼합형 주거 모델로 이동하고 있다. 자녀와 가까운 도심형 중소형 아파트, 건강·돌봄 중심의 의료복합형 주거단지, 관리가 용이한 장기 민간임대, 주택 커뮤니티 기반의 리츠형 실버타운 등, 이 변화는 단순한 주거의 다변화가 아니다. 부동산 산업의 패러다임 전환이다. '더 넓고 좋은 집'이 아닌 '더 편하고 관리 가능한 집'으로 중심이 옮겨가고 있다. 즉 부동산의 가치가 '확장성'에서 '지속성'으로 이동한 것이다.

한국 사회에서 '집 한 채'는 오랫동안 가문의 상징, 재산의 기본, 인생의 목표였다. 하지만 은퇴 세대에게 그 '한 채'의 의미는 달라졌다. 그들에게 집은 '노후의 마지막 자산이자, 자녀에게 남길 수 있는 유일한 재산'이다. 따라서 그들은 집을 '팔 수 없는 자산'으로 생각하면서도, '활용해야만 하는 자산'으로 본다. 이 모순된 감정, "내 집은 팔 수 없지만, 그 집으로 살아가야 한다"라는 이 딜레마가 한국 부동산 시장의 본질적 긴장을 만든다.

2025년부터 2045년까지 한국에서는 약 1,400조 원 규모의 부가 상속과 증여로 이동할 것으로 전망된다. 그중 절반 이상이 부동산이다. 즉 지금의 은퇴 세대가 한국 역사상 가장 큰 '부의 이전'을 담당하게 된다. 이 자산이 현금화되어 소비로 돌면 내수 활성화가 되고, 자녀에게 직접 이전되면 부동산 가격의 하방 경직성이 커진다. 즉 부동산의 상속 구조가 향후 20년의 시장을 결정짓는다. 따라서 부동산 시장의 미래는 가격의 문제가 아니라 '세대 간 이동의 속도'에 달려 있다.

한편 부채 구조는 정반대다. 젊은 세대는 대출로 집을 사고, 은퇴 세대는 자산을 팔거나 담보로 생활비를 충당한다. 즉 부채는 젊은 세대에서 시작해 은퇴 세대에서 끝난다. 이 구조는 부동산 시장의 리스크를 세대 간에 분산시키지만, 동시에 자산 격차를 고착시킨다. 젊은 세대의 대출 상환이 은퇴 세대의 매도 속도보다 늦어지면 시장은 장기 침체로 이어진다. 결국 부채 구조의 균형도 은퇴 세대의 유동성 전략에 달려 있다.

이 모든 변화를 요약하면 하나의 문장으로 정리된다. "은퇴 세대의 부동산이 움직이는 곳에 시장이 생긴다." 그들이 재이주하는 도시는 살아나고, 그들이 팔고 떠난 지역은 침체된다. 그들의 선택은 통계보다 빠르고, 정책보다 현실적이다. 그들이 거래량을 만들고, 가격을 움직이고, 도시의 지도를 바꾼다. 이제 시장을 예측하려면 분양 물량이나 금리보다 '은퇴 세대의 이주 트렌드'를 봐야 한다.

많은 사람이 말한다. "부동산의 시대는 끝났다"라고. 하지만 그것은 절반만 맞는 말이다. 부동산의 시대는 끝나지 않았다. 다만 그 주인공이 바뀌었을 뿐이다. 이제 시장은 젊은 세대의 꿈으로 움직이지 않는다. 은퇴 세대의 경험과 선택으로 움직인다. 그들은 여전히 시장의 절반 이상을 소유하고 있고, 그들의 결정이 시장을 살리기도, 멈추게도 만든다. 그들이 '사는 곳'이 미래 도시가 되고, 그들이 '팔지 않는 곳'이 미래의 중심이 된다.

지금 부동산을 이해하는 가장 정확한 방법은 금리도 통계도 아닌, 사람의 삶을 이해하는 일이다. 은퇴 세대는 떠나는 세대가 아니다. 그들은 시장을 재편하는 세대이며, 다음 세대에게 부를, 그리고 방향을 넘겨주는 세대다. 그들의 부동산이 움직이는 곳에서 한국 사회의 다음 30년이 시작된다.

스튜TV
(유튜브)

스마트튜브
(네이버 카페)

빠숑의 세상답사기
(블로그)

이재명 정부 부동산 정책 방향성은?

김제경

- 투미부동산컨설팅 소장
- KB금융지주 경영연구소 부동산 자문위원
- 도시계획기사, 정비사업전문관리사, 자산관리사, 투자자산운용사, 공인중개사
- 재개발·재건축 전문가
- 유튜브 '투미TV'

부동산 시장은 정권의 영향을 가장 크게 받는 시장 중 하나입니다. 부동산이 단순한 자산이 아니라 정책의 영향을 많이 받는 시장이기 때문입니다. 정부 정책 하나가 가격, 수요, 공급, 심리 모든 것에 직결되기 때문이지요. 부동산 대책에 따라 거래가 얼어붙기도 하고, 대책에 따라 곧바로 호가가 움직이기도 합니다. 당장 이재명 정부의 첫 부동산 대책인 6.27대책 때는 시장이 일시적으로 위축되었으나, 9.7대책은 엉터리로 나오면서 곧바로 시장은 상승장으로 바뀌었습니다. 그렇게 가격이 오르니 바로 10.15 부동산 대책을 발표했습니다. 그렇다 보니 우리는 부동산 공부를 할 때 단순히 입지나 가격만 볼 것이 아니라, 정권의 정책 방향성을 함께 읽어야 합니다. 어떤 정부가 들어서느냐에 따라 시장의 질서와 흐름이 완전히 달라지기 때문이지요.

이제 막 출범한 이재명 정부의 대선 공약집을 보면 세금 규제 등을 통한 '시장 통제'가 아닌 정비사업 활성화 등 '공급 중심'의 관점에서 접근하겠다고 밝혔습니다. 그러나 부동산 가격이 폭등하자 곧바로 10.15대책을 발표하며 규제의 시대를 알렸습니다. 이를 보고 일각에서는 민주당 정부 집권마다 되풀이되던 다주택자 규제 강화로 똘똘한 한 채 선호 현상이 강화될 것이라고도 봅니다. 이처럼 정부의 정책 기조는 향후 5년간 부동산 시장의 방향성을 결정짓는 가장 중요한 변수입니다.

따라서 이번 글에서는 이재명 정부의 부동산 정책을 이루는 핵심 키워드와 제도 변화를 살펴보고, 그것이 시장에 어떤 영향을 미칠지를 단계별로 분석해보겠습니다. 특히 '정부의 의도'와 '시장 반응'의 간극을 짚어보려고 합니다. 결국 부동산을 공부한다는 것은 단순히 숫자와 그래프를 보는 일이 아니라, 정책의 방향성을 읽는 일입니다. 시장은 결국 정부의 의지와 제도의 영향을 받을 수밖에 없기 때문입니다. 앞으로 5년, 이재명 정부의 정책 흐름 속에서 부동산 시장은 어떤 궤적을 그릴 것인지 함께 짚어보겠습니다.

이재명 정부의 부동산 정책 키워드

한 번에 강하고 넓게

이재명 정부의 부동산 정책 기조를 명확히 정의하기에는 시기상조일 수 있습니다. 그러나 지금까지 발표된 6.27대책과 9.7대책, 10.15대책의 내용을 종합하면, 그 방향성은 분명히 드러납니다. 바로 '한 번에, 강하고, 넓게'입니다.

6.27대책은 발표 당시 시장에서 상당한 충격으로 받아들여졌습니다. 한순간에 다주택자 대출 전면 금지, 그리고 1주택자의 주택담보대출 한도를 소득과 무관하게 6억 원으로 제한한 것입니다. 강력한 규제로 부동산 시장을 잡겠다는 의지가 드러났지요. 물론 2019년 문재인 정부의 12.16대책에서 '15억 원 초과 아파트 대출 전면 금지'가 있었던 만큼, "6억 원이라도 해주는 게 어디냐"는 말도 있지만, 그때와 지금은 맥락이 전혀 다릅니다. 문재인 정부의 대책은 이미 수차례 규제 누적 속에서 '단계적 강화'의 결과물이었지만, 이재명 정부는 출범

• 6.27대책 보도자료

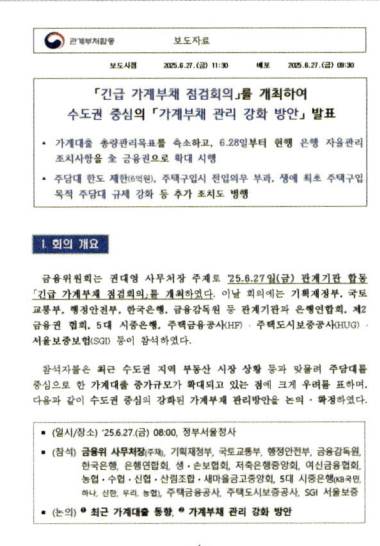

초기부터 강도를 최대로 끌어올린 셈이지요. 즉 정책 누적의 결과가 아닌 정책 출발점에서부터 최고 강도로 조여 들어간 것이 가장 큰 차이입니다.

더 주목할 부분은 '넓게'입니다. 6.27대책은 수도권 전역을 포괄하는 광역 단위 규제 지정을 단행했습니다. 서울만이 아니라 인천, 파주, 평택 등 경기 외곽지역까지 일괄적으로 대출 규제 적용 대상에 포함시켰습니다. 수도권이라고는 하지만 상당수 지역은 여전히 전고점 회복조차 못 한 곳들임에도 불구하고, 정부는 예외를 두지 않았습니다.

이 조치는 풍선효과에 대한 논란을 의식한 것으로 보입니다. 즉 '한쪽을 누르면 다른 쪽이 튀어 오른다'는 비판을 더 이상 듣지 않겠다는 것이죠. 문재인 정부 시절, 2017년 8.2대책을 시작으로 서울 25개 구를 조정대상지역으로 묶자, 수요가 곧장 경기권으로 이동했고, 정부는 이를 따라가며 풍선효과 잡기식 지정을 반복했습니다. 마지막에는 동두천까지 조정대상지역으로 묶이는 상황이 벌어졌지요. 이재명 정부는 이러한 선례를 복기하면서, 그 실패의 원인을 '규제정책' 자체가 잘못되었다고 인지하기보다는 '강도와 범위의 한계'로 진단한 것으로 보입니다. 앞으로의 부동산 대책도 문재인 정부 당시 등장했었던 규제들이 한 번에 광범위하게 등장할 가능성이 높습니다. 앞으로의 정책이 나올 때 이러한 부분도 염두에 두고서 보면 좋을 것 같습니다.

토지거래허가구역

이재명 정부는 일명 '세금으로 집값 잡지 않겠다'고 밝혔습니다. 물론 청와대 인사나 정부 관계자, 국회의원 등 세금 규제를 막아둔 게 아니라고 발언하고 있어서 진짜 세금 규제를 안 할 것이라고 믿는 사람은 많지 않긴 합니다. 그래서 '문재인 정부 시즌 2'로 예상한 사람들이 다주택을 정리하고 똘똘한 한 채로 합치려고 움직이고 있는 것이죠.

사실 얼마 전까지만 해도 현 정부는 당장 세금 규제 카드를 꺼내기 조심스러워하는 것이라는 시각들이 많았습니다. 아무리 사람들이 세금 규제를 예상했었다고 해도, 한 말이 있다 보니 집권한 지 얼마 되지도 않은 시점에서 손바닥 뒤집듯이 행동했을 때의 비판을 의식할 거라고 봤기 때문입니다. 본격적인 세금 규제는 2025년까지는 안 할 가능성이 높다고 보았고, 적어도 해는 바뀐 뒤에 세금 규제를 할 것 같은데,

• 10.15 주택시장 안정화 대책 보도자료

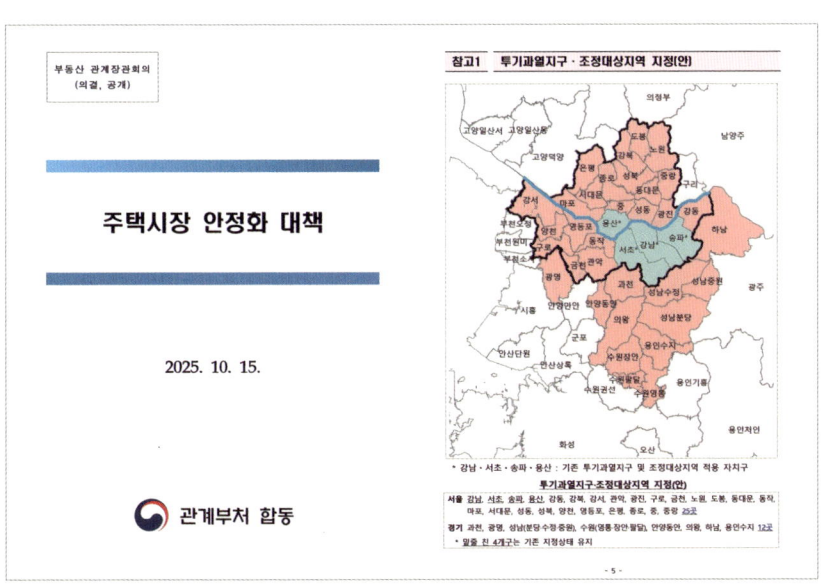

여기서 또 변수는 2026년 6월 지방선거가 있다 보니 본격적인 세금 규제는 지방선거 이후, 즉 집권 1년은 채운 후에 할 수 있다는 시각도 있었습니다. 그러나 이는 10.15 부동산 대책이 나오면서 모두 달라졌습니다. 집권 4달 만에 본격적인 규제가 발표되었기 때문입니다.

9월 불꽃 같은 상승이 계속되자 추석 후 규제 발표가 있을 거라는 말이 돌았고, 이날 조정대상지역, 투기과열지구, 토지거래허가구역 3종 규제가 동시에 발표되었습니다. 본격적인 규제의 시작이라고 볼 수 있습니다.

사실 이번에 세금 규제까지 바로 나온 것은 예상 밖이었지만, 토지거래허가구역 발표는 예상된 수순이긴 했습니다. 9.7 부동산 대책이 맹탕이었다고 놀림 받았긴 했지만, 사실 9.7대책은 공급 대책이 아니라 '규제를 위한 사전 포석'이었습니다.

바로 토지거래허가구역 지정 권한이 기존 시·도지사였고, 국토교통부 장관은 허가구역이 시·도에 걸쳐있거나 공공개발사업인 경우에 지정할 수 있었는데, 이를 주택 시장 과열 우려 또는 투기성행의 우려가 있는 경우 국토부 장관이 동일 시·도 내에서 허가구역 지정 가능토록 개정하겠다고 밝힌 것이죠.

앞에서 짚었던 규제의 트렌드를 고려하면 토지거래허가구역도 지금 엄청나게 상승 중인 일명 '한강벨트'뿐만 아니라 서울 25개 구 전역으로 확대해서 지정한 것도 이제는 이해가 됩니다. 서울에서도 노원구나 도봉구 등 상대적으로 소외된 지역도 있지만, 풍선효과 이야기를 듣기 싫어하는 정부 스타일을 보면 어정쩡하게 묶기보다는 서울 25개

구를 다 지정해버린 것이고 여기서도 서울뿐 아니라 경기 남부 12곳도 같이 묶었습니다.

벌써 규제에 묶인 경기권역이나 서울 외곽지역은 불만이 터져 나오고 있습니다. "우리는 이제 상승하기 시작했는데…", 더 정확하게는 "아직 2021년도 전고점도 회복 못 했는데 규제한다고…" 그러나 이미 9.7 부동산 대책에서 이에 대한 힌트가 있었습니다. 보도자료를 잘 보면 42페이지 토지거래허가구역에 대한 문구가 "주택 시장 과열 우려 또는 투기성행의 우려가 있는 경우"라고 적혀있습니다. 시장 과열이 아니라 시장 과열의 우려만 있어도 하겠다는 것이죠.

대책의 효과가 있는지, 부당한 규제인지 여부는 중요하지 않고 명

• 9.7대책 보도자료

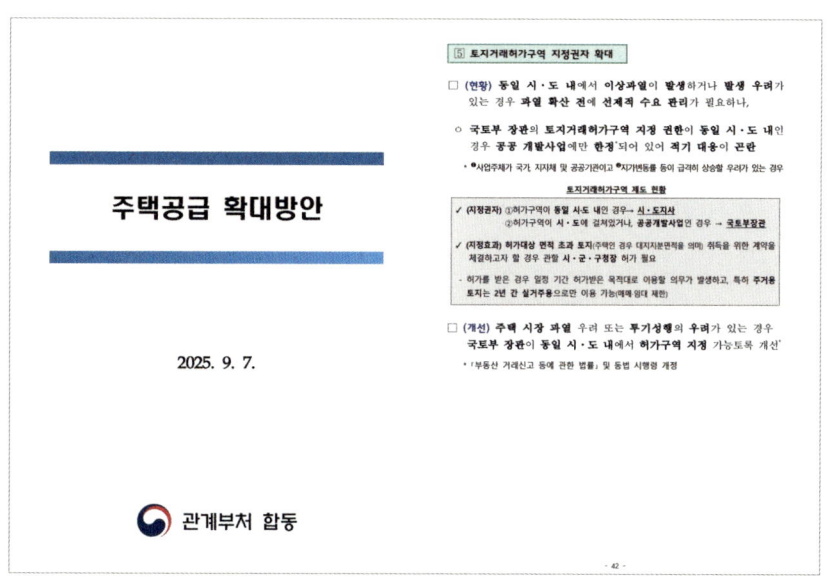

분을 가장 우선한다고 보기 때문입니다. 이미 6.27대책에서 대출 규제를 진행할 때 문재인 정부 당시 12.16대책으로 집값을 못 잡았던 것은 모르지는 않을 것이라 봅니다. 진짜 대출 규제로 집을 잡고 안 잡고가 중요한 게 아니라 대출로 집을 사는 행위 자체가 싫은 것이죠. 당시에도 대출 규제는 고소득 전문직 규제로 자수성가한 사람은 기회를 박탈하는 '사다리 걷어차기', '현금 부자들의 잔치'로 비판이 많았지만, 6.27대책에서 다시금 되풀이하는 것을 보면 실제 효과보다도 그냥 그 행위가 싫은 게 아닌가 싶습니다.

문재인 정부는 다주택자를 적폐로 몰아가면서 똘똘한 한 채를 만들었습니다. 그런데 여기에서 한발 더 나아가 이재명 정부를 구성하고 있는 진보 인사들의 언행들을 보았을 때 1주택자라도 실거주하지 않는 사람은 투기 세력으로 보고 있는 것 같습니다. 따라서 일명 '갭투자'로 불리는 전세를 끼고 매수하는 사람들은 규제 대상으로 보는 것이죠.

물론 토지거래허가구역을 지정한다고 해서 집값이 잡히지 않는다는 것은 이미 서울에서 증명되어 있습니다. 압구정 현대아파트는 이미 5년째 토지거래허가구역으로 지정되어 있는데, 집값 안정은 없었지요. 이유는 간단한데 토지거래허가구역은 실사용 목적으로만 허가가 납니다. 즉 실거주할 사람만 허가가 나니 구입하기 어렵게 만드는 효과도 있지만, 반대로 실거주를 할 수 있는 상태를 만들어야 매도를 할 수 있습니다. 따라서 세입자가 있으면 매도를 못 하다 보니 공급 감소 효과도 생깁니다. 즉 수요 감소, 공급 감소가 같이 나타나는데, 공급 감소 효과가 더 크면 집값이 상승하는 것입니다.

2025년 4월 강남3구+용산구 전역으로 토지거래허가구역을 확대했지만, 일시적으로 주춤했을 뿐 집값 상승은 계속되고 있습니다. 토지거래허가구역은 이렇게 인기 있는 강남의 주요 지역은 더 오르는데, 오히려 무늬만 강남이거나 비인기 소규모 아파트나 재건축 사업성이 안 나오는 구축은 거래가 힘들어지는 문제점이 나타났습니다. 인기 지역은 실거주를 강제해도 수요가 꾸준하지만, 비인기 지역은 굳이 불편하게 실거주까지 하면서 사려는 사람이 많지 않았다는 것이죠.

이제 10.15대책으로 토지거래허가구역이 확대된 이후 시장도 예상해볼 수 있습니다. 서울시 전역으로 토지거래허가구역이 확대되어도 일시적으로 이슈가 될 뿐 결국 적응한 뒤에는 사람들이 선호하는 단지들 가격은 계속 올라갈 것이고 비인기 지역들만 유탄을 맞을 가능성이 높습니다.

발 빠른 사람은 9.7대책 직후 토허제 확대 소식에 지방에서 상경 투자자들이 급격하게 올라왔습니다. 토지거래허가구역이 지정되면 이제는 아예 서울 투자 자체가 불가능할 수 있다는 인식이 지방 사람들의 상경 투자 심리를 자극한 것이죠. 정작 서울 사람들은 지금 집값이 너무 비싼 게 아닌가, 부동산을 매수하는 게 맞나 고민을 합니다. 집값이 더 올라간다고 하더라도 현실적으로 집값이 그간 많이 오르면서 부담스러운 금액이 된 것이 사실이긴 합니다. 문제는 지방 사람들은 그런 사항들을 고민할 틈도 없다는 겁니다. 토지거래허가구역이 확대되면 일단 전세를 낀 갭투자가 불가능해지고, 실거주 요건이 들어가면서 사실상 서울 상경 투자 자체가 막히게 됩니다. 지방 사람들 입장에서는 지금 서울 가격이 싸고 비싸고 문제가 아니라 지금이 아니면 서울 매수 자체를 못 할 수 있다는 공포감이 생기는 것입니다. 그 우려는 이제 현실이 되었습니다. 서울+경기 남부 규제로 이제는 더 이상 갭투자가 안 되게 막혔고, 지방에서 서울 상경 투자는 불가능해졌습니다.

그러면 풍선효과로 주변 가격이 오를까요? 물론 일차적으로는 그렇게 되겠지만 결국 오른다 싶으면 규제가 확대될 것이고 돌고 돌아서 서울이라는 결과는 이미 문재인 정부 5년에서 교훈을 얻어야 합니다.

전세 규제

이재명 정부에서 예상해볼 수 있는 또 다른 규제 사항은 바로 전세 규제입니다. 일단 전세자금대출 규제를 가장 쉽게 예상해볼 수 있습니다. 이번 9.7 부동산 대책에서도 전세자금대출의 보증기관 기준을 2억 원으로 통일시키면서 한도를 낮춰버렸습니다. 중요한 것은 그 다음인데요.

9.7 부동산 대책의 FAQ를 보면 전세대출 DSR 도입계획에 대해 설명되어 있습니다. 아직 구체적인 시기가 확정되지 않았을 뿐이지 DSR 적용은 일관되게 밝혀왔다면서, 사실상 시간문제임을 명확하게 했습니다. 그러면 가장 단순하게 생각해보면 전세자금대출을 받는 사람의 소득을 고려해서 전세자금대출 한도를 낮추는 것인가 생각해볼 수 있습니다. 물론 그것부터 시작할 것입니다.

실제로 이번 10.15 부동산 대책에서 1주택자의 경우 전세대출 이

• 9.7대책의 FAQ

대출수요 추가 관리 방안 FAQ

2025. 9.

관 계 기 관 합 동

- 1 -

3-2. 전세대출 DSR 도입계획은?

□ DSR을 전세대출 등에 대해 확대 적용하는 것은 그간 정부에서 일관되게 밝혀온 입장임

□ 다만, 전세대출에 대한 DSR 적용의 구체적 시행시기와 내용 등에 대해서는 아직 확정되지 않은 바,

ㅇ 향후 전세대출에 대한 DSR 도입이 가계부채 관리와 서민 주거 안정 등에 미치는 영향 등을 종합적으로 고려하여 구체적 시행시기와 방식 등을 결정해 나가겠음

- 8 -

• 10.15대책 부동산 금융 규제 강화

2 부동산 금융 규제 강화

① 주택가격 수준에 따른 주담대 여신한도 차등화

□ (현행) 금융회사가 수도권·규제지역 내에서 취급하는 주택구입 목적 주담대(정책대출 예외)의 최대한도를 6억원으로 제한

□ (개선) 주택구입목적 주담대 대출한도를 수도권·규제지역 내 주택 가격(시가) 수준에 따라 차등 적용

※ 단, 이주비 대출은 현행과 동일하게 주택가격에 관계없이 최대한도 6억원 적용

	현행	개선 방안		조치사항	시행시기
		주택가격(시가)에 따라 차등			
		수도권·규제지역 주택(시가/가격)	대출한도		
주담대 최대한도	수도권·규제지역 6억원	15억원 이하	6억원	행정지도 → 감독규정 개정	10.16일
		15억원 초과 25억원 이하	4억원		
		25억원 초과	2억원		

② 스트레스 금리 상향 조정

※ (스트레스 DSR) 차주 DSR 산정시 중장기적 금리상승 가능성을 반영하여 대출금리에 일정 수준의 "스트레스 금리"를 가산하는 제도

□ (현행) DSR 산정시 대출금리에 스트레스 금리(現 1.5%)의 일정비율 만큼을 가산(실제 대출금리에는 미반영)

< 現 스트레스 금리(ST금리) 산정·가산 방식 >

◇ (ST금리 산정) 과거 5년내 최고금리와 현 시점 금리 간 차이로 ST금리를 정하되, 現 1.5%∼3.0% 범위 내에서 적용

◇ (ST금리 가산) DSR 산정 시 혼합형·주기형 주담대는 ST금리의 적용비율만큼 가산

예: 2025년말 기준

구분	변동형 30년 변동	5년미만 5년미만형 고정이후 매년변동가능	30%미만 30%미만형 고정 5년초~15년 고정	30~50% 30~50%형 고정 15년초~21년	50~70% 50~70%형 고정 21년초~만기 고정	70% 이상 21년이상 고정
혼합형	ST금리 × 100%	ST금리 × 80%	ST금리 × 60%	ST금리 × 40%	ST금리 미적용	
주기형		ST금리 × 100%	ST금리 × 40%	ST금리 × 30%	ST금리 × 20%	

- 10 -

□ (개선) 수도권·규제지역 내 주담대의 스트레스 금리를 1.5% → 3.0%로 상향 조정

* (예1) 5년 주기형 대출: (現) 0.6%(1.5%×40%) → (改) 1.2%(3%×40%)
  (예2) 5년 혼합형 대출: (現) 1.2%(1.5%×80%) → (改) 2.4%(3%×80%)

ㅇ 향후 "기준금리 → 시장금리"가 인하되는 경우에도 DSR 산정시 대출한도 확대 효과를 일정부분 상쇄

		현행	개선	조치사항	시행시기
주담대	규제지역		3.0%∼	행정지도 → 감독규정 개정	10.16일
	비규제 지역 수도권 지방	1.5%∼3.0%	1.5%∼3.0% (지방 주담대의 경우 하면 0.75%를 적용)		
기타대출(非주담대 外)		1.5%∼3.0%	1.5%∼3.0% (지방 주담대의 경우 하면 0.75%를 적용)		

③ 전세대출 DSR 적용

□ (현행) 전세대출은 DSR 적용대상에서 제외

□ (개선) 1주택자(소유주택의 지역무관)가 수도권·규제지역에서 임차인으로 전세대출을 받는 경우, 전세대출 이자상환분을 DSR에 반영

※ 전세대출 DSR 경과를 보아가며 무주택자·지방 단계적으로 확대하는 방안 검토

	현행	개선	조치사항	시행시기
전세대출 DSR	(전세대출은 DSR 적용 제외)	1주택자가 수도권·규제지역에서 임차인으로 전세대출을 받는 경우 전세대출 이자상환분을 DSR에 반영	행정지도 → 감독규정 개정	10.29일

- 11 -

자상환분을 DSR에 반영하겠다고 발표했습니다. 지금은 수도권, 규제지역을 우선 적용한다고 했지만, 결국 전국으로 확대될 것입니다. 하지만 진짜는 따로 있습니다. 해당 전세 DSR의 공포는 전세 '세입자'의 DSR 규제가 아니라 전세 '임대인'의 DSR 규제인 것입니다.

이미 2025년 3월 '더불어민주당 20대 민생의제'에서는 전세 DSR에 대한 사항이 포함되어 있었습니다. 임차 보증금도 부채인 만큼 DSR 계산할 때 차주의 모든 대출을 포함시키는 것에서 더 나아가 차주가 임대를 놓고 있을 시 그 보증금도 부채로 인식해서 주택담보대출 한도를 낮춰버리겠다는 것입니다. 극단적으로 나는 대출이 1원도 없지만, 전세를 놓고 있다면 DSR에 걸려서 대출이 안 나올 수도 있

• 2025년 3월, 더불어민주당 20대 민생의제

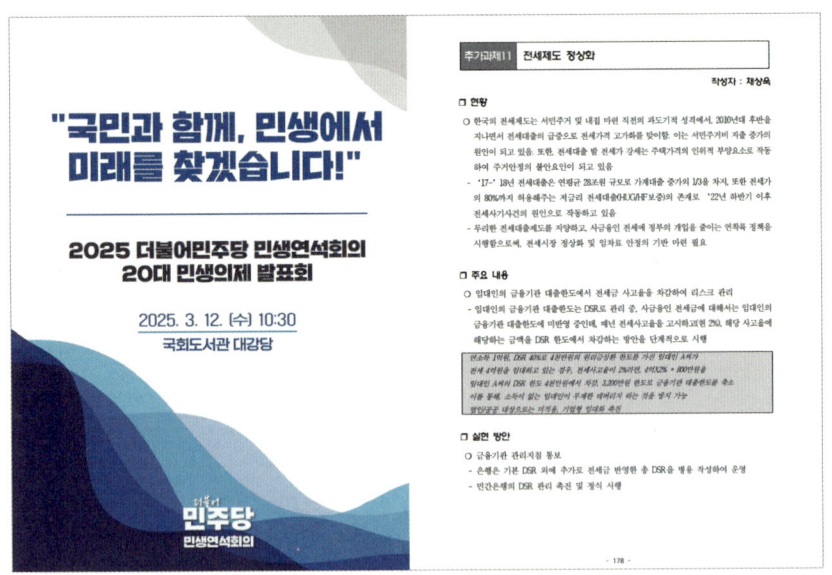

다는 것이죠.

현 진보 인사 중 대한민국 부동산 시장의 문제점을 전세 제도에서 찾는 사람들이 많습니다. 대한민국에만 존재하는 전세 제도가 일명 갭 투자를 하기 쉽게 만들고 상대적인 소액 자본으로 부동산 취득을 용이하게 만들어서 부동산 가격 거품을 만들었다는 것입니다. 그렇다고 전세 제도 자체가 없어져야 한다고 말하면 너무 급진주의자 같아 보이니 전세자금대출이 문제라고 말합니다. 따라서 일차적으로는 전세자금대출을 점진적으로 축소하거나 없애는 쪽으로 갈 것으로 보입니다. 문제는 전세 제도 자체를 없애려고 한다는 것입니다.

일단 전세 DSR이 현실화한다면 전세를 놓으려는 사람 자체가 대폭 감소하게 될 것입니다. 임대를 하는 순간 대출이 제한된다면 대출이 필요한 사람은 그냥 주택 자체를 매각해버리거나 임대 보증금을 낮추고 월세로 돌린 뒤 대출을 받으려고 할 수 있습니다. 이러한 부분들은 결국 월세화를 더욱 가속화시킵니다.

전세 제도가 좋은지 나쁜지는 각자 판단해보면 좋을 것 같습니다. 그러나 전세 제도 자체가 문제의 근원이라고 주장하는 말에 저는 동의하기 어렵습니다. 전세를 없애야 집값이 떨어진다는 논리를 펼치는 사람이 있습니다. 물론 전세가 없어지면 목돈이 없는 사람들은 주택 매수를 할 수 없게 되고, 전세를 통해 레버리지 효과를 누렸던 사람들은 전세 보증금을 반환할 능력이 없어 시장에 충격이 올 수 있습니다. 하지만 이는 너무 단순한 사고방식일 수 있습니다. 조금만 더 생각해보면, 외국은 전세 제도가 없어도 주택 가격이 반드시 낮은 것은 아니라는 점을 알 수 있습니다. 오히려 전세가 없어지면 월세화가 가속화될 수밖에 없고, 이는 결국 월세 가격의 상승으로 이어질 가능성이 높습니다. 월세 가격이 오르면 결국 임대 수익률이 상승하게 되고, 이는 다시 주택 가격 상승의 원인이 될 수 있습니다.

단순하게 생각해보면 판단이 쉽습니다. 사람들이 전세를 안 놓기 시작하면 양자택일에 놓입니다. 유주택자가 되어서 내 집에서 거주하든지, 무주택자로 평생 월세 내면서 살든지 말이죠. 전세라는 제도를 투자자들이 악용하는 수단으로만 보지만, 세입자 입장에서는 월세가 안 나가면서 월 소득을 모을 수 있게 해주는 고마운 존재입니다.

많은 사람들이 놓치고 있는 것 중 하나가 대한민국은 가처분소득 대비 주거비가 전 세계에서 가장 낮은 국가라는 것입니다. 당장 주변의 여러 선진국을 보면 주거비가 엄청나게 높습니다. 한국의 주거비는

• **가처분소득 대비 주거비**

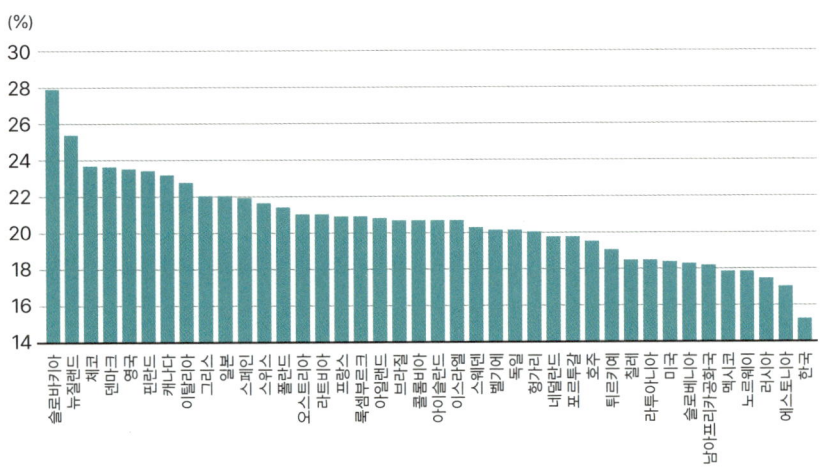

상대적으로 저렴한 편입니다. 전세 제도의 존재가 있다 보니, 월세를 무작정 높게 책정하기 어려운 구조이기 때문이죠. 월세가 지나치게 비싸면 전세로 옮기면 되기 때문입니다. 그러다 보니 전세자금대출 규제도 결국 비싼 월세를 초래하게 됩니다.

애초에 전세자금대출을 받으라고 협박하는 사람 아무도 없습니다. 각자 합리적인 선택을 할 뿐이지요. 소비자가 전세자금대출을 받는 이유는 대출 이자가 월세보다 저렴하기 때문입니다. 이를 없애면 결국 소비자들은 더 비싼 월세를 부담할 수밖에 없어지는 것입니다. 사실상 금융이 전세와 월세 간의 간극을 좁혀주면서 꼭 목돈이 없더라도 금리에 따른 이자를 고려해서 월세와 전세 간의 줄다리기를 하게 해주는 가교역할을 하는 것입니다. 문제는 이제 이런 장치들이 하나씩 끊어지게 된다면, 집도 없고 목돈도 없어서 전세도 못 가는 사람은 비싼 월세를 감당할 수밖에 없어집니다. 이는 사실상 자산이 있는 사람들보다는 사회 초년생인 젊은 층과 서민들에게 타격이 갈 수밖에 없습니다.

문제는 여기서 끝이 아니라는 것입니다. 2025년 1월 발표된 세법 개정안에서는 2026년부터는 2주택자도 전세 보증금의 간주임대료를 부과하겠다고 발표했습니다. 물론 모든 2주택자가 아니라 고가주택(공시가 12억 원 초과) 주택에 한해서 적용한다고 하지만, 이는 정말 큰 문제입니다. 애초에 전세 공급은 1주택자가 할 수 없습니다. 본인 집을 전세 놓았다면 다른 집에 전세로 거주할 테니 실제 공급 효과는 0입니다. 최소 2주택자부터 전세 공급을 하게 되는데, 전세 간주임대료를 부과한다고 하면 전세를 공급할 동기부여가 더 낮아지게 됩니다.

• 2025년 1월 발표된 세법개정안

보도자료2 (상세본)

이 자료는 2025년 1월 16일(목) 17:00 이후 보도부터 사용하여 주시기 바랍니다.

2024년 세법개정 후속 시행령 개정안

2025. 1. 16.

기 획 재 정 부

---

(6) 고가주택 2주택자의 간주임대료 과세대상 구체화(소득령 §53③)

< 법 개정내용 (소득법 §25) >

☐ 고가주택(기준시가 12억원 초과) 2주택 보유자의 전세보증금을 간주임대료 과세대상에 추가(예 '23.12월 소득법 개정, 26.1.1. 시행)

ㅇ 과세대상이 되는 전세보증금 금액 기준은 시행령에 위임

현 행	개 정 안
<신 설>	☐ 고가주택(기준시가 12억원 초과) 2주택자의 전세보증금에 대한 간주임대료 과세 대상 ㅇ 전세보증금 합계액이 12억원을 초과하는 경우

〈개정이유〉 과세형평 제고

〈적용시기〉 '26.1.1. 이후 발생하는 소득 분부터 적용

(7) 감가상각 대상 무형자산 범위 보완(소득령 §62·§63)

현 행	개 정 안
☐ 감가상각 무형자산 범위 ㅇ 영업권, 특허권, 광업권, 유료도로관리권, 개발비, 사용수익기부자산가액 등	☐ 감가상각대상 자산 범위 확대 ㅇ (좌 동) ㅇ 그 밖에 이와 유사한 무형자산 - 기업회계기준에 따른 상각 방법 적용(무신고시 5년 균등상각)
<추 가>	

〈개정이유〉 감가상각 대상 무형자산 범위 합리화

〈적용시기〉 영 시행일이 속하는 과세기간에 감가상각하는 분부터 적용

- 7 -

• 전세 간주임대료

보증금	간주임대료(연)	간주임대료(월)
4억 원	210	18
5억 원	420	35
6억 원	360	53
7억 원	410	70
8억 원	1,050	88
9억 원	1,260	105
10억 원	1,470	123
11억 원	1,680	140
12억 원	1,890	158
13억 원	2,100	178
14억 원	2,310	193
15억 원	2,520	210
16억 원	2,730	228
17억 원	2,940	245
18억 원	3,150	263
19억 원	3,360	280
20억 원	3,570	298

월세는 그래도 매월 들어오는 소득이 있으니 납부하는 부분에 대해 납득한다 해도 전세 보증금은 만기가 되면 되돌려주는데 왜 세금을 내야 하는지 이해가 안 된다는 사람도 많습니다. 하지만 법은 이제 부과를 시키겠다는 것입니다. 고가 2주택자나 3주택자 이상은 간주임대료를 부과해야 합니다. 보증금 12억 원에 전세를 놓았다고 가정하면 매월 158만 원의 월세를 받는 것으로 간주해서 임대소득세를 부과한다는 것이지요.

여기서도 "나는 3주택 이상인데 임대소득세를 납부한 적 없다"는 분도 있을 것입니다. 정확하게는 납부해야 하는지도 몰라서 안 내고 있었고, 과세 관청에서도 행정력의 한계로 부과를 안 시키거나 정확하게는 임대 현황을 몰라서 부과 못 시킨 건들도 있었는데요. 이제 마지막으로 임대소득세 과세를 위한 마지막 키워드가 등장합니다.

문재인 정부 시절 임대차 3법을 추진했습니다. '전월세 상한제', '계약갱신청구권제', '임대차 신고제'입니다. 여기서 부작용은 차치하더라도 앞의 2개는 세입자를 위한 사항입니다. 다만 임대차 신고제는 세입자 보호와는 전혀 무관한 내용인데 왜 이게 들어가 있는가? 법적으로 임대소득도 과세 대상이지만 실질적으로 민간에서 진행되다 보니 과세를 하기 위한 자료를 얻기 어려웠는데, 임대차 계약 신고를 의무화함으로서 과세의 기초 자료를 확보하기 위한 것입니다. 신고제가 도입되었지만 계속 계도기간을 늘리면서 유예하다가 2025년 6월부터 임대차 계약 이후 미신고시 과태료를 부과하는 쪽으로 결정했습니다. 이제 2026년부터 본격적인 임대차에 대한 과세가 시행되기 시작하면 해당 임대소득세도 쟁점으로 떠오를 것으로 보입니다.

이렇게 임대차 시장이 혼란스러워지기 시작하면서 전월세 가격이 상승하기 시작하면, 마지막 화룡점정으로는 계약갱신청구권을 기존 1회에서 더 늘리는 쪽으로 갈 것으로 보입니다. 이게 단기적으로는 세입자를 위한 권익 보호로 보이지만, 임대차 시장의 왜곡만 더 키우게 됩니다. 가장 근본적으로 공공임대 물량은 한 자릿수인데, 민간 임대 시장을 위축시키면 무주택자가 갈 곳이 없어진다는 것은 변함이 없기 때문입니다.

이번의 10.15대책 역시 전세 규제라고 볼 수 있습니다. 결국 현 정부도 실거주자만 집 사라는 쪽으로 가게 됩니다. 조정대상지역이 지정됨으로써 앞으로 신규 취득하는 사람들은 1세대 1주택 비과세를 받기 위해서 실거주 2년을 해야 합니다. 물론 세금 걱정하지 말라고 애초에 토지거래허가구역도 같이 지정해줘서 애초에 실거주할 사람만 허가

•10.15 부동산 대책 규제 지역 현황

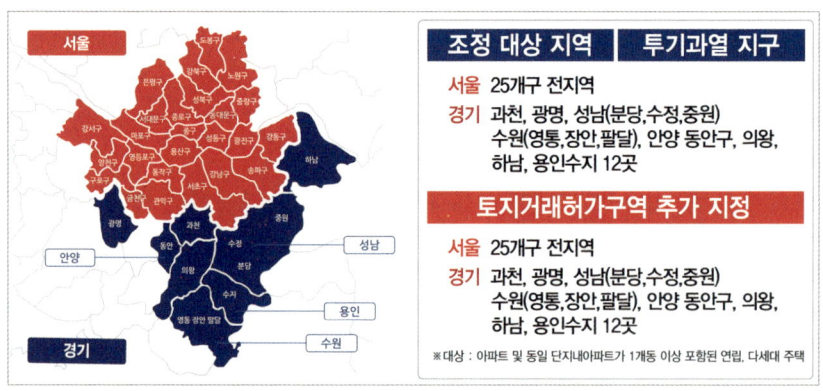

해줍니다. 그러면 어떻게 될까요? 이미 강남에서는 전월세 가격이 급격하게 오르고 있습니다. 모두 실거주할 사람만 구매하다 보니 전월세가 나올 수가 없습니다. 신규 매매 계약 건들은 모두 실거주를 하니 당연히 공급이 될 수가 없고, 종전 임대차 물건들도 소유주가 매도하고 싶다면 공실을 만들어야만 처분할 수 있다 보니 임대 물량이 계속 줄어들게 됩니다.

분명 대책 하나하나는 그런 의도가 아니었을 수 있지만, 모든 것을 종합해보면 전월세 탄압으로 귀결됩니다. 전월세 물량이 줄어들면서 임차 비용이 증가하게 되었을 때 그 타격은 임대인보다는 무주택 서민일 가능성이 높습니다. 분명 전월세 가격이 뛰기 시작하면 세입자를 보호한다면서 또 「주택임대차보호법」을 개정해서 계약갱신청구권의 횟수를 늘리는 등의 대책이 나올 것입니다. 그러면 또 임대차 시장이 혼란스러워질 것입니다. 길게는 안 적겠지만 핵심은 기존의 보호받는 세입자는 저렴하게 장기 거주할 수 있겠지만, 이사나 상경, 분가 등 새로 임대차를 구해야 하는 세입자는 안 그래도 없는 물량이 더 줄어들면서 전월세가 폭등하게 될 것입니다. 여기서도 모아놓은 자금이 부족한 사회 초년생들이 더 피해를 받게 되는 것이죠.

무주택자들도 갈라치기를 해서 기득권 세입자와 신규 세입자를 구분하게 될 것입니다. 그래서 내 집 마련을 이미 하신 분들도 자녀 걱정을 하면서 자녀 앞으로 부동산을 미리 사두시는 분들이 많습니다. 특히 자녀가 어릴수록 재개발과 같이 시간이 지나면서 신축 아파트가 될 투자를 많이 해주죠. 나는 물론 자녀를 생각했을 때 앞으로 우리 가족의 주거 안정을 위한 길이 무엇인지 곰곰이 생각해보면 좋겠습니다.

LH 중심의 '공공'사업 확대

9.7 부동산 대책은 공급대책이지만 많은 비판을 받았습니다. 실질적으로 원하는 공급이 없다는 것입니다.

당장 3기 신도시의 경우도 민간 분양 물량을 줄이고 공공사업으로 전환하겠다고 발표했습니다. 임대주택 물량이 증가하는 것도 있고요. '이러한 공급이 필요 없다', '나쁘다'는 것은 아닙니다. 문제는 시장 참여자들이 원하는 공급인지는 의문이라는 것이죠. 누군가는 이렇게 평가하더군요. "마이카를 원한다고 했더니 공유자동차만 찍어내면서 해

• 9.7 주택공급 확대방안

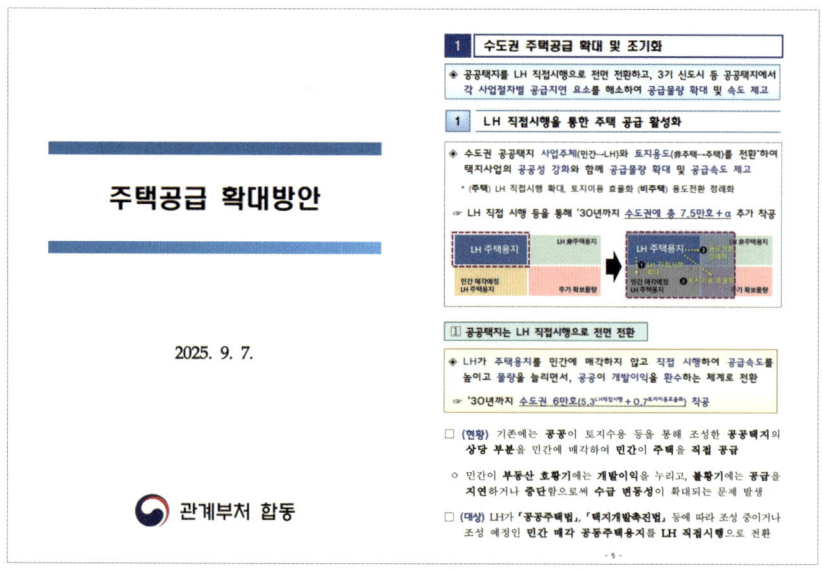

결했다고 말한다." 결국 이도 공급은 공급이겠지만 현 정부의 공급과 내 집 마련을 원하는 수요자들 간의 간극을 보여주는 사건입니다.

이게 3기 신도시 등 택지개발사업에서만 끝나지 않는다는 것입니다. 9.7대책에서는 '도심공공주택복합사업 시즌 2'라고 말하면서 공공재개발, 공공재건축을 본격적으로 다시 재추진할 것을 밝혔는데요. 이게 잘 추진될지는 의문입니다.

정비사업이라는 큰 틀에서 보면 그간 민간에서 진행하던 재개발과 재건축 사업이 있었습니다. 이를 2020년 5.6 부동산 대책, 8.4 부동산 대책을 통해 공공재개발, 공공재건축 사업이 도입되었죠. 그런데 2021년 2.4 부동산 대책의 도심공공주택복합사업은 전혀 다른 성격의 내용이었습니다. 기본적으로 2.4 부동산 대책에서 발표된 것도 공공재개발이긴 합니다만, 5.6 부동산 대책의 공공재개발과의 구분을 위해 도심공공주택복합사업이라고 부르도록 하겠습니다.

• 정비사업의 종류

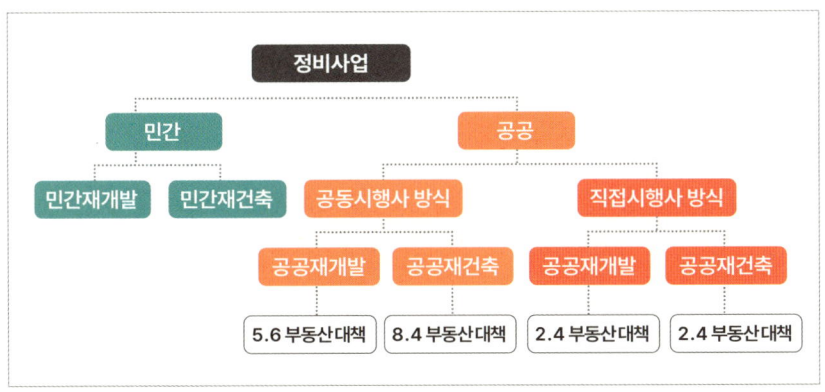

우선 사업 구조 자체가 완전히 다릅니다. 공공재개발까지만 해도 LH가 참여하더라도 조합 방식의 주민들과 함께 하는 공동시행자 방식이었습니다. 그러나 도심공공주택복합사업은 조합은 해산되고 LH가 직접 추진하는 직접시행자 방식입니다. 주민협의체가 남아있다고는 하지만, 조합 방식과 다르게 조합원들이 직접적인 의사 전달 및 의결권을 행사할 수가 없는 구조로 주민들의 의견들을 반영해서 한다는 것을 보여주기 위한 형식적인 단체에 불과합니다. 사실상 LH가 다 진행한다는 것에 대한 반감부터가 다릅니다.

법도 다릅니다. 공공재개발까지만 해도 「도시 및 주거환경정비법」으로 진행하다 보니 용어와 절차가 동일해 주민들의 이해도도 높고, 받아들이는 것도 빨랐던 것과 달리 도심공공주택복합사업은 2025년에 「도심복합개발 지원에 관한 법률」이 제정되긴 했지만, 기존에 진행하던 사업지역들은 「공공주택 특별법」으로 진행하고 있습니다. 해당 「공공주택 특별법」은 대표적으로 3기 신도시 사업 등을 진행하는 사업으로 용어와 절차의 생소함만 있는 것이 아니라 주민들의 권익도 무시되는 법률이었습니다. 어찌 보면 당연한 것이 3기 신도시 발표를 하면서 농지 주민들의 의견을 물어보고 진행하는 게 아니라 강제 수용하는 사업인 것이죠. 이를 도심지에서 진행하겠다는 것입니다.

마지막으로 분양 자격에 대해서도 문제가 있습니다. 처음 2.4대책을 발표했을 때에는 2021년 2월 4일 이후 신규 매매 계약한 사람은 모두 청산시키겠다고 하자 난리가 났습니다. 어디가 후보지로 지정될지도 모르는 상태에서 빌라를 매수했다가 청산당하는 선의의 피해자가 나타날 수 있기 때문입니다. 이후 몇 차례 분양 기준을 변경했지만, 근본적으로 「도시정비법」상 재개발은 권리산정기준일을 만들어서 그 이후로 비경제적인 신축 행위나 필지 분할 등 일명 '쪼개기'를 막는 식으로 움직이지, 거래 자체를 막는 식으로 가지 않는 것도 큰 차이점입니다.

현금 청산 논란이 이슈가 되자, 당시 변창흠 전 국토교통부 장관은 "법적으로 문제 될 게 없다"라고 밝혔습니다. 오히려 현금 청산이 원칙이고 현물 보상이 예외인데, 당연히 분양 자격을 받으려고 하는 게 문제인 것처럼 본 것이죠. 사실 3기 신도시 같은 경우도 현금 청산이 원칙인 것은 맞습니다. 그런데 이를 도심지에 지정하는 게 맞냐 그르냐를 떠나서 너무 당당하게 이야기하니 LH가 원주민들 토지를 강제 수용해서 공공사업을 진행하겠다는 말밖에 안 되는 것이죠. 이와 같이 도심공공주택복합사업은 시작부터 논란이 컸었고, 법과 절차가 일반적인 정비사업과 전혀 다른 사업이라고 볼 수 있습니다.

공공재개발이든 도심공공주택복합사업이든 큰 틀에서의 접근은 그럴듯해 보입니다. 빠른 사업 속도를 제시하고, 공공이 지원해주니 투명하며, 빠른 인허가, 용적률 인센티브를 통한 사업성 확보 등 말만 들어보면 선택 안 하는 게 이상할 정도로 이상적인 제안을 합니다. 하지만 공공사업의 본질적인 문제점이 있습니다. 각자의 입장이 너무 다르다는 것입니다.

단적인 예시를 들어보겠습니다. 조합이 재개발 사업을 추진하는 목적이 무엇일까요? 누구를 위하고 누구를 대변하려고 할까요? 당연히 퀄리티 좋은 아파트를 만들고, 조합원을 위해 움직일 것입니다. 한마디로 조합원들의 재산 가치를 위해 움직이는 것이고, 조합원들은 물론 조합장도 해당 조합 물건의 소유자 중에서 선출하게 됩니다. 그런데 반대로 LH나 국토교통부가 공공재개발을 진행하려는 목적은 무엇일까요? 조합을 도와주려고? 그러면 기존의 민간재개발에서도 도와줘도 되는 것 아닐까요? 굳이 공공재개발을 만들어서 별도로 가려는 이유가 무엇일까요? 쉽게 말하면 '숟가락을 올리기 위해서'입니다. 일반적인 재개발과 달리 공공재개발을 추진한 것 자체가 정비사업 활성화를 위해서라기보다도 재개발 활성화는 마음에 안 들었는데, 도심 공급이 꼭 필요하다고 하니 공익을 같이 챙겨가며 하자면서 출발한 것이죠. 그러니 국토교통부와 LH가 주민들을 위해서 행동할 것인지 공익을 우선할 것인지를 생각해보면 쉽게 답이 나옵니다.

이렇게 말해도 이해가 어렵다면, 구체적인 예시를 줘보겠습니다.

민간재개발 또는 공공재개발에서는
임대주택의 비율을 최대한 높이려고 할까요? vs. 낮추려고 할까요?
일반분양가를 최대한 높게 받으려고 할까요? vs. 낮게 받으려고 할까요?

이제 문제점을 파악할 수 있을 것입니다. 민간사업에서는 당연히 조합원들의 이익을 극대화하기 위해서는 임대주택 비율을 낮추려고 할 것이고, 기부채납 비율도 낮추려고 할 것입니다. 일반분양가도 최대한 고분양가로 진행해서 조합원들의 분담금을 낮추려고 하겠지요.

그러나 정부나 LH는 입장이 다릅니다. 기껏 공공재개발이라고 하면서 움직였는데, 민간재개발보다 공공재개발의 임대주택 비율이 낮을 수 있을까요? 도심 공급이 부족해서 집값이 오른다고 하자 공공재개발을 지정했는데, 정작 분양가는 엄청 비싸다면 사람들이 좋아할까요? 3기 신도시처럼 저렴하게 분양할 것을 기대하지 않을까요? 애초에 해당 공공재개발 담당자는 최대한 임대 비율을 높이고, 분양가는 저렴하게 해야 승진 시 인센티브를 받지 않을지 생각해보면 됩니다.

한마디로 이해관계가 완전히 다릅니다. 민간사업이면 당연히 조합을 위한 최선의 방법으로 진행하려고 하겠지만, 정부는 민간에서 이익을 많이 보는 것을 좋아하지 않습니다. 애초에 담당자들부터가 조합원도 아니라 이익이 나든 손실이 나든 내 재산과 상관이 없으니 쉽게 말할 수 있겠지요.

애초에 이 사업을 바라보는 관점 자체가 서로 다르다는 것이 근본적인 문제점입니다. 여기에 공공재개발은 종상향과 용적률 인센티브를 준다고는 하지만 '용적률은 공짜가 아닙니다'. 기부채납이 수반되고, 임대주택을 넣어야 합니다. 임대주택은 여기서도 건설 원가도 반영되지 않아서 손실이 누적되게 됩니다. 그래서 실제로 앞서서 진행되는 공공재개발과 도심복합사업을 보면 용적률도 높아지고, 세대수도 크게 늘어났지만 막상 조합원 분담금은 대폭 증가한 상황을 알 수 있습니다. LH는 그나마 공공사업으로 갔으니 이 분담금이라고 주장하지만 공공으로 가면서 기부채납을 그렇게 많이 했음에도 분담금이 민간이랑 큰 차이가 안 나면 그냥 '내돈내산' 하면서 민간재개발로 하고 말지라는 생각을 하는 사람들도 있을 것입니다. 이상과 현실이 충돌하는 부분이죠.

이러한 공공사업이 앞으로 크게 증가할 것으로 보입니다. 신축 아파트 선호도가 높아지면서 분명 재개발·재건축을 원하는 사람들이 많을 것인데, 재개발·재건축 활성화를 시켜주긴 하겠지만 "맨입으로는 안 되고 공공재개발, 공공재건축으로 진행하면 허락해줄게" 이럴 가능성도 높다고 봅니다.

정비사업 지연

이번 10.15 부동산 대책으로 타격을 받은 것은 정비사업입니다. 극심한 혼란이 예상되는데요. 바로 투기과열지구 확대 때문입니다. 투기과열지구 지정 시 정비사업 규제가 추가되게 되는데, 대표적으로 '조합원 지위 양도 금지' 규정과 '5년 재당첨 금지' 규정이 있습니다.

우선 조합원 지위 양도 금지 규정은 투기과열지구의 재건축은 '조합설립인가'로부터 재개발은 '관리처분인가'로부터 전매금지에 걸립니다. 사실 통상 전매금지라고는 부르지만 토지거래허가처럼 전매 자체를 막은 거면 그나마 더 낫습니다. 최소한 사고는 안 터질 거니까요. 전매는 되는데 조합원 지위 양도가 안 되는 것이 더 문제입니다. 소유권은 이전되었지만, 조합원 지위 이전은 안 된다는 말은 즉 현금청산자가 된다는 겁니다. 그 누가 현금 청산될 물건을 사려고 할까요? 이를 피하려면 개개인들이 더 정확하게 알아봐야 합니다.

대표적으로 1세대 1주택자로서 10년 보유, 5년 거주를 한 사람만

• 도시 및 주거환경정비법

제39조(조합원의 자격 등)
② 「주택법」 제63조제1항에 따른 투기과열지구(이하 "투기과열지구"라 한다)로 지정된 지역에서 재건축사업을 시행하는 경우에는 조합설립인가 후, 재개발사업을 시행하는 경우에는 제74조에 따른 관리처분계획의 인가 후 해당 정비사업의 건축물 또는 토지를 양수(매매·증여, 그 밖의 권리의 변동을 수반하는 모든 행위를 포함하되, 상속·이혼으로 인한 양도·양수의 경우는 제외한다. 이하 이 조에서 같다)한 자는 제1항에도 불구하고 조합원이 될 수 없다. 다만, 양도인이 다음 각 호의 어느 하나에 해당하는 경우 그 양도인으로부터 그 건축물 또는 토지를 양수한 자는 그러하지 아니하다. <개정 2017. 10. 24., 2020. 6. 9.>
  1. 세대원(세대주가 포함된 세대의 구성원을 말한다. 이하 이 조에서 같다)의 근무상 또는 생업상의 사정이나 질병치료(「의료법」 제3조에 따른 의료기관의 장이 1년 이상의 치료나 요양이 필요하다고 인정하는 경우로 한정한다)·취학·결혼으로 세대원이 모두 해당 사업구역에 위치하지 아니한 특별시·광역시·특별자치시·특별자치도·시 또는 군으로 이전하는 경우
  2. 상속으로 취득한 주택으로 세대원 모두 이전하는 경우
  3. 세대원 모두 해외로 이주하거나 세대원 모두 2년 이상 해외에 체류하려는 경우
  4. 1세대(제1항제2호에 따라 1세대에 속하는 때를 말한다) 1주택자로서 양도하는 주택에 대한 소유기간 및 거주기간이 대통령령으로 정하는 기간 이상인 경우
  5. 그 밖에 불가피한 사정으로 양도하는 경우로서 대통령령으로 정하는 경우

부 칙 (법률 제14943호, 2017. 10. 24.)
제1조(시행일) 이 법은 공포한 날부터 시행한다. 다만, 제48조제2항제7호의 개정규정은 2017년 11월 10일부터 시행하고, 제19조제2항의 개정규정은 공포 후 3개월이 경과한 날부터 시행하며, 법률 제14567호 도시 및 주거환경정비법 전부개정법률 제39조제2항, 제72조제6항, 제73조제1항 및 제76조제1항의 개정규정은 2018년 2월 9일부터 시행한다.
제2조(주택재개발사업·도시환경정비사업의 조합원 자격 취득 제한 적용례) 제19조제2항 본문의 개정규정은 같은 개정규정 시행 후 최초로 사업시행인가를 신청하는 경우부터 적용한다.

• 도시 및 주거환경정비법 시행령

제37조(조합원)
① 법 제39조제2항제4호에서 "대통령령으로 정하는 기간"이란 다음 각 호의 구분에 따른 기간을 말한다. 이 경우 소유자가 피상속인으로부터 주택을 상속받아 소유권을 취득한 경우에는 피상속인의 주택의 소유기간 및 거주기간을 합산한다.
  1. 소유기간: 10년
  2. 거주기간(「주민등록법」 제7조에 따른 주민등록표를 기준으로 하며, 소유자가 거주하지 아니하고 소유자의 배우자나 직계존비속이 해당 주택에 거주한 경우에는 그 기간을 합산한다): 5년
② 법 제39조제2항제5호에서 "대통령령으로 정하는 경우"란 다음 각 호의 어느 하나에 해당하는 경우를 말한다. <개정 2020. 6. 23.>
  1. 조합설립인가일부터 3년 이상 사업시행인가 신청이 없는 재건축사업의 건축물을 3년 이상 계속하여 소유하고 있는 자(소유기간을 산정할 때 소유자가 피상속인으로부터 상속받아 소유권을 취득한 경우에는 피상속인의 소유기간을 합산한다. 이하 제2호 및 제3호에서 같다)가 사업시행인가 신청 전에 양도하는 경우
  2. 사업시행계획인가일부터 3년 이내에 착공하지 못한 재건축사업의 토지 또는 건축물을 3년 이상 계속하여 소유하고 있는 자가 착공 전에 양도하는 경우
  3. 착공일부터 3년 이상 준공되지 않은 재개발사업·재건축사업의 토지를 3년 이상 계속하여 소유하고 있는 경우

전매가 됩니다. 이는 세법과 달라서 일시적 2주택이니 상속주택이니 시골 농가주택이니 하나도 안 통합니다. 진짜 1주택자만 됩니다. 또한 일명 3/3/3이라고 해서 조합설립인가로부터 3년간 사업시행인가 신청이 없거나, 사업시행인가로부터 3년 내 착공하지 못했거나, 착공으로부터 3년 내 준공되지 않을 때만 전매가 됩니다. 여기서부터도 좀 '쎄한' 느낌이 들 겁니다. 사업이 지연돼야지만 거래가 된다는 것은 사업 지연 요소가 생길 수도 있다는 것이지요.

추가로 모아타운도 많이들 물어보는데 가로주택정비사업은 조합설립인가 이후로 전매가 막힙니다. 전매 예외는 1세대 1주택자로서

• 빈집 및 소규모주택 정비에 관한 특례법 시행령

제22조 (조합원의 자격 등)

① 법 제24조제2항제4호에서 "대통령령으로 정하는 기간"이란 다음 각 호의 구분에 따른 기간을 말한다. 〈신설 2022. 8. 2.〉

　1. 소유기간: 5년

　2. 거주기간: 3년

② 제1항제2호의 거주기간은 「주민등록법」 제7조제1항에 따른 주민등록표를 기준으로 산정한다. 〈신설 2022. 8. 2.〉

③ 법 제24조제2항제5호에서 "대통령령으로 정하는 경우"란 다음 각 호의 경우를 말한다. 〈개정 2022. 8. 2.〉

　1. 조합설립인가일부터 양도일까지 제29조에 따른 사업시행계획인가(이하 "사업시행계획인가"라 한다) 신청이 없는 경우로서 그 기간이 2년 이상이고, 해당 사업의 건축물을 2년 이상 계속하여 소유하고 있는 경우

　2. 사업시행계획인가일부터 착공일까지 제21조에 따른 착공신고를("건축법」 제21조에 따른 착공신고를 말한다. 이하 이 항에서 같다)를 하지 않은 경우로서 그 기간이 2년 이상이고, 해당 사업의 건축물 또는 토지를 2년 이상 계속하여 소유하고 있는 경우

　3. 착공신고일 후 날부터 양도일까지 준공인가를 받지 않은 경우로서 그 기간이 3년 이상이고, 해당 사업의 토지를 3년 이상 계속하여 소유하고 있는 경우

　4. 국가·지방자치단체 및 금융기관(「주택법 시행령」 제71조제1호 각 목의 금융기관을 말한다)에 대한 채무를 이행하지 못하여 해당 사업의 건축물 또는 토지가 경매되거나 공매되는 경우

　5. 「주택법」 제63조제1항에 따른 투기과열지구로 지정되기 전에 건축물 또는 토지의 거래계약을 체결하고 투기과열지구로 지정된 후 「부동산 거래신고 등에 관한 법률」 제3조에 따라 부동산 거래신고를 한 경우

• 도시 및 주거환경정비법

제72조 (분양공고 및 분양신청)

⑥ 제3항부터 제5항까지의 규정에도 불구하고 투기과열지구의 정비사업에서 제74조에 따른 관리처분계획에 따라 같은 조 제1항제2호 또는 제1항 제4호가목의 분양대상자 및 그 세대에 속한 자는 분양대상자 선정일(조합원 분양분의 분양대상자는 최초 관리처분계획 인가일을 말한다)부터 5년 이내에는 투기과열지구에서 제3항부터 제5항까지의 규정에 따른 분양신청을 할 수 없다. 다만, 상속, 결혼, 이혼으로 조합원 자격을 취득한 경우에는 분양신청을 할 수 있다. 〈신설 2017. 10. 24.〉

부 칙 (법률 제14943호, 2017. 10. 24.)

제1조 (시행일) 이 법은 공포한 날부터 시행한다. 다만, 제48조제2항제7호의 개정규정은 2017년 11월 10일부터 시행하고, 제19조제2항의 개정규정은 공포 후 3개월이 경과한 날부터 시행하며, 법률 제14567호 도시 및 주거환경정비법 전부개정법률 제39조제2항, 제72조제6항, 제73조제1항 및 제76조제1항의 개정규정은 2018년 2월 9일부터 시행한다.

제4조 (투기과열지구 내 분양신청 제한에 관한 경과조치) 이 법 시행 전에 투기과열지구의 토지등소유자는 제46조제3항의 개정규정에도 불구하고 종전의 규정을 적용한다. 다만, 다음 각 호의 어느 하나에 해당하는 경우에는 그러하지 아니하다.

　1. 토지등소유자와 그 세대에 속하는 자가 이 법 시행 후 투기과열지구의 정비사업 구역에 소재한 토지 또는 건축물을 취득하여 해당 사업의 관리처분계획에 따라 제48조제1항제3호가목의 분양대상자로 선정된 경우

　2. 토지등소유자와 그 세대에 속하는 자가 이 법 시행 후 투기과열지구의 정비사업의 관리처분계획에 따라 제48조제1항제3호나목의 분양대상자로 선정된 경우

5년 보유, 3년 거주에 2/2/3이라는 점만 다릅니다.

　진짜 문제는 5년 재당첨금지와 함께 걸리면서 심화됩니다. 5년 재당첨금지 규정은 최초 관리처분인가로부터 5년간 분양 신청을 못 하도록 막은 사항입니다. 재개발·재건축을 여러 개 보유하지 말라는 것인데요. 여기서 둘 다 투기과열지구일 때 적용되는데, 이번에 투기과열지구가 강남3구 + 용산구에서 서울 전역 및 주요 경기권까지 확대된 만큼 문제가 심각해졌습니다.

　예를 들어 강남 재건축을 보유한 상태에서 여의도 재건축도 보유했다고 가정해보겠습니다. 5년 재당첨금지로 인해 분양 신청 시 현금청산의 위기에 빠진 것이죠. 청산당하기 싫으면 매도를 해야 하는데,

재건축의 경우는 조합설립인가만 나면 전매가 금지되니 처분 자체가 안 됩니다. 즉 앉은 자리에서 강제청산 당하게 생긴 것이죠. 재개발의 경우는 관리처분인가 후 전매금지이기 때문에 분양 신청 전 처분할 수 있는 기회라도 있지만, 재건축은 어떻게 할 수 있는 게 없습니다. 그 때문에 재건축 조합의 혼란이 생기게 됩니다.

퇴로가 막히면 사람들은 극단적으로 변합니다. "절이 싫으면 중이 떠나라"는 말도 있지만, 좋든 싫든 떠나려고 했더니 떠날 수가 없게 막힌 것이죠. 그러면 어떻게 할까요? 얌전히 청산당해야 할까요? 벌써부터 5년 재당첨금지에 대한 상담이 쏟아지고 있습니다. 해당 규정이 복잡하다 보니 본인은 규제 대상인 줄 알았지만 다행이 아닌 사람도 있고, 안타깝지만 피해 갈 수 있는 방법이 없는 분도 있습니다.

그런데 여기서 5년만 어떻게든 버티면 된다고 생각하는 사람도 있습니다. 이미 3년이 지난 상황이라 2년만 더 지나면 재당첨금지를 피할 수 있다 보니 조합에 고의로 소송을 걸어서 사업을 지연시켜야겠다는 이야기도 들었습니다. 당연히 전체 조합원들의 이익을 생각하면 안 되는 일이지만, 그분의 재산권을 생각하면 개인으로서는 분명 선택할 수 있는 옵션 중 하나죠. 당장 역지사지로 내가 보유한 재건축이 강제청산 당한다고 생각해보면 쉽습니다. 당장 몇백만 원에서 몇천만 원으로도 싸우는 사람들이 수두룩한데, 몇억에서 몇십억씩 달라지는 상황에서 "하하, 정책이 달라졌으니 어쩔 수 없지" 하면서 태연하게 받아들일 수 있는 사람이 얼마나 될까요?

이번 규제로 인해 가장 큰 타격을 받는 게 바로 재건축입니다. 조합

• 정비사업 조합원 지위 양도 금지 기간(현행)

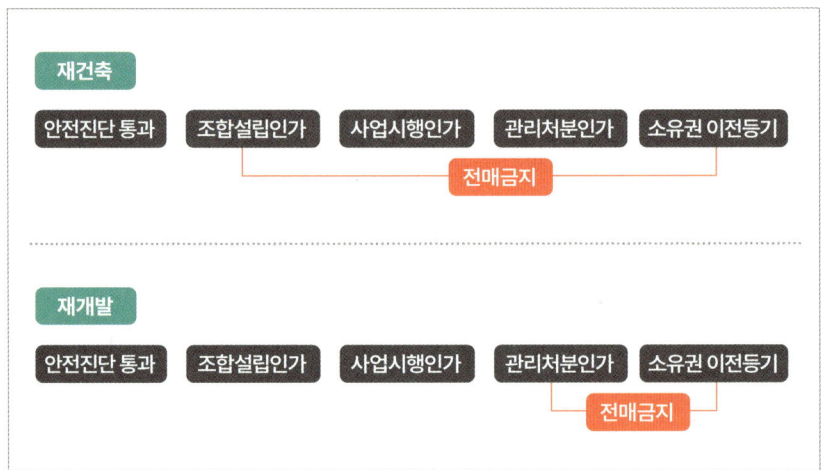

※ 투기과열지구 대상, 2018년 1월 24일 최초 사업시행긴가 신청 재개발조합은 전매금지 미적용

설립으로부터 전매금지가 워낙 긴 탓도 있는데, 5년 재당첨금지가 걸리면 팔지도 못하게 되기 때문에 분쟁의 여지가 더 높은데요. 여기에 재건축초과이익환수제도 걸립니다. 또한 토지거래허가구역은 '아파트'를 대상으로 하다 보니 전매금지 예외 사항이라 해도 실거주가 강제됩니다. 재개발·재건축 지역은 거주 환경이 열악하다 보니 투자로만 접근하는 사람이 많은데, 이러한 규제를 다 걸면서 어떻게 재건축 활성화를 하겠다는 것인지 의문입니다.

문재인 정부는 적어도 그럴 수 있었습니다. 왜냐하면 재개발·재건축을 규제의 대상으로 보았으니까요. 그런데 이재명 정부는 재개발·재건축 활성화를 이야기합니다. 당연히 이번 규제는 잘못되었습니다. 조정대상지역과 토지거래허가구역은 적어도 이해할 수 있습니다. 옳다고 생각하는 것은 아니지만 본인이 생각하는 정책적 방향성이 규제를 해야 하고 규제가 집값을 안정화시킬 수 있다고 생각하면 말이죠. 그런데 적어도 투기과열지구는 지정하면 안 되었습니다. 정비사업에 대한 규제는 투기과열지구에 적용되는데, 정비사업 활성화를 처음부터 말 안 하면 모를까 앞뒤가 전혀 다른 행동을 하는 것이죠.

정비사업 규제를 이어가면, 2026년부터 서울의 공급이 급감할 것으로 예상됩니다. 따라서 지금은 정비사업을 활성화해야 할 시점입니다. 그러나 6.27대책에서 이주비와 중도금 대출을 제한했고, 이번에는 투기과열지구까지 지정했습니다. 이런 상황을 종합해보면, 정비사업이 실제로 활성화되기는 요원해 보입니다.

이재명 정부의 부동산 정책을 예상하기에는 따져야 할 경우의 수가 많기는 합니다. 하지만 처음 너무 추상적이었던 상황보다는 조금씩 구체화되고 있습니다.

2025년 6월 대통령 당선 때만 해도 방향성을 잡기 어려웠습니다. 21대 대통령 선거 정책 공약집을 보면 부동산에 대한 사항은 딱 4줄이 전부였습니다. 규제보다는 공급 중심으로 하겠다고 하니 진짜 규제를 안 하고 공급에 집중하나 기대했지만, 이번 9.7대책에서 실질적인 공급에 대한 기대감은 접혔습니다. 규제를 안 한다고 했었지만, 이번 10.15대책으로 세금 규제뿐만 아니라 문재인 정부 때 없었던 토지거래허가구역 전면 확대 및 전세 규제까지 등장했습니다.

용적률, 건폐율 완화 등 재개발·재건축 활성화에 대한 사항도 앞에

'공공성 강화의 원칙'이 붙은 이유도 이해되기 시작합니다. 그냥 민간 정비사업에 혜택을 주기보다는 공공사업으로 유도하겠다는 의미로 볼 수 있는 것이죠.

이제는 구체적으로 퍼즐이 하나씩 맞춰지기 시작합니다. 정책이 옳고 그르고는 평가하지 않겠습니다. 현 정부는 이제 시작이니까요. 그런데 문재인 정부의 실패를 그대로 답습하지 않을까 하는 우려가 있는 것은 사실이긴 합니다. 특히 이렇게 공급이 제한되면 2026년부터 다가오는 공급 절벽이 본격적으로 찾아왔을 때 어떤 대응을 할지 의문도 듭니다. 오히려 문재인 정부 5년간 수없이 강화했던 정책을 한 번에 다 쏟아내기 시작하니 몇 번 더 대책이 나올 수는 있지만, 이제는 종전에 다 했던 대책들에서 어떤 참신한 대책이 나올지도 의문이긴 합니다.

다만 여기서 가장 확실한 사항은 있습니다. 현 정부도 시장 친화적으로 가기보다는 시장을 규제와 통제의 대상으로 바라보고 있다는 것입니다. 항상 규제는 단기적으로는 옥죄게 할 수는 있어도 장기적으로는 부작용만 더 키워왔습니다. 공급은 요원하고 신축 아파트 희소성만 커져서 '얼죽신', 즉 '얼어 죽어도 신축 아파트'라는 신조어만 더 공고하게 만들 것 같습니다.

재개발·재건축 투자 역시 정부가 지원해줘서 잘 갈 것이라는 기대보다는 이미 사업성이 명확하게 있는 곳들만 살아남고, 대지지분이 낮은 단지, 일반분양 세대수가 안 나오는 곳은 분담금 폭탄으로 사업 진행이 멈춰버릴 가능성이 높습니다. 앞으로는 옥석 가리기가 중요해지는 시대가 될 것으로 보고 있습니다.

가장 걱정스러운 부분은 앞으로 전월세 가격 상승이 눈에 보인다는 것입니다. 본격적으로 2026년부터 전월세 가격이 상승하면 무주택자 입장에서는 주거비 부담이 커질 수밖에 없습니다. 부동산 공부를 투자자만 하는 게 아니라 전 국민이 하지 않으면 안 되는 상황이 오고 있습니다. 이재명 정부는 본인이 옳다고 생각하는 길을 가려는 것 같습니다. 그 길 끝에 어떤 시장이 다가오는지는 시간이 지나고 보면 알 수 있을 것입니다. 여기서 가장 중요한 것은 이제는 투자도 투자지만 주거 안정을 위한 방법이 무엇인지를 진지하게 고민해보면서 부동산 시장에 접근해야 합니다.

항상 정부 정책이 발표될 때마다 유튜브 채널 '투미TV'에서 설명하고 있습니다. 그때마다 정책의 내용을 분석하고 왜 이런 정책을 펼치는지 생각해보면서 의도를 파악하기 위해 노력하는데요. 아직은 이재명 정부는 어떻게 간다고 말하기에는 불확실성이 크지만, 오늘 말한 사항에서 크게 벗어나지 않을 것 같다는 생각이 들긴 합니다. 개인적으로는 이 예상대로 안 가고 제발 좀 틀렸으면 하기도 합니다. 이재명 정부는 문재인 정부와는 달라서 시장 친화적인 정책을 펼치고 규제가 아닌 공급 중심으로 갔으면 하지만, 발표되는 대책의 내용과 진보 인사들의 발언들을 보면 오히려 너무 뻔하게 예상한 수순으로 가는 것 같아 두렵기까지 합니다. 여러분들도 이 글을 참고해본 뒤 정부 인사들의 발언과 대책을 찬찬히 다시 보면 뭔가 새롭게 보이는 것이 있으리라 생각합니다. 앞으로의 5년간의 부동산 정책 방향성을 예측하는 데 있어, 조금이라도 도움이 되셨으면 좋겠습니다.

강화된 규제가
완화된 유동성과
부딪힐 2026년

트루카피 유수홍

- 일전 외국계 광고회사 임원
- 현 도서출판 트루카피 에디터
- 동국대학교 겸임교수

아직은 유동성이 지배하는 자산 시장

다음 페이지의 그래프는 미국 골드만삭스의 파이낸셜 컨디션 인덱스입니다. 위로 가면 금융 긴축 환경이 되고, 아래로 가면 금융 완화가 되죠. 지금은 보시는 것처럼 완화 쪽으로 향하고 있습니다.

그런데 이 그래프를 180도 뒤집으면 매우 눈에 익은 모습이 나타납니다. 바로 서울 아파트 시황입니다.

2022년 급락해 2023년 반등을 하고, 그해 연말에 조정을 받았던 것,

2024년 다시 상승세를 보이다가 후반기에 정체한 것과

2025년엔 이전보다 강한 상승세를 나타내는 것-

골드만삭스 파이낸셜 컨디션 인덱스는 아직 부동산을 비롯한 자산

• 미국 골드만삭스의 파이낸셜 컨디션 인덱스

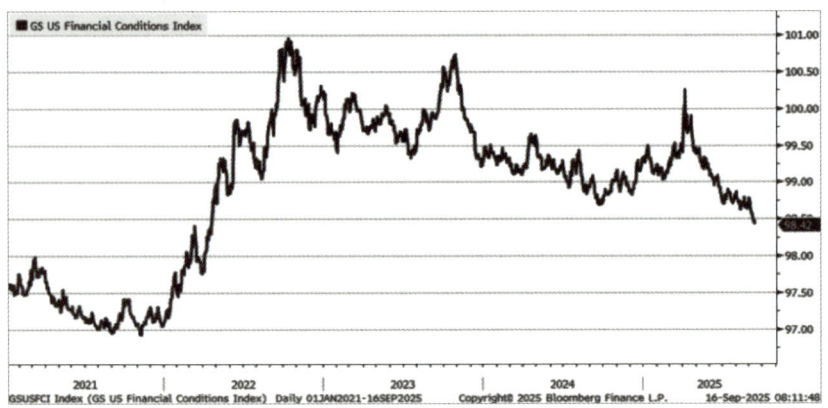

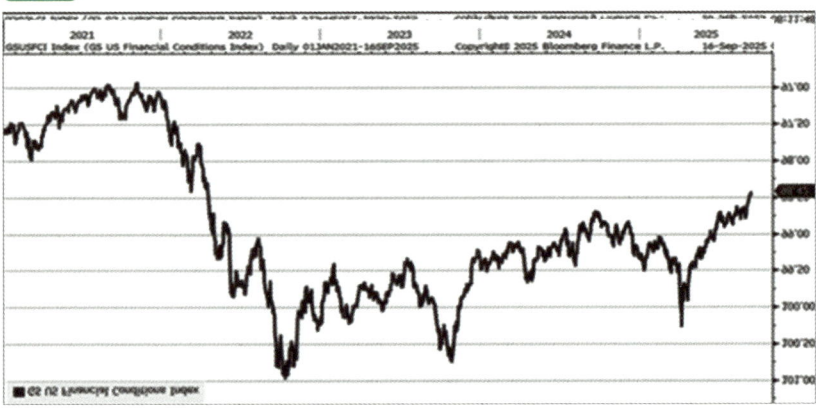

시장이 금융, 즉 유동성의 강한 영향력 아래 놓여 있음을 말해주고 있습니다.

　우리는 흔히 유동성을 대출 하나만으로 평가하지만 시장에 흘러들어오는 유동성의 경로는 다양합니다. 2025년 상반기 강남 아파트 매수 자금 출처 중에서 눈에 띄는 증가세를 보인 것은 미국 주식 매도자금과 코인 매도자금이었습니다. 부모님의 자금 지원도 부쩍 증가했죠.

세계 금융의 중심은 미국입니다. 미국에서 금융 완화가 이루어지고 유동성이 증가하면 그중 일부는 여러 루트를 통해 한국 등에도 유입됩니다. 우리가 그 경로를 자세히 알기는 힘듭니다. 하지만 확실한 것은 미국이 금융 완화 환경에 있을 때 한국도 유동성 증가 현상을 보였다는 것입니다.

그리고 부동산 시장도 그 영향을 받습니다. 골드만삭스 파이낸셜 컨디션 인덱스는 그 영향을 잘 보여주는 좋은 예라 하겠습니다.

금리에도 사이클이 있다

사실 2022년 이전의 시장은 금리에 조금 둔한 편이었습니다. 금리가 주택 시장에 별반 영향이 없다고 주장하는 분들도 꽤 계셨을 정도죠. 하지만 2022년 중반 이후 금리 급등장세가 펼쳐지고, 그해 가을 레고랜드 사태를 전후해 시장에서 유동성이 메마르기 시작하자 그런 주장은 이제 온데간데없이 사라졌습니다.

2022년 중반 한국의 기준금리는 전년 동기 대비 250%나 오르는 기염을 토했습니다. 쉽게 말하자면 이자가 한 해 사이 2.5배나 급등한 거죠.

이번에도 그래프를 한 번 뒤집어보겠습니다.

• 한국은행 기준금리 % 전년 동기 대비 증감률

반전

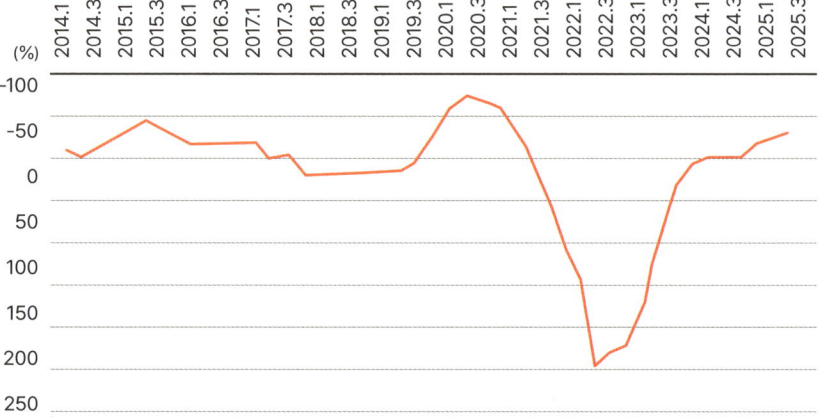

2020년 코로나19 이후 금리가 급강하하며 자산 시장이 급등했던 것과 2022년 급락장세가 금리 추세를 따라 오롯이 나타납니다.

그렇다면 앞으로 금리는 어떻게 변화할까요. 아직은 미국 관세 등으로 인플레이션 우려가 잔존하고 있기는 하지만 글로벌 전체 트렌드로 보면 금리는 하향세를 보이고 있습니다.

아래 그림에서 붉은색은 전 세계 중앙은행 중 금리를 인하 중인 곳들의 비중입니다. 파란색은 반대로 금리를 올리는 곳들이죠.

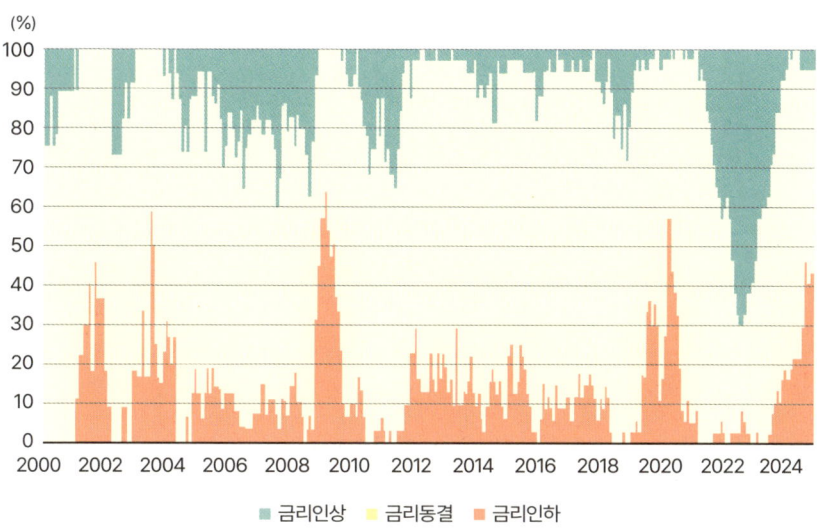

현시점 글로벌 기준금리는 2001년 닷컴버블 붕괴 이후, 2009년 서브프라임 직후, 그리고 코로나19 사태 발발 이후와 비슷한 수준입니다. 우리는 지금 역사적으로 상당히 강한 금리 인하 추세 와중에 있습니다.

금리는 사이클처럼 주기적으로 오르고 내리는 특성을 지닙니다. 지금은 금리 인하기에 속하며, '당분간'은 이 추세가 유지될 것으로 보입니다. 여기에서 '당분간'이란 미국이 금리 인하를 추구하는 기간을 뜻하며 적어도 2026년 11월 미국 중간선거까지는 인하 추세가 유지될 것이란 의견이 많습니다.

지금처럼 금리 인하에 참여한 중앙은행 비중이 높았던 시기에 나타난 부동산 시장 특성을 보겠습니다.

- **2001년: 경기침체로 부동산 시장 몇 개월간 정체 후 급등**
- **2008년: 금융위기 이후 금리 급락하며 부동산 시장 2009년부터 반등**
- **2020년: 코로나19 위기 이후 금리 급락하며 유동성 증가. 부동산 시장 급등**

미국의 경우 트럼프 대통령의 연준(연방준비제도)에 대한 금리 인하 압박이 계속될 것으로 보입니다. 그나마 금리를 올릴 것 같았던 일본도 '여자 아베'로 불리는 다카이치 사나에가 신임 총리로 선출되면서 오히려 돈을 더 풀 가능성이 커지고 있습니다.

자산 시장의 호황과 별개로 세계 국가들은 고금리 후유증인 경제 침체에 시달리고 있습니다. 한국은행의 경우 부동산 시장 때문에 고민은 되겠지만 그렇다고 해서 금리 인하를 안 하지는 않을 것입니다.

만약 미 관세 부가로 인한 수출 문제가 발생한다면, 오히려 금리 인하 폭이 커질 수도 있죠. 대신 한국은행에선 정부 측에 부동산 시장으로 유동성이 들어가지 못하게 하는 대책을 요구하겠지만 말입니다.

다음 자료는 관세청 월간 수출 증감률과 한국은행 기준금리를 비교해본 것입니다. 수출이 감소하는 시기엔 거의 예외 없이 금리 인하가 있었습니다.

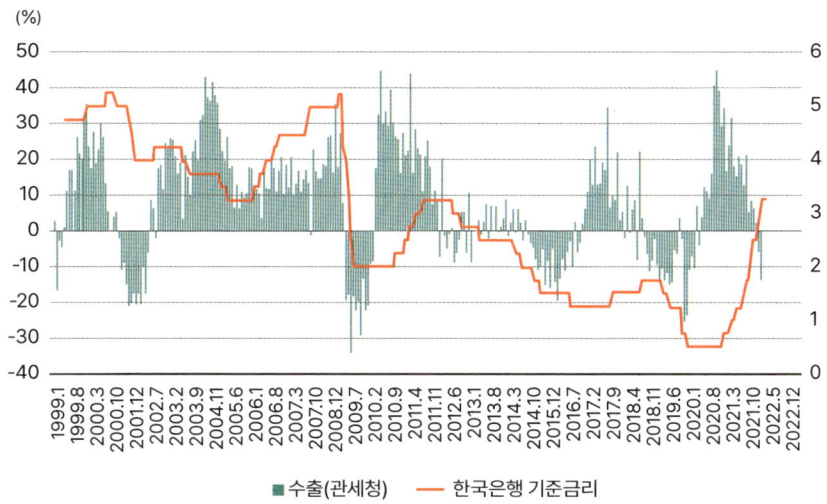

■ 수출(관세청) ─── 한국은행 기준금리

글로벌 금리 트렌드를 나타내는 또 다른 자료를 보도록 하겠습니다.

다음 그림에서 파란 선은 금리를 내린 중앙은행 비중, 빨간 선은 금리를 올린 중앙은행 비중입니다. 금리도 이와 같이 상승과 하락이 교차하는 사이클을 가지고 있습니다.

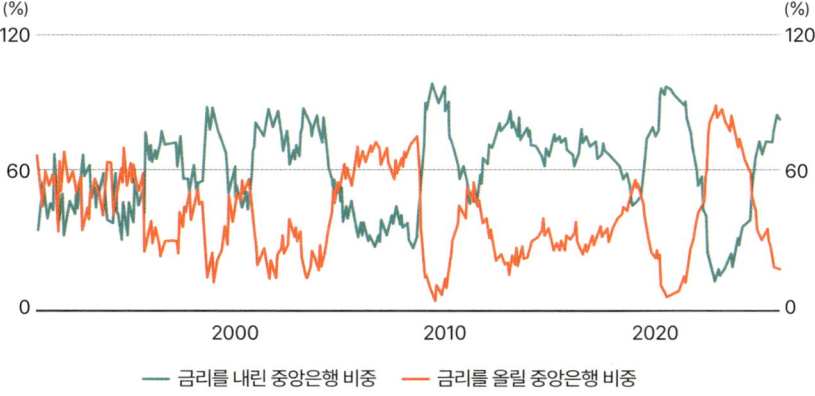

─── 금리를 내린 중앙은행 비중 ─── 금리를 올릴 중앙은행 비중

우리가 주목해야 하는 것은 파란 선이 올라가는 전환점입니다.

- **1996년: 부동산 시장 상승**

- **1998년 후반~1999년: 부동산 시장 반등**

- **2001~2002년: 부동산 시장 정체(경기침체 영향) 후 급등**

- **2008년 후반~2009년: 부동산 시장 반등**

- **2013년: 수도권 부동산 시장 바닥 탈출**

- **2020년 코로나19 이후: 부동산 시장 급등**

위 전환점에서 부동산 시장이 약세를 보인 적은 별로 없습니다.

과거 시점과 비교해보면 지금은 부동산 시장이 강세를 보였던 지점과 유사한 금리적 특성을 나타냅니다. 그 특성을 잘 보여주는 다른 자료를 하나 더 보겠습니다.

표시된 지점은 국채금리가 기준금리보다 낮은 시기입니다. 붉은 선 3년물 국채금리, 즉 시장금리가 파란 선 기준금리 아래로 내려온 시점은 높은 확률로 부동산 시장이 강세를 보였습니다.

- 2013년 초반의 낙폭과대장세와 그 이후의 재상승
- 2016년 전국적인 상승장
- 2019년 후반부터의 상승장
- 그리고 지금

한국은행도 금리 인하로 인한 부동산 상승기로 보는 중

한국은행 보고서에선 그간의 기준금리 인하가 공급 부족, 강하지 않은 규제, 기대심리 상승 등과 함께 2025년 상반기 수도권 주택 가격 상승에 영향을 미쳤다고 분석하고 서울 아파트 가격 상승에서 금리가 차지하는 비중을 약 26% 정도로 평가했습니다. 상승 기대심리도 금리와 별개일 수 없다고 보면 거의 절반 정도의 비중입니다.

한국은행의 또 다른 보고서에서는 최근 서울 아파트 가격 상승기를 크게 세 시기로 분류하고 각 시기별 상승요인을 분석했는데, 여기에서도 금리의 비중은 상당합니다.

• 서울 아파트 가격 상승요인 분해*

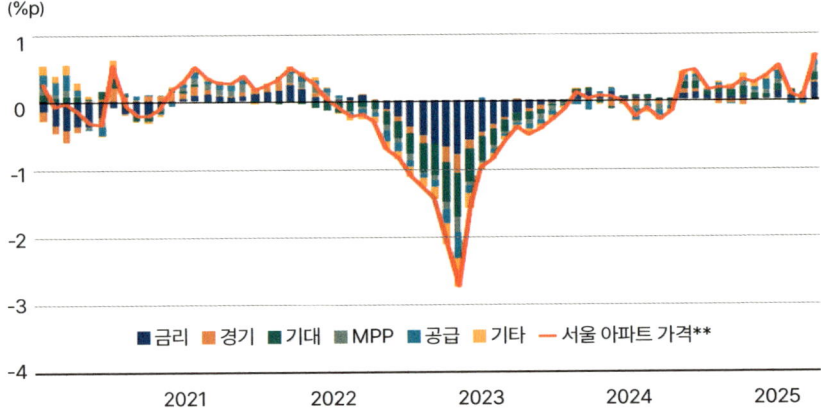

* 베이지안 VAR 모형(2014년 1월~2025년 6월 중 아파트매매가격, GDP갭(월별보간), 콜금리, 입주물량(향후 2년), MPP 지수, 서울주택 가격전망 CSI로 구성)에 부호제약과 단기제약을 부여해 구조적 충격 식별 후 역사적 분해

** 전월대비 상승률의 장기평균 대비 격차

자료: 한국은행

• 서울 아파트 가격 상승기

구분	기간	기간 중 상승률(%)	
		월평균	누적
상승기 I	2017년 10월~2018년 11월	0.66	9.3
상승기 II	2019년 10월~2022년 4월	0.45	14.0
· (II-①)	(2019년 10월~2020년 4월)	0.54	3.8
· (II-②)	(2020년 7월~2022년 4월)	0.47	10.3
상승기 III	2023년 8월~2025년 8월	0.43	10.4
· (III-①)	(2023년 8월~2024년 4월)	0.24	2.2
· (III-②)	(2024년 6월~2025년 8월)	0.55	8.2

자료: 저자 시산

한국은행이 분류한 최근 상승기 중에서 2019년 10월~2020년 4월
엔 금리가 상승요인 중 차지하는 비중이 42.3%나 됩니다.

그런데 그다음으로 비중이 높은 기간이 바로 지금입니다.

• 서울 아파트 가격 상승기 중 요인별 기여율(%)

구분	경기	금리	수급·심리
상승기 I	-23.1	-2.0	42.4
상승기 II	24.7	0.8	36.0
· (상승기 II-①)	-33.1	42.3	71.4
· (상승기 II-②)	53.3	-18.5	23.6
상승기 III	-25.3	19.2	20.0
· (상승기 III-①)	-33.8	4.9	-45.5
· (상승기 III-②)	-20.8	22.3	36.2

자료: 저자 추정

상승기 II-①에서도 경기가 좋지는 않았지만 금리와 수급이 시장
을 밀어 올렸는데, 현시점인 III-②도 그때와 마찬가지로 경기는 침
체지만 금리와 수급·심리가 상승으로 작용하고 있다는 특징이 있습
니다.

금리와 수급이 상승 쪽으로 돌아서면 경기가 좋지 않은 시기에도
부동산이 크게 상승한다는 걸 한국은행이 인정한 셈입니다.

• 가계대출금리* 전체 분포

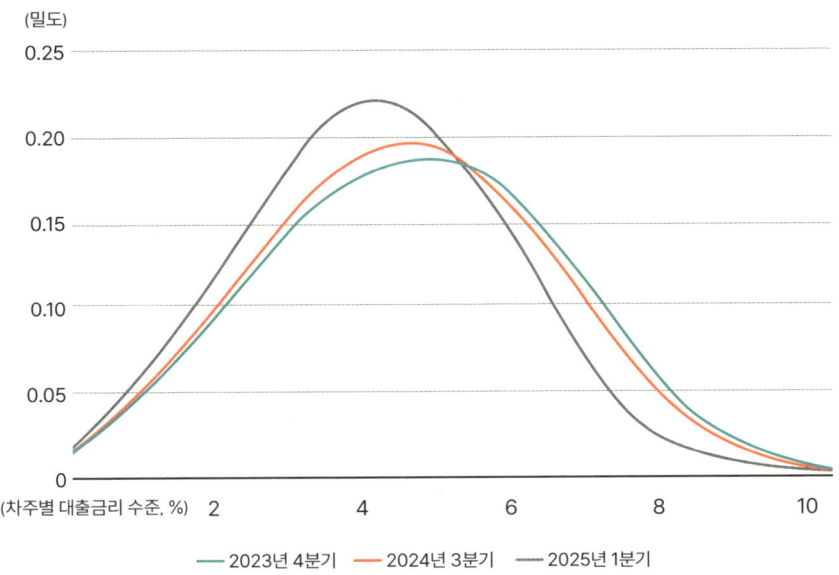

(밀도)

* 가계부채DB상 이자상환액 정보가 있는 차주의 부채잔액 대비 이자상환액

자료: 가계부채DB

한국은행 자료를 보면 가계대출을 받은 분들의 대출금리가 2023년, 2024년에 비해 꾸준히 낮아지고 있다는 것도 확인이 가능합니다. 한국은행에 의하면 2025년 1분기 가계가 실제 부담한 대출금리는 2023년 4분기와 비교했을 때 전 부문에서 0.25~0.68% 정도 하락했습니다.

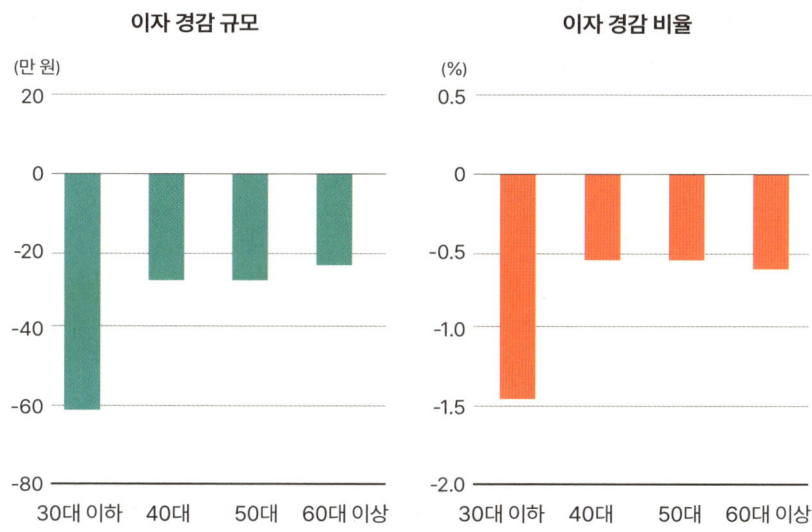

• 금리 인하에 따른 연령별 이자 경감 규모 및 소득 대비 이자 경감 비율

이자 경감 규모

(만 원)

이자 경감 비율

(%)

연령대별로 보면 금리 인하에 따른 수혜는 30대 이하에서 크게 나타납니다. 최근 들어 30대가 다소 공격적으로 첫 집 매수에 나서고 있는 것과 어느 정도 매치가 된다고 하겠습니다.

물론 한국은행이 부동산 시장 상승을 그냥 지켜보고 있자고 이런 자료를 만든 것은 아닙니다. 위 내용 중 주요 부분은 2025년 9월 발간된 BOK 이슈노트 26호에 담겨 있는데, 참고로 해당 이슈노트의 주안점은 금리와 수급으로 인해 서울 아파트 상승세가 더욱 가열될 가능성이 크니 선제적인 거시건전성 정책 강화가 필요하며, 만약 선제 조치 없이 금리 인하가 될 경우 주택 가격 상승 기대가 확산될 것이라는 점이었습니다.

제2025-26호   BANK OF KOREA

BOK 이슈노트

2025년 9월 21일

거시건전성정책의 파급영향 분석 및 통화정책과의 효과적인 조합

최창훈	추동호	윤진운	이가은
한국은행 경제모형실	한국은행 경제모형실	한국은행 경제모형실	한국은행 경제모형실
거시모형팀 과장	거시모형팀 과장	거시모형팀 조사역	거시모형팀 조사역
Tel. 02-759-4226	Tel. 02-759-4248	Tel. 02-759-4176	Tel. 02-759-4170
coolingfan83@bok.or.kr	dhchoo@bok.or.kr	jinwoon@bok.or.kr	gel1018@bok.or.kr

위 보고서가 발표되고 나서 한국은행 총재가 금리 인하 전에 추가 부동산 대책을 실시하라는 요구를 하고 나서기도 했죠.

이창용 한은 총재 "부동산 추가 대책 필요"…연이은 정부 '압박' 통할까

 김태환 기자
입력 2025.09.23. 오전 12:01 기사원문

👤 16 💬 47

보고서 통해 금리인하 전 부동산 대책 시행 필요성 강조
성장률 저하·관세 협상 문제 지속…이 총재 직접 추가 대책 필요성 언급

이창용 한국은행 총재가 최근 부동산 가격을 잡기 위해 정부의 추가 대책 필요성을 강조하고 나섰다. 부동산 가격이 안정돼야 기준금리 인하와 같은 통화정책을 원활히 할 수 있다는 지적이다. /뉴시스

부동산으로 가는 자금을 통제하려는 정부와 한국은행의 조치는 앞으로도 더욱 강화될 것으로 예상됩니다. 통제가 가해지는 것은 이제까지처럼 대출이 될 것입니다. 유동성은 완화되지만 대출 규제는 강해질 수 있다는 것을 미리 염두에 두셔야 합니다.

참고로 한국은행은 같은 보고서에서 대출 규제 등 거시건전성 정책 강화가 아파트 가격에 미치는 영향을 분석하기도 했는데, 규제 이후 약 4개월 동안은 시장이 충격을 받지만 그 이후 서서히 회복되어 약 6개월 정도부터는 규제 이전 수준으로 돌아가는 경향을 보입니다. 아래 표에서 음영구간이 규제 충격에 대한 시장의 반응입니다.

• 거시건전성 정책 강화 충격에 대한 반응(서울 아파트 가격)

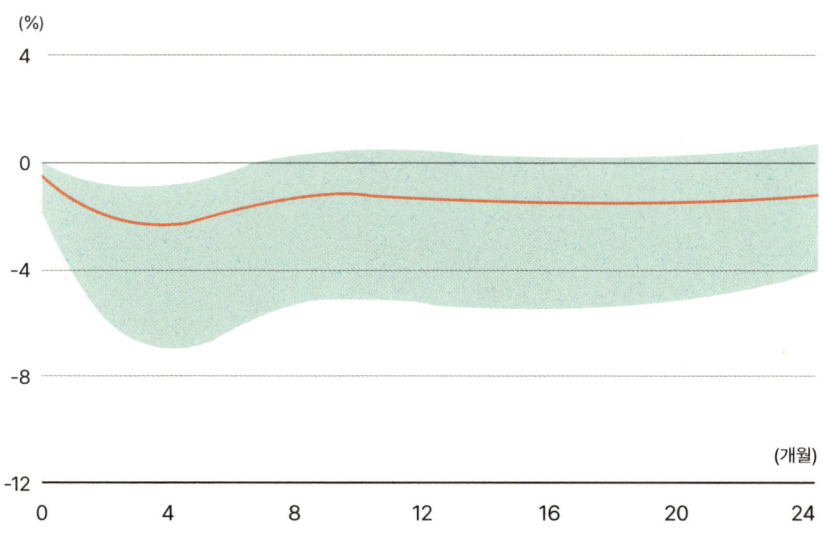

세부 지표별로 살펴본 유동성 동향

1997년 이후 수도권 부동산 시장을 지켜보면서 깨달은 것은 수요 심리엔 때로는 수급보다 유동성이 더 큰 영향을 미치며, 그중에서도 현금성 자금이 풍부할수록 매수 심리도 전방위적으로 활발하다는 것입니다.

통화량 m1, m2 중에서 현금성 통화에 가까운 것은 m1입니다.

지금도 그렇지만 지난 장부터 강세장을 상징하는 지표로 m1/m2가 있습니다.

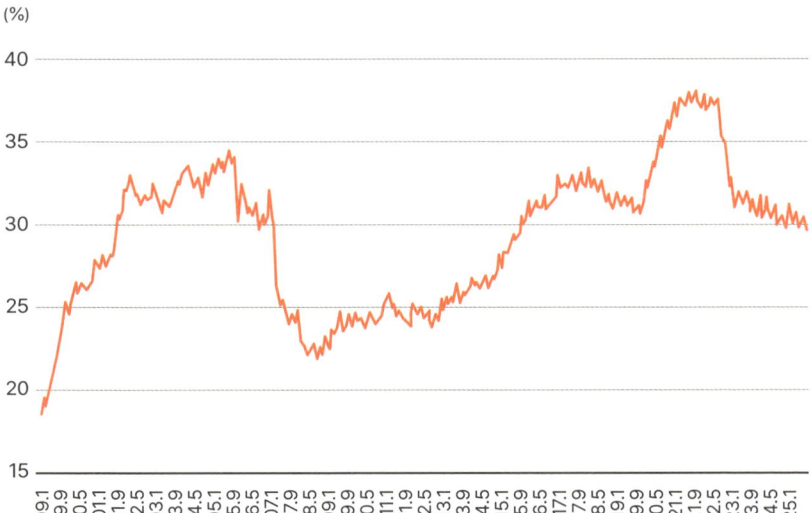

보통 이 지표가 약 29% 이상일 때 수도권 시장이 강세장이라고 말합니다. 이 지표가 높아지려면 m1이 증가하거나, m2가 감소해야 합니다. 상승장일 땐 당연히 m1이 m2보다 빠르게 증가하게 되겠죠.

현재 m1/m2는 30% 선으로 상승 추세를 지키고 있지만, 이전에 비해서는 약간씩 수치가 낮아지고 있습니다.

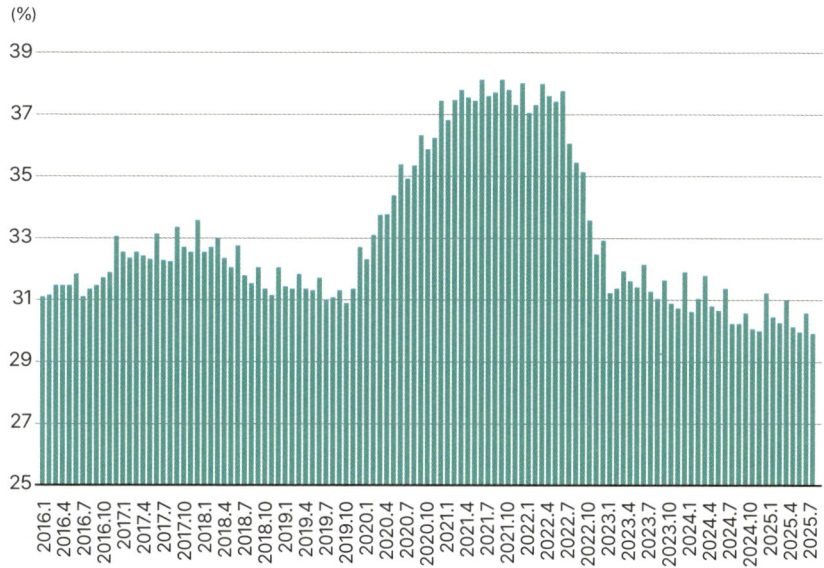

이는 현재 광의의 통화량인 m2 증가세가 m1 증가보다 빠르기 때문입니다. 현재 m1, m2 통화량은 모두 증가세를 보이고 있습니다. 이것은 미국, 유럽 등 주요 국가도 마찬가지이죠.

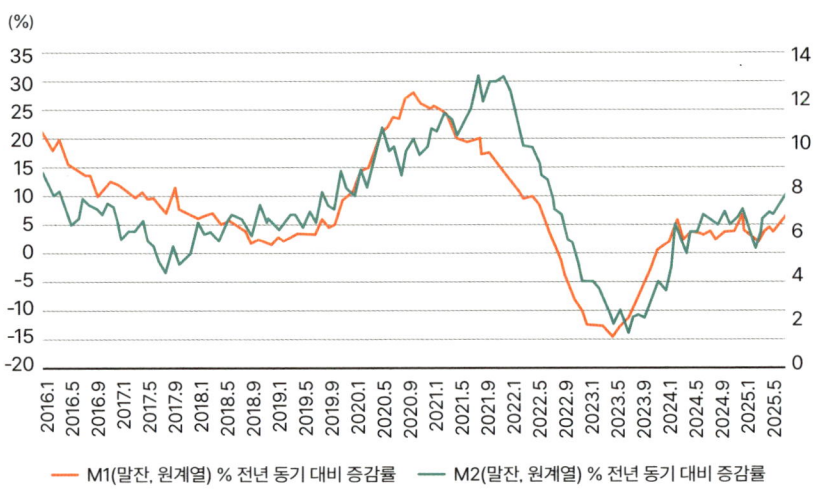

(%)

凡例: M1(말잔, 원계열) % 전년 동기 대비 증감률 — M2(말잔, 원계열) % 전년 동기 대비 증감률

이처럼 m1, m2가 동시에 증가하는 것은 주목해볼 만합니다. 사실 m1, m2는 의외로 동시에 증가하지 않는 시기도 꽤 되니까요.

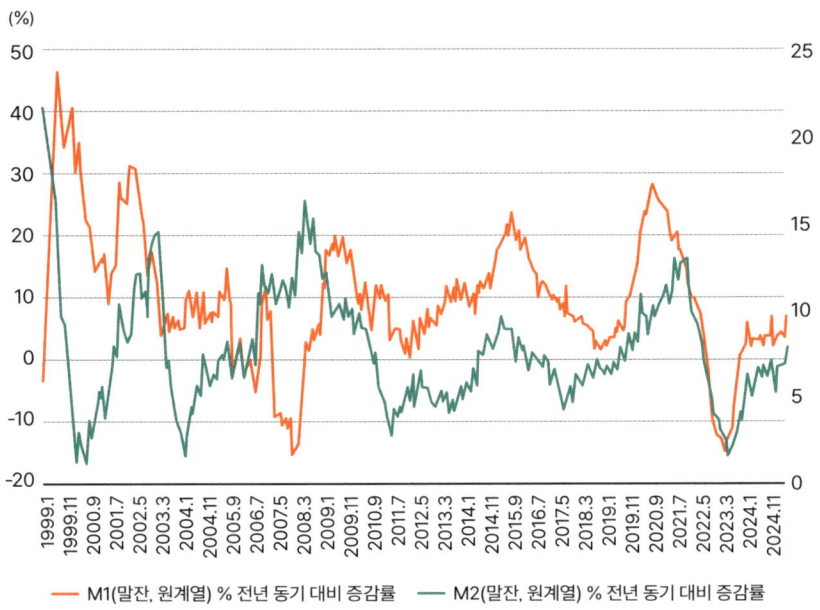

(%)

凡例: M1(말잔, 원계열) % 전년 동기 대비 증감률 — M2(말잔, 원계열) % 전년 동기 대비 증감률

동시에 증가했던 구간이 언제였는지 살펴보겠습니다.

- **2001~2002년: 지난 장 가장 강세구간 중 하나**
- **2006년 후반~2007년 상반기: 지난 장 수도권 피크아웃 구간**
- **2014~2015년: 전세→매매 상승장**
- **2019년 후반~2020년: 유동성 폭발장**
- **그리고 지금**

전체 증가율로 보면 현시점은 이전의 동시 증가 시기보다는 증가 폭이 적습니다. 아직은 부동산으로 들어오는 유동성이 2020년 수준은 아니라는 의미죠.

제한된 유동성의 유입은 상승지역을 차별화하곤 합니다. 돈은 깊이 파인 웅덩이를 먼저 채워야 비로소 흘러넘쳐 다른 바닥도 적시게 되는데 주택/비주택, 수도권/지방 가릴 것 없이 모든 바닥을 적셨던 2020~2021년과는 달리 현재는 유동성이 오를 만한 곳부터 채워지는 중이라 하겠습니다.

앞에서 m1, 즉 현금성 통화가 풍부할 때 매수 심리도 전방위적으로 활발하다고 했는데, 현재 m1과 m1 구성요소 중에서도 현금성이 가장 강한 요구불예금의 전년 동기 대비 증감율을 보면 아직은 이전 강세장 대비 낮은 수준입니다.

(%)

M1(말잔, 원계열) % 전년 동기 대비 증감률　　요구불예금 전년 동기 대비 증감률

그림에서 보면 m1과 요구불예금 증감율이 모두 강세를 보인 시기는 2001~2002년, 2006년 후반, 2009년, 2015년 전후, 2020년 전후입니다. 상승범위가 비교적 넓었던 기간이죠. 시중에 돈은 있지만 그 돈이 한정된 지역, 한정된 계층에서만 잘 돌고 있는 것이 현시점이 아닐까 싶습니다.

다만 최근 추이를 보면 m1과 요구불예금 수치도 점차 높아지는 중입니다. 이를 볼 때 상승의 범위는 서서히 그러나 확연히 넓어질 것이라 추정됩니다.

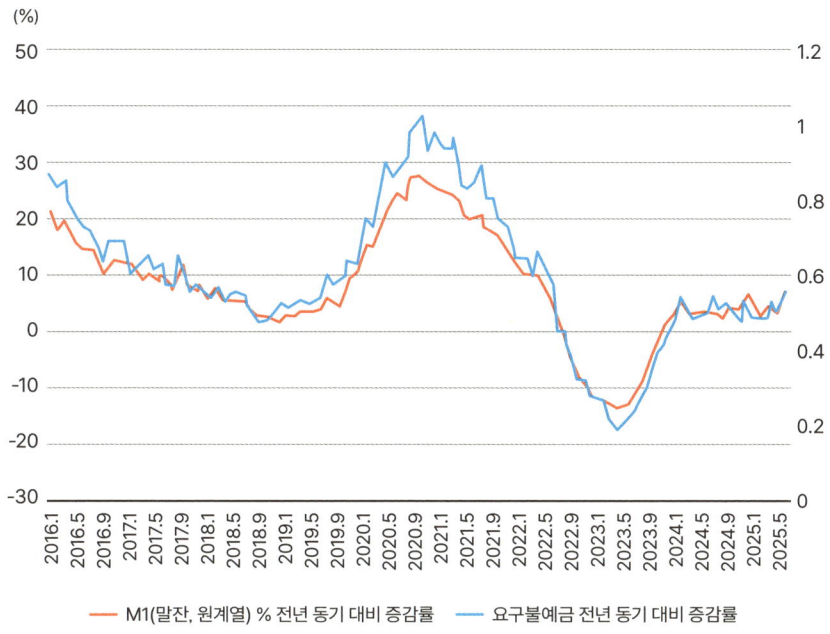

—— M1(말잔, 원계열) % 전년 동기 대비 증감률   —— 요구불예금 전년 동기 대비 증감률

지금과 비슷한 시기의
각 지역 주택 시장 반응 고찰

　현재처럼 기준금리가 몇 차례에 걸쳐 꾸준하게 인하된 시기로는 지난 2014년 중반 이후를 들 수 있습니다. 2020년 코로나19 사태 이후에도 금리는 내려왔지만 그 당시엔 비정상적인 급속 인하였죠.

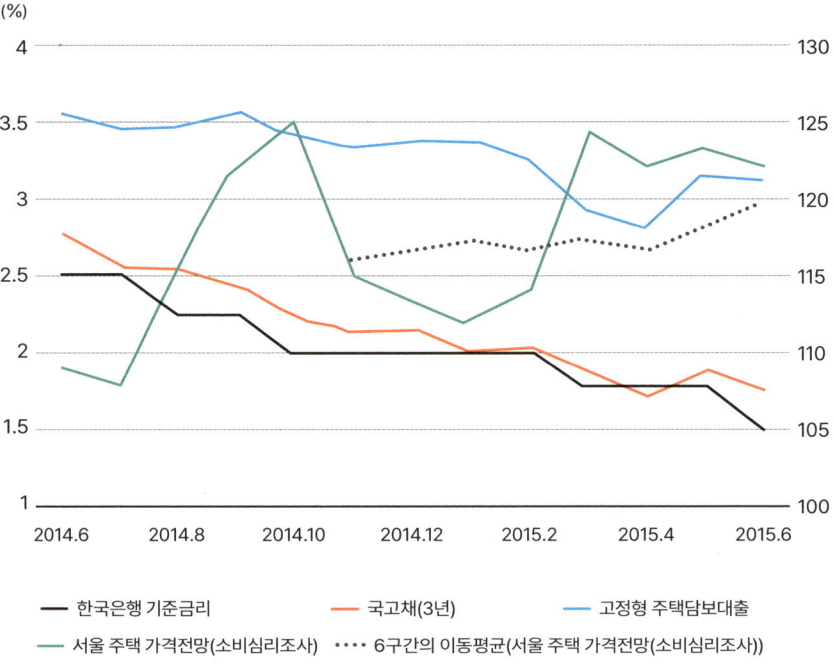

(%)

2014.6	2014.8	2014.10	2014.12	2015.2	2015.4	2015.6

━━ 한국은행 기준금리 ━━ 국고채(3년) ━━ 고정형 주택담보대출
━━ 서울 주택 가격전망(소비심리조사) ···· 6구간의 이동평균(서울 주택 가격전망(소비심리조사))

2014년 중반 이후 기준금리가 꾸준히 내려오던 시기, 당시 한국은행 소비심리조사 중 주택 가격전망을 보면 시장 심리는 금리가 막 내리기 시작한 시점에 가장 큰 변동폭을 보입니다. 그리고 금리 인하가 멈추자 진정되었다가 기준금리 인하가 다시 시작되자 재상승하죠.

특기할 점은 대출금리보다는 기준금리 하락 뒤 심리가 변동하는 폭이 컸다는 것입니다. 이는 실제 대출금리보다 상징성이 강한 기준금리 인하가 매수 심리에 더 영향을 준다는 것을 의미합니다.

지금도 그 점은 크게 달라지지 않았다고 생각합니다. 시장 심리 중 매수 심리는 기준금리의 영향력이 절대적입니다.

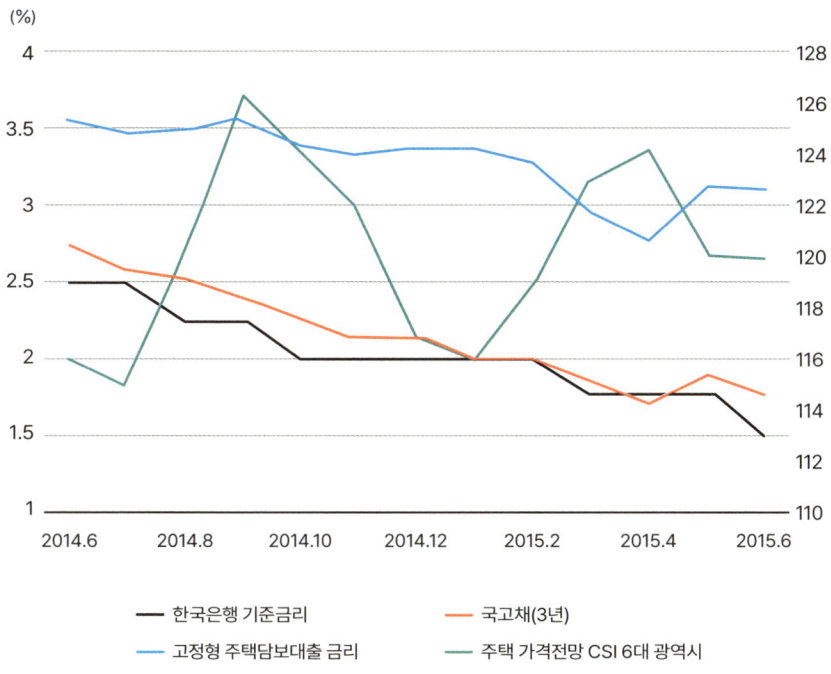

(%)

| | 2014.6 | 2014.8 | 2014.10 | 2014.12 | 2015.2 | 2015.4 | 2015.6 |

— 한국은행 기준금리   — 국고채(3년)
— 고정형 주택담보대출 금리   — 주택 가격전망 CSI 6대 광역시

인천을 제외한 지방 광역시는 2014년 당시 상승장 와중이었습니다. 그런데 기준금리 인하에 따른 시장 심리 변동폭은 수도권보다 작았습니다. 수도권은 심리지수가 109에서 125까지 16 정도 오른 반면, 광역시는 지수 116에서 126으로 10 정도만 상승했죠(우측 숫자). 이는 기준금리 인하가 지방보다는 수도권에 더 영향을 준다는 것, 이미 상승 중인 곳보다는 상승세로 접어든 곳에 더 영향을 준다는 것을 뜻합니다.

전세는 상황이 좀 다릅니다.

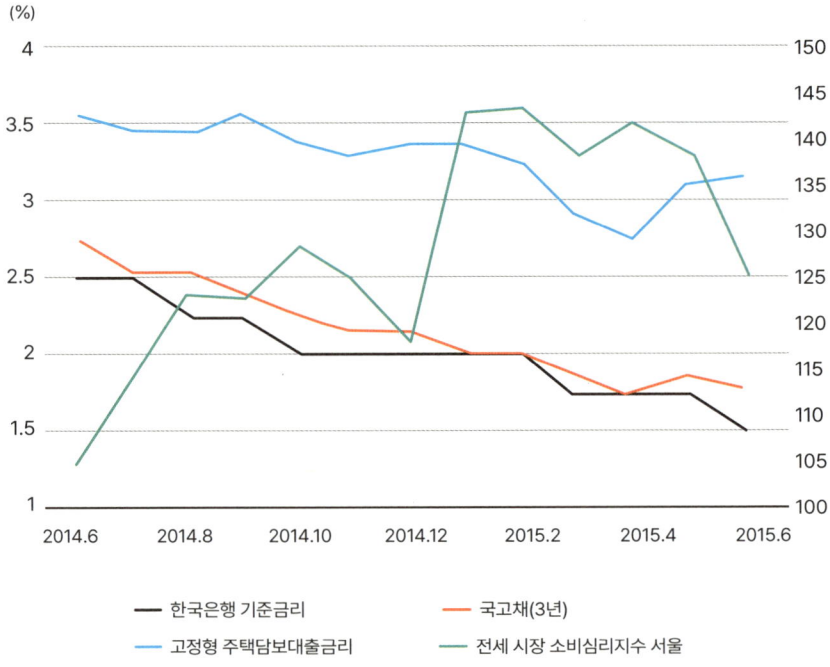

(%)

── 한국은행 기준금리		── 국고채(3년)
── 고정형 주택담보대출금리		── 전세 시장 소비심리지수 서울

　　전세 시장 소비심리지수는 국토연구원에서 매달 집계하고 있는데, 기준금리 변동에 따른 전세 소비심리의 변화는 공급 부족과 맞물리면 매매 심리보다 더 크게 나타나지만, 기준금리보다는 실제 대출금리가 내려간 이후에 더욱 크게 반등하는 경향을 보입니다. 전세는 기대치보다 실제 금리가 중요합니다.

　　전세 소비심리는 2014년 당시 전국에 걸쳐 비슷한 폭의 상승을 보였습니다. 실제 대출금리 변화에 반응한 것도 동일합니다.

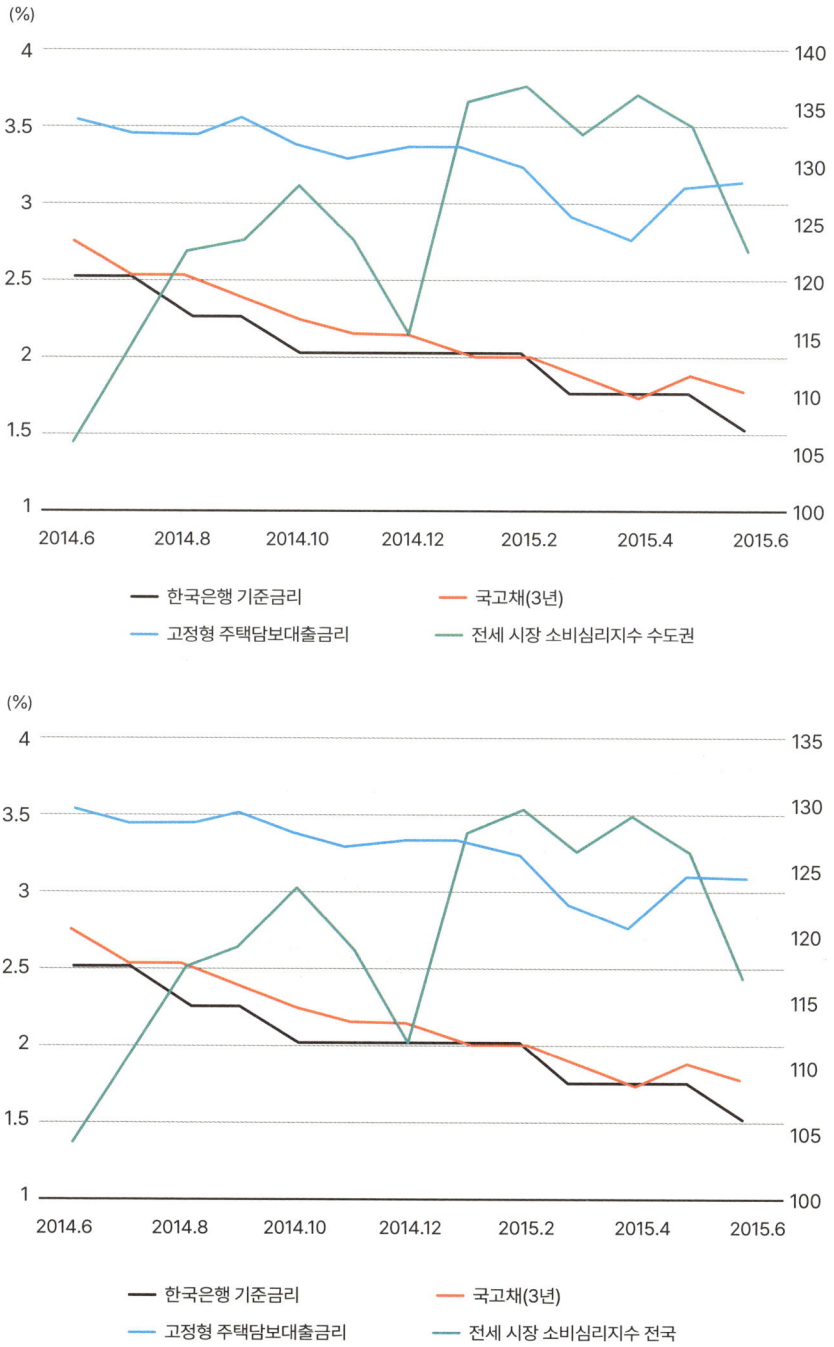

(%)

― 한국은행 기준금리	― 국고채(3년)
― 고정형 주택담보대출금리	― 전세 시장 소비심리지수 수도권

(%)

― 한국은행 기준금리	― 국고채(3년)
― 고정형 주택담보대출금리	― 전세 시장 소비심리지수 전국

금리는 내리고 공급은 막힌 상황, 전문가들은 주택 시장 슈퍼 사이클을 말한다

2025년에 접어들면서 호주에선 전문가들의 주택 시장 슈퍼 사이클 주장이 늘고 있습니다. 호주는 '세계 주택 시장의 카나리아'라고 불리는 곳으로 한국보다 먼저 주택 시장 변화가 일어나는 나라이기도 하죠.

슈퍼 사이클을 다룬 기사에 의하면 호주 주택 경제학자는 주택 시장이 '쉽게 늘어날 수 없는 공급'과 수요의 지속적인 불균형으로 인해 '슈퍼 사이클'에 접어들었다고 주장합니다. 그 경제학자는 이자율이나

시장 심리에 따라 움직이는 일반적인 주택 시장 주기와 달리 '슈퍼 사이클'은 부동산 시장의 심각한 구조적 변화를 의미하며, 수요와 공급 간에 지속적인 불균형이 발생한다고 말합니다.

"문제는 우리가 계속해서 기대에 미치지 못하는 주택을 공급함에 따라 매년 필요한 주택의 수가 더 늘어나고 있다는 것입니다." 경제학자는 건설업계가 주택 분양가격 상승보다 더 빠른 속도로 급증하는 건설 비용 등으로 어려움을 겪고 있다고 지적했습니다. "현재 업계에서는 필요한 수의 주택을 지속적으로 공급할 수 없습니다."

호주의 다른 언론은 주택 공급이 쉽게 늘기 힘든 이유로 다음의 네 가지를 들었습니다.

① 금리가 높아 건설회사의 수익 감소

② 건설 비용이 코로나19 이후 40% 상승

③ 코로나19 이후 주거용 토지 가격 37% 상승

④ 비용 증가와 수익성 저하로 많은 건설업체 폐업 → 주택 공급 능력 저하

건설 비용과 금리, 그리고 토지 가격 상승으로 인해 주택 시장 상승에도 불구하고 공급이 정부의 의도대로 쉽게 늘어나지 않는 상황인 것은 글로벌 공통의 문제이며, 한국의 문제이기도 합니다.

주택 수요는 정책과 금리에 의해 쉽게 달라질 정도로 변덕스럽기 때문에 어느 정도가 적정 수요라고 말하기는 힘듭니다. 하지만 역사적 평균에 비추어 공급물량이 낮게 유지된다면 그건 분명히 공급 부족에

속하죠. 그런 상황에서 당장 획기적으로 공급이 급증하게 만들 묘안이 딱히 없다는 것이 호주의 현재 사정이며, 우리도 크게 다를 바 없다는 게 지난 9.7대책에서 확인된 바 있습니다.

금리 인하는 기본적으로 자산 시장 수요를 증가시키며, 만약 공급이 그대로라면 공급과 수요의 지속적인 불균형은 더 깊어질 수 있습니다.

한국에서도 '슈퍼 사이클'을 주장하는 학자가 있습니다. 서울대학교의 김경민 교수가 대표적이죠.

"작년(2024년)에도 서울 아파트 상승의 전조라고 말씀은 드렸고 분석을 하면 올해(2025년) 슈퍼 사이클에 진입한 걸로 보여요. 다만 단기간에 폭등을 얘기하는 건 아니고요. 이제 사이클이 좀 장기간에 걸쳐서 상승장에 돌입한 걸로 서울 아파트 시장의 경우에는 분석 결과가 그렇게 나왔어요."

"경제 상황도 안 좋은데 그거와 상관없이 부동산은 다른 레이어로 움직이고 있다고 봐요. 지금 슈퍼 사이클을 이야기하는 거는 단순히 우리나라 케이스만 그런 게 아니에요. 글로벌 도시들을 봤을 때 슈퍼 사이클이 시작됐다… 왜냐면 거기도 얘기하는 게 똑같아요. 기준금리를 낮출 것이기 때문에 수요 측면에서 유동성이 확보될 거고 인플레이션 때문에 시공비가 올라서 공급이 없어요. 글로벌 주요 메이저 도시에서요. 그 관점에서 봤을 때 부동산은 소득이랑 상관없이 간다고 봐야 돼요."

"2025년은 지금 제 기억이 맞다면 1만 채가 부족하고요. 2026년도 2만 채 부족하고 그다음 해에는 2만 5천 채가 부족해요. 어마어마한 레벨로 부족한 거라 지금 이걸로 장난하면 안 돼요. 공급 전멸은 현실이에요. 서울은 아파트가 반, 빌라가 반이죠. 그러면 이 빌라 같은 경우엔 1년 안에 짓거든요. 착공 물량이 입주 물량이에요. 그런데 빌라 공급도 많이 적어요. 아파트와 빌라 양쪽으로 다 적은 거예요."

김경민 교수의 발언 중 빌라 공급 급감은 주목할 만한 포인트이기도 합니다. 아래는 착공 현황입니다.

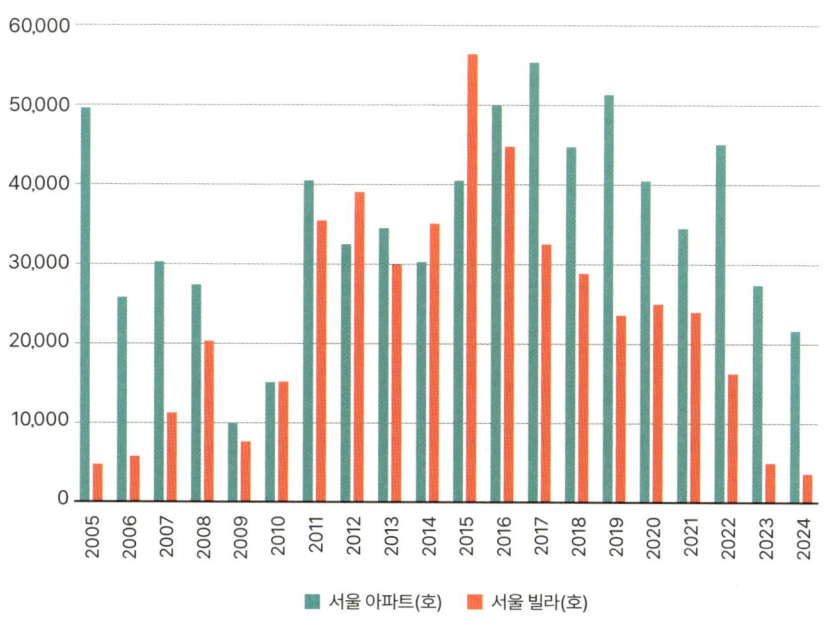

2005년 이후 서울 빌라 착공량을 보겠습니다. 2023년 역전세 논란 이후 급감한 빌라 착공량은 역사적 저점을 기록 중이며 정부와 서울시의 여러 대책 발표에도 좀처럼 늘 기미가 보이지 않고 있습니다. 하지만 빌라에 거주하는 세대는 여전히 서울만 해도 30% 이상이죠.

구분		단독주택 (%)	다가구주택 (%)	아파트 (%)	연립주택 (%)	다세대주택 (%)
전체		11.0	6.0	59.2	7.3	10.9
거주 지역	서울	6.0	10.3	44.1	9.2	20.3
	경기	5.8	4.1	62.1	9.1	11.4
	광역시	10.3	7.6	59.6	8.5	10.0
	기타 지역	18.6	3.8	65.7	3.8	5.7
결혼 여부	신혼	4.6	4.4	61.7	9.5	14.1
	기혼	12.1	4.0	64.7	6.3	9.8
	미혼	7.7	14.1	37.2	9.9	14.2
	기타	15.0	8.8	54.2	7.5	10.0

신축 빌라 공급의 소멸은 서울 전체 주거 수요의 30%를 책임질 물량이 사라진다는 것과 다름이 없습니다. 특히 신혼일수록, 젊은 층일수록 그 영향을 크게 받게 됩니다.

아파트와 빌라 착공을 더해보면 공급 부족의 심각성은 더욱 커집니다.

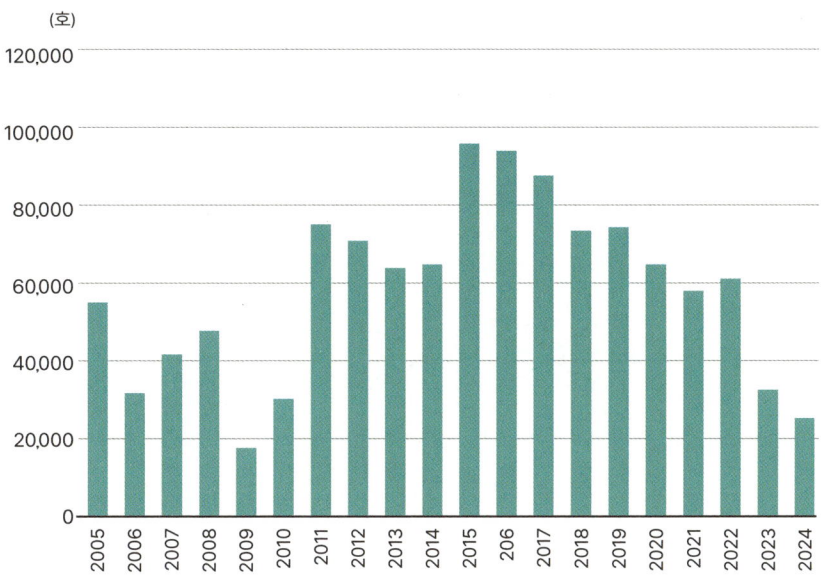

2026년 시장은
규제의 영향력이 한정적일 것

지금까지의 내용을 정리하자면 다음과 같습니다.

강화된 규제가 완화된 유동성과 부딪히고

거기에 수급 부족이 더해질 2026년,

규제의 영향력은 상당히 한정적일 것이다.

아마도 2026년은 규제가 문재인 정부 또는 노무현 정부 시기만큼 강화되는 한 해가 될 수도 있습니다. 이재명 정부는 재정지출 확대를 하면서 그 유동성이 부동산 시장으로 흐르지 못하게 막으려고 여러 조처를 할 것입니다. 하지만 재정지출로 시중 유동성이 증가하는데 부동산에만 흘러가지 못하게 하는 것은 한계가 있고, 결국 부동산에도 유동성 영향으로 상승세가 전이될 것이라 보입니다.

또한 주식 시장을 키운다고 해서 그 돈이 주식 시장에만 머물지는 않습니다. 통계를 보면 주식 시장이 활기를 띤 이후에는 부동산 시장도 상승을 보인 적이 많았습니다. 여기에 한국은행의 분석처럼 금리인하도 상승세를 강화시킬 것이고요. 2026년부터 심각해지는 공급 부족도 규제의 위력을 약화시키는 역할을 할 것입니다.

종합해서 보면 강화될 규제보다 '완화될 유동성+공급 부족'의 파워가 더 세질 시기가 2026년으로 예상됩니다.

그렇다면 우리가 주의해야 할 점은 무엇일까요. 규제보다는 거시 변수라고 생각됩니다. 호주에서 슈퍼 사이클을 주장한 경제학자는 다음 세 가지를 상승장을 가로막을 요소로 지적합니다.

① 추가 금리 인상: 인플레이션이 지속되면 재상승 가능

② 정부 개입: 투자자 세제 개편 등 가격 상승 억제를 위한 정책은 호주에서도 나오는 중

③ 세계 경제 충격: 주요 경제국의 경기 침체와 같은 사건들이 확산되어 주택 구매 심리를 약화시킬 수 있음

개인적으로 1번과 3번은 연결되어 있다고 보이며, 그 외에도 미국 주식 시장과 정치 상황 급변 등 여러 가지 변수가 세계 경제에 충격을 줄 수 있습니다.

이와 관련해 우리가 하나 살펴봐야 할 금융 지표로 미국 CCC등급 이하 채권금리를 꼽고 싶습니다.

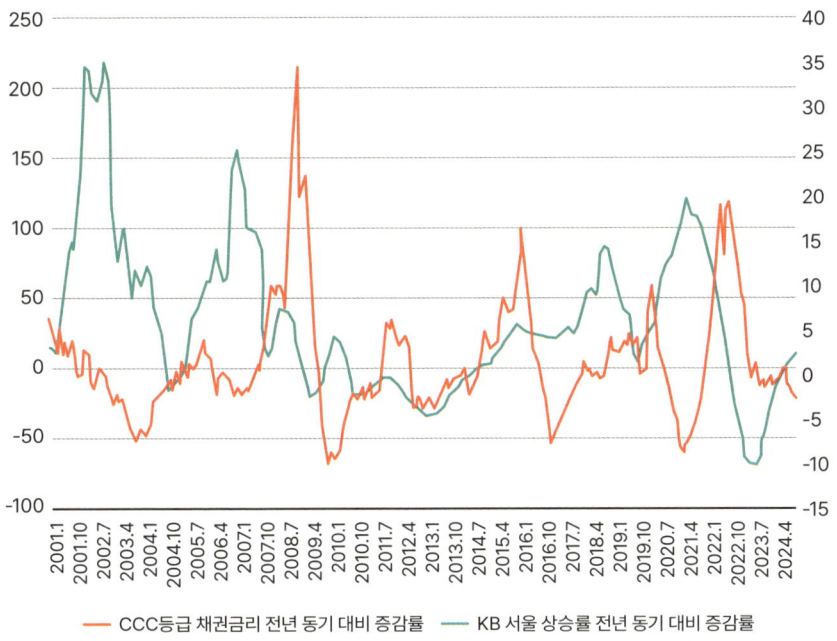

CCC등급 회사채 금리는 위기를 상징하는 지표 중 하나이며, CCC등급 채권은 위기 구간에서 돈이 가장 먼저 빠져나가고 금리가 급등하는 특징을 지닙니다. 그리고 이 금리가 급등하는 구간에서 서울 아파

트는 약세를 보입니다. 유동성이 자산 시장에서 빠져나가는 구간이니까요.

참고로 CCC등급 채권 금리에서 아직 큰 변화는 나타나지 않고 있습니다. 다만 이 금리는 갑자기 급등하는 성격을 지니므로 주기적으로 관찰하시는 것을 권합니다.

• 미국 하이일드 채권 등급별 신용스프레드 변동

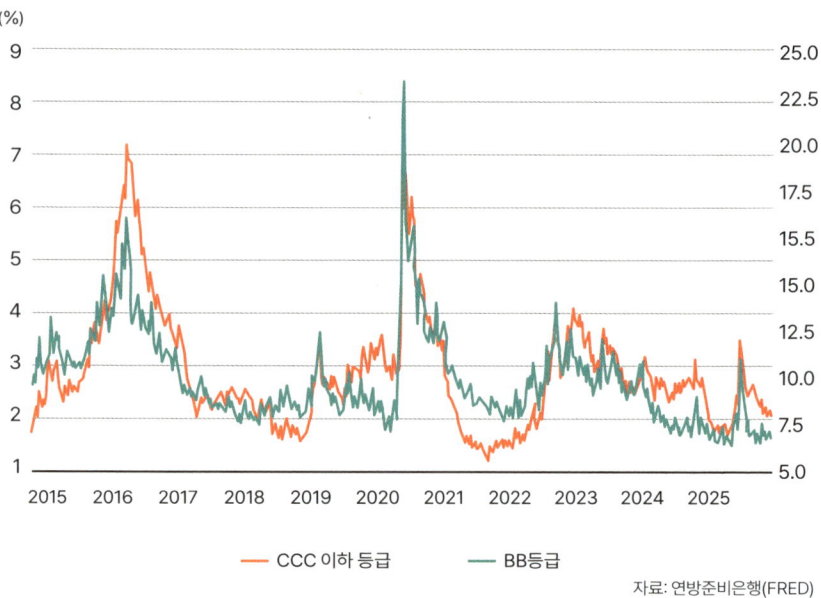

자료: 연방준비은행(FRED)

만약 세계 경제에 위기 상황이 발생했는데 대처하지 못했다면, 위기의 이유를 잘 파악할 필요가 있습니다. 그간 몇 차례 글로벌 위기를 겪으면서 배운 점은 위기가 서브프라임처럼 주택 시장에서 발생한 것이 아니라면 어느 정도 기간이 지난 후 시장은 회복이 되며 위기 과정에서 중앙은행이 금리를 급히 인하하고 정부도 규제를 완화하는 경향이 있으므로 오히려 기회가 되는 경우도 종종 발생한다는 것입니다. 2000년대 초반 닷컴 버블과 9.11 테러 이후가 대표적인 예입니다.

강화될 규제를 주의하되 완화될 유동성이 안겨줄 기회도 놓치지 않는 한 해, 그러면서 불시에 다가올 수 있는 위기에도 주의를 게을리하지 않는 그런 2026년이 되기를 기원합니다.

대한민국 부촌의 과거, 현재, 미래 2025~2026년 서울 부동산 시장 대전망

월천대사 이주현

- 부동산전문가
- (주)월천재테크 대표
- 건국대학교부동산대학원석사
- 미국위스콘신메디슨경영대MS석사

부촌(富村)이란 무엇인가. 과거 드라마에서 전화를 받는 사람의 "평창동입니다~"라는 한 마디가 사회적 지위를 상징하던 시대가 있었다. 마당 딸린 단독주택, 기사가 문을 열어주는 회장님댁, 강남 일대의 효성빌라와 롯데빌리지 같은 고급 빌라 단지가 부의 표식이었다. 하지만 2025년, 부촌의 정의는 근본적으로 재편되고 있다.

이제 부촌은 단순히 집값이 비싼 동네를 넘어, 주거 시설의 품질, 거주민의 사회경제적 지위, 교육 인프라, 교통 및 생활 편의 시설, 자연환경이 유기적으로 결합된 복합적 가치 공간으로 진화했다. 60억 원대 거래가 일상화된 반포동, 연소득 1억 원 클럽에 진입한 성동구, 그리고 대규모 신축 단지가 지역 판도를 바꾸는 이문동과 장위동까지. 2025년 대한민국 부동산 시장은 구조적 패러다임 전환의 한가운데 서 있다.

2025년, 서울 부동산 시장의 구조적 전환

슈퍼 사이클의 도래와 시장 재편

2025년 서울 부동산 시장은 2022년 하반기 시작된 조정을 마치고 2월 첫째 주부터 상승을 시작해 9월 마지막 주(9월 29일 기준) 기준으로 35주 연속으로 상승했다. 특히 9월 들어서는 4주 연속 상승폭이 확대되는 모습을 보였다. 부동산 R114에 따르면 2025년 1월부터 9월까지 9개월간 서울 아파트의 평균 매매가격 누적 상승률은 8.6%를 기록했다. 같은 기간 서울 아파트 평균 매매가격은 13억 8,655만 원에서 15억 574만 원으로 15억 원을 돌파했다. 서울 아파트 매매가격은 장기 상승 추세, 이른바 '슈퍼 사이클' 국면에 진입했다. 강남 국민평형 84m² 아파트가 단기간에 5억~10억 원 이상 급등하며 70억~60억 원대 거래를 기록한 것*은 시장의 회복 탄력성과 상승 잠재력을 단적으로 보여주는 사례다. 이러한 현상의 배경에는 만성적 공급 부족, 지속적 인플레이션, 전세 시장의 구조적 변화, 그리고 부동산 PF 사태로 인한 건설업계 위축 등 복합적 요인이 작용하고 있다.

전문가들은 이번 슈퍼 사이클이 구조적 요인에 기반하고 있어 최

---

* 청담르엘, 래미안원베일리 등 실거래가 기준

소 3~5년간 지속될 가능성이 높다고 전망한다. 특히 전세가 상승이 매매 수요를 자극하는 현상이 맞물리면서, 서울 및 수도권 핵심 지역의 상승 압력은 당분간 지속될 것으로 보인다. 다만 정부의 공급 확대 정책이 실질적 효과를 나타내는 시점이나 금리 변동 등 거시경제적 변수에 따라 상승세는 조정될 수 있다.

공급 절벽, 신축의 희소성 심화

2025년 서울 부동산 시장의 가장 결정적인 변수는 '공급 절벽'이다. 연평균 약 3만 5천 가구에 달했던 서울의 아파트 입주 물량은 2025년 1만 5천 가구 수준으로 급감했다. 특히 이 중 1만 2천 가구가 단일 단지인 올림픽파크포레온에 집중되어 있어, 이를 제외한 실질 공급량은 5천 가구에 불과하다. 서울 전체 주택의 약 28~29%가 준공 30년 이상 된 노후주택이라는 점[*]은 신축 아파트의 희소성을 더욱 부각시킨다.

이는 수도권 평균 20%를 크게 상회하는 수치로, 쾌적하고 안전한 주거 환경에 대한 수요가 신축 아파트로 집중될 수밖에 없는 구조적 배경을 설명한다. 신축 아파트의 가치는 단순히 새 건물이라는 점을 넘어, 최신 커뮤니티 시설, 에너지 효율, 주차 편의성, 그리고 향후 재건축까지의 시간적 여유라는 복합적 프리미엄으로 작용한다.

---

[*] 2024년 통계청, 2025년 부동산 R114

수도권 중심의 양극화 고착화

2024년부터 관측된 수도권과 지방 간 시장 양극화 현상은 2025년에도 지속되고 있다. 수도권은 가격 상승세를 보이는 반면, 지방은 미분양 물량 적체와 함께 가격 하락 압력을 받고 있다. 특히 2030 세대의 '인 서울' 및 수도권 선호 현상이 뚜렷해지면서, 양질의 일자리와 인프라가 집중된 수도권으로의 인구 쏠림은 주택 수요를 자극하는 핵심 동력이 되고 있다.

이러한 양극화는 단순히 지역 간 가격 차이를 넘어, 주거 환경, 교육 기회, 일자리 접근성 등 삶의 질 전반에 걸친 격차로 확대되고 있다. 수도권 내에서도 서울과 경기도, 그리고 서울 내에서도 강남권과 비강남권 간 양극화가 심화되는 이중구조가 고착화되는 양상이다.

올림픽파크포레온, 신축 메가 단지의 시장 충격

분양 미달에서 로또 청약으로의 극적 반전

강동구 둔촌주공을 재건축한 '올림픽파크포레온'은 2025년 서울 부동산 시장의 흐름을 상징적으로 보여주는 바로미터다. 2022년 말 분양 당시 84m² 기준 12억~13억 원대 분양가에도 불구하고 청약 저조와 미계약 사태를 겪으며 시장의 우려를 샀다. 당시 부동산 시장 침

• 올림픽파크포레온 단지

체와 고강도 대출 규제가 주된 원인이었다.

그러나 입주가 본격화된 2025년, 시장 평가는 180도 달라졌다. 실거래가가 30억 원을 상회하며 분양가 대비 15억 원 이상의 시세 차익을 기록, '로또 청약'의 대명사로 자리매김했다. 2025년 7월 진행된 무순위 청약에는 22만 5천 명 이상이 몰리며 수만 대 1의 경쟁률을 기록했다. 이는 서울 내 신축 대단지에 대한 잠재 수요가 얼마나 폭발적인지를 여실히 증명했다.

메가 단지가 만든 지역 가치의 재평가

올림픽파크포레온의 성공은 단일 단지의 성과를 넘어, 서울 동남권 부동산 시장 전반의 가치를 재평가하는 계기가 되었다. 1만 2천 가구라는 메가 단지의 입주가 가져온 생활 인프라 개선, 교통망 확충, 상권 활성화는 인근 암사동, 명일동, 상일동 등 주변 지역의 동반 가치 상승을 견인하고 있다. 강동구 전체가 주거 선호 지역으로 부상하며, 과거 '서울의 동쪽의 끝 강동구'라는 인식을 완전히 탈피했다.

이는 대규모 신축 단지가 지역 전체의 주거 선호도와 브랜드 가치를 끌어올리는 핵심 동력임을 시사한다. 올림픽파크포레온 사례는 향후 대규모 재건축·재개발 사업의 성공 모델로 자리 잡았으며, 시장 참여자들에게 신축 대단지의 잠재력을 각인시켰다.

제2세대 커뮤니티 시설의 진화

신축 아파트의 경쟁력은 더 이상 지하주차장 유무가 아니다. 대단지 신축 아파트들의 제2세대 커뮤니티는 점점 더 진화하고 있다. 올인원 스포츠 시설, 아이들을 위한 여가 시설, 주민을 위한 문화 시설, 식사 서비스까지 단지 내에서 거의 모든 것이 해결된다. 반포 124주구를 재건축하는 디에이치의 경우 인피니티풀과 아이스링크까지 갖춘 커뮤니티 시설을 발표해 입이 벌어질 정도다.

이러한 커뮤니티 시설은 특히 노년층에게 큰 호응을 얻고 있다. 단지 내에서 운동하고 식사를 해결할 수 있어 독립적인 생활이 가능하면서도 사회적 교류를 유지할 수 있기 때문이다. 신축 아파트는 이제 단순한 주거 공간을 넘어 생활 플랫폼으로 진화하고 있다.

전통 부촌의 위상과 진화

압구정동, 흔들림 없는 정점

압구정동은 2025년 현재 평당 1억 7천만 원에 육박하는 시세를 형성하며 대한민국 부촌의 정점 지위를 굳건히 하고 있다. 이곳의 가치는 단순한 가격을 넘어, 한강변 메인센터에 위치한 데다 압구정로데오와 청담동을 중심으로 한 명품 상권, 고급 문화 시설 등 복합적 인프라에 기인한다.

• 압구정 재건축 지도

자료: 아실

압구정동은 전통적 부촌의 지위를 유지하면서도 재건축 개발계획에 따른 기대감으로 집값 상승세가 지속되고 있다. 중층 아파트의 재건축 시대가 본격화되면, 압구정동은 다음 장의 스타로 부상할 가능성이 높다. 용적률이 높은 중층 아파트들이 높아진 건설비를 감당하면서 재건축을 성공시키려면 주변 시세가 받쳐줘야 하는데, 압구정동은 이미 그 조건을 갖췄기 때문이다.

반포동, 한강 프리미엄의 상징

반포동은 2025년 초 30억 원 이상 고가 아파트 거래에서 전국 1위를 기록하며, 한강변 프리미엄의 가치를 증명했다. 래미안원베일리, 아크로리버파크 등은 단순한 아파트를 넘어 부의 상징으로 자리 잡았다. 원베일리 국민평형 84m²에서 70여억 원 거래가 나오면서 시장을 놀라게 했다(2025년 9월 기준).

최근 약 10년간의 상승장에서 주인공은 단연코 재건축 성공이 가장 많이 이루어진 반포 지역이었다. 신반포, 구반포, 잠원까지 이 일대는 모두 '반포'라는 이름을 사용하고 싶어 한다. 한강 조망권과 강남 업무지구 접근성, 우수한 교육 환경이 결합되어 지속적인 수요를 창출하고 있다.

한남동, 용산 시대의 새로운 중심

한남동은 용산구 전체의 위상 강화와 맞물려 새로운 부촌으로 급부상하고 있다. 나인원한남 등 초고가 주거 시설에 고소득 전문직이 집중되고, 한남뉴타운 개발이라는 강력한 호재가 더해져 미래 가치가 높게 평가된다. 특히 2024년 용산구가 1인당 평균 소득에서 강남구를 추월한 것은, 이 지역이 금융, IT, 전문직 등 신흥 부유층의 새로운 거점으로 자리 잡고 있음을 시사한다.

한남동은 과거 단독주택 중심의 전통 부촌 이미지에서 벗어나, 초고가 하이엔드 아파트 중심의 현대적 부촌으로 진화하고 있다. 유엔빌리지, 헤렌하우스, 한남더힐, 나인원한남 등은 주차장에 슈퍼카가 즐비할 것만 같은 이미지를 풍기는 럭셔리 주거지의 대명사다.

• 한남뉴타운 지도

자료: 맵픽(portal.mappick.co.kr)

서울의 중심부 한남동 일대가 대한민국을 대표할 최고급 주거단지로 변모하고 있다. 한남뉴타운 사업은 총 5개 구역으로 나뉘어 진행되며, 구역마다 대한민국 대표 건설사들이 참여해 저마다의 하이엔드 브랜드를 내걸고 있다. 가장 규모가 큰 3구역(현대건설 '디에이치 한남')은 현재 철거가 진행 중이며, 2구역(대우건설 '한남써밋')은 2026년 초 이주를 앞두는 등 가장 빠른 속도를 내고 있다. 4구역(삼성물산 '래미안')과 5구역(DL이앤씨 '아크로')은 사업시행인가를 앞두고 있으며, 마지막으로 1구역까지 신속통합기획으로 추진되면서 전체적인 개발의 윤곽이 잡혔다. 이 사업이 완료되면 약 1만 2천 세대에 달하는 새로운 고급 주거 벨트가 용산의 핵심 지역에 탄생할 전망이다.

신흥 부촌의 부상과 강북의 반격

마포구와 성동구, 재정비의 성공 신화

마포구는 적극적인 재정비 사업을 통해, 성동구는 성수동의 성공적인 브랜딩을 통해 신흥 부촌 대열에 합류했다. 마포구의 대장인 프레스티지자이는 국민평형 84m²가 28억 원대에 매매되었다(2025년 9월 말 기준). 마포구는 최근 10년간 재정비가 활발해 신축 아파트가 대량 공급되면서 주거 선호도가 크게 향상되었다. 마용성광(마포·용산·성동·광진) 중에서도 마포구의 위상이 특히 높아졌다. 홍대 상권의 확장과 상암 DMC의 성장도 지역 가치를 견인했다. 특히 고임금이 많은 여의도와 광화문, 을지로에서 출퇴근하는 분들의 거주 수요가 높다.

성동구는 옥수·금호·왕십리 일대에 재개발 성공으로 인한 신축 입주가 많아, 중산층의 유입을 꾸준히 이끌었다. 게다가 성동구는 '서울의 브루클린'으로 불리는 성수동의 문화적 매력과 성수전략정비구역 개발 기대감이 결합되어 연소득 1억 411만 원을 기록하며 처음으로 '1억 클럽'에 진입했다. 최근 팝업스토어의 인기와 함께 평당 3억 원에 거래된 사례도 나왔다. 최근 성수동에서 90억 원 이상 초고가 거래가 잇따르고 있다. 김수현의 갤러리아포레, SM의 아크로 서울포레스트, 슈퍼주니어의 트리마제 등 연예인들의 하이엔드 아파트 거주가 지역 브랜드 가치를 높이고 있다.

개포동, 재건축으로 부활한 강남의 자존심

"개도 포기한 동네에서 개도 포르쉐 타는 동네"라는 수식어는 개포동의 극적인 변화를 상징한다. 대규모 재건축을 통해 노후 주거지 이미지를 벗고 최첨단 고급 아파트 단지로 탈바꿈했으며, 인근 학원가 접근성이 뛰어나 우수한 교육 환경과, 대모산과 양재천의 쾌적한 자연환경이 결합되어 강남의 전통적 부촌 위상을 되찾았다.

개포동은 거의 모든 단지가 재건축을 마무리했는데 30억 원대를 훌쩍 넘어서고 있다. 신축 밀집으로 예전 개포 위상을 되찾으며 진행 중인 나머지 단지들의 재건축 기대감도 더욱 커지고 있다. 개포동의 성공은 입지가 좋은 지역에 체계적인 재건축이 이루어질 때 지역 전체

• 개포동 신축 지도

자료: 아실

가 어떻게 재평가될 수 있는지를 보여주는 모범 사례다.

이문·장위동, 신축이 만든 강북의 기적

동대문구 이문동과 성북구 장위동은 2025년 강북 부동산 시장의
최대 화제다. 2025년 상반기 둔촌주공 올림픽파크포레온의 성공적인
입주와 함께, 이문동이 새로운 인기 주거지역으로 급부상했다. 대규모
신축 아파트가 밀집된 이 지역은 강북 지역에서 새로운 주거 선호 지
역으로 자리 잡았다.

기존 청량리 중심의 강북 부동산 판도에서 이문동이 시세 견인 역
할을 하며 주목받고 있다. 2023년 분양 당시만 해도 저조한 청약 성적
을 기록했으나, 2025년 입주가 본격화되면서 시장의 평가가 완전히

뒤바뀌었다. 이문아이파크자이 등 대규모 신축 단지가 들어서면서 지역 전체가 탈바꿈했고, 84m² 기준 16억 원을 호가하며(2025년 9월 기준) 강북 지역의 새로운 가치 기준을 제시하고 있다.

이는 입지 잠재력이 높은 지역에 대규모 신축 공급이 이루어질 때, 시장의 인식이 얼마나 빠르게 변화할 수 있는지를 보여주는 사례다. 이미 강남 3구와 마포·성동구가 재정비를 통한 신축 공급으로 인기 지역이 되었듯이, 앞으로 차세대 마포구, 성동구가 될 수 있는 지역들이 시장의 관심을 받고 있다.

부촌의 형성 조건과 메커니즘

1 주거 시설의 품질

부촌의 첫 번째 조건은 주거 시설의 품질이다. 소형 빌라, 도시형 생활주택 등의 혼재가 적은 곳, 중대형 아파트 비율이 높은 지역, 임대 아파트 비율이 낮은 곳이 부촌의 기본 요건이다. 현재 신축 아파트의 밀집도는 지역 이미지를 결정하는 핵심 요소로 작용한다.

최근 신축 아파트는 주거 공간을 넘어 생활 플랫폼으로 진화하고 있다. 제2세대 커뮤니티 시설은 스포츠, 여가, 문화, 식사 서비스까지 단지 내에서 해결 가능한 수준으로 발전했다. 이러한 편의성은 부촌의 가치를 구성하는 중요한 요소가 되고 있다.

② 거주민의 사회경제적 지위

부촌의 두 번째 조건은 거주민의 사회경제적 지위다. 의료계, 법조계, 회계사, 세무사 등 전문직의 집중 거주, 전통적 부자층 및 사업가 거주, 금융계 및 대기업 고임금 직장인 밀집 등이 핵심 지표다. 연소득 1억 원 이상의 고소득 가구 비율은 부촌을 판별하는 중요한 기준이 되고 있다.

나인원한남 등 초고가 아파트에서 높은 고소득층 거주 비율을 보이고 있으며, 성동구가 연소득 1억 411만 원을 기록하며 '1억 클럽'에 진입한 것은 신흥 부촌의 지위를 공고히 하는 계기가 되었다. 거주민의 소득 수준은 지역 상권의 질, 문화 시설의 수준, 그리고 주거 환경 전반의 품격을 결정한다.

③ 교육 인프라, 부촌의 핵심 동력

부촌의 세 번째 조건은 교육 인프라다. 양질의 학원가 보유, 우수한 자체 학군, 사립학교 통학 비율이 높은 지역(숭의, 하나, 개성, 영훈국제중 등)이 부촌의 필수 요소다. 나는 2017년 『나는 부동산으로 아이 학비 번다』라는 책에서 '현재 학군, 미래 학군'이라는 키워드로 지역을 분석했지만, 부촌의 인식은 시간이 지나면서 새로운 아이덴티티가 더해지고 있다. 교육 인프라는 단순히 학교의 질을 넘어, 학원가의 규모와 질, 문화센터, 도서관 등 교육 생태계 전체를 포괄하는 개념으로 확장되고 있다.

④ 교통 및 생활 인프라

부촌의 네 번째 조건은 교통 및 생활 인프라다. 지하철 접근성, 주요 업무지구와의 거리, 고급 상업 시설의 입점 등이 중요하다. 반포동의 한강변 입지와 강남 업무지구 접근성, 한남동의 용산 국제업무지구 인접성, 여의도의 금융 중심지 직주근접 프리미엄 등이 대표적 사례다.

노량진뉴타운의 경우 지하철 1호선, 9호선 노량진역 환승과 9호선 급행 운행으로 접근성이 향상되었으며, 향후 GTX-B 착공 가능성으로 교통 호재 기대가 높다. 교통 인프라는 단순한 이동 편의성을 넘어, 직주근접성과 생활권 확장이라는 가치로 작용한다.

⑤ 자연환경과 경관, 마지막 퍼즐

부촌의 다섯 번째 조건은 자연환경과 경관이다. 한강 조망권, 공원 인접성, 산세와 풍수 등이 프리미엄으로 작용한다. 반포동의 한강변 입지, 성수전략지구의 한강 조망과 서울숲 인접성, 개포동의 쾌적한 자연환경 등이 부촌 가치를 높이는 요소다.

이러한 다섯 가지 조건은 상호작용하며 선순환 구조를 만든다. 우수한 학군은 고소득 전문직 가구의 유입을 유도하고, 이는 다시 지역의 소비 수준을 높여 고급 상업 시설의 입점을 촉진하며, 결과적으로 지역 전체의 브랜드 가치와 부동산 가격을 끌어올리는 메커니즘으로 작동한다.

10년 후의 부촌 지도

성수전략지구, 한강변 랜드마크의 탄생

성수전략지구는 향후 10년 서울의 부촌 지도를 바꿀 핵심 지역으로 평가된다. 재개발 완성 후 한강 조망과 서울숲 인접성을 갖춘 9,400여 가구 규모의 초고층 주거단지로 탈바꿈할 예정이다. 한강변 초고층 주거단지로의 변신을 통해, 기존의 문화적 매력과 결합된 서울의 새로운 랜드마크 부촌으로 자리매김할 것이다.

이는 강북의 또 다른 핵심 부촌으로 주목받는 '성수전략정비지구'의 미래 가치에 대한 기대감을 한층 더 높이는 촉매제가 되고 있다. 성수전략정비지구는 2025년 3월 정비계획이 최종 확정 고시되면서 사업이 본궤도에 올랐으며, 다음과 같은 이유로 한강변의 신흥 부촌으로 큰 기대를 모으고 있다.

- 초고층 스카이라인: 최고 77층에 달하는 초고층 랜드마크 건물을 포함해, 대부분의 단지가 50층 이상으로 건축될 예정이다.
- 압도적인 입지: 한강과 서울숲을 동시에 누릴 수 있는 유일한 대규모 주거단지로, 압구정이나 청담에 버금가는 고급 주거지로 평가받고 있다.

진행 속도는 4구역이 최근 정비계획변경과 함께 통합심의신청을 완료해 가장 빠르고, 그다음으로 1, 2구역 그리고 3구역의 순이다.

성공적인 재개발의 결과로 신축이 밀집해 입주하면서 인기 거주 지역이 된 마포구와 성동구는 신축 기준 국민평형이 20억~25억 원대를 넘겼다. 두 지역 모두 2025년 '연소득 1억 클럽'에 진입하며 경제적 기반을 증명했다.

성수동은 이미 '서울의 브루클린'으로 불리며 문화·예술 중심지로 자리 잡았다. 조합에서도 고급 주거지를 목표로 고급화 설계 준비를 하고 있다. 성수전략지구가 완성되면 문화적 매력, 한강 조망권, 서울숲 인접성, 최신 주거 시설이 결합된 대표 부촌으로 부상할 것이다.

• 성수전략정비구역 위치도

자료: 서울시 정비사업 정보몽땅

여의도, 서울의 맨해튼으로

여의도는 12개 재건축 단지의 정비계획이 2026년 1월까지 모두 결정될 예정으로, 재건축 완성 후 서울 대표 부촌으로 부상할 것으로 전망된다. 12개 단지의 통합 재건축이 완료되면, 금융 중심지의 직주근접 프리미엄을 극대화한 서울의 '맨해튼'으로 거듭날 것이다.

여의도는 정부의 계획안에 따라 재정비 논의가 구체화되고 있다. 금융, 증권, 보험 등 고소득 직장인이 밀집된 업무지구와의 직주근접성은 여의도 부촌화의 핵심 동력이 될 것이다. 한강변 입지, 교통 접근성, 업무지구 인접성이 결합된 여의도는 향후 서울 최고급 주거지 중 하나로 자리매김할 가능성이 높다.

방배, 서초구의 숨은 진주

방배 지역은 아파트·주택 재건축과 재개발이 완성되면서 기존의 좋은 입지 조건을 바탕으로 부촌으로 발전할 가능성이 높다. 서초구의 숨겨진 잠재력을 품은 지역으로, 재정비 사업이 완료되면 강남권의 새로운 고급 주거 벨트를 형성할 것으로 기대된다.

방배동은 1970~1980년대 사립인 중대부초로 통학시키던 마당 딸린 집이 많았던 전통적인 부촌이었다. 속속 입주를 준비하는 구역들이 늘고 있으며, 전통적 부촌의 DNA와 현대적 신축 아파트가 결합되면 강남권 내에서도 독특한 위상을 차지할 것으로 전망된다. 서초구의 우수한 교육 환경과 교통 인프라는 방배 부촌화의 강력한 배경이 될 것이다.

압구정·대치동, 다음 장의 주인공

이번 장의 스타가 반포·개포였다면, 다음 장의 스타는 압구정·대치동이 될 것이다. 중층 아파트의 재건축 시대가 본격화되면, 용적률이 높은 아파트들이 높아진 건설비를 감당하면서 재건축을 성공시킬 수 있는 조건은 주변 시세가 받쳐줘야 한다는 것인데, 압구정·대치동은 이미 그 조건을 갖췄다.

압구정동은 2025년 현재 평당 1억 7천만 원에 육박하는 시세를 형성하며 재건축 사업성을 충분히 확보하고 있다. 대치동은 대한민국 최고의 학군으로 교육 인프라가 탄탄하며, 재건축 기대감이 높다. 두 지역은 향후 5~10년 내 대규모 재건축이 본격화되면서 서울 부동산 시장의 중심에 설 것으로 전망된다.

잠실, 재건축의 완성

잠실도 신천동에 신축이 입주할 예정이며, 잠실5단지까지 완성된다면 잠실역을 중심으로 엘·레·트·레·파로 상징되던 잠실은 더욱 워너비 거주지가 될 것이다. 잠실은 이미 시그니엘이 초고가 주거의 상징으로 자리 잡았으며, 한강변 입지뿐만 아니라 잠실운동장 MICE사업의 완성과 더불어 롯데월드타워를 중심으로 한 상업·문화·업무 복합 인프라가 탄탄하다. 잠실 재건축이 완성되면 송파구는 반포와 더불어 한강변의 대표 부촌으로 발전할 가능성이 높다. 교통 접근성, 상업 시설, 문화 인프라, 교육 환경 등 부촌의 조건을 모두 갖춘 잠실은 향후 서울 동남권의 핵심 주거지로 자리매김할 것이다.

차세대 선호주거지의 다크호스, 노량진뉴타운

대규모 개발이 만들 구조적 변화

노량진뉴타운은 향후 10년 내 재개발 지역 중에서 서울의 부촌 지형을 바꿀 가장 강력한 다크호스로 평가된다. 2003년 뉴타운으로 지정된 이후 오랜 기간 사업이 지체되었으나 최근 8개 구역에서 본격적인 개발궤도에 오르면서 서울 서남권의 핵심 주거지로 부상할 곳이다. 사업 완료 시 9천 가구가 넘는 대규모 아파트 단지로 탈바꿈한다.

• 노량진1재정비촉진구역 위치도

자료: 서울시 정비사업 정보몽땅

9천 가구가 넘는 메가급 신축 단지 조성, 9호선 급행을 통한 강남·여의도 접근성, 평지라는 개발 용이성 등 부촌으로 성장할 모든 잠재력을 갖추고 있다. 과거 노량진 하면 떠올랐던 수산시장과 고시촌 이미지를 완전히 벗고, 여의도 금융가의 배후 주거지이자 서울 서남권의 새로운 중심지로 도약할 가능성이 매우 높다.

교통 호재와 입지의 재평가

노량진뉴타운의 핵심 경쟁력은 교통 호재와 입지다. 지하철 1호선, 9호선 노량진역 환승이 가능하며, 9호선 급행 운행으로 접근성이 크게 향상되었다. 7호선 장승배기역과 향후 서부선 경전철이 개통하면 쿼드러플의 입지가 된다. GTX-B 착공 가능성으로 교통 호재 기대가 높다. 대량 신축 공급으로 주거 환경이 개선되고, 한강변에 인접한 평지 지형으로 개발이 용이하며, 여의도와 근접한 지리적 이점을 갖추고 있다. 노량진역은 서울 서남권의 교통 허브로, 강남과 여의도 양 방향 접근이 편하다는 점에서 직주근접성 측면에서 큰 강점을 갖는다. 9호선 급행을 이용하면 여의도까지 10분 내외, 강남까지 30분 내외로 이동 가능하다는 점은 노량진뉴타운의 핵심 가치를 구성한다.

추가 개발 동력과 미래 전망

기존 존치관리구역이었던 구역까지 재정비 방향을 검토하고 있어, 노량진 일대가 종합적인 개발을 통해 서울 서남권 대표 주거지로 성장할 전망이다. 특히 존치관리구역의 추가 개발까지 완료되면, 주거·업무·상업·문화 기능이 융합된 자족도시로 발전할 것이다.

이번이 마포(아현·염리)뉴타운, 신길뉴타운, 흑석뉴타운이었다면, 다음에는 노량진뉴타운이 스포트라이트를 받을 차례다. 노량진뉴타운은 원래 좋았던 위치에 재정비라는 조건이 결합되어, 향후 10년 내 서울의 새로운 부촌으로 부상할 가능성이 매우 높은 지역으로 평가된다.

여의도 프리미엄의 확산

노량진뉴타운의 가장 큰 강점은 여의도 금융가와의 근접성이다. 여의도 재건축이 본격화되면, 여의도 근무자들의 주거 수요가 노량진뉴타운으로 유입될 가능성이 높다. 여의도 프리미엄이 노량진까지 확산되는 구조가 형성될 것으로 전망된다. 과거 고시촌 이미지는 이미 희미해지고 있으며, 대규모 신축 단지가 완성되면 완전히 새로운 지역으로 탈바꿈할 것이다. 9천 가구가 넘는 신규 주민 유입은 상권 활성화, 인프라 개선, 지역 브랜드 재구축이라는 선순환을 만들어낼 것이다.

경기도 신흥 부촌의 성공 방정식

판교신도시, 부촌화의 모델

판교신도시는 경기도 신도시 부촌화의 모델이다. 현대백화점 판교점이 대표적인 시그니처로, 충분한 소비력을 뒷받침하는 증거다. IT

대기업 집중과 테크노밸리 완공 후 부동산 가치가 두 배 이상 상승했다. IT 기업을 기반으로 성공적인 부촌화 모델을 제시했다.

판교의 성공 요인은 세 가지다. 첫째, IT 대기업과 스타트업이 밀집한 판교테크노밸리라는 자족적 일자리 기반이다. 둘째, 신분당선을 통한 강남 접근성이다. 셋째, 체계적인 도시 계획과 우수한 교육·상업 인프라다. 이 세 가지 요소가 결합되어 판교는 경기도에서 가장 비싼 주거지로 자리매김했다.

광교·동탄, 판교 DNA의 계승

광교와 동탄은 삼성전자 배후 신도시로 신축이 밀집된 지역이다. 특히 동탄2신도시는 판교신도시와 유사한 발전 패턴을 보이며 주목받고 있다. 삼성이라는 강력한 배후 수요와 체계적인 도시 계획을 통해 판교의 성공 DNA를 계승하고 있다.

경기도에서도 과천, 판교, 광교, 동탄 등은 신축 아파트가 밀집해 있고, 고소득 일자리까지 뒷받침되면서 '살고 싶은 대표 지역'으로 자리 잡았다. 이들 지역의 주택 가격은 인근 다른 도시보다 2~3배 이상 높게 형성되어 있다. 이처럼 신축이 집중되고 일자리가 풍부한 지역은 경기도 내에서도 확실한 프리미엄을 유지하고 있다.

자족 기능과 서울 접근성의 균형

경기도 신도시의 부촌화는 대기업 기반의 자족 기능, 서울 접근성, 우수한 교육·상업 인프라라는 공통된 성공 방정식을 따른다. 이들 신도시는 서울의 주거 수요를 분산하는 역할을 넘어, 독자적인 경제권과 생활권을 형성하며 수도권 부동산 시장의 한 축을 담당하고 있다.

입지가 좋고, 일자리가 풍부한 곳에 신축이 밀집되어 공급되는 곳은 앞으로도 눈여겨볼 만하다. 경기도 신도시 부촌화의 핵심은 일자리와 주거의 균형, 그리고 서울 접근성이라는 두 가지 축의 균형에 있다.

인천의 송도·청라, 부산의 해운대

인천에서도 송도, 청라는 인천의 워너비 도시가 되었다. 송도는 국제도시를 표방하며 외국인학교, 국제업무지구 등을 갖췄고, 청라는 대규모 신도시로 쾌적한 주거 환경을 제공한다. 부산의 해운대도 지방의 상징적인 부촌이다. 마린시티의 주상복합과 엘씨티 일대가 그 대표적인 곳이다. 지방에서도 신축 밀집, 일자리, 상업·문화 인프라가 결합된 지역은 독자적인 부촌으로 발전하고 있다. 수도권 중심의 양극화 속에서도, 지방 거점도시의 핵심 지역은 나름의 부촌 생태계를 형성하고 있음을 보여준다.

미래 부촌 선점을 위한 투자 전략

선점의 원칙, 타이밍이 수익을 결정한다

미래 부촌에 대한 투자는 단기 시세 차익이 아닌, 10년 후의 가치 변화를 내다보는 장기적인 안목이 필요하다. 선점의 원칙은 투자 전략의 핵심이다. 개발계획이 확정되는 초기 단계에 진입해 기회비용을 최소화하고 수익을 극대화해야 한다.

압구정, 대치, 여의도, 목동, 방배, 한남, 성수, 노량진 등 재정비 개발로 인한 신축 잠재력이 높은 지역을 중심으로, 계획 확정 단계에서의 선점, 사업 본격화 단계에서의 추가 진입, 착공 단계에서의 실거주 전환 등 단계별 전략을 통해 접근하는 것이 유리하다. 올림픽파크포레온 사례에서 보듯, 분양가와 실거래가의 차이는 선점 타이밍에 따라 결정된다.

다각적 분석, 교통만 보지 마라

투자에서 가장 흔한 실수는 교통 호재만 보고 투자하는 것이다. 교통 호재뿐만 아니라 교육, 상업, 문화 인프라와 거주민의 사회경제적 특성까지 종합적으로 분석해야 한다. 부촌의 형성 조건 다섯 가지(주거시설 품질, 거주민 소득, 교육 인프라, 교통 및 생활 인프라, 자연환경)를 모두 점검해야 한다.

입지가 좋고, 일자리가 풍부한 곳에 신축이 밀집되어 공급되는 곳은 앞으로도 눈여겨볼 만하다. 1기 신도시의 선도지구로 선정된 단지들과 2차로 지정을 신청할 단지 등의 향후 신축 입주도 눈여겨봐야 한다. 입지가 이미 좋은 곳이라 그 동네에 들어설 신축 아파트의 시세는 가늠할 수 있기 때문에, 언제 신축으로 입주 가능한가가 중요하다.

리스크 관리, 분산과 유동성 확보

투자에는 항상 리스크가 따른다. 개발 지연, 시장 변동, 유동성 리스크에 대비해 충분한 자금 계획과 분산 투자 전략을 수립해야 한다. 특히 재개발·재건축 지역 투자는 사업 지연 리스크가 크므로, 장기 보유를 전제로 한 여유 자금으로 접근해야 한다.

한 지역에 자산을 집중하기보다는 여러 유망 지역에 분산 투자하는 것이 리스크 관리에 유리하다. 또한 매입 후 일정 기간 임대를 통해 현금흐름을 확보하는 전략도 고려할 필요가 있다. 유동성이 떨어지는 지역은 높은 수익 잠재력에도 불구하고 투자에 신중해야 한다.

체계적 프로세스, 정보가 수익을 만든다

성공적인 투자는 정보 수집 및 계획, 지역 선정 및 매물 탐색, 매입 타이밍 결정, 보유 및 관리라는 체계적인 프로세스를 따를 때 가능하다. 정보 수집은 투자의 출발점이다.

성공적인 투자를 위해선 단순히 공개된 시세 정보뿐만 아니라, 거시 경제지표, 정부의 부동산 정책, 지역별 공급 및 수요 동향과 같은 거시적 정보부터 분석해야 한다. 나아가 특정 지역의 개발계획, 교통 호재, 일자리 증가, 학군 변화 등 중장기적 가치 상승을 이끌 잠재력 높은 정보를 다각적으로 파악하는 것이 중요하다. 최근 빅데이터 기술은 한 걸음 더 나아가, 소셜 미디어나 웹 블로그 같은 비정형 데이터까지 분석의 영역으로 끌어들였다. 이를 통해 과거에는 파악하기 어려웠던 다양한 변수를 통제하고, 불확실성을 줄여 최적의 의사결정을 지원하는 단계로 진화하고 있다. 이렇게 수집된 정보는 지역 선정 및 매물 탐색의 정확도를 높이는 핵심 기반이 된다.

예를 들어 노량진뉴타운, 성수전략정비구역, 여의도 재건축 단지처럼 대규모 개발이 예정된 곳은 미래 가치가 높게 평가되는 대표적인 사례다. 또한 SNS 등 네트워크를 통해 일반에 공개되지 않은 우량 매물 정보를 확보하는 것도 중요한 정보 수집 활동 중 하나다.

매입 타이밍 결정 역시 시장의 슈퍼 사이클, 금리 변동과 같은 거시적 흐름과 개발계획의 진행 단계(예: 구역지정, 사업시행인가, 관리처분, 착공 등)를 함께 고려해 결정해야 한다. 초기 단계에 진입할수록 기회비용을 줄이고 수익을 극대화할 수 있기 때문이다.

마지막으로 최근 부동산 세제와 정책 등을 고려해, 보유 및 관리는 단기 시세 차익이 아닌 10년 후의 가치 변화를 내다보는 장기적인 안목에서 접근해야 한다. 부동산 자산관리는 구매부터 임대, 운영, 최종 매각까지 전 과정을 아우르는 통합적인 개념으로 발전했으며, 성공적인 투자는 이러한 체계적인 프로세스를 꾸준히 따를 때 비로소 완성된다.

월천재테크
텔레그램

네이버 블로그
월천대사

네이버 카페
월천재테크

part
2

대한민국 지역별
부동산 시장 대전망

서울 부동산 트렌드 2026

훨훨 박성혜

- 플랩자산연구소 대표
- 저서 『입지센스』 『그럼에도 나는 아파트를 사기로 했다』
- 네이버 '부자지도' 카페 운영
- 유튜브 '부의센스'

2026년의 부동산 시장은 그 어느 때보다 방향을 잡기 어렵다. 금리는 여전히 오르내리며 시장 참여자의 심리를 흔들고 있고, 정부 정책은 상황에 따라 언제든 방향을 바꿀 수 있다. 공급은 제한적인데 수요는 여전히 특정 입지로 몰리며, 그 결과 시장 전반이 아닌 일부 지역과 일부 단지가 시장을 주도하는 극심한 양극화가 벌어지고 있다.

서울 부동산을 바라보는 시선은 늘 혼란스럽다. 같은 시기에 어떤 지역은 거래가 꽁꽁 얼어붙는데, 다른 지역은 신고가가 연이어 나오기도 한다. 어떤 단지는 입주를 앞두고 분양가 대비 두 배 가까운 시세를 형성하지만, 인근 단지는 미분양이 누적되기도 한다. 이처럼 불확실성과 양극화가 동시에 존재하는 시장에서 투자자와 실수요자는 "지금이 사야 할 때인가, 기다려야 할 때인가?"라는 질문을 반복한다.

그러나 중요한 것은 단기적인 시세의 등락이 아니다. 금리는 주기적으로 바뀌고, 정책은 정권과 상황에 따라 달라진다. 공급도 많을 때가 있고 적을 때가 있다. 하지만 모든 변동성 속에서도 흔들리지 않는 기준이 있다. 바로 입지다. 입지는 단순히 지리적 위치를 뜻하는 것이 아니라, 그 위치가 만들어내는 생활 편의성, 교통 접근성, 교육·상권· 의료 인프라, 그리고 지역 이미지와 미래 성장성을 모두 포함한다.

2026년 부동산 시장은 이런 입지의 힘이 더욱 강력하게 드러나는 해다. 왜냐하면 금리 안정기에 접어든 지금, 시장은 다시 '언제 사느냐' 보다 '어디를 사느냐'가 중요한 국면에 들어섰기 때문이다. 과거처럼 금리 인하나 정책 완화가 전체 시장을 일제히 끌어올리는 시대는 지났 다. 이제는 동일한 서울 안에서도 어떤 지역은 꾸준히 상승하고, 어떤 지역은 정체되거나 하락하는 차별화의 시대다.

본문은 그 차별화를 가르는 7개의 렌즈를 제시한다.

- **리:리버(Re:River)**
- **주거 클러스터링**
- **풍선효과 리턴즈**
- **리빌드 서울**
- **N모빌리티 입지**
- **듀얼 수요 시프트**
- **렌트노믹스 2.0.**

이 7개의 키워드는 2026년 시장의 흐름을 읽고, 앞으로 5년을 대비 하는 나침반과도 같은 것이다. 결국 시장을 움직이는 변수는 많다. 금 리도, 정책도, 유동성도, 경기 사이클도 여전히 중요하다. 하지만 변수 는 언제든 변할 수 있다. 남는 것은 결국 입지다.

2026년 부동산 시장을 이해하려면 이 7개의 키워드를 중심에 두 고, "무엇을 어떻게 선택할 것인가"를 질문해야 한다. 그 질문에 대한

답을 찾는 과정이 바로 '서울 부동산 트렌드 2026'이다. 변하는 것은 금리와 정책, 줄어드는 것은 공급, 커지는 것은 수요, 구조의 다양성이다. 그러나 남는 것은 결국 입지다. '서울 부동산 트렌드 2026'은 7개의 키워드를 통해 독자가 흔들리는 변수 속에서도 흔들리지 않는 기준을 찾도록 안내할 것이다.

① 리:리버(Re:River) 한강: 프리미엄의 진화

서울 아파트의 최상단에는 언제나 한강이 있다. 한강은 단순한 수변 공간이 아니다. 강남과 강북을 가르는 경계이자, 서울 부동산 가격을 결정짓는 절대 축이다. 같은 면적, 같은 브랜드 아파트라 하더라도 한강 조망 여부에 따라 수억 원, 때로는 수십억 원의 가격 차이가 난다. 과거 한강 프리미엄은 단순히 '강이 보이는가'에 머물렀다. 그러나 2026년, 한강은 '조망'을 넘어 '라이프스타일 복합 자산'으로 재해석되고 있다. 조망, 수변공원, 문화 인프라, 보행 네트워크가 결합된 한강 벨트는 강남·강북을 막론하고 서울 아파트 가격의 최상단을 고정한다.

왜 지금 한강인가? 2026년은 금리 안정 구간에 접어들 것이다. 공급 공백 속에서 희소성은 더욱 부각된다. 재건축과 리모델링 같은 정비사업이 속도를 내며 '5세대 한강 아파트'에 대한 상상이 현실로 바뀌

• 반포 래미안원베일리 조감도

자료: 래미안원베일리(raemian.co.kr)

고 있다. 압구정, 반포, 여의도, 한남, 용산, 성수, 잠실은 이미 사업 단계에 진입했고, 조망과 한강 접근성을 동시에 가진 단지는 시장의 절대 희소 자원으로 평가받는다.

한강 프리미엄의 신호들은 다양하다. 한강변 아파트는 이미 '트로피 에셋(trophy asset)'으로 인식된다. 이미 반포 '래미안원베일리'가 한강변 아파트 평당 2억 원의 시대를 맞이했고 '반포디에이치클래스트'의 2027년 하반기 준공으로 평당 3억 원에 근접하는 신고가를 예상할 수 있다. 한강 조망 라인의 호가는 하락장에서도 방어가 된다. 신규 분양에서도 한강 조망 및 한강공원 보행 접근성을 강조하는 마케팅이 늘어난다. 이러한 신호는 한강 프리미엄이 단순히 일시적 호재가 아니라, 프리미엄 주거 시장의 패러다임이라는 것을 나타낸다.

한강변 입지를 점검할 때는 '조망+접근'이라는 두 가지 요소를 동시에 고려해야 한다. 단지 내에서도 어떤 라인이 조망권을 확보하는지, 한강공원까지 도보 접근 시간이 얼마나 되는지도 중요하다. 해당 단지가 정비사업 단계 어디에 있는지도 점수화해서 비교한다. 해당 아파트의 한강 프리미엄이 얼마나 방어적인지, 한강 생활권의 편의성이 얼마나 높은지 확인하는 것이 필요하다.

또한 한강변 입지는 규제와 비용이라는 리스크도 안고 있다. 토지거래허가구역 지정, 분양가상한제, 조망권으로 인한 분쟁 같은 변수가 사업 속도를 늦출 수 있다. 공사비 상승과 프리미엄 커뮤니티로 인한 관리비 부담은 입주자에게 새로운 부담이 될 수도 있다.

한강변 입지는 여전히 절대 프리미엄을 유지한다. 압구정과 반포, 한남은 서울 부동산의 최상단을 지키며, 정비사업 진척 여부가 시장 전체의 바로미터가 될 것이다. 반면 마포, 성동 등 한강벨트는 대체 프리미엄을 강화하며 한강 초고가 지역의 입지를 바짝 따라갈 것이다.

② 주거 클러스터링: 단지에서 생활권으로 확대

서울 아파트 시장은 이제 개별 단지로 설명하기 어렵다. 과거에는 특정 대장 단지 한두 곳이 시세를 주도했다면, 2026년은 개별 단지의 영향력이 줄어들고 있다. 대신 수천 세대가 동시에 입주하며 생활권 전체의 위상을 바꾸는 일명 '주거 클러스터링'이 시장을 주도한다.

'주거 클러스터링'이란 단순히 아파트 몇 개 단지가 모여 있는 공간이 아니다. 수천에서 수만 세대가 한꺼번에 들어서면서 학교, 학원, 상권, 의료, 교통이 동반 성장하는 거대한 생활권이다. 이 클러스터가 완성되면 단순히 시세가 오르는 것을 넘어, 지역의 이미지 자체가 바뀐다. 한때 낡고 소외되던 주거지가 '신흥 주거 명품지'로 격상되는 것이다.

그렇다면 왜 지금 주거 클러스터링인가? 2026년은 공급이 줄어드는 공급 가뭄기에 접어든다. 서울 전체의 신규 입주 물량은 2만 세대 미만으로 축소되었다. 따라서 이미 정비사업으로 신축 아파트 주거지가 집적된 클러스터에 수요자들의 관심이 이어지고 있다. 가재울, 신길, 전농답십리, 이문·휘경 같은 뉴타운, 그리고 신축 클러스터가 될 여의도, 목동, 창동·상계 같은 재건축 벨트도 주목을 받고 있다.

공급이 줄어드는 시점에서 클러스터 단위의 신규 입주는 시장에 두 가지 메시지를 던진다. 첫째, 생활권이 완성되면서 안정성이 강화된다. 둘째, 후속 단지가 줄줄이 입주하면서 성장성이 확보된다. 실거주자에게는 안정적인 주거지가, 투자자에게는 미래 프리미엄이 동시에 제공되는 것이다.

주거 클러스터가 힘을 발휘할 때는 여러 신호가 나타난다. 클러스터 내부 단지들의 시세가 동조화되며, 대장 단지의 상승이 곧 다른 단지로 확산된다. 학군의 질과 상권의 수준이 빠르게 올라가며, "이 동네가 달라졌다"는 평가가 뒤따른다. 균질성이 향상되며 전세 수요가 증가하고, 전세 물량이 줄어든다. 이 신호들이 모이면, 단순히 아파트가 늘어난 것이 아니라, 하나의 새로운 도시가 형성되었음을 알 수 있다.

주거 클러스터는 크게 두 가지로 나눌 수 있다. 이미 생활권이 완성된 완성형 클러스터와, 아직 사업이 진행 중인 성장형 클러스터다. 완성형 클러스터는 실거주에 적합하다. 생활 인프라가 갖춰져 있고, 안정적인 수요가 확보되어 있다. 대표적으로 길음, 가재울, 왕십리, 신길, 전농답십리 뉴타운이 있다. 성장형 클러스터는 투자 관점에서 주목할 만하다. 아직 사업 단계가 초기이거나 중기라 가격 갭이 존재하고, 장기적으로 클러스터가 완성되면 큰 폭의 프리미엄을 기대할 수 있다. 여의도, 목동, 노량진, 이문·휘경, 거여·마천 같은 지역이 이에 해당한다. 따라서 실거주자는 완성형, 투자는 성장형을 전략적으로 선택하는 것이 2026년 클러스터링 투자법의 핵심이다.

1 가재울뉴타운: 서북권의 대표 완성형

은평과 마포 사이, 과거에는 '애매한 입지'로 불리던 곳이 가재울이었다. 그러나 뉴타운 개발이 본격화되면서 수천 세대 브랜드 아파트가 들어섰고, 신촌·마포와 연결된 서북권 주거 허브로 변모했다. 현재는 학군과 상권까지 안정적으로 자리 잡으며 실거주 선호도가 높다.

• **가재울 8구역 조감도**

2 아현뉴타운: 강북 프리미엄의 교두보

아현뉴타운은 단지별로 수천 세대가 입주하며 대형 브랜드 단지 벨트를 형성했다. 공덕래미안, 마포래미안푸르지오, 마포프레스티지자이, 마포더클래시 등은 이미 강북을 대표하는 대장 단지로 자리 잡았다.

이 단지들은 한강 조망권 일부를 공유하고 있으며, 무엇보다 광화문·여의도·강남으로의 뛰어난 직주근접성이 강점이다. 아현뉴타운은 대부분 사업이 완료되어 '완성형 클러스터'로 분류된다. 그러나 일부 구역은 아직 개발 여지가 남아있어, 성장성과 안정성을 동시에 갖춘 드문 사례로 꼽힌다.

아현뉴타운은 강북권에서 강남 못지않은 주거 프리미엄을 보여주는 대표적인 성공 모델이자, 강북 부동산 시장의 질적 수준을 끌어올린 상징적 클러스터라고 할 수 있다.

③ 신길뉴타운: 여의도의 배후지

신길은 과거 노후 주택가 이미지가 강했지만, 뉴타운이 완성되며 수만 세대 신축 클러스터로 탈바꿈했다. 신길뉴타운은 뉴타운 남쪽으로 완성형 클러스터와 더불어 북쪽으로 공공 정비사업이 한창 진행되는 진행형 클러스터이기도 하다. 여의도 직주근접 수요를 흡수하며, 7호선·9호선·신안산선(예정) 교통 호재까지 더해졌다. 지금은 서울 서남권의 새로운 중산층 거주지로 자리매김했다.

④ 노량진·흑석뉴타운: 한강변과 직주근접의 결합

노량진·흑석 일대는 한강변과 강남·여의도 접근성이 동시에 작동하는 입지다. 과거에는 노후 다세대와 빌라가 밀집해 주거 선호도가 낮았지만, 뉴타운 지정과 정비사업 진척으로 이미지가 빠르게 전환되고 있다. 노량진은 1·9호선 환승역세권을 중심으로 개발이 이어지며, 학원가와 생활 인프라가 강화되고 있다. 흑석뉴타운은 한강 조망과 강남·여의도 직주근접을 동시에 갖춘 곳으로, 이미 아크로리버하임 등 신축 단지가 입주하며 시세를 끌어올렸다. 특히 한강 조망 단지와 지하철 역세권 단지가 결합된 경우, '희소상품'으로 평가받으며 서울 서남권의 새로운 중심지로 부상하고 있다. 향후 정비사업이 마무리되면 노량진·흑석은 단순히 동작구의 거점이 아니라, 강남 – 여의도 – 용산을 잇는 핵심 주거 클러스터로 자리 잡을 가능성이 크다.

5 전농답십리·이문휘경 뉴타운: 동북권의 대형 축

동대문구 전농답십리, 동대문·동북권 이문휘경 뉴타운은 청량리 GTX 환승센터와 맞물려 거대한 신흥 클러스터를 형성하고 있다. 1만 세대 이상 규모의 신축 단지가 줄줄이 들어서면서, 노후 다세대 밀집지의 이미지를 단숨에 바꿔놓고 있다. 이후 청량리역 북측의 청량리·제기동의 개발이 완성될 경우의 지역 확장성도 기대된다.

6 목동 학군 클러스터: 재건축 대전의 서막

목동은 이미 학군지로 명성이 높다. 여기에 14개 대단지가 동시에 재건축을 추진하면서 서남권 전체 판도를 바꿀 준비를 하고 있다. 아직은 속도의 차이가 있지만, 완성된다면 학군의 메카로 서남권의 절대 강자를 꿰찰 가능성이 크다.

7 창동·상계: 동북권의 미래 잠룡

노원구 창동·상계는 1980년대 지어진 상계주공 단지들이 대거 몰려 있는 지역이다. GTX-C 개통과 차량기지 이전 개발이 결합되면서, 장기적으로 '동북권의 잠룡'으로 성장할 잠재력이 있다. 단기 성과는 제한적이지만, 2030년대 이후까지 본다면 서울에서 가장 큰 변화가 예상되는 지역 중 하나다.

클러스터는 큰 기회와 함께 큰 리스크도 내포한다. 정비사업이 지연될 경우 사업성이 흔들릴 수 있다. 조합 내부의 권리관계 충돌이나 분쟁은 흔한 일이다. 신축 상가의 공실 변동성이 지역 상권 안정성을 저해할 수도 있다. 따라서 성장형 클러스터 투자는 반드시 긴 호흡으로 접근해야 하며, 단기 시세 차익보다 생활권이 완성되는 과정을 기다려야 한다. 이 외에도 주거 클러스터가 형성되어 있는 대치, 개포, 잠실, 고덕 등이 있다. 이들 지역은 이미 완벽한 주거 클러스터의 표본이 되는 곳이라고 해도 과언이 아니기 때문에 길게 설명하지 않겠다.

2026년 서울 부동산 시장에서 클러스터 프리미엄은 개별 단지 프리미엄을 압도할 것이다. 과거에는 "어느 단지에 살 것인가"가 중요했지만, 이제는 "어느 클러스터에 속할 것인가"가 더 중요한 질문이 되었다. 완성형 클러스터는 실거주 안정성을, 성장형 클러스터는 장기적 프리미엄을 제공한다. 시장의 흐름은 점점 더 생활권 단위로 이동하고 있으며, 그 결과 서울 지도는 다시 쓰이고 있다. 집을 산다는 것은 단지 84A를 사는 것이 아니라, '지역'을 사는 것이기 때문이다.

③ 풍선효과 리턴즈: 규제의 역설과 수요의 이동

서울 부동산 시장은 늘 규제와 함께 움직였다. 투기과열지구, 분양가상한제, 토지거래허가구역, 재건축 초과이익 환수제…. 그동안 정부가 쏟아낸 규제의 무게는 수도권 전역을 덮고 있다. 그러나 규제는 언제나 부작용을 낳았다. 억눌린 수요는 사라지지 않고 다른 곳으로 이동한다. 이른바 풍선효과다. 한쪽을 누르면 다른 쪽이 부풀어 오르는 풍선처럼, 규제가 강한 지역 옆에서 의외의 가격 급등이 나타난다.

2025년 3월, 강남3구의 토지거래허가구역 지정 효과는 한강벨트 풍선효과로 돌아왔다. 금리 안정 구간에 진입하면서 억눌렸던 매수세가 움직였다. 그 결과 강남·용산·성수 같은 초핵심 지역은 여전히 봉쇄되어 있지만, 바로 옆 동네에서 새로운 기회가 발생했다. 같은 해 10월, 서울 전역과 수도권이 규제지역과 토지거래허가구역으로 묶였다. 정책의 비대칭성이 풍선효과를 낳는다. 이 불균형은 결국 '정책 사각지대'라는 기회를 만든다. 그러나 명심하자. 규제를 회피하는 투자가 본질은 아니라는 것을.

풍선효과 지역은 몇 가지 뚜렷한 신호를 보인다. 우선 거래량이 증가한다. 규제지역 바로 옆 권역에서 거래량이 먼저 살아나며 매물이 급격히 줄고 호가가 오른다. 청약 경쟁률이 급등한다. 예상을 뛰어넘는 경쟁률이 나타나며, "왜 여기서?"라는 반응을 낳는다. 이런 신호는 수요가 옮겨가고 있다는 증거다.

풍선효과를 고려한 투자 시 가장 중요한 것은 규제 강도 맵이다. 인접 지역이 어떤 규제를 받고 있는지 확인하고 대체성(출퇴근 시간, 학군, 생활권 유사성)을 따져본다. 이때 가격 역치(중위가 대비 저평가율)를 체크한다. 지역의 개발 모멘텀(재개발·교통 호재)이 있는지도 중요하다.

① 구리: 강북·동북권 생활권의 관문

구리는 서울과 맞닿아 있으면서도 규제의 직접 타깃에서 비켜섰다. 강변북로·동부간선 축을 따라 강북·동북권 일자리와의 연결성이 높고, 맞은편 서울권역과 생활권이 겹친다. 중저가 실수요 비중이 높아 규제의 반사수요를 흡수하기 쉬운 구조다. 도심 접근이 빠른 역세권 소형·중형 신축에서 매물 회전이 빨라지는지 거래 추이를 체크한다.

② 남양주 다산신도시: 경기 동북권의 실수요 허브

다산은 서울 동북·강동 생활권을 동시에 겨냥할 수 있는 교통축과 생활 인프라가 장점이다. 인접 서울 규제로 갈 곳 잃은 내 집 마련 수요

• 남양주 다산신도시 조감도

자료: 경기주택도시공사(gh.or.kr)

가 '출퇴근 대체 가능권'을 찾을 때, 동측 축의 1순위 후보가 된다. 분양·입주 물량의 흡수 속도와 청약 경쟁률 급등 여부가 선행 신호다. 초기 재개발지와 달리 기본 인프라가 깔려 있어 실거주 정주성이 높다.

③ 동탄: 남부 광역 축의 '완성형 생활권'

동탄은 자족·업무·상업의 밸런스가 맞는 대규모 생활 도시다. 광역철도·고속도로 축의 시너지, 기존 광역교통수단이 주는 시간 절감 효과로 남부권 직주수요를 흡수한다. 규제의 중심이 서울·일부 경기 남부에 몰린 상황에서, 일자리의 양과 접근성이 강점이다. 분당을 넘어 용인 수지까지 규제지역으로 지정되어 많은 제약이 적용되는 가운데 양질의 주거 환경이 조성되어 있는 동탄은 규제 속 실수요자들의 선택지가 될 수 있다.

④ 안양시 만안구: 규제의 반사 이익

같은 안양이라도 규제 강도는 구마다 다르다. 만안구는 상대적으로 규제 수위가 낮아(동안구와의 차등 규제) 봉쇄된 서울 서남·관악 생활권 수요의 일부가 넘어오는 통로가 될 수 있다. 노후 주거지 재생과 신축 수요의 니즈에 따라 거래 회복이 빨라질 수 있다. 다만 노후 다세대 밀집지의 환경 개선 속도는 리스크이자 기회다. 구역별 정비계획의 진행 단계와 현실화 가능성을 냉정히 따져보아야겠다.

5 송도: 인천의 트로피 에셋

인천은 이번 토지거래허가구역 지정에서 빠지면서 대체 수요의 관심이 커졌다. 송도는 국제업무·바이오·국제학교 등 특화된 수요 기반이 탄탄하고, 자족성·해안 생활환경이 결합된 독특한 상품성을 갖는다. 서울 전역 봉쇄의 반작용으로 '서울 출퇴근 + 글로벌 생활 인프라'를 동시에 보는 수요가 유입될 수 있다.

6 검단: 서북권 신도시의 학습효과

검단은 서울 서부권 실수요자의 유입지역이라는 점이 부각된다. 인근 서울권 대비 가격 갭, 서울 접근 교통망의 개선 계획, 신도시 내 상업·교육 인프라의 성숙도가 동시 개선되며 체감 가치가 상승했다. 서울 전역 및 경기지역 규제 강화가 인천 택지지구로의 관심 확대로 나타나고 있다. 풍선효과의 1차 파장이 송도·검단 같은 택지지구로 유입될 가능성이 크다.

풍선효과 지역은 기회이자 함정이다. 단기 과열 후 규제 전환 위험이 있고, 규제 시 거래 환금성이 낮아 상승가격을 반납할 수 있다. 사업 지연이나 정책 변화에 따라 기대했던 모멘텀이 꺾일 수 있다. 따라서 풍선효과는 단기 추격 매수가 아니라, 중장기적으로 생활권이 변할 지역을 선별해 접근해야 한다.

2026년 풍선효과는 비규제, 초기 재개발 구역, 토지거래허가를 피할 수 있는 상품 중심으로 나타날 것이다. 보통 강남·용산이 막히면 한강벨트로, 한강벨트가 묶이면 동대문, 서대문 등 인근지역으로 수요가 이동한다. 풍선효과는 반복된다. 그리고 그 반복은 결국 서울 지도의 또 다른 재편으로 이어진다. 시장의 승자는 이 흐름을 읽고 준비한 사람이다.

④ 리빌드 서울: 재건축·재개발 대전

서울 부동산 시장은 오래전부터 '구축 vs. 신축'의 격차를 중심으로 움직여왔다. 2026년 현재 이 격차는 극단적으로 벌어져 있다. 준공 30년 이상 아파트는 시설 노후로 인한 불편과 주차 문제로 외면받고, 신축 아파트는 공급 부족으로 희소성이 극대화되었다. 이 간극을 메우는 해법은 결국 정비사업, 즉 재개발·재건축이다. 정비사업은 더 이상 일부 지역만의 문제가 아니다. 강남 압구정·반포, 여의도, 목동, 상계 같은 대표 아파트 단지에서부터, 성수·장위·가재울 같은 재개발 구역, 그리고 과천·안양·광명·1기 신도시까지 수도권 전역으로 확산되고 있다. 지금의 서울은 그야말로 '재건축·재개발 대전(大戰)'의 한가운데에 있다.

그렇다면 왜 지금 리빌드인가?

첫째, 구축과 신축의 격차 확대 때문이다. 2024~2025년을 강타한

'얼죽신(얼어 죽어도 신축)' 열풍은 신축 선호 현상을 단적으로 보여준다. 같은 평형이라도 신축과 구축의 가격 차이는 최대 두 배 이상 벌어졌고, 이 차이는 시간이 지날수록 더 커지고 있다. 구축을 보유한 사람들에게는 재건축·재개발을 통한 '신축화'가 유일한 탈출구가 되었다.

둘째, ESG(Environmental·Social·Governance, 환경·사회·지배구조)와 커뮤니티 수요의 증가 때문이다. 에너지 효율, 친환경 설계, 안전·보안 강화, 그리고 수영장·피트니스·스터디룸 같은 커뮤니티 시설은 이제 아파트 선택의 필수 요소가 되었다. 낡은 구축은 이런 요건을 충족시킬 수 없기에, 재건축과 재개발을 통한 상품성 업그레이드가 절실하다.

셋째, 관리와 생활 성능의 한계 때문이다. 노후 아파트는 단열·배관·주차·승강기 문제로 불편이 크고 관리비도 급격히 상승한다. 다세대·다가구 밀집지의 재개발 구역은 주차와 안전, 기반시설 부족 문제가 상존한다. 이 역시 신축 수요를 자극하고, 정비사업을 촉진하는 배경이 된다.

재건축은 노후 단지를 철거하고 새로 짓는 방식이다. 브랜드, 평형 구성, 커뮤니티까지 완전히 새롭게 바꿀 수 있다는 장점이 있으나 사업 기간이 길고, 초과이익환수·안전진단 등 규제 리스크가 크다. 재개발은 다세대·다가구·단독주택이 밀집된 노후 주거지를 신축 아파트 단지로 바꾸는 사업이다. 지역 전체를 새롭게 탈바꿈시키며, 기반시설 확충(도로·공원·학교 등) 효과가 크다. 그러나 세입자 보상·이주 대책이 필수적이고, 권리관계가 복잡해 갈등 소지가 많다. 재건축은 강남·목동·상계 같은 대단지 아파트 벨트에서, 재개발은 성수·장위·이문휘경·가재울 같은 도심과 준공업지역에서 본격화되고 있다.

리빌드 열풍은 시장의 여러 신호에서 확인된다. 초기 단계 구역의 조합원 지위 가격이 빠르게 오르고 있으며 리모델링 추진 단지의 조합 설립 건수가 매년 늘어나고 있다. 신규 단지 분양 광고에서 '커뮤니티 특화'를 전면에 내세운다. 이 신호들은 정비사업이 단순한 주택 공급이 아니라, 서울 도시 전체의 판을 새롭게 짜는 과정임을 보여준다.

정비사업 투자를 고려한다면 몇 가지를 체크해야 한다. 재건축은 용적률, 평형 구성 계획, 조합원 분담금, 초과이익 환수제 적용 여부를 반드시 확인해야 한다. 재개발은 구역 지정 여부, 원주민 비율, 기반시설 계획, 사업 속도를 점검해야 한다. 투자자는 단순히 "재건축이냐, 재개발이냐"가 아니라, 그 지역이 어떤 모습으로 변모할 것인지를 입체적으로 분석해야 한다.

1 압구정: 재건축의 아이콘

압구정 아파트 단지는 서울 재건축의 대명사다. 현대·한양·미성 등 수천 세대가 집적되어 있고, 한강 조망과 강남 핵심 입지를 동시에 갖춘 상징적 단지다. 정비사업 추진 단계에 따라 조합원 지위 권리금이 수억 원 단위로 출렁이며, 서울 전체 재건축 시장의 바로미터 역할을 한다. 향후 압구정 일대가 재건축을 마무리하면, 단순한 신축 아파트를 넘어 강남의 위상 자체를 다시 정의하는 상징적 공간으로 자리매김할 것이다.

자료: 현대건설(hdec.kr)

2 여의도: '서울의 맨해튼'을 향한 열망

여의도는 과거 금융중심지라는 상징성과 함께 1970~1980년대 대규모 단지들이 조성된 곳이다. 그러나 준공 40년 이상 노후 단지가 많아 재건축 수요가 절실하다. 여의도는 국제금융중심지 개발, 서부선·GTX-B 등 교통 호재와 맞물려 '서울의 맨해튼'으로 재탄생할 잠재력을 품고 있다. 다만 토지거래허가구역 지정과 각종 규제로 사업 속도가 지연되고 있다는 점은 리스크다. 그러나 장기적으로 여의도의 재건축 완성은 한강 남단과 북단을 연결하는 새로운 주거·업무 복합 허브로 작동할 가능성이 크다.

③ 올림픽 3대장: 전성기의 화려한 부활

송파구 잠실 일대의 아시아선수촌, 올림픽선수촌, 올림픽훼밀리 아파트는 1988년 서울올림픽을 기념하며 지어진 상징적 대단지다. 당시에는 서울 주거문화의 첨단을 대표했지만, 30년 이상이 지나면서 시설 노후와 평면 한계가 뚜렷하다. 현재 이들 단지는 재건축을 통해 화려한 부활을 준비하고 있으며, 잠실-삼성-청담으로 이어지는 '강남 동부 벨트'의 위상을 강화할 핵심 축으로 주목받는다. 한강 조망, 잠실운동장 개발, GTX-A와 잠실 MICE 개발 등과 맞물려 올림픽 3대장의 재건축은 1988년의 화려한 위상으로 부활할 것이다.

④ 광진구 재개발: 강남과 강북을 잇는 동서울의 관문

광진구는 강북과 강남을 연결하는 교통의 관문이자, 잠실과 건대, 청담과 맞닿아 있는 입지적 장점을 갖춘 지역이다. 그럼에도 불구하고 중곡동, 자양동, 군자동 일대에는 다세대·다가구 밀집지와 노후 주택이 많아 그동안 주거 선호도는 상대적으로 낮았다. 그러나 최근 들어 재개발 구역 지정과 정비사업 속도가 붙으면서 광진구는 '동서울의 신흥 주거지'로 주목받고 있다. 건대입구·구의역을 중심으로 한 상권과 교통망, 한강 인접성을 기반으로 대규모 정비가 추진되고 있다. 자양 1~4구역 재개발은 수천 세대 규모의 브랜드 단지로 변모할 예정이며, 인근에 롯데월드타워, 청담·잠실권과 연결되면서 생활권 위상이 크게 달라질 것이다. 특히 한강변 자양동 재개발은 잠실의 대체재이자 성수의 확장판으로 평가받는다.

5 성동구 성수전략정비구역: 강북의 한강 프리미엄 중심

성수동은 지난 10년간 서울 부동산 판도를 가장 극적으로 뒤바꾼 지역 중 하나다. 과거에는 준공업지역과 노후 주택이 섞여 '공장과 빌라 동네'라는 이미지가 강했지만, 지금은 초고급 아파트와 문화·상업 공간이 결합된 강북의 한강 프리미엄 중심지로 탈바꿈하고 있다. 핵심은 전략정비구역이다. 성수전략정비구역은 4개 구역으로 나누어 재개발이 추진 중인데, 사업이 완료되면 총 1만 세대 이상 규모의 초대형 주거 클러스터가 형성될 예정이다. 이미 아크로서울포레스트, 갤러리아포레, 트리마제 등 초고가 단지가 들어서면서 강남권과 맞먹는 시세를 형성하고 있으며, 향후 전략정비구역이 완성되면 성수는 강남-용산-잠실을 잇는 '강북 한강벨트'의 핵심 거점으로 부상할 가능성이 크다.

정비사업은 기회만큼 위험도 크다. 공사비와 이자 비용 상승은 분담금 폭탄으로 이어질 수 있다. 사업 지연이나 규제 강화는 투자금 회수 시점을 늦춘다. 공사 동안 대체 거주비용 부담도 만만치 않다. 또한 서울과 수도권의 규제지역 확대로 인해 투기과열지구 정비사업의 조합원 지위 양도 제한이 적용되어 자유로운 매매가 어려워졌다. 공공성 강화를 위한 임대비율 증가추세, 용적률 인센티브에 따른 공공기여 등의 불확실성이 많다. 따라서 리빌드 투자는 단기적 시세 차익보다는, 장기적인 주거지 변화 및 투자자의 개별적 특수성을 면밀히 고려해 접근해야 한다.

2026년 이후 5년간 서울 아파트 시장의 핵심 화두는 리빌드가 될 것이다. 강남·목동·노원 축은 재건축 구도가 가속화될 것이다. 광진·성동·동작은 재개발을 통한 신축 주거 클러스터의 위상이 커질 것이다. 상품성 업그레이드가 곧 지역 프리미엄의 척도가 될 것이다. 결국 정비사업은 '서울의 주거지도를 새로 쓰는 과정'이다. 그리고 이 흐름을 선점하는 사람이 미래의 수익을 거머쥔다.

⑤ N모빌리티 입지: GTX·지하철·모빌리티 허브의 승자

서울 부동산 시장에서 교통은 언제나 프리미엄을 만들어왔다. 그러나 2026년의 교통 프리미엄은 단순히 '역세권'이라는 한 단어로 설명되지 않는다. 이제는 GTX(수도권 광역급행철도), 복합 환승센터, 그리고 보행 네트워크까지 결합된 N모빌리티 입지가 새로운 위계를 만들어낸다. GTX의 개통은 단순히 교통 편의를 넘어 생활 반경의 재편을 의미한다. 삼성역에서 서울역까지 10분대에 도달하고, 청량리에서 강남까지 15분 내 접근이 가능해지면, 서울의 지도 자체가 새롭게 그려진다. 한강 프리미엄과 클러스터 프리미엄이 공간의 가치를 결정했다면, 이제는 시간의 가치, 즉 출퇴근 시간을 단축시켜주는 교통망이 새로운 기준으로 부상한다.

왜 지금 모빌리티인가?

첫째, 통근시간 가치 상승 때문이다. 재택근무와 하이브리드 근무가 보편화되었지만, 여전히 핵심 직장은 강남·여의도·광화문에 집중되어 있다. 서울 시민들은 '교통이 삶의 질'이라는 점을 실감하고 있다.

둘째, 대규모 교통 인프라 완공기이기 때문이다. GTX-A는 개통 단계에 진입했고, GTX-B도 착공에 들어갔다. 서울역, 청량리, 삼성역 같은 거대 환승 허브가 본격적으로 가동되면, 교통 프리미엄은 단순한 '역 근처'가 아닌 '환승센터 접근성'으로 이동한다.

셋째, 부동산 수요의 시간 민감성이다. 1인 가구, 맞벌이 가구일수록 출퇴근 시간이 곧 주거 선택의 핵심 기준이 된다. 이들은 평형이나 브랜드보다도 "출근 시간을 얼마나 줄일 수 있는가"를 더 중시한다.

N모빌리티의 신호들은 여러 모습으로 나타난다. 환승센터 인접 단지의 전세가율이 다른 지역보다 높게 유지된다. 역세권 단지의 수요가 몰리고, 월세 강세가 지속된다. 신규 분양에서 "GTX 도보 5분" 같은 마케팅 문구가 핵심으로 자리 잡는다. 이러한 신호들은 교통 입지가 단순한 편의성을 넘어, 자산가치의 핵심으로 자리 잡았음을 보여준다.

교통 입지를 볼 때는 단순히 노선의 개수만 따져서는 안 된다. 중요한 것은 도어 투 도어 시간이다. 집에서 현관을 나와 지하철 승강장까지 도달하는 시간, 환승 시 수직 동선(엘리베이터, 에스컬레이터) 구조, 환승센터와 주변 상권의 보행 연결성, 이 모든 것이 실제 체감 시간을 좌우한다. 따라서 현장 점검은 필수다. 지도상으로는 가까워 보여도, 실제로는 환승 동선이 불편해 10분 이상 더 걸릴 수 있다. 반대로 환승센터와 지하 연결이 잘 되어 있으면, 이동 효율은 비약적으로 높아진다.

1 청량리: 동북권의 메가 허브

GTX-B·C, KTX, 분당선, 1호선, 경의중앙선이 모두 연결되는 청량리는 동북권 전체의 관문이다. 이미 청량리역 일대 재개발이 속도를 내고 있으며, 주거·상업·교통이 결합된 초대형 허브로 자리 잡고 있다.

2 삼성역: 강남의 심장

GTX-A·C, 2호선, 분당선, 그리고 GBC(현대차 글로벌비즈니스센터) 개발이 맞물리며 삼성역은 강남의 새로운 중심이 되고 있다. 잠실·삼성 일대 아파트는 '한강 조망+교통 허브'라는 이중 프리미엄을 확보한다.

3 왕십리: 동북권과 강남의 연결 고리

분당선·2호선·5호선·GTX-B가 만나는 왕십리는 이미 교통 허브로 주목받아 왔다. 왕십리 뉴타운의 가치가 안정적으로 유지되는 이유는 바로 이 환승센터의 존재다.

4 여의도·공덕: 서남권의 환승 허브

여의도는 금융 중심지와 직결되며, 서해선과 GTX-B 호재로 수요가 꾸준하다. 공덕은 5개 노선이 만나는 환승 허브로, 마포·용산·여의도 세 축을 연결한다.

교통 호재에는 항상 그림자가 있다. 기대했던 교통망의 개통이 수년씩 지연될 수 있다. 또한 이미 가격이 크게 반영되어 당분간 추가 상승이 제한될 수 있다. 소음과 혼잡으로 교통망 확대가 주거 쾌적성을 해칠 수 있다. 따라서 단기 시세 차익보다는, 중장기 생활권 변화를 내다보고 접근하는 것이 바람직하다.

2026년 교통 입지의 승자는 명확하다. 청량리·왕십리·여의도·삼성역 같은 메가 허브는 서울 주거 프리미엄의 핵심 축으로 자리 잡는다. GTX-A 개통 구간은 이미 프리미엄이 형성되었지만, B·C 착공 지역은 아직 기회가 남아있다. 역세권 단지 중에서도 환승센터와 직접 연결된 단지가 장기적으로 가장 높은 프리미엄을 보장할 것이다. 결국 교통 프리미엄의 본질은 '좋은 교통 = 더 나은 삶의 질'이다. 시간 단축이 삶의 질을 바꾸고, 삶의 질이 곧 집값을 바꾼다.

⑥ 듀얼 수요 시프트: 1인 가구 & 시니어의 동시 확대

서울 부동산 수요의 주도권은 더 이상 '4인 가구'의 전유물이 아니다. 2026년 시장을 움직이는 2개의 거대한 축은 '1인 가구'와 '액티브 시니어'다. 청년 1인 가구는 역세권 소형 아파트를 찾고, 시니어는 의료·공원 인접 대단지를 찾는다. 두 축은 서로 다른 니즈를 가지고 있지만, 동시에 시장의 수요 기반을 넓혀주며, 서울 부동산의 구조적 수요를 떠받치고 있다.

그렇다면 왜 지금 듀얼 수요가 대세인가?

첫째, 가구 구조 변화다. 서울의 1인 가구 비중은 이미 40%를 넘어섰다. 혼자 사는 20~30대뿐만 아니라, 독립한 중장년, 노인 1인 가구까지 다양하다. 이들은 전통적인 중대형 아파트보다 역세권 소형·중소형을 선호한다.

둘째, 고령화 가속화다. 2025년 기준 서울의 65세 이상 인구 비중은 약 18%였으며, 2026년에는 19%를 넘어섰다. 건강수명이 늘어나면서, 단순한 '요양형 주거'가 아니라 '액티브 라이프'를 가능하게 하는 주거가 요구된다. 병원, 공원, 커뮤니티 시설 인접 입지가 시니어 주거의 핵심이 된다.

셋째, 돌봄·커뮤니티 수요 증가다. 1인 가구는 보안·관리 서비스에, 시니어는 돌봄·커뮤니티 서비스에 민감하다. 단지 설계와 운영의 질이 집값에 직접 반영되는 시대가 되었다.

소형 평형의 공실률이 하락하고 있다. 특히 서울 역세권 오피스텔과 소형 아파트는 사실상 임차 상태가 안전하게 유지된다. 또한 신축 단지를 중심으로 커뮤니티·케어 서비스 특화 단지(피트니스, 도서관, 실버 케어룸 등)의 인기가 급격히 높아졌다. 역세권 개발 사업에서 고령 친화 설비(무장애 설계, 경사로, 폭넓은 승강기)가 필수 요소로 포함된다. 이 신호들은 단순히 인구학적 변화가 아니라, 상품 구조의 전환을 의미한다.

1인 가구는 역세권이 우선순위다. 이들은 출퇴근과 생활 편의성이 가장 중요하며 보안·관리에도 신경을 쏟는다. 24시간 경비, 스마트홈 시스템이 주거 선호도를 결정한다. 시니어 가구는 의료·공원 인접하거나 대형병원, 녹지와 가까울수록 선호도가 높다. 커뮤니티·돌봄 서비스로 경로당이 아니라, 생활형 커뮤니티 시설(헬스, 독서실, 문화센터)이 필요하다. 또한 계단 없는 접근, 넓은 승강기, 합리적 관리비가 필수다.

1 관악·동작: 청년 1인 가구의 중심지

관악구 신림·봉천, 동작구 상도·흑석 일대는 대학가와 직장 밀집지 덕분에 1인 가구수요가 폭발적이다. 소형 아파트와 오피스텔 전세·월세 수요가 안정적이며, '환금성 최고'라는 평가를 받는다.

2 마포·성북: 역세권 소형의 강세

마포구 합정·홍대 일대, 성북구의 대학가 일대는 청년층 수요가 두텁다. 특히 역세권 소형 단지의 전세가율이 높고, 전월세 시장이 안정적이다.

3 강남·송파: 시니어 친화형 주거

강남·송파 일대는 대형병원(삼성서울병원, 아산병원)과 공원(잠실 한강공원, 석촌호수)을 품은 대단지가 많다. 커뮤니티가 잘 갖춰진 신축 대단지에서는 조·중식이 제공되어 고령층 수요가 꾸준히 유입되며, 고급 시니어 주거지로 재평가되고 있다.

4 은평·노원: 자연과 의료의 결합

은평은 북한산, 노원은 불암산·수락산과 결합해 자연 친화형 시니어 주거 입지로 강세다. 여기에 은평 성모병원, 상계동 의료 클러스터 같은 인프라가 더해지며 고령층 실거주 수요가 확산되고 있다.

듀얼 수요 확대에도 리스크는 있다. 소형 주택의 수요층은 점차 늘어나지만 역설적이게도 수요층의 제한도 공존한다. 또한 고령 친화 설비와 커뮤니티 시설은 건축·관리 비용을 높인다. 특정 연령층에 과도하게 특화되면, 장기 환금성이 떨어질 수 있다. 따라서 1인 가구·시니어를 동시에 품는 다층형 커뮤니티 단지가 장기적으로 가장 안정적이다.

2026년 서울 시장은 듀얼 수요가 구조적으로 확대되는 시점이다. 소형·중소형 역세권 단지는 1인 가구수요로 안정성이 보장된다. 의료·공원 인접 대단지는 시니어 수요로 꾸준히 지탱된다. 이 두 축은 서로 다른 방향 같지만, 동시에 시장 저변을 넓히며 서울 부동산의 '안정적 수요 기반'을 형성한다. 결국 서울의 미래 주거는 청년과 시니어가 공존하는 도시형 주거지로 진화할 것이다.

⑦ 렌트노믹스 2.0: 전세에서 월세로

서울 주거 시장의 가장 큰 구조적 변화 중 하나는 바로 전세 제도의 약화와 월세화의 정착이다. 한때 대한민국 주택 시장을 지탱했던 전세 제도는 금리, 대출 규제, 세제 변화의 파고를 넘지 못하고 있다. 현재 전세는 점점 귀해지고 있으며, 그 자리를 월세가 채워가고 있다. 이흐름은 일시적 현상이 아니라 장기적인 구조 전환으로 평가된다. 전세에서 월세로의 이동은 임대인과 임차인 모두에게 새로운 현실을 제시한다. 임대인에게는 '안정적인 현금흐름 자산'이라는 인식이 강화되었고, 임차인에게는 '거주 서비스의 품질'을 가격으로 평가하는 문화가 싹트게 되었다. 이제 임대차 시장은 단순히 주거 공간의 제공이 아니라, 서비스화된 주거의 시장으로 진화하고 있다.

왜 지금 렌트노믹스인가?

첫째, 금리 안정에도 불구하고 전세자금 조달 구조가 변했기 때문이다. 과거에는 낮은 금리와 높은 보증률 덕분에 전세자금대출이 용이했지만, 정부는 조건부 전세대출 금지, 1주택자 전세대출 2억 원 한도 제한 등 전세자금대출 규제를 시행했다. 또한 금융기관은 고금리 국면을 거치며 전세대출 심사를 강화했다. 임차인 역시 까다로운 심사로 인해 월세를 선택하는 경우가 늘었다.

둘째, 임대인 입장에서 월세가 더 매력적이기 때문이다. 전세 보증금으로 단기간 자금을 운용하는 것보다 꾸준한 월세 수입을 통해 안정적인 현금흐름을 확보하는 것이 선호된다. 특히 고령화된 집주인들에게는 월세가 '생활비 수단'으로 기능한다.

셋째, 임차인의 주거 인식 변화다. 젊은 세대일수록 집을 '소유의 대상'이 아닌 '서비스의 대상'으로 본다. 관리, 보안, 커뮤니티 서비스가 좋은 단지는 월세라도 선택한다. 반대로 단순히 집값만 높은 단지는 외면받는다.

렌트노믹스의 신호들은 다양하다. 전셋값 상승보다 매매가 상승이 커지며 전세가율이 구조적으로 낮아졌다. 2025년 서울 평균 전세가율은 50% 이하로 낮아졌으며, 2026년에는 45% 이하로 예상된다. 또한 관리·보안·커뮤니티를 강조한 임대 상품이 늘어나고 있다. 역세권 소형 아파트와 오피스텔의 월세는 꾸준히 강세다. 청년층 수요가 두텁기 때문에 공실 위험이 낮다. 이러한 신호들은 임대차 시장이 단순한 공간 제공에서, 서비스화된 현금흐름 자산으로 전환되고 있음을 보여준다.

임대 시장에 진입하는 투자자는 반드시 보수적인 임대 수익률 계산법을 가져야 한다. 세전 수익률과 세후 수익률을 구분한다. 공실 기간과 유지비(관리비, 수리비, 세금)를 반드시 반영한다. 임대 관리의 질이 곧 수익률을 좌우한다. 좋은 임대란 단순히 높은 월세가 아니라, 안정적으로 임차인을 유지할 수 있는 관리 능력이다. 임대 관리가 부실하면, 공실과 분쟁으로 실제 수익률은 빠르게 떨어진다.

1 관악·동작·마포: 소형 월세 강세

관악 신림, 동작 상도, 마포 합정·홍대 일대는 청년층 수요가 두터워 월세 시장이 매우 안정적이다. 보증부 월세, 반전세 비중이 늘어나며 임대인의 현금흐름 선호와 임차인의 유연한 선택이 맞물린다.

2 강남·송파: 초고가 월세 시장

강남·송파 일대는 고급 월세 시장이 형성되고 있다. 삼성·잠실 일대 아파트는 월 500만~1천만 원대 월세가 거래되며, 이는 부유층의 라이프스타일 수요가 반영된 결과다.

3 강서·은평: 중저가 임대 포트폴리오

강서 염창·가양, 은평 녹번·불광 일대는 중저가 월세 지역으로 2030 실수요자들의 진입로 역할을 한다. 안정적인 임대 수요가 있지만, 임대료 급등 시 수요 이탈 가능성도 함께 존재한다.

렌트노믹스는 기회와 동시에 위험도 내포한다. 특정 지역에서 월세가 과도하게 오르거나 공급이 몰릴 경우 임차인의 수요 이탈이 나타난다. 경기 둔화 시 공실 리스크가 커진다. 임대인의 과도한 수익 추구는 사회적 갈등 요인이 될 수 있다. 따라서 월세화 흐름은 보수적 시각에서 접근해야 한다. 우량 역세권 임대 포트폴리오는 보수적인 투자처로 자리할 것이며, 임차인은 '내 집 소유' 대신 '거주 서비스'를 선택하는 시대가 도래한다.

7개의 키워드를 통해 본 2026 서울 부동산 트렌드

2026년 서울 부동산 시장은 불확실성과 기회가 교차하는 시점이다. 금리 안정기, 공급 공백, 정책의 비대칭, 인구구조 변화라는 네 가지 큰 변수가 동시에 작동하고 있다. 그러나 이 모든 변화를 꿰뚫는 핵심은 여전히 입지다. 이 책에서 우리는 7개의 키워드를 통해 2026년 시장을 읽었다.

- 리:리버(Re:River): 한강은 조망에서 라이프스타일 복합 자산으로 진화하며, 서울 아파트 가격의 최상단을 고정한다.

- 주거 클러스터링: 단지가 아니라 클러스터가 도시를 바꾸며, '어느 단지'보다 '어느 생활권'이 중요한 질문이 되었다.

- 풍선효과 리턴즈: 규제의 역설은 여전히 유효하며, 서울 수도권에서 막힌 수요는 비규제지역으로 흘러간다.

- 리빌드 서울: 재건축과 리모델링의 대전이 본격화되며, 서울의 주거 지도가 새로 쓰이고 있다.

- N모빌리티 입지: GTX, 환승 허브, 보행 네트워크가 시간을 재편하며, '도어 투 도어'가 입지의 새로운 기준이 된다.

- 듀얼 수요 시프트: 1인 가구와 시니어라는 양 날개 수요가 동시에 확대되며, 소형·역세권·의료 인접 단지가 구조적 강세를 확보한다.

- 렌트노믹스 2.0: 전세에서 월세로, 단순 임대에서 현금흐름 자산으로, 임대 시장은 서비스화된 주거로 진화한다.

이 7개 키워드는 각각 독립된 흐름 같지만, 사실은 서로를 비추며 유기적으로 연결된다. 리:리버는 클러스터와 겹치고, 한강변 클러스터는 강남·강북을 아우르는 시장의 최상위 구조를 만든다. 풍선효과는 규제의 차이를 타고 이동하지만, 그 경로는 GTX와 같은 모빌리티 축과 맞닿아 있다. 리빌드 서울은 상품성을 새롭게 정의하며, 듀얼 수요의 니즈를 충족시키는 구조적 변화를 이끈다. 렌트노믹스는 이 모든 변화를 현금흐름의 논리로 묶어내며, 투자와 실거주의 기준을 동시에 바꾼다.

2026년의 서울 부동산은 여전히 쉽지 않다. 그러나 혼돈 속에서도 길은 있다. 이 책의 7개 키워드는 단순한 트렌드 분석이 아니라, 독자가 흔들리는 시장에서 흔들리지 않는 기준을 갖도록 도울 것이다. 어느 지역, 어느 클러스터, 어느 풍선효과 축, 어느 교통 허브, 어느 상품 전략에 설 것인가. 이 질문에 대한 답을 찾는 순간, 2026년 서울 부동산 시장에서의 선택은 흔들리지 않을 것이다.

2026년
수도권 청약 시장
전망 및 전략

열정로즈 정숙희

- (주)내꿈사 대표
- 저서 『아는 만큼 당첨되는 청약의 기술』
- 11년 차 부동산 투자자이자 내집마련 전문가
- 내꿈사 클래스 청약&분양권 전문강사
- 유튜브 '열정로즈TV' 크리에이터

2025년 수도권 청약(분양) 시장 흐름

전반적 분위기 요약

분양 물량 감소 & 공급 위축

2025년 1~9월까지 전국 민간 아파트 분양 물량(임대 포함)은 약 14만 8,836가구로 집계되었습니다. 전년 대비 약 10만 가구 정도가 줄었습니다. 특히 수도권 4분기 일반분양 계획 물량은 약 2만 3,662가구 수준으로, 최근 5년간 4분기 분양 규모 중 가장 낮은 수준 중 하나로 평가됩니다.

서울 분양은 특히 극단적으로 위축돼, 연초부터 9월까지 서울 민간 분양 물량은 1만 가구 내외에 그쳤습니다. 서울은 가뜩이나 집값 상승으로 불안한데, 수요는 계속 늘어나고 있습니다.

수도권 쏠림 & 청약 경쟁 격화

전국적으로 보면 청약 경쟁률이 전반적으로 낮아진 분위기지만, 수도권과 지방의 시장 반응이 극명하게 갈리고 있습니다. 예를 들어 서울 '잠실 르엘' 단지는 특별공급 평균 346.18:1, 1순위 청약 경쟁률 631.6:1, 최고 경쟁률은 761.74:1에 달하는 경쟁률을 기록했습니다.

경기 광명시 '철산역 자이'의 경우, 광명시 최고 수준인 평당 분양가 약 4,250만 원(전용 84m² 기준 약 15억 원)임에도 불구하고 1순위 313가구 모집에 총 1만 1,880명이 몰리며 평균 경쟁률 38:1을 기록했습니다. 특히 경쟁률이 높았던 전용 84m²A 타입은 6가구 모집에 543명이 몰려 90.5:1을 기록, 흥행에 성공했습니다. 이제 경기도 국평 분양가 15억 원대도 완판되는 시대를 연 것입니다.

지역별 양극화

수도권에서는 특히 서울지역 쪽은 청약 경쟁률이 치솟고 가격 상승세도 이어지고 있지만, 지방은 미분양이 늘어나며 일부 검증된 단지에만 수요가 몰리는 등 '옥석 가리기'가 심화되는 모습입니다.

지방에서는 전 주택형 1순위 마감되는 단지가 극소수에 그치는 경우도 많고, 수요가 '똘똘한 한 채' 위주로 쏠리고 있습니다.

권역별 특징 & 주요 단지 흐름

서울: 정비사업 중심 분양, 고가 단지 강세, 공급 가뭄 우려

분양시기	입주시기	총세대수	단지명 (타입)	59분양가 (만원)	84분양가 (만원)	평당가 (만원)	일반공급 세대수	1순위 총청약자수 (기타지역포함)	평균경쟁률	특공+일반 토탈
25년 1월	25년 11월	1097	*래미안 원페를라	₩179,650	₩245,070	6970	268	40,635	151.62	58,467
25년 4월	28년 7월	404	청계 노르웨이숲	₩111,395		4498	43	728	16.93	1,202
25년 5월	28년 8월	576	고척 푸르지오 힐스테이트	₩100,240	₩124,060	3850	262	3,543	13.52	5,234
25년 5월	26년 10월	483	힐스테이트 메디알레 (59/74)	₩115,060	₩137,820	4655	218	2,408	11.05	3,605
25년 5월	25년 6월	30	리버센 SK VIEW 롯데캐슬	₩88,840	₩109,570	3362	14	6,020	430.00	10,006
25년 6월	27년 10월	613	고덕강일 대성베르힐		₩98,400	2943	311	30,287	97.39	41,889
25년 6월	27년 7월	287	오티에르 포레(성수 장미)	₩199,960	₩248,600	7631	40	27,525	688.13	38,720
25년 6월	29년 1월	659	영등포 리버센트 푸르지오 위브	₩127,080	₩169,740	5008	83	15,882	191.35	23,948
25년 7월	28년 9월	351	제기동역 아이파크	₩110,460		4387	38	3,503	92.18	5,806
25년 8월	26년 1월	216	*잠실 르웨(59/74)	₩162,790	₩186,480	6150	110	69,476	631.60	106,171
25년 9월	30년 3월	242	상월 센트럴 아이파크		₩138,700	3927	113	1,328	11.75	1,902
25년 10월	28년 4월	931	힐스테이트 이수역센트럴	₩174,300	₩227,850	6355	76	24,832	326.74	38,759

2023~2025년 서울 분양 아파트 일반공급 경쟁률 Copyright 열정로즈

*빨강글씨: 투기과열지구 분양단지

서울 내 신규 분양 물량이 제한적이어서, 거의 대부분이 재건축·재개발 정비사업 물량이 중심이었습니다. 입지 우위 + 브랜드 + 교통 연결성 등이 높은 단지들이 대부분 관심을 끌었고, 일부는 수백 대 1, 수천 대 1 경쟁률을 기록한 곳도 있습니다(예: 오티에르 포레 1순위 경쟁률 688.13:1). 서울은 분양 계획 자체가 줄고, 조합·시공사 간 공사비 증액 갈등 등으로 사업 지연이 많았습니다. 힐스테이트 이수역센트럴은 비규제 막차 분양단지로 1순위 총 38,759개 통장이 접수되어 326.74:1 경쟁률로 완판되었습니다.

경기, 수도권 외곽: 교통 호재 지역 중심 관심, 분양가상한제 적용 단지 경쟁력

경기도 쪽에서는 지하철 연장선, 광역급행철도(GTX 등), 역세권 등 교통 호재가 있는 지역 단지들이 주목을 받았습니다. 예컨대 광명 철산역 자이는 높은 분양가에도 1순위 경쟁률이 강세를 보였고, 수원 망포역 푸르지오르마크 등도 역세권을 기반으로 청약 흥행했습니다. 일

부 수도권 단지는 분양가상한제가 적용되어 가격 경쟁력이 부각된 경우도 있습니다(예: 3기 신도시).

인천: 흥행 사례는 제한적

지역	단지명	공급세대수	접수건수	일반공급 경쟁률
경기 과천	디에이치 아델스타	159가구	8,315개	52.30 : 1
경기 광명	철산역 자이	313가구	11,880개	37.96 : 1
경기 수원	망포역 푸르지오 르마크	393가구	5,644개	14.36 : 1
경기 화성	동탄 포레파크 자연앤 푸르지오(국민)	283가구	18,911개	66.82 : 1
경기 화성	동탄 포레파크 자연앤 푸르지오(민영)	351가구	26,372개	75.13 : 1
경기 화성	동탄 꿈의숲 자연앤 데시앙(민영)	294가구	12,315개	41.89 : 1
인천 미추홀구	시티오씨엘 7단지	988가구	3,867개	3.91 : 1
인천 부평구	해링턴 스퀘어 산곡역	689가구	2,276개	3.30 : 1
인천 부평구	두산위브앤수자인 부평 더퍼스트	247가구	1,013개	4.10 : 1
인천 서구	검단호수공원역 중흥S 클래스	522가구	7,269개	13.93 : 1
인천 서구	엘리프 검단 포레듀(AA32블록)	620가구	279개	0.45 : 1
인천 서구	검단 센트레빌 에듀시티(AB8BL)	1308가구	717개	0.55 : 1

인천 쪽은 수도권 외곽 역할을 하면서도 공급 물량이 쏠리는 경향이 있습니다(예: 미추홀구, 검단신도시 쪽). 다만 경쟁률 측면에서는 서울·경기권 단지만큼 강력한 흥행 사례는 제한적이었습니다. 인천은 2025년 들어 분양 시장 부진이 이어지는 가운데 '서울·경기와의 격차'가 더욱 벌어지는 모습입니다.

성공 요인 & 실패 요인 정리

2025년 청약 사례들을 보면, 흥행 여부를 가른 핵심 요소들이 몇 개 보이는데, 이를 전략적으로 참고할 수 있습니다.

정비사업 지연과 공사비 갈등 등이 원인으로, 향후 공급 부족과 집값 불안 우려도 커지고 있습니다. 서울과 지방 주택 시장의 양극화가

• 성공 요인 & 실패 요인 정리

성공 요인	설명
입지 및 교통 연결성	역세권, 지하철/광역철도 접근성 등이 경쟁력 강화 요인이 됨
분양가 경쟁력/ 분양가상한제 적용	분양가상한제가 적용된 단지는 가격 메리트가 부각됨
브랜드 & 단지 상품성	브랜드 인지도 + 단지 설계, 조망, 커뮤니티 등이 수요자 선택 기준이 되었음
희소성/공급 제한	서울 중심부나 핵심 입지 쪽 신규 물량이 적다 보니 수요 집중됨
호재 요소/ 개발계획과의 연계	향후 개발계획, 도시계획 호재 등이 미래가치 기대감을 더함

실패/약한 요인	설명
높은 분양가 & 가격 저항	분양가가 주변 시세 대비 너무 높으면 수요 저항 발생 가능성
인프라 부족 지역	교통, 생활 인프라 등이 부족한 입지일 경우 수요 유치 어려움
과잉 공급 가능성/ 수요분산	주변 지역에 유사 단지가 많거나 공급이 몰리는 경우 경쟁 치열
사업 지연/ 비용 리스크	조합-시공사 갈등, 공사비 상승 등으로 분양 지연 사례 많았음

심화하면서 서울은 공급 부족 우려가, 지방은 미분양 우려가 지속되고 있습니다. 지방의 주택경기를 살리고 서울은 유일한 공급처인 정비사업을 활성화할 수 있는 현실적인 대책이 필요합니다.

10.15대책과 2026년 수도권 청약 시장 전망 및 전략

정부는 최근 수도권 주택 가격의 지속 상승과 대출·부채 증가세, 갭투자 확산 등을 문제로 보고, 선제적으로 대출수요 및 거래를 억제하고자 이 대책을 마련했다고 밝혔습니다. 특히 고가주택과 수도권/규제지역 중심으로 과열이 확산되는 흐름이 있어, 풍선효과를 차단하기 위해 규제지역을 넓히고, 대출한도도 주택 가격 수준에 따라 차등화한 것이 특징입니다.

10.15대책 주요 내용

① 규제지역·토지거래허가구역 지정 확대

서울 전 자치구(25개 구)와 경기도 내 일부 지역(과천시, 광명시, 성남시 분당구·수정구·중원구, 수원시 영통구·장안구·팔달구, 안양시 동안구, 용인시 수지구, 의왕시, 하남시 등) 등 총 37개 지역이 규제지역 및 토지거래허가구역으로 지정되었습니다. 토지거래허가구역 내에서는 주택 취득일로부터 2년간 실거주 의무가 적용되고, 전세 끼고 매수할 수 없습니다.

조정대상지역·투기과열지구는 10월 16일부터, 토지거래허가구역은 10월 20일부터 적용됩니다.

② 수도권 & 규제지역 대출 규제 강화

시가 기준 주택 가격에 따라 주택담보대출(주담대) 한도를 차등 설정합니다.

- **15억 원 이하 주택** → 최대 대출한도 6억 원 유지
- **15억 원 초과~25억 원 이하 주택** → 최대 대출한도 4억 원
- **25억 원 초과 주택** → 최대 대출한도 2억 원

스트레스 DSR(총부채원리금상환비율 산정 시 적용되는 '가산금리'라고 볼 수 있는 스트레스금리) 하한선을 기존 1.5%에서 3.0%로 상향해서 같은 소득이라도 대출한도가 줄어드는 효과가 발생합니다.

규제지역에서 무주택자가 주택담보대출을 받을 경우 LTV가 기존 최대 70%에서 40%로 강화됩니다.

전세대출도 변화가 있는데요. 수도권 및 규제지역 내 1주택자에 대해 '전세대출 이자 상환분'이 DSR 산정에 포함됩니다(원금 상환분은 아님. 10월 29일부터).

③ 세제 개편은 이번 대책에는 담기지 않음

이번 발표에는 보유세(재산세·종합부동산세)나 거래세(취득세 등) 인상안이 포함되어 있지 않았습니다. 다만 향후 세제 개편 가능성은 공식화되었습니다.

10.15대책 이후 청약 시장 변화 핵심 요약

① 규제지역 확대 → 청약 자격 및 당첨제도 강화

서울 전역 + 수도권 핵심지역(과천, 성남, 하남, 용인 수지, 수원 영통·장안·팔달 등)이 모두 투기과열지구/조정대상지역으로 지정됨에 따라 청약 자격과 가점 조건이 훨씬 까다로워졌습니다.

수도권 규제지역 1순위 청약조건	수도권 비규제지역 1순위 청약조건
투기과열지구 및 청약과열지역	비투기과열지구 및 비청약과열지역
만 19세 이상 세대주만 가능	만 19세 이상 세대주, 세대원, 동거인 가능
무주택자/1주택자 청약가능	유주택자 청약가능
과거 5년 이내에 다른 주택의 당첨 無, 재당첨제한 10년	재당첨 제한 적용받지 않음
청약통장 가입기간 2년 이상	청약통장 가입기간 1년 이상
당해 2년 이상 거주자 우선공급	당해 거주자 우선공급
전매제한 3년/분상제 거주의무 2~3년(3년 유예가능)	전매제한 1년 or 6개월/거주의무 없음
중도금대출 LTV 40%(자납 20%) *입주시 잔금대출은 최대 6/4/2억만 나옴 (LTV 40% 한도내, DSR 40% 충족시)	중도금대출 LTV 60% *입주시 잔금대출은 최대 6/4/2억만 나옴 (LTV 70% 한도내, DSR 40% 충족시)
▶ 60m² 이하: 가점제 40%, 추첨제 60% ▶ 60~85m²: 가점제 70%, 추첨제 30% *투기과열지구 ▶ 85m² 초과: 가점제 80%, 추첨제 20% *청약과열지역 ▶ 85m² 초과: 가점제 50%, 추첨제 50%	▶ 85m² 이하: 가점제 40%, 추첨제 60% ▶ 85m² 초과: 추첨제 100%

따라서 서울 및 주요 경기권은 이제 청약 경쟁이 더욱 심화될 가능성이 높습니다(특히 기존 비규제지역이던 용인·수원·하남 등은 규제 적용으로 분위기 급변 예상).

② 전매제한 강화

서울 기준 비규제 기존 1년에서 규제지역 3년으로 늘어났습니다. 단기 청약·전매 차익 노리는 수요 차단되었다고 보시면 됩니다.

③ 중도금·잔금대출한도 축소 → 자금계획 더 까다로워짐

대출 규제 강화로 인해 청약 당첨 이후 실제 분양대금 마련이 어려워졌습니다. 철저하게 자금계획을 짜고 청약하셔야 합니다.

- **LTV 비규제 70% → 규제 40%로 축소**
- **스트레스 DSR 3.0% 적용 → 대출 가능액 축소**

중도금 대출은 최대한도 제한이 없어 분양가의 LTV 40%까지 대출이 나오지만(20% 자납) 잔금대출은 10월 15일 이후 분양한 단지는 분양가에 따라 차등 한도 내(6억/4억/2억)에서만 대출이 나오는 점을 유의해야 합니다.

청약 전 해당 단지가 속한 지역이 규제지역인지, 잔금대출이 가능한 금융상품(서민실수요자, 보금자리론, 디딤돌 등)으로 커버 가능한지 반드시 확인해야 합니다.

④ 추첨제 경쟁 심화

규제지역 확대로 인해 가점제 비중이 늘어나고 추첨제 물량이 줄어듭니다.

- **60m² 이하: 가점제 40%, 추첨제 60%**
- **60~85m²: 가점제 70%, 추첨제 30%**
- **85m² 초과(투기과열지구): 가점제 80%, 추첨제 20%**
- **85m² 초과(청약과열지역): 가점제 50%, 추첨제 50%**

따라서 무주택 기간, 부양가족 수, 청약통장 가입 기간 관리가 더욱 중요해집니다.

⑤ 청약 시장 단기 전망

규제 확대, 즉 까다로워진 청약조건과 대출 축소로 인한 자금조달의 어려움으로 단기적으로 청약자 수가 감소될 전망입니다. 그러나 서울 중심 인기 단지는 경쟁률이 여전히 높을 것이며 비규제지역으로의 풍선효과도 일시적 확대 가능성이 있습니다.

결론

＊토지거래허가구역에서 청약으로 분양받으면 '토허제 적용 예외'(허가대상 아님, 거주의무 있는 단지는 3년 유예 가능)하지만 분양권 전매는 허가대상이며 매수시 2년 실거주 해야 함(임대 불가)

* 분양가상한제 지역만 거주의무 있음(민간분양 2~3년)

* 서울 분양가상한제 지역: 강남, 서초, 송파, 용산구

토지거래허가구역을 뚫을 수 있는 유일한 방법은 청약과 경매입니다. 청약으로 당첨되면 분양가가 상한제가 아닌 지역은 거주의무가 없어 잔금 때 전세로 잔금을 치를 수가 있습니다. 토지거래허가제에서 유일하게 갭투자가 가능하단 이야기입니다. 단, 주의사항 있습니다.

첫째, 조건부 전세자금대출은 금지입니다. 올 현금 전세 세입자를 구해야만 사실상 전세로 잔금이 가능합니다. 그러나 내가 다른 대출(?)을 활용해서 잔금을 치르면 그다음 날부터 세입자는 전세자금대출이 가능합니다. 단, 중도금 대출 시 전입 및 처분 약정서를 쓴 분들은 미이행 시 패널티(3년간 차주의 신규 주택 관련 대출 금지 및 대출 회수)를 받게 됩니다.

둘째, 규제지역으로 묶였기 때문에 2년 실거주를 해야 비과세를 받을 수 있습니다. 실거주를 하지 않는다면 사실상 비과세는 포기해야 됩니다. 비과세를 받을 수 있는 방법은 매도 전에만 2년 실거주를 하면 됩니다. 전세 퇴거대출 시 생활안정자금대출이 1억 원밖에 나오지 않다는 점도 유의해야 합니다. 그러나 내가 다른 대출(?)을 활용해서 세입자를 퇴거하고 내가 2년 실거주를 하면 비과세를 받을 수 있습니다.

이번에 지정된 규제지역이 '분양가상한제 지역'까지 추가로 지정된 건 아니므로 '거주의무'는 없습니다. 그러므로 전세를 얼마든지 길게 주었다가 내가 돈을 모으고 나서 세입자 퇴거하고 실거주를 해도

됩니다. 단 '강남3구와 용산'은 '분상제 지역'으로 '거주의무'가 있으므로 '3년만 유예'가 되어 전세를 한 바퀴 돌리고 3년 안에는 세입자를 퇴거하고 입주를 해야 됩니다.

비규제 시절 분양해 전매가 해제된 단지는 규제지역 지정 이후 1회만 전매 가능합니다.

분양권을 매수한 자는 재전매가 되지 않으며 반드시 실거주를 해야 합니다. 10월 15일 이후 전매한 분양권은 중도금 대출은 40%만 나오며 20%는 자납해야 하고 잔금 시 분양가에 따라 차등 한도 내에서만 대출이 나오는 점 유의해야 합니다(6억/4억/2억).

지역별 특징 및 대응 포인트

서울권역-강남3구＋한강벨트 등 핵심지역: 공급 제한＋희소성 프리미엄

2026년 서울 내부의 신규 분양 및 입주 물량은 제한적일 것으로 전망되고 있습니다. 따라서 중심지 또는 입지 우위 지역에선 희소성 프리미엄이 강해질 여지가 큽니다. 특히 10.15 규제 이후 전매제한 3년이 적용되므로 서울 분양권 전매시장은 막을 내리게 됩니다. 따라서 규제 전에 분양한 서울 단지들의 프리미엄이 치솟을 것으로 예상됩니다. 브랜드 대단지나 정비사업 물량이 많은 지역이 상승할 가능성이 높고, 비인기 지역은 수익성이 저조할 수 있습니다. 고분양가 + 대출제한 등 자금 부담이 커질 수 있으므로 특히 분양 이후 잔금대책이 중요한 변수로 떠오를 가능성 있습니다. 자금계획을 철저히 짜고 청약하셔야 합니다.

경기도

전반적으로 2026년 분양 물량이 2025년 대비 많이 줄어듭니다. 수도권 분양 물량이 2025년 대비 약 43% 감소합니다. 경기도는 서울 대비 가격 민감성이 높아서 분양가가 조금만 높아도 수요가 빠지는 경우 있을 수 있으므로 아래에 해당되는 지역 위주로 청약을 하시는 게 좋습니다.

- 광역교통망 연결축: GTX, 신분당선 연장, 지하철 연장선 등이 연결되는 지역
- 산업단지/사업체 배후지역: 일자리 접근성이 좋은 곳
- 생활 인프라 확충 지역: 상업 시설, 교육시설, 공공시설 등이 조성되는 지역

인천

2026년 인천의 아파트 입주 예정 물량은 약 1만 4,909세대로, 2025년 대비 약 32% 감소한 수준입니다.

인천에서는 서구(검단신도시 쪽) 쪽에 입주 및 분양 물량이 몰리는 경향 있습니다. 최근 검단신도시의 청약 결과가 저조했지만 구도심의 일부 인기 단지, 브랜드 단지 중심으로 완판 사례도 나오고 있습니다. 2026년 인천 구도심의 정비사업 분양예정 단지는 전년 대비 현저하게 줄어 청약 시장의 분위기는 맑을 것으로 예상됩니다.

권역	강점 가능한 지역 특성	리스크 요인	전략 포인트
서울 핵심	희소성, 브랜드, 정비사업	분양가 규제, 자금 부담	중심지+브랜드 단지 중심으로 공략
서울 외곽/강북	개발 호재 지역, 교통 개선 지역	공급 과잉, 입지 경쟁력 약한 곳	단지 상품성+미래 인프라 중심 체크
인천	서구(검단), 분양 수요 유지 가능성	입주 물량 쏠림, 미분양 위험	인기 지구 위주 접근, 분양가 수용 가능성 고려
경기도	광역교통축, 개발 연계 지역	가격 저항, 공급 감소·과잉 우려	교통 호재+ 배후 수요 있는 곳 중심

청약자 및 투자자 입장에서 유의해야 할 전략

청약이나 분양을 앞두고 있다면 다음과 같은 전략적 고려가 필요할 것입니다.

① 입지 우위 + 브랜드 중심 선택

단지 입지, 개발 호재, 브랜드 등이 보완 요소가 되지 않으면 경쟁력이 낮아질 수 있습니다.

② 자금 조달 계획 철저히

분양가 상승, 잔금 부담, 대출 제한 등이 리스크 요인입니다. 잔금 대출 가능성, 현금 여력 등을 미리 계산해두어야 합니다.

③ 공공분양 vs. 민간분양 적절히 활용

공공분양 물량이 늘어날 전망이므로 공공분양을 노릴 여지도 있습니다. 반면 민간분양은 차별화된 입지나 조건이 중요한 판단 요소가 될 것입니다.

④ 시장 흐름에 유연하게 대응

금리나 정부 정책 변화에 민감하게 반응할 필요가 있습니다. 불확실성이 크기 때문에 분양 일정 유예 가능성, 규제 변화 가능성도 염두에 둬야 합니다.

⑤ 장기 관점 유지

2026년은 변화의 시기이므로 단기 시황에 일희일비하기보다는 중장기 수요 기반이 튼튼한 지역 위주로 접근하는 것이 안전할 수 있습니다.

2026년 수도권 분양예정단지

서울: 반포디에이치클래스트(반포주공1단지 1·2·4주구)

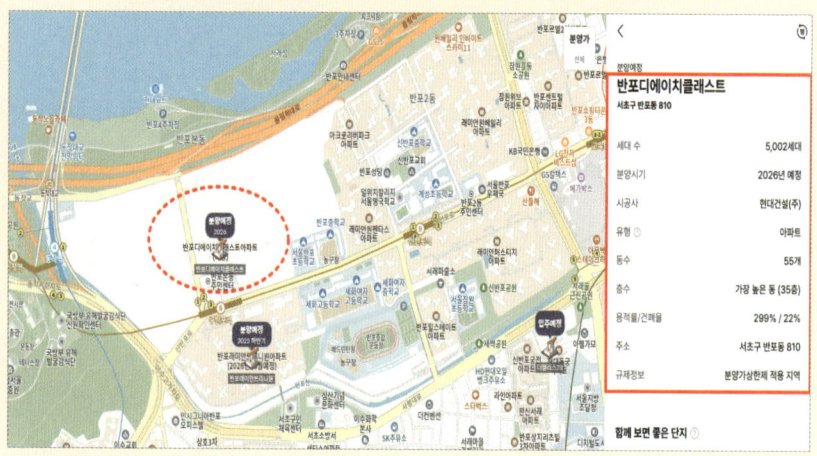

· 단지 개요

- · 위치: 서울특별시 서초구 반포동 810번지 일대
- · 시공사/브랜드: 현대건설, 브랜드 'THE H' 적용
- · 총 세대수: 약 5,002세대
- · 동·층 규모: 지하 5층~지상 최고 35층, 55개 동
- · 용적률/건폐율: 용적률 약 299%, 건폐율 약 22%
- · 준공 예정: 입주 예정은 2027년 11월

· 입지 및 교통

- · 한강변 인접/조망 가능성이 있는 위치(한강 조망 권역 일부 포함)
- · 생활 인프라 밀집: 백화점(신세계 강남점 등), 쇼핑시설, 병원, 상권 등 가까운 거리 존재
- · 학군 우수: 반포초, 반포중, 세화여중·고 등 인접

- 지하철 9호선 구반포역 도보 약 3분 거리, 초역세권으로 언급됨
- 지하철 4호선 동작역도 도보 이용 가능 거리로 소개됨(약 10분 내외)
- 도로망 연결성 우수: 올림픽대로, 반포대교, 경부고속도로 등 인접해 주요 업무지구 접근성 좋음

• 평형 구성

- 일반분양 예정 물량: 1,832가구
- 전용면적별 구성(일반분양 기준): △$59m^2$ 281가구 △$80m^2$ 23가구 △$84m^2$ 1,358가구(전체 일반분양의 약 74%) △$99m^2$ 82가구 △$114m^2$ 44가구 △$130m^2$ 44가구($130m^2$ 초과면적은 일반분양 없음)

• 예상 분양가 & 분양 일정

- 예상 분양가는 3.3m^2당 약 8천만 원 이상
- 전용 84m^2 기준으로 약 30억 원대 예상
- 분양 시기: 2026년 상반기 예정
- 입주 예정 시기: 2027년 11월

서울: 방배포레스트자이(방배13구역)

- **단지 개요**
  - 위치: 서초구 방배동 541-2번지 일대
  - 시공사: GS건설
  - 규모: 전체 약 2,217세대/일반분양 약 547세대 전후 예상
  - 용적률/건폐율: 용적률 241%, 건폐율 32%
  - 공사 진행 상태: 철거 진행 중/철거 마무리 단계

- **입지 및 교통**
  - **교통 및 접근성**
    - 지하철 2호선 방배역 약 709m 거리, 도보 약 11분 선(보도 기준)
    - 사당역(2호선/4호선 환승역) 약 793m 거리, 도보 약 12분
    - 다만 동·남쪽 경사나 단지 진입 경로 여건은 언덕, 경사 등이 있음
    - 도로망 이용성: 강남순환로, 남부순환로 등 주요 간선도로 접근이 가능
  - **교육, 상권, 생활 인프라**
    - 서울방현초등학교 인근
    - 동덕여자중·고 등 인접 중·고등학교 근처
    - 이수중, 상문고 등 주변 학교들도 통학 가능한 범위 거리로 소개됨
    - 홈플러스, 이마트 등 대형 유통 시설이 인근에 있음(1km 내외 거리로 보도)
    - 단지 내외 녹지, 공원 접근성 기대됨. 방배근린공원, 방배체육공원, 매봉재산 인접

- **예상 분양가 & 분양 일정**
  - 84m^2 기준 약 23억~24억 원대 예상
  - 분양 시기: 2026년 상반기 예정
  - 입주 예정 시기: 미정

서울: 방배르엘(방배14구역)

- ## 단지 개요

  - 위치: 서울 서초구 방배동 975-35 일원 등 일부 지번 내역
  - 규모: 총 세대수: 약 492세대, 지하 5층~지상 15층, 약 11개 동
  - 브랜드/시공사: '르엘(LE-EL)' 브랜드, 롯데건설 특화설계 계획

- ## 입지 및 교통

  - 방배역(2호선) 도보 거리 내
  - 주변 도로망 이용성, 간선도로 접근 가능성이 유리함
  - 인근 상권 및 편의시설, 교육 여건 등은 주변 방배 지역 특성을 공유
  - 브랜드 아파트가 밀집해 가는 지역이므로 생활기반시설은 강화될 가능성 있음

- ## 예상 분양가 & 분양 일정

  - 84m^2 기준 약 23억~24억 원대 예상
  - 분양 시기: 2026년 예정
  - 입주 예정 시기: 미정

서울: 써밋더힐(흑석11구역)

• 단지 개요

- 시행 방식: 한국토지신탁이 사업대행자로 지정됨
- 시공사: 대우건설(브랜드: 써밋)
- 규모: 전체 1,509세대(지하 5층~지상 16층, 25개 동)

• 입지 및 교통

- 역세권: 서쪽에 9호선 흑석역, 동쪽에 4호선/9호선 동작역이 인접해 더블 역세권
- 도로 접근성: 올림픽대로, 동작대교 등이 가까워 서울 내외곽 이동성 유리함
- 자연환경: 한강 조망 가능성 있음, 단지 남측 인접 서달산(국립현충원) 등의 녹지 여건 확보됨
- 교육/생활 인프라: 흑석초, 중대부초, 중앙대부속중 등 인접 학교 있음

• 평형 구성

- 일반분양 세대수: 약 422가구(조합원/임대 제외 일반분양)
- 세대구성 예상 평형대: 39m^2, 49m^2, 59m^2, 74m^2, 84m^2, 114m^2, 150m^2 평형대 포함 예정

- **예상 분양가 & 분양 일정**

  - 분양 시기: 2026년 상반기 예정

  - 입주 예정 시기: 미정

서울: 디에이치켄트로나인(흑석9구역)

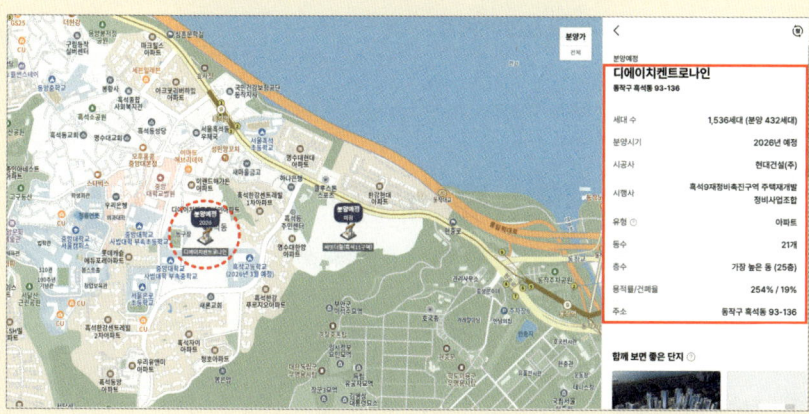

- **단지 개요**

  - 위치: 서울특별시 동작구 흑석동 93-136 일대(흑석9구역)

  - 전체 세대수: 약 1,536세대

  - 일반분양 세대수: 약 432세대 예상

  - 동·층수: 지하 7층~지상 25층, 전체 21개 동

  - 용적률/건폐율: 용적률 약 254%, 건폐율 약 19%

- **입지 및 교통**

  - 지하철: 9호선 흑석역 도보 약 7분 거리 예상

  - 주변 환경: 중앙대학교 및 중앙대병원 인접, 한강 조망 가능

  - 흑석뉴타운 내 중심 입지로 평가됨

- **평형 구성**
  - 평형 구성(예상): $39m^2$, $49m^2$, $59m^2$, $84m^2$, $110m^2$ 타입

- **분양가 & 분양 일정**
  - 커뮤니티, 조합 내부 예측 등에서 $3.3m^2$당 약 6천만~6,500만 원대 가능성이 거론됨
  - 분양 시기: 2026년 하반기 예정
  - 입주 예정 시기: 2029년 상반기 예정

서울: 노량진뉴타운(2, 6, 8구역)

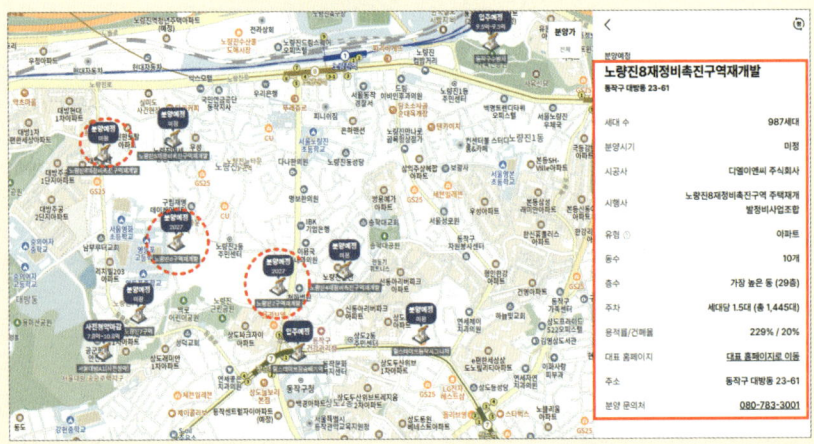

- **입지 및 교통**
  - 인근교통편: 7호선 장승배기역/상도역, 9호선 노량진역, 1호선 노량진역
  - 주변 시설: 여의도성모병원, 하나로마트, 꽃담길공원, 노량진공원
  - 주변 학교: 노량진초, 숭의여중, 장승중, 문창중, 영등포고, 숭의여고, 성남고

  서울의 재개발 '5대 천왕'(한남뉴타운, 성수전략정비구역, 흑석뉴타운, 노량진뉴타운, 북아현뉴

타운) 중 하나인 노량진뉴타운이 이르면 2025년 하반기~2026년부터 본격적으로 착공과 동시에 분양을 시작합니다. 분양순서는 철거를 마치고 착공한 6구역이 먼저 분양을 스타트하리라 예상됩니다. 2, 8구역도 철거 후 착공 준비 중으로 2026년 상반기 분양예정입니다. 노량진뉴타운은 빠진 구역이 없이 동시에 진행되는 게 장점인 뉴타운이며 교통이 우수하고 3대 업무지구의 이동이 편리한 게 가장 큰 메리트입니다. 또한 여의도 재건축이 본격적으로 진행되며 시세를 견인해줄 천장이 존재한다는 것도 매우 기대되는 점입니다. 10년 동안 북아현뉴타운이 주목을 받았다면 앞으로 향후 10년 동안은 노량진뉴타운이 완공 및 입주함에 큰 주목을 받을 것이라 예상됩니다(6, 8, 2구역→4, 5구역→7, 3, 1구역 순으로 분양예정/그룹 내 분양순서는 바뀔 수 있음).

서울: 아세아 아파트

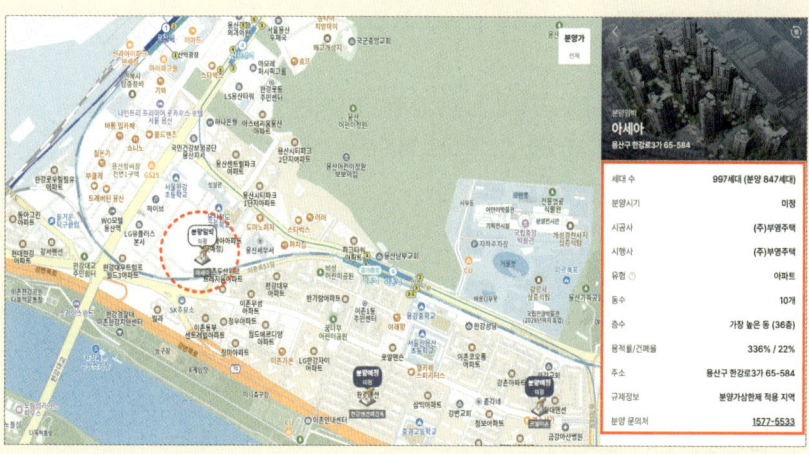

용산 아세아 아파트는 서울 용산구 한강로3가 65-1번지 일대에 위치한 대규모 재개발 사업으로, 부영주택이 시행 및 시공을 맡아 추진 중입니다. 이 단지는 한강과 용산공원 사이에 위치한 뛰어난 입지로 주목받고 있으며, 2025년 하반기 일반분양을 목표로 하고 있습니다.

- **단지 개요**
  - 위치: 서울특별시 용산구 한강로3가 65-1번지 일원
  - 규모: 지하 3층~지상 36층, 10개 동
  - 총 세대수: 997세대[일반분양 847세대+기부채납(미국 대사관 직원 숙소) 150세대]
  - 시공사: 부영주택

- **입지 및 교통**
  - 교통: 지하철 1호선 용산역, 4호선 신용산역, 경의중앙선 이촌역 등 '쿼드러플 역세권'에 위치해 도보 약 10분 거리
  - 교육
    - 서울한강초등학교 도보 약 5분 거리
    - 성심여중, 보성여중, 신광여중, 선린중, 용산중 등 인근 위치
    - 용산철도고, 중경고, 성심여고, 신광여고 등 인접
  - 생활 인프라
    - 단지 남측에는 이촌한강공원이, 북측에는 용산공원이 위치해 쾌적한 주거 환경 제공
    - 아이파크몰, 이마트 용산점, 하나로마트 용산점 등 인접

- **세대 구성**
  - 전용면적 및 세대수: 총 847가구(△84m² 152가구 △122m² 282가구 △166m² 411가구 △198m² 2가구)

- **청약 및 분양 정보**
  - 분양 예정 시기: 2025년 하반기 예정
  - 분양가: 분양가상한제가 적용되며, 주변 시세를 고려해 평당 약 7천만 원 이상으로 예상. 예상 분양가는 전용 84m² 기준 약 23억 8천만 원, 122m² 기준 약 35억 7천만 원으로 추정

- **사업 진행 현황**
  - 2024년 7월: 터파기 공사 착수
  - 2028년 2월: 준공 예정

서울: 북한산 시그니쳐 캐슬 (갈현1구역)

갈현1구역	
은평구 갈현동 300-1	
세대 수	4,116세대 (분양 555세대)
분양시기	2026년 예정
시공사	롯데건설(주)
시행사	갈현1구역
유형	아파트
동수	32개
층수	가장 높은 동 (25층)
주소	은평구 갈현동 300-1

위치
서울시 은평구 갈현동 300-1

• 단지 개요

- 가구수: 전체 약 4,116세대(임대주택 포함)
- 분양 세대수: 약 555세대
- 동/층수: 지하 6층~지상 22층, 32개 동으로 계획됨
- 용적률/건폐율: 용적률 약 230.43%, 건폐율 약 32~33%

• 입지 및 교통

- 지하철/대중교통: 연신내역(지하철 3호선·6호선), GTX-A 이용 가능
- 생활 인프라/학군: 주변 학군 및 병원, 상업 시설 등이 비교적 양호한 편
- 환경/경관: 북한산 조망 가능성, 녹지 및 자연환경과 근접한 입지임

• 평형 구성 및 분양

- 전용면적: 39m^2, 49m^2, 59m^2, 74m^2, 84m^2, 99m^2, 114m^2, 124m^2 등
- 분양 세대수: 약 555세대

- **특이이슈**
  - 학교용지 확보·해제 문제로 조합 내 갈등 있음
  - 문화재 유적(토광묘) 발견됨 → 일부 발굴 조치 필요, 착공 또는 철거 일정 지연 가능성 있음

서울: 중계본동주택재개발

- **단지 개요**
  - 위치: 서울특별시 노원구 중계동 중계본동 30-3번지 일대
  - 면적/구역: 약 186,965m² (사업시행계획인가 고시 기준)
  - 사업시행자: 서울주택도시공사(SH)
  - 전체 세대수: 원래 계획은 조합 고시 기준 2,437세대(임대+분양 포함)
  - 임대/분양 세대수: 임대 484세대, 분양 1,953세대(고시 기준)
  - 공동주택: 지하 5층~지상 20층, 용적률 약 196.45%, 건폐율 약 27.09%

- **입지 및 교통**
  - 교통 여건: 노원구 중계동 일대 대중교통 접근 가능성 있음

- 자연환경: 불암산 인접 지역으로 녹지 및 자연환경과의 조화, 통경 축 확보 등이 설계안에 반영됨
- 생활 인프라: 노원구 중심지에 가깝기 때문에 학교, 상업 시설, 병원 등의 인프라는 비교적 양호

- **세대 구성 및 변경 계획**
  - **원래 계획**
    - 전체 2,437세대(임대 484세대 + 분양 1,953세대) 기준 고시됨
    - 평형대별 분양 세대 구성: $17m^2$ 초과부터 $30m^2$, $36m^2$, $50m^2$, $60m^2$, $85m^2$, $101m^2$, $114m^2$, $129m^2$, $135m^2$, $145m^2$, $190m^2$ 등 다양한 평형 포함됨
  - **변경된 계획/확대된 규모**
    - 최근 보도 기준으로는 3,178세대 규모 단지로 변경됨(기존 2,437세대 대비 약 741세대 증가)
    - 동수/층수도 확대 설계: 26개 동, 지하 4층~지상 35층 계획됨
    - 주거지보전구역 계획이 폐지되고 전체를 공동주택 용지로 전환 계획됨

- **진행 상태 및 예측 일정**
  - 사업시행계획인가: 이미 고시됨(2021년)
  - 관리처분인가/정비계획 변경: 최근 정비계획 변경을 주민 동의하에 통과시킴
  - 착공 시점: 보도에 따르면 2025년 11월 착공 예정
  - 준공/입주 예상 시점: 준공 목표는 2029년 상반기 내외

수원: 영통2구역 재건축

• 단지 개요

- 위치: 경기도 수원시 영통구 매탄동 897번지 일대(매탄주공 4단지+5단지)
- 사업유형: 주택재건축 정비사업
- 시공사: 현대산업개발+GS건설 컨소시엄이 시공사로 선정됨
- 규모: 전체 가구수 약 3,763세대(최근 설계변경 후) 지하 2층~지상 35층, 30개 동 계획됨

• 입지 및 교통

- 수원시 중심권역, 매탄동 지역이며 수원시청역(분당선) 근접 등 교통 접근성 우수
- 학교, 상업 시설 등 생활 인프라 밀집 지역임

• 최근 변화/설계 조정

- 정비계획 변경: 기존 계획 대비 동수 및 세대수 증가, 121가구가 증가해 기존 3,642가구에서 3,763가구로 증대됨
- 평형 조정: △59m² 150가구 → 347가구 △74m² 186가구 → 255가구 △84m² 2,375가구 → 2,409가구 △93m² 60가구 → 27가구 △94m² 156가구 → 0가구 △101m² 600가구 → 601가구 △125m² 82가구 → 91가구 등으

로 93m^2·94m^2 타입을 줄이거나 없애고 그 외 타입 가구수를 확대함

· 커뮤니티 시설 조정: 인피니티풀 삭제 및 게스트하우스 지하층 이동

· 예상 분양가 & 분양 일정

· 아직 공식 분양가 발표된 건 없음(공고 전 상태)

· 다만 설계변경 및 평형 조정, 가구수 변화 등이 사업성·분양가에 영향을 줄 것으로 보임

구리: 수택e구역재개발

· 단지 개요

· 위치 및 규모: 경기 구리시 수택동 496-6번지 일대, 약 14만 7천m^2 규모의 대규모 재개발

· 시행 및 시공사: 수택e구역 주택재개발정비사업조합이 시행하며, DL이앤씨, GS건설, SK에코플랜트 컨소시엄

· 세대 구성: 지하 6층~지상 35층, 26개 동, 총 3,050세대

· 분양 예정 세대: 약 1,525세대

- **입지 및 인프라**
  - 지하철: 경의중앙선 구리역과 지하철 8호선 도보 약 600m 이내로 더블 역세권
  - 도로 접근성: 구리-포천 간 고속도로, 북부간선도로, 서울양양고속도로 등 광역교통망 우수
  - 교육: 인근에 구리초, 인창중, 수택고, 구리여고 등 학교 밀집
  - 생활편의: 롯데백화점, 아울렛, 이마트, 병원 등 생활 편의시설 인접
  - 자연환경: 왕숙천 조망이 가능하며 공원 등 녹지 환경 조성 계획

- **평형 구성 및 분양 일정**
  - 분양 평형 구성: $29m^2$, $38m^2$, $44m^2$, $59m^2$, $77m^2$, $84m^2$, $110m^2$ 등
  - 2025년 하반기 착공 및 일반분양 계획
  - 2029년 입주 예정

부천: 쌍용더플래티넘온수역

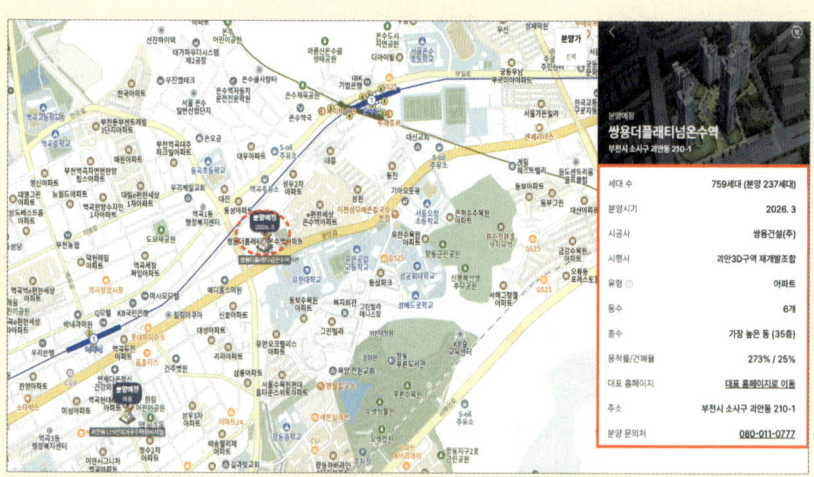

세대 수	759세대 (분양 237세대)
분양시기	2026. 3
시공사	쌍용건설(주)
시행사	괴안3D구역 재개발조합
유형	아파트
동수	6개
층수	가장 높은 동 (35층)
용적률/건폐율	273% / 25%
대표 홈페이지	대표 홈페이지로 이동
주소	부천시 소사구 괴안동 210-1
분양 문의처	080-011-0777

- **단지 개요**
  - 위치: 경기도 부천시 소사구 괴안동 일원. 괴안동 201-1번지
  - 규모: 총 759세대
  - 일반분양 세대수: 약 230세대 예상
  - 동/층 구성: 6개 동, 지하 2층~지상 35층 예상
  - 평형대: 중소형 중심(전용면적 약 59m², 74m², 84m² 타입 예상)
  - 입주 예정 시기: 2028년 상반기

- **입지 및 인프라**
  - 역세권: 서울 지하철 1호선·7호선 온수역 더블 역세권 도보 약 8분
  - 경계 입지: 서울-부천 경계 쪽이라 서울 접근성과 부천 쪽 생활권 혜택을 동시에 누릴 수 있음
  - 생활 인프라
    - 대형마트: 홈플러스, 하나로마트
    - 병원시설: 부천성모병원, 고려병원 등
    - 공공시설: 온수체육공원, 푸른수목원, 항동저수지
    - 쇼핑·생활 편의시설 모두 인접
  - 교육환경
    - 도보권 내 초등학교, 중학교 다수
    - 동곡초 등 통학 안전성 우수
    - 입주 시 자녀 교육 걱정 없는 학세권 단지

- **세대 구성 & 특징**
  - 총 759세대 규모지만 일반분양 물량은 약 230세대 정도로 중소형 평형 위주로 일반분양될 예정임
  - 전용면적 59m², 74m², 84m² 타입 중심으로 구성돼 있어서 실수요자 선호도가 높은 중소형 타입 중심
  - 동/층수가 높기 때문에 조망/채광 조건이 유리한 층도 있을 것으로 예상됨(35층까지 있음)

인천: 검단AA17BL

- **단지 개요**
  - 대지면적: 90,892m^2
  - 건폐율/용적률: 건폐율 50% 이하, 용적률 195% 이하
  - 최고층수 25층 이하로 제한되며 공급가능세대는 총 1,574세대

- **입지 및 교통**
  - 지하철: 인천도시철도 1호선 연장선 102번 신검단중앙역, 103번 검단호수공원역 사이에 위치
  - 교육/상업 인프라: 인근에 초등학교/중학교 예정 부지가 있음
  - 지형/조망: 경사 지형에 맞춘 테라스 설계, 근린공원과 외부 공간 확보 설계
  - 생활 여건: 검단호수공원역 인근 상업 시설 이용 편리

- **평형 구성 및 분양 일정**
  - 전용면적별로 △60~85m^2 1,097가구 △85m^2 초과 477가구 등
  - 분양시기: 2026년 상반기 예정

- 분양가상한제 적용 저렴한 분양가 예상

인천: 산곡6재개발

- **단지 개요**

  - 위치: 인천광역시 부평구 산곡동 10번지 일대

  - 규모: 약 123,549m^2(약 12만 3천여 평)

  - 동·층수: 지하 3층~지상 최고 33층, 총 20개 동 규모로 계획 중

  - 세대수: 총 2,706세대 예정

  - 시공사: GS건설, 현대건설, 코오롱글로벌 컨소시엄

  - 정비사업 현황: 철거 신고 및 착공 준비 단계

  - 브랜드명: 자이힐스 하늘채(추정)

  - 건폐율/용적률: 건폐율 약 16.42%, 용적률 약 268.28%

- **입지 및 교통**

  - 지하철: 7호선 산곡역 초역세권

  - 쇼핑/상업 시설: 롯데마트 부평점, 홈플러스, 부평지하상가

- 녹지/자연환경: 원적산, 장수산 둘레길 등 자연 공간이 주변에 있어 주거 쾌적성 기대
- 교육환경: 인천 산곡북초, 청천초·청천중, 인천외고, 명신여고 등
- 기타 개발 호재: 인근 부평역에 GTX-B 예정, 공병단 용지 복합 쇼핑몰 개발계획 등

- **평형 구성**
  - 일반분양: 약 1,289세대 예정
  - 전용 약 39~84m^2 등(중소형 위주)

- **예상 분양가 & 분양 일정**
  - 청약/분양 일정: 아직 구체적 일정은 발표되지 않음
  - 예상 분양가: 3.3m^{2}당 약 2,300만 원 이상 예상(해링턴 스퀘어 산곡역보다는 비싸게 나올 전망)

인천: 포레나더샵인천시청역

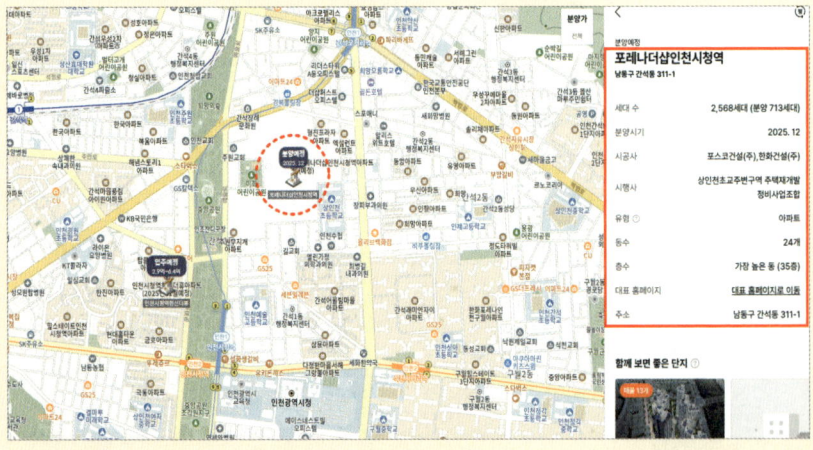

- **단지 개요**
  - 위치: 인천광역시 남동구 간석동 311-1(상인천초교 주변 재개발)

- 총 세대수: 약 2,568세대 중 일반분양 713세대
- 건설사: 포스코건설(주) & 한화건설(주)
- 시행사: 상인천초교주변구역 주택재개발정비사업조합
- 건축규모: 지하 4층~지상 34층, 총 24개 동, 최고 35층 일부 포함

입지 및 교통

- 역세권 위치: 인천시청역 도보 약 8분(533m), 간석오거리역(약 9분), 동암역(약 14분) 근접
- 쇼핑·의료 인프라: 길병원 및 홈플러스 구월점 도보 약 4분 거리, 이화공원 인접(약 115m)
- 교육여건: 상인천초교(도보 약 5분), 상인천여중, 인천예술고, 인제고 등 우수 학군 밀집
- 향후 교통 호재로 GTX-B 연장선 인천시청역 예정

주요 특징 및 기대 가치

- 대규모 단지: 2,568세대로 조성되는 대단지로 지역 랜드마크급 기대
- 역세권 입지: 인천시청역 중심 도보 접근성 우수
- 풍부한 생활 인프라: 병원, 대형마트, 공원, 학교가 인근에 고루 분포

예상 분양가 & 분양 일정

- 청약 예정일: 2025년 12월 예정
- 예상 분양가: 3.3m^2당 약 2,200만~2,800만 원대
- 다만 소형 평형(예: 약 59m^2, 약 65m^2 등)은 상대적으로 낮은 단가가 적용될 가능성이 있고, 타입 또는 층수별로 프리미엄 차별화가 있을 것으로 보임

내꿈사 카페

열정로즈 블로그

열정로즈 TV

지방 5대 광역시
부동산 시장 분석 및
2026 대응전략

플대표 박상용

- 네이버 카페 '비긴플레이스' 대표
- 저서 『빅데이터로 부동산 투자했다는 박 대리, 그래서 얼마 벌었대?』
- 실패하지 않는 아파트 투자법 '젠가투자법' 개발
- 부동산자산관리전문가 1급

지방 5대 광역시 평가 및 전망

2025년 지방 부동산 시장 분석

2025년 지방 5대 광역시 부동산 시장은 '차별화된 회복'이라는 키워드로 요약할 수 있습니다. 3년 이상 지속된 하락세가 일부 지역에서 멈추거나 반등하는 역사적 전환점을 맞이했으며, 도시별·지역별로 극명한 양극화 현상이 나타나고 있습니다. 또한 서울 전역과 경기도 12개 지역이 토지거래허가구역과 조정대상지역·투기과열지구로 지정되었습니다. 이는 주택 구입 시 관할 구청장의 허가를 받도록 하고, 허가받은 자는 2년간 실거주 의무를 지게 하는 제도로, 전세를 활용한 갭투자를 원천적으로 불가능하게 만들었습니다. 이로 인해 투자 목적 매수세가 규제 사각지대인 지방 광역시로 이동할 가능성이 매우 높아지고 있습니다.

시장 회복 속도에는 차이를 보이나 울산과 부산이 가장 빠른 회복세를 보입니다. 울산은 2025년 8월 기준 6주 연속 상승세를 기록하며 5대 광역시 중 유일하게 플러스 성장을 기록했고, 부산은 9월 첫째 주에 3년 2개월 동안의 하락세를 멈추고 보합으로 전환했습니다. 이는 두 도시가 지방 부동산 시장 회복의 선도 지역임을 보여줍니다. 반면 대구는 가장 깊은 침체를 겪고 있습니다. 75주 연속 하락이라는 기록적인 침체를 보이며 2021년 고점 대비 21% 하락했습니다.

또한 5대 광역시 모두 2025~2026년 입주 물량이 급격히 감소하는 공급 절벽에 직면해 있습니다. 울산은 2023년 8,786가구에서 2026년 2,976가구로 66% 감소, 부산은 2024년 1만 5천 가구에서 2025년 9,246가구로 38% 감소하는 등 모든 도시에서 공급 부족이 현실화되고 있습니다. 이러한 공급 부족은 양날의 검으로 작용합니다. 인기 지역은 공급 부족으로 가격 상승 압력을 받는 반면, 비선호 지역은 미분양 누적과 거래 부진이 계속되고 있습니다.

전세 시장은 매매 시장보다 빠른 회복세입니다. 울산의 경우 전세가율이 76%를 넘어서며 전세의 매매 전환 수요를 자극하고 있고, 부산도 72% 수준으로 상승했습니다. 반면 대구는 60% 수준까지 하락해 역전세 리스크가 가시화되고 있습니다. 전세 매물 부족 현상이 심화되고 있는 것도 특징입니다. 갭투자 억제 정책으로 인해 임대인들이 전세보다 월세를 선호하면서, 양질의 전세 매물을 구하기가 갈수록 어려워지고 있습니다.

수도권과의 차별화 요인

수도권과 차별화를 보이는 요인은 무엇일까요? 크게 세 가지가 있습니다.

첫째, 가격 수준의 격차 때문입니다. 지방 5대 광역시의 아파트 가격은 수도권 대비 30~60% 수준에 불과합니다. 서울 강남의 평당 1억 원을 넘는 아파트들과 비교하면, 부산 해운대 최고가 아파트도 평당 6천만 원대, 대구 수성구는 3,200만 원대, 대전은 3,900만 원대, 광주는 2,900만 원대에 그치고 있습니다. 문재인 정권에서 시작된 다주택자 원천 봉쇄를 위한 취득세 중과가 현재의 똘똘한 한 채 현상으로 이끌어졌습니다. 그로 인해 지방에 있는 투자자들이 기존의 주택을 처분하고 서울 중심에 위치한 고가의 주택 매수로 집중되어 양극화가 벌어지고 있습니다.

둘째, 산업구조의 차이 때문입니다. 각 도시의 산업구조가 부동산 시장에 직접적인 영향을 미치고 있으며, 인재 유출을 막기 위해 주요 기업들의 본사는 모두 서울에 위치하고 있습니다. 이러한 현상이 주택 가격과 상호작용으로 이루어지면서 서울의 주택 가격 상승으로 이어지게 됩니다. 물론 지방도 이러한 문제를 인식하고 있기 때문에 꾸준히 산업 다각화를 위해 노력하고 있습니다. 울산은 조선·자동차·석유화학 등 제조업 중심으로 경기 변동에 민감하지만, 최근 AI 데이터센터 유치로 산업 다변화를 모색하고 있습니다. 부산은 금융·관광·영상 등 서비스업 중심으로 전환 중이며, 대전은 연구개발과 공공기관, 대구는 섬유·기계에서 의료·IT로, 광주는 자동차에서 AI·문화로 산업구조 전환을 추진하고 있습니다. 이러한 산업구조의 차이는 인구 구성과 주택 수요 패턴에도 영향을 미칩니다. 제조업 중심 도시는 블루칼라 수요가 많고, 연구·공공기관 중심 도시는 안정적인 중산층 수요가 형성됩니다.

셋째, 인구 동향의 차이 때문입니다. 수도권은 지속적인 인구 유입이 이어지지만, 지방 광역시는 인구 유출이 계속되고 있습니다. 특히 20~30대 젊은 층의 수도권 이동이 두드러지며, 이는 지방 부동산 시장의 구조적 약점으로 작용하고 있습니다. 다만 최근 들어 변화의 조짐도 나타나고 있습니다. 울산과 부산은 산업구조 개선과 함께 인구 유출이 둔화되고 있으며, 대전은 세종시와의 연계 효과로 인구가 안정화되고 있습니다.

지역별 특성 비교

지역 내 양극화 정도 양극화가 가장 심한 도시는 부산입니다. 해운대·수영·남구와 강서·사하·사상구 간 격차가 두 배 이상 벌어지고 있습니다. 대구는 수성구 집중 현상이 극심하며, 나머지 구는 모두 하락세입니다. 울산은 남구·중구가 상승하는 반면 동구·울주군은 하락하고 있습니다.

지역별 대장 아파트 최고가 비교

• 부산: 45억 원(엘시티더샵 75평, 해운대구)

• 대구: 25억 2천만 원(두산위브더제니스 77평, 수성구)

• 가격 상승률 순위(2025년 8월 기준 매매증감률)

1. 울산광역시: 유일한 플러스 성장

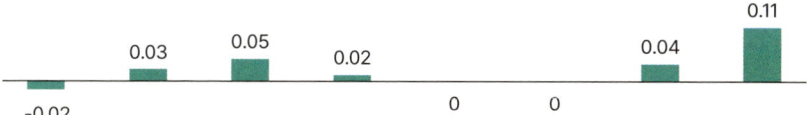

2. 부산광역시: 하락폭 점차 둔화 중

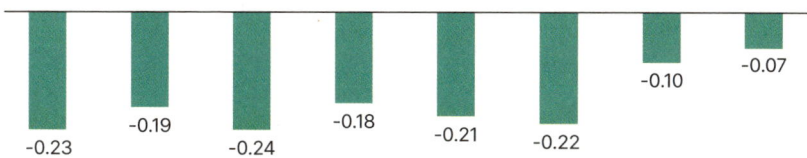

3. 대전광역시: 하락폭 둔화 중이지만 여전히 높음

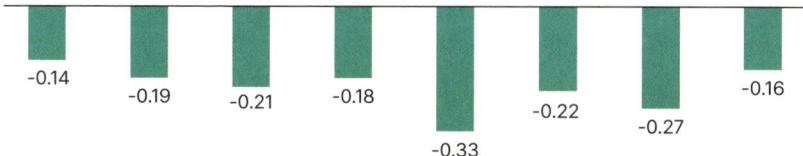

4. 광주광역시: 하락폭 둔화 중이지만 여전히 높음

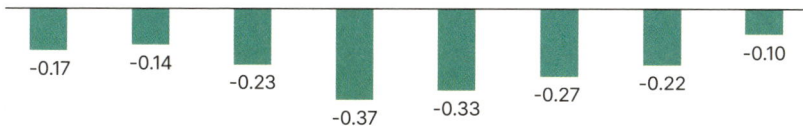

5. 대구광역시: 최대 하락폭 지속 중

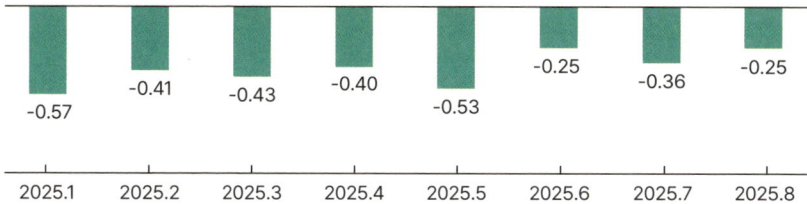

2025.1   2025.2   2025.3   2025.4   2025.5   2025.6   2025.7   2025.8

- **대전: 21억 원**(스마트시티2단지 53평, 유성구)

- **울산: 16억 8천만 원**(롯데캐슬킹덤 79평, 남구)

- **광주: 20억 원**(한국아델리움1단지 67평, 서구)

상대적으로 양극화가 덜한 도시는 대전과 광주입니다. 대전은 서구·유성구가 균형 있게 발전하고 있으며, 광주도 서구·광산구가 함께 성장하고 있습니다. 지역별 주요 성장 동력을 살펴보면 다음과 같습니다.

지역별 주요 성장 동력

- **울산: AI 데이터센터**(7조 원 투자), 조선업 회복, 공급 부족

- **부산: 북항 재개발**, 가덕도 신공항, 오션 리치벨트

- **대구: 의료산업 클러스터**, 도시 재생(약함)

- **대전: 대덕연구단지**, 세종시 연계, 트램 건설

- **광주: AI 산업 육성**(6천억 원 투자), 아시아문화중심도시

공통 트렌드와 향후 전망

모든 도시에서 나타나는 공통 트렌드가 있습니다. 첫째, 똘똘한 한 채 선호 현상입니다. 입지와 상품성이 우수한 일부 단지에만 수요가 집중되고 있습니다. 둘째, 역세권과 학군의 중요성이 더욱 부각되고 있습니다. 셋째, 신축과 구축의 가격 격차가 벌어지고 있습니다. 넷째, 실수요 중심 시장으로 재편되고 있습니다.

전세의 월세 전환 가속화도 모든 도시의 공통 현상입니다. 고금리

기조가 지속되면서 임대인들이 전세보다 월세를 선호하고, 이는 전세 매물 부족과 전세가 상승으로 이어지고 있습니다.

그렇다면 2026년은 어떨까요? 2026년 지방 부동산 시장은 '수도권 규제 효과의 본격화'로 새로운 국면을 맞이할 전망입니다. 10.15대책으로 서울·경기 토지거래허가제가 2026년 말까지 지속되면서, 막힌 수도권 투자 수요가 지방으로 대거 이동한 지 1년이 경과한 시점이 될 것입니다.

도시별로는 울산·부산이 산업 회복과 투자 수요 유입으로 본격 상승 국면에 진입하고, 대전·세종은 수도권 실수요 이주자들의 최대 수혜지로 급부상할 것으로 예상됩니다. 대구·광주는 상대적으로 늦은 회복세를 보이며 저평가 매력이 부각될 가능성이 있습니다. 다만 2026년 하반기부터는 지방 광역시에도 규제 도입 가능성이 높아져 상반기가 투자의 마지막 기회가 될 수 있습니다.

투자 전략은 시점과 목적에 따라 차별화가 필요합니다. 공격적 투자자라면 2026년 상반기 중 대구·광주의 저평가 우량 입지를 선점하되, 하반기 규제 신호 포착 시 신속한 출구전략을 준비해야 합니다. 부산 전통 강세 지역을 3~5년 장기 보유 전제로 접근하는 것도 나쁘지 않을 것입니다.

실수요자들에게는 2026년 상반기가 좋은 매수 타이밍이 될 수 있습니다. 수도권 접근이 필요하면 대전·세종을, 산업 안정성을 중시한다면 울산·창원을, 가격 메리트를 원한다면 대구·광주 핵심 지역을 고려해볼 만합니다. 무엇보다 '지방에도 규제가 온다'는 전제하에 과열에 휩쓸리지 않는 신중한 접근이 필요한 시점입니다.

무엇보다 중요한 것은 각 도시의 장기적 비전과 산업구조 변화를 이해하는 것입니다. 단순히 가격 수준만 보고 투자하기보다 해당 도시의 미래 성장 가능성을 면밀히 분석한 후 신중하게 접근해야 합니다.

부산광역시: 양극화 속 선별적 회복

시장 현황과 주요 지표

부산광역시의 대시보드를 보겠습니다. 공급 측면을 보면 입주 물량은 2027년 상반기를 제외하고 전반적으로 부족해 공급 부담은 크지 않습니다. 다만 매물률이 7.8% 수준에서 지속되고 있어, 구축 매물이 누적되어 위험한 상태입니다. 수요 측면에서는 미분양이 점차 증가해 한계치까지 올라와 있으며, 거래량은 조금씩 증가해 구축 수요도 증가하고 있습니다. 신호등을 녹색은 1점, 노랑은 0.5점, 빨강은 0점으로 계산해 바라보면, 2.0점으로 나타낼 수 있습니다. 참고로 2.0점 이상은 미시적 관점에서 괜찮은 상태로 볼 수 있습니다.

부산 부동산 시장은 2025년 7월 들어 약 3년 만에 하락세를 멈추고 전환점을 맞이했습니다. 2025년 9월 5주 기준 부산 지역 아파트 매매 가격 변동률은 0.00%로, 2022년 6월 이후 처음으로 하락세를 벗어났습니다. 이는 부산 부동산 시장의 저점 통과를 시사하는 중요한 지표

• 부산광역시 대시보드

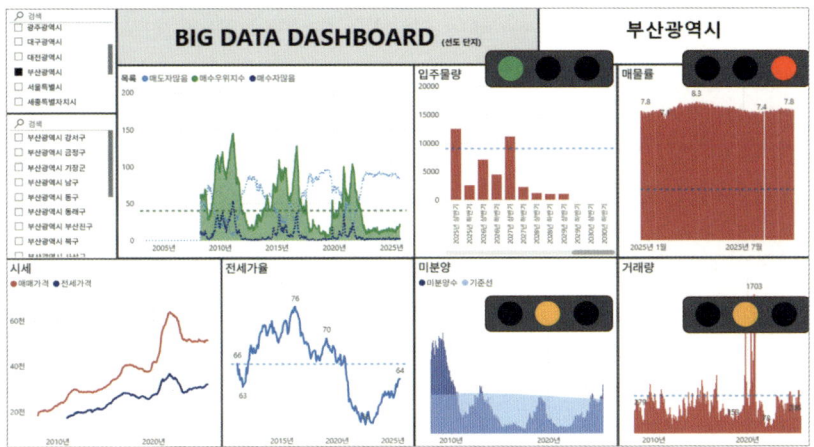

• 부산광역시 아파트 매매/전세 지수

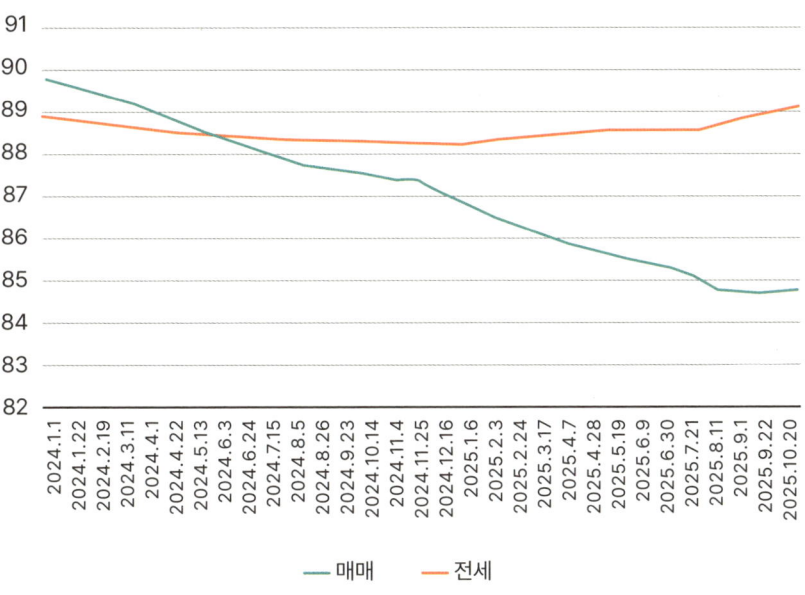

입니다.

전체적인 시장 상황을 보면, 부산은 2025년 들어 조금씩 낙폭을 줄여가며 바닥을 다지는 모습을 보여왔습니다. 1월 주간 상승률이 -0.15%에서 시작해 점진적으로 하락폭이 축소되어 9월에는 마침내 보합을 기록했습니다. 이러한 회복세는 동부산권이 주도하고 있으며, 서부산권과의 양극화 현상이 뚜렷하게 나타나고 있습니다.

전세 시장은 매매 시장보다 빠른 회복세를 보입니다. 2025년 9월 기준 부산 전세가격은 0.07% 상승했으며, 2024년을 전후로 거의 전역에서 오름세로 돌아섰습니다. 전세가율은 평균 66.57% 수준으로 상승세를 보이며, 이는 전세 수요가 매매 수요로 전환되는 임계점에 근접하고 있음을 의미합니다. 특히 해운대구, 수영구 등 인기 지역의 전세 매물은 급격히 감소해 품귀 현상을 보입니다.

거래량 측면에서도 회복 조짐이 나타나고 있습니다. 월간 아파트 거래량이 3천 건에 미치지 못하는 상황이 4년 가까이 지속되었습니다. 하지만 최근 들어 거래 문의와 실거래가 증가하는 추세입니다. 특히 동부산권 중심으로 급매물이 소진되고 호가가 상향 조정되는 모습을 보입니다.

2025년의 대장 아파트 가격 동향

부산의 최고가 아파트는 해운대구 중동 '엘시티 부산'입니다. 2025년 8월 25일 전용면적 186.0m²가 45억 원에 거래되었습니다. 평당가로는 약 6천만 원으로, 이는 서울 강남의 중위권 아파트와 비슷한

수준입니다. 해운대 해변의 랜드마크로서 오션뷰와 함께 최고급 시설을 갖춘 레지던스입니다.

해운대구 우동 '해운대아이파크'는 부산의 전통적인 대장 아파트입니다. 2025년 7월 21일 48평형이 18억 1천만 원에 거래되었습니다. 평당가 약 3,770만 원으로 엘시티더샵과 함께 부산 아파트 시장의 천장 역할을 하고 있습니다. 이 단지는 해운대 해변과 바로 연결되는 입지의 장점을 갖추고 있습니다.

센텀시티 일대의 '트럼프월드센텀'도 주목할 만합니다. 2025년 9월 5일 국민평형인 34평형 기준으로 14억 9천만 원에 거래되었는데, 이는 센텀시티의 비즈니스 중심지라는 입지적 강점이 반영된 결과입니다. 평당가는 약 4,380만 원으로 센텀시티 내에서는 최고 수준을 유지하고 있습니다.

남구 용호동 'W아파트'는 2025년 9월 9일 57평형 기준으로 26억 8천만 원에 거래되며, 남구의 대표 고가 아파트로 자리매김했습니다. 평당가 약 4,700만 원으로 광안대교 조망권과 광안리 해변 접근성이 프리미엄으로 작용했습니다.

중소형 평형에서는 남천동, 광안동 일대 아파트들이 평당 3천~5천만 원대를 형성하며 실수요자들의 관심을 받고 있습니다. 특히 전용 84m² 기준으로 10억 원을 넘는 단지들이 증가하고 있어 부산 아파트 시장의 고가화 현상을 보여주고 있습니다.

분양 시장 동향

2026년에는 분양 물량이 급감합니다. 2026년 부산의 입주 예정 아파트는 총 1만 3,746세대로, 2024년 대비 약 3,165세대(18.7%) 감소했습니다. 이는 공급 절벽의 시작을 알리는 신호로, 향후 수급 불균형이 심화될 가능성을 시사합니다.

주요 분양 예정 단지를 보면, 강서구 에코델타시티금강펜테리움 6BL, 동래구 안락1 재건축, 사직1-6지구재건축, 해운대구 우동2구역재개발, 반여4구역재건축 등이 있습니다. 특히 해운대구와 동래구의 재건축·재개발 단지들이 높은 관심을 받고 있습니다.

최근 분양된 '베뉴브 해운대'는 특별공급에서 9,150건의 청약이 접수되어 2024년 이후 부산 최고 기록을 달성했습니다. 이는 센텀시티와 해운대를 잇는 입지와 지하철역 직결이라는 희소성이 작용한 결과입니다.

• **부산광역시 거래량**

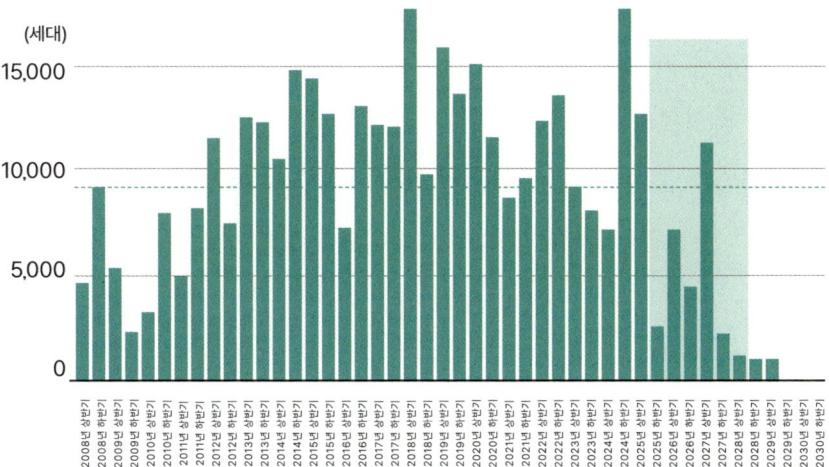

(세대)

부산 전역에 미분양 주택이 많이 누적되어 있지만, 지역별로 상황이 다릅니다. 동부산권은 미분양이 거의 없거나 빠르게 소진되는 반면, 서부산권과 외곽 지역은 미분양이 장기화되고 있습니다. 이는 입지에 따른 선호도 차이가 극명하게 나타나는 것으로, 똘똘한 한 채를 선호하는 수요자들의 성향이 반영된 결과입니다.

분양가도 양극화되고 있습니다. 해운대구, 수영구 일대는 3.3㎡(평)당 3천만 원을 넘는 고분양가가 책정되고 있지만 청약 경쟁률은 여전히 높습니다. 반면 외곽 지역은 상대적으로 저렴한 분양가에도 불구하고 청약 미달이 발생하는 경우가 많습니다.

권역별 상승 및 정체 단지 분석

상승 지역: 동부산권 중심

해운대구는 부산 부동산 시장의 선도 지역입니다. 우동, 중동 일대 오션뷰 단지들이 가격 상승을 주도하고 있으며, 재송동, 좌동 일대도 연쇄 상승하고 있습니다. 특히 마린시티와 센텀시티를 연결하는 벨트 지역이 '오션 리치벨트'로 불리며 프리미엄을 형성하고 있습니다.

상승 원인은 첫째, 공급 부족입니다. 해운대구는 이미 개발이 포화 상태여서 신규 공급이 매우 제한적입니다. 둘째, 관광과 비즈니스의 중심지로서 유동인구가 많고 임대 수요도 풍부합니다. 셋째, 해운대 해수욕장, 센텀시티, 영화의전당 등 문화·상업 인프라가 집중되어 있습니다.

수영구는 전통적인 부촌으로 꾸준한 상승세를 보입니다. 남천동의 고급 주거단지, 광안동의 광안리 오션뷰 단지들이 인기를 끌고 있습니다. 2025년 9월 기준 0.05% 상승하며 안정적인 상승세를 이어갔습니다.

수영구의 상승 동력은 첫째, 광안리 해수욕장과 광안대교 조망권입니다. 둘째, 센텀시티와 가까우면서도 주거 환경이 조용합니다. 셋째, 재건축·재개발 기대감이 있는 노후 단지들이 많습니다. 특히 용호동 W아파트 일대는 재개발 기대감과 함께 신축 단지들이 들어서면서 지역 전체가 활성화되고 있습니다.

남구는 2025년 9월 0.09% 상승으로 부산에서 가장 높은 상승률을 기록했습니다. 용호동, 대연동, 문현동 등이 고르게 상승하고 있으며,

특히 용호동 일대 재개발 구역들이 주목받고 있습니다.

남구의 상승 요인은 첫째, 경성대·부경대역 역세권 개발입니다. 둘째, 부산항(북항) 재개발과의 연계 효과 기대입니다. 셋째, 상대적으로 해운대구 대비 저평가되어 있어 상승 여력이 남아있습니다.

정체/하락 지역: 서부산권과 원도심

강서구는 -0.10%로 부산에서 가장 큰 하락폭을 보였습니다. 에코델타시티, 명지국제신도시 등 대규모 신도시 개발로 공급 과잉 상태입니다. 수요는 한정적인데 공급이 대량으로 이루어지면서 가격 하방 압력이 지속되고 있습니다. 특히 가덕도 신공항 효과도 아직은 제한적입니다.

서부산 공업지역인 사하구(-0.07%), 사상구(-0.05%)도 하락세를 이어갔습니다. 제조업 쇠퇴와 함께 인구 유출이 계속되고 있으며, 노후된 주거 환경도 수요 감소의 원인입니다. 다대포해수욕장 등 자연환경은 좋지만 교통과 생활 인프라가 부족한 것이 약점입니다.

원도심(중구·서구·동구·영도구) 지역은 전반적으로 침체되어 있습니다. 도시 재생 사업이 진행되고 있지만 아직 가시적인 효과는 나타나지 않고 있습니다. 인구 고령화와 상권 쇠퇴로 주택 수요 기반 자체가 약화되고 있습니다.

2026년 전망 및 투자 유망 지역

2026년 부산 부동산 시장은 공급 부족이 본격화되면서 선별적 가격 상승이 예상됩니다. 2026년 입주 예정 물량이 더욱 감소하면시 수급 불균형이 심화될 것으로 보입니다. 특히 동부산권은 공급 부족과 꾸준한 수요로 가격 상승 압력이 커질 전망입니다.

전세가격의 급등이 실수요자들이 시장 진입의 트리거가 될 가능성이 높습니다. 전세가율이 높아진 상황에서 금리 부담이 줄어들면 매매 전환 수요가 증가할 것으로 예상됩니다.

부산의 경제 여건도 개선될 전망입니다. 2030 엑스포 유치 실패에도 불구하고 북항 재개발 등 대형 프로젝트가 진행되고 있습니다. 또한 금융중심지, 영화영상산업 등 서비스업 중심으로 산업구조가 전환되면서 일자리의 질이 개선될 것으로 기대됩니다.

2026년 부산에서 가장 주목할 지역은 남구 용호동-대연동 벨트입니다. 이 지역을 추천하는 이유는 다음과 같습니다.

첫째, 대규모 재개발 진행 중입니다. 용호동 일대 재개발 사업이 본격화되면서 노후 주거지가 신축 아파트로 탈바꿈하고 있습니다. 향후 2~3년 내 대규모 신규 공급이 예정되어 있지만, 이는 오히려 지역 전체를 업그레이드시키는 계기가 될 것입니다.

둘째, 북항 재개발과의 시너지 효과가 기대됩니다. 부산항·북항이 해양문화관광 중심지로 재개발되면 인접한 남구가 최대 수혜지역이 될 가능성이 높습니다. 특히 용호동은 북항과 가장 가까운 주거지역으로 개발 효과를 직접적으로 받을 것으로 예상됩니다.

셋째, 교통 인프라가 개선되고 있습니다. 경성대·부경대역 일대 역세권 개발과 함께 광안대로, 수영로 등 주요 간선도로와의 접근성이 우수합니다. 향후 부산 도시철도 확충 계획에서도 수혜가 예상됩니다.

넷째, 교육 및 생활 인프라가 양호합니다. 경성대, 부경대 등 대학가와 인접해 젊은 층 유입이 꾸준하고, 대연동 전통시장부터 대형마트까지 상업 시설도 풍부합니다.

대구광역시: 바닥 다지기 후 완만한 회복

시장 현황과 주요 지표

대구광역시의 대시보드를 보겠습니다. 공급 측면에서 살펴보면 입주 물량은 2026년 상반기까지 많지만 기준선을 지나치게 넘기지는 않기에 노랑(0.5점), 매물률은 6.9%로 많이 누적되어 있기에 빨강(0점), 미분양은 기준을 한참 돌파했기에 빨강(0점), 거래량은 노랑(0.5점)으로 총 1.0점입니다. 2점을 넘지 않았기에 공급-수요 측면에서는 투자에 매우 신중해야 할 것으로 보입니다.

대구 부동산 시장은 2025년 전국에서 가장 깊은 침체를 겪고 있습니다. 2025년 9월 기준 대구 아파트 매매가격지수는 78.9를 기록했으며, 전국 17개 시·도 중 최대 낙폭을 기록하고 있습니다. 하락세는 1년 이상 지속적으로 이어지고 있어 장기 침체 기록을 경신하고 있습니다.

가격 하락의 깊이도 심각한 수준입니다. 2021년 고점 대비 약 21% 하락했으며, 전용면적 84m² 기준 평균 매매가격은 3억 2,025만 원으

• 대구광역시 대시보드

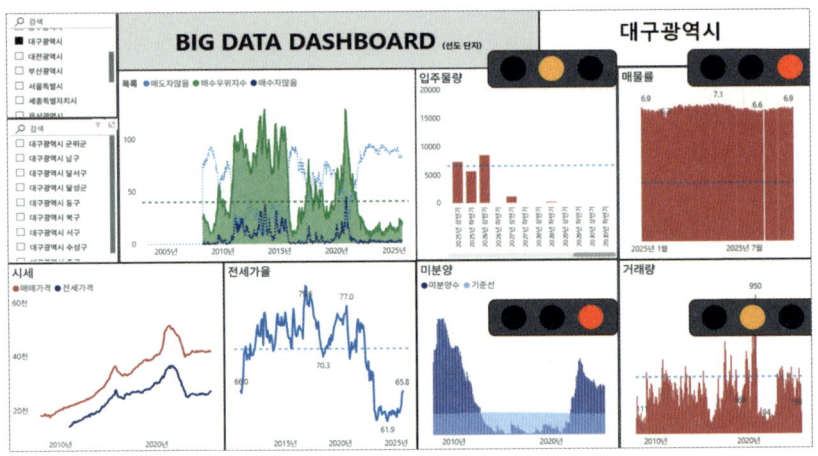

로 4억 원을 넘었던 2021년 대비 8,639만 원이나 떨어졌습니다. 이는 대구 아파트 시장이 버블 붕괴 수준의 조정을 겪고 있음을 보여줍니다.

전세 시장도 동반 하락했습니다. 2025년 9월 기준 전세가격지수는 75.38로 하락했으며, 1년 누적 하락률은 -1.96%입니다. 전세가격은 2021년 하반기 평균 2억 8,392만 원에서 2024년 하반기 2억 577만 원으로 28% 급락했습니다. 80주 연속 하락이라는 기록적인 침체를 보입니다.

구별로는 수성구와 달서구가 전주 대비 보합에서 상승 전환하는 등 일부 지역에서 회복 조짐이 나타나고 있습니다. 하지만 전반적으로는 여전히 매도자 우위 시장이 지속되고 있으며, 급매물이 시장에 나오면 추가 하락하는 패턴이 반복되고 있습니다.

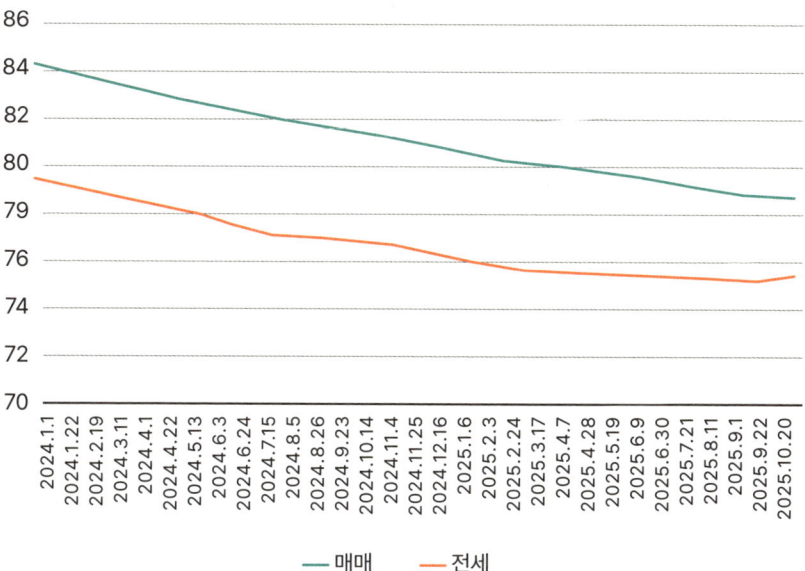

2025년의 대장 아파트 가격 동향

대구의 최고가 아파트는 수성구 범어동 '두산위브더제니스'입니다. 2025년 7월 3일 전용면적 226.5m²가 43억 5천만 원에 거래되며 대구 아파트 역사상 최고가를 기록했습니다. 평당가로는 약 6,338만 원으로, 이는 부산이나 대전의 최고가 아파트보다는 낮지만 대구 내에서는 압도적인 수준입니다.

수성구 두산동 '대구수성SK리더스뷰아파트'는 2025년 7월 4일 전용면적 177.2m²가 23억 원에 거래되며 2위를 기록했습니다. 평당가 약 4,283만 원으로 두산위브더제니스 대비 2,055만 원 저렴한 수준이

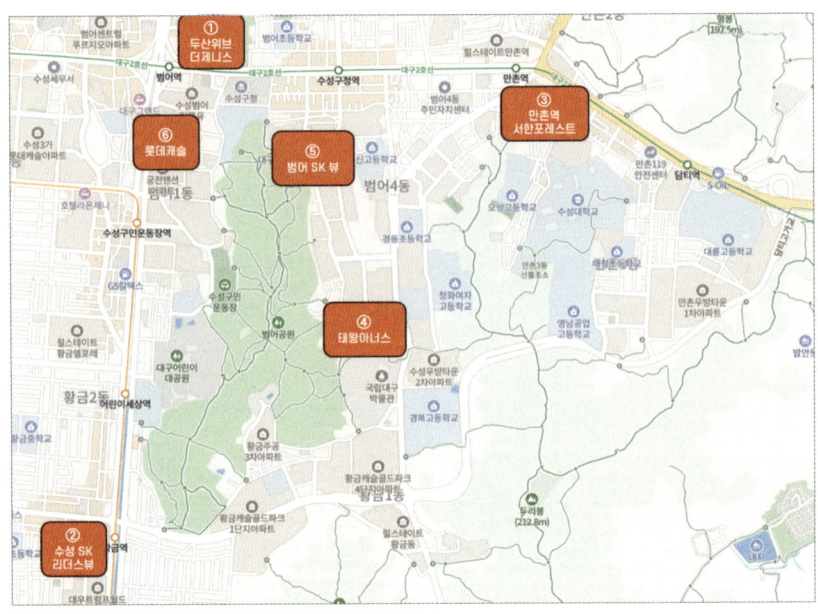

지만, 여전히 대구 내 상위권 가격대를 형성하고 있습니다.

수성구 만촌동 '만촌역 서한포레스트'는 신축 프리미엄을 받으며 급부상했습니다. 2025년 7월 3일 전용면적 162.4m²가 19억 1,500만 원에 거래되었는데, 이는 만촌역 역세권이라는 입지적 강점과 신축이라는 상품성이 결합된 결과입니다.

수성구 황금동 '태왕아너스'는 2025년 7월 2일 전용면적 148.3m²가 18억 7천만 원에 거래되며 4위를 차지했습니다. 평당가 약 4,161만 원으로 전통적인 부촌 이미지와 우수한 학군이 프리미엄으로 작용했습니다.

범어동 '범어SK뷰아파트'와 '롯데캐슬'도 17억 원대를 형성하며 상위권을 유지하고 있습니다. 이들 단지는 모두 수성구에 위치하며, 대구에서 수성구 집중 현상이 극명하게 나타나고 있음을 보여줍니다.

중소형 평형에서도 수성구가 압도적입니다. 범어동 '우방범어1차'는 전용 122m²가 17억 원에 거래되었고, '힐스테이트 범어'는 전용 84.92m²가 16억 6,300만 원에 거래되는 등 평형대를 불문하고 수성구가 대구 아파트 시장을 주도하고 있습니다.

분양 시장 동향

대구 분양 시장은 극도로 위축되어 있습니다. 주택산업연구원의 10월 아파트분양전망지수가 기준치 100에 한참 못 미치는 수준인 87.5로 나타났습니다. 이는 분양 시장을 비관적으로 보는 사업자들이 많다는 의미입니다.

신규 분양 물량이 급격히 감소했습니다. 과거 미분양 누적과 분양 실패 사례가 이어지면서 건설사들이 분양을 미루거나 취소하는 경우가 많습니다. 2025년 예정된 분양 물량도 상당 부분 연기될 가능성이 있습니다.

미분양 물량은 여전히 높은 수준입니다. 특히 외곽 지역과 중소형 건설사 물량을 중심으로 장기 미분양이 누적되고 있습니다. 일부 단지는 대폭 할인 분양이나 전세 전환 등 다양한 마케팅을 펼치고 있지만 효과는 제한적입니다.

대구의 재건축·재개발 사업도 정체 상태입니다. 분양가상한제, 초과이익환수 등 규제와 함께 시장 침체로 사업성이 악화되면서 많은 사

• 아파트분양전망지수

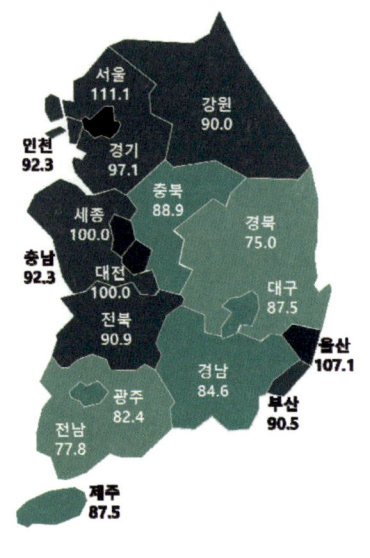

2025년 10월 아파트 분양 전망지수
전국 91.5

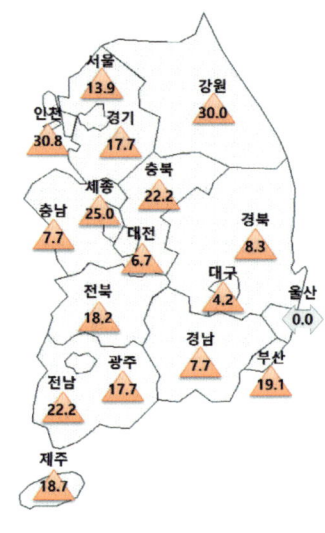

전월 대비 당월 전망 변동
(2025.10~2025.9)

업장이 중단되거나 지연되고 있습니다. 조합원들 간 갈등도 심화되고 있어 사업 진행이 더욱 어려워지고 있습니다.

권역별 상승 및 정체 단지 분석

상승 지역: 수성구 일부 지역

수성구는 대구에서 유일하게 가격 방어가 되는 지역입니다. 2025년 3월 기준 0.05% 상승 전환했으며, 특히 범어동과 만촌동 일대 대장 아파트들이 가격을 지지하고 있습니다.

상승 요인은 첫째, 절대적인 희소성입니다. 대구에서 부촌으로 인식되는 곳이 수성구에 집중되어 있습니다. 둘째, 우수한 교육 환경입니다. 대구 최고 학군이 수성구에 몰려 있어 교육 수요가 집중됩니다. 셋째, 상대적으로 공급이 적습니다. 신규 분양이 거의 없어 기존 아파트의 희소가치가 유지됩니다.

하락 지역: 대부분 지역

남구는 -0.17%로 큰 폭의 하락을 보였습니다. 봉덕·이천동 구축 아파트 위주로 하락세가 지속되고 있습니다. 도시 노후화와 상권 쇠퇴로 주거 선호도가 낮아지고 있으며, 젊은 층 유출이 계속되고 있습니다.

달서구는 -0.16% 하락했습니다. 이곡동, 용산동 소형 규모 위주로 약세가 지속되고 있습니다. 대규모 신규 공급으로 수급 불균형이 심화되었고, 외곽 지역이라는 인식으로 선호도가 낮습니다.

북구(-0.08%)와 서구(-0.12%)도 지속적인 하락세입니다. 복현동, 침산동, 평리동, 중리동 등 구도심 지역이 특히 약세를 보입니다. 인프라 노후화와 개발 정체로 회복이 어려운 상황입니다.

2026년 전망 및 투자 유망 지역

2026년 대구 부동산 시장은 바닥을 확인한 후 완만한 회복세를 보일 것으로 전망됩니다. 입주 물량 감소가 본격화되면서 수급 개선이 기대되고, 금리 인하 효과도 나타날 것으로 보입니다. 2025년 하반기에 바닥을 다질 것으로 보입니다. 이미 3년 이상 조정을 받았고, 실거래가 기준으로 2018~2019년 수준까지 하락한 만큼 추가 하락 여력은 제한적입니다. 다만 서울과 같은 V자 반등보다는 L자형 바닥 다지기가 중장기화될 가능성이 높습니다.

대구에서 2026년 주목할 지역은 남구 대명동 역세권과 달서구 용산·죽전동 일대입니다.

남구 대명동 역세권 투자 포인트는 첫째, 역세권이지만 저평가되어 있습니다. 수성구 대비 40~50% 수준의 가격으로, 평당 1,200만~1,800만 원대 아파트를 찾을 수 있습니다. 장기 하락으로 바닥권을 형성해 반등 여력이 충분합니다. 특히 1, 3호선 더블 역세권인 명덕역 역세권으로 분양을 한 e편한세상명덕역퍼스트마크는 침체된 대구 분양권 시장 속에서도 평균 청약 경쟁률이 10.37 대 1로 높은 청약 경쟁률을 보여주었으며, 약 5천만~1억 원의 프리미엄이 붙어있는 상황입니다. 둘째, 대규모 재개발이 추진되고 있습니다. 대명동 일대 노후 주택가를 중심으로 재개발·재건축 사업이 활발히 진행되어 지역 전체가 새롭게 탈바꿈할 전망입니다. 셋째, 도심 접근성이 우수합니다. 반월당, 중앙로 등 도심까지 10분 이내로 접근 가능하며, 동대구역까지도 20분 거리로 KTX 이용이 편리합니다.

달서구 용산·죽전동 투자 포인트는 첫째, 가격 메리트가 뛰어납니다. 대구에서 인구가 가장 많은 구임에도 평당 1,500만~2천만 원대로 상대적으로 저렴한 아파트가 많습니다. 둘째, 도시철도 2호선 역세권입니다. 용산역, 죽전역 등과 인접하며, 1호선 환승도 쉬워 교통 인프라가 우수합니다. 셋째, 성서산업단지 배후 주거지역입니다. 안정적인 임대 수요가 뒷받침되며, 산업단지 고도화 사업으로 일자리가 지속 창출될 예정입니다. 넷째, 신규 개발 호재가 풍부합니다. 달서구청 이전, 대규모 택지개발 등으로 지역 인프라가 대폭 개선될 전망입니다.

대전광역시: 안정 속 완만한 상승

시장 현황과 주요 지표

대전광역시의 대시보드를 보겠습니다. 공급 측면에서 입주 물량은 2026년 상반기부터 점차 많아져서 공급에 대한 부담이 있기에 빨강 (0점), 매물률은 5.7%로 누적되어 있으나 6%를 초과하지 않기에 노랑 (0.5점), 미분양은 증가는 하고 있지만 아직 기준을 돌파하지 않았기에 노랑(0.5점), 거래량은 기준에 크게 부족하기에 빨강(0점)으로 총 1.0점 입니다. 2점을 넘지 않았기에 공급-수요 측면에서 투자에 매우 신중해야 할 것으로 보입니다.

대전 부동산 시장은 2025년에도 여전히 좋지 않은 분위기입니다. 다만 유성구는 상승세로 전환되어 주목받고 있습니다. 이는 대전 시장 역시 똘똘한 한 채가 속한 지역에서는 하락세에서 벗어나 양극화 현상이 발생했음을 시사합니다.

대전의 특징은 상대적으로 변동성이 적다는 점입니다. 다른 지방 광역시들이 급등락을 반복하는 것과 달리, 대전은 완만한 조정을 거

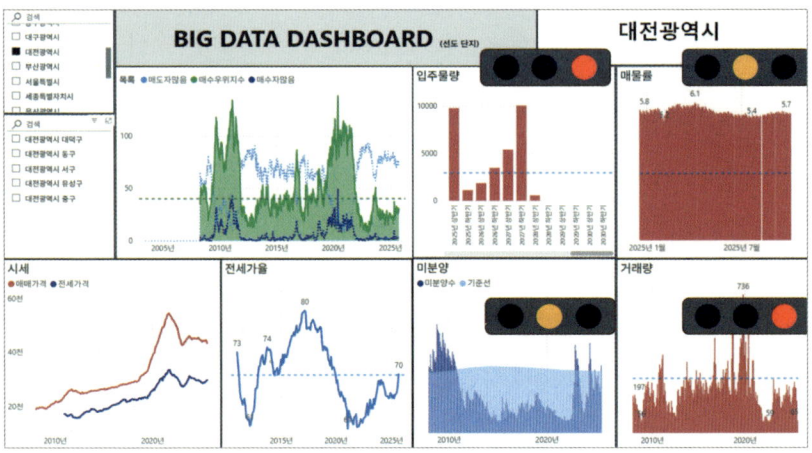

치며 안정적인 흐름을 보입니다. 이는 공공기관과 연구소가 많은 도시 특성상 안정적인 수요 기반을 갖추고 있기 때문입니다.

다음 페이지 차트에서 보이는 짙은 파란색의 매매 거래량은 점진적으로 회복세를 보여주고 있다가 6월 이후 하락세로 진입하기 시작했습니다. 대전은 특히 공무원과 연구원 비중이 높아 여름 휴가철 영향으로 6월 이후 부동산 비수기 시즌이 이어지지만 2026년 상반기부터 점차 많아지는 공급의 증가로 실수요 측면에서도 급한 매수 필요성을 느끼지 못한 것으로 판단됩니다.

지역별로는 서구와 유성구가 강세를 보이는 반면, 중구와 동구는 상대적으로 약세를 보입니다. 대덕구는 연구단지와의 접근성을 바탕으로 꾸준한 수요를 유지하고 있습니다. 이러한 지역별 차별화는 향후 더욱 심화될 것으로 예상됩니다.

• 대전광역시 아파트 매매/전세 지수

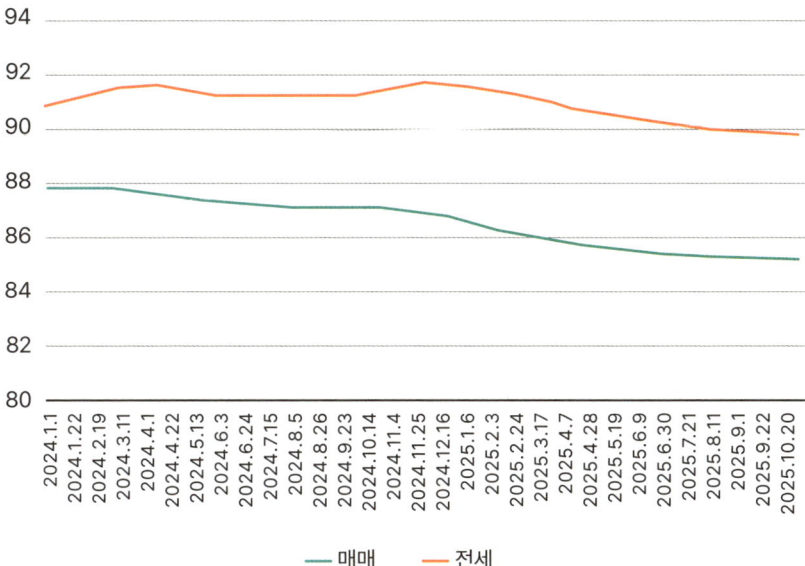

매매 ―― 전세

• 대전광역시 거래량

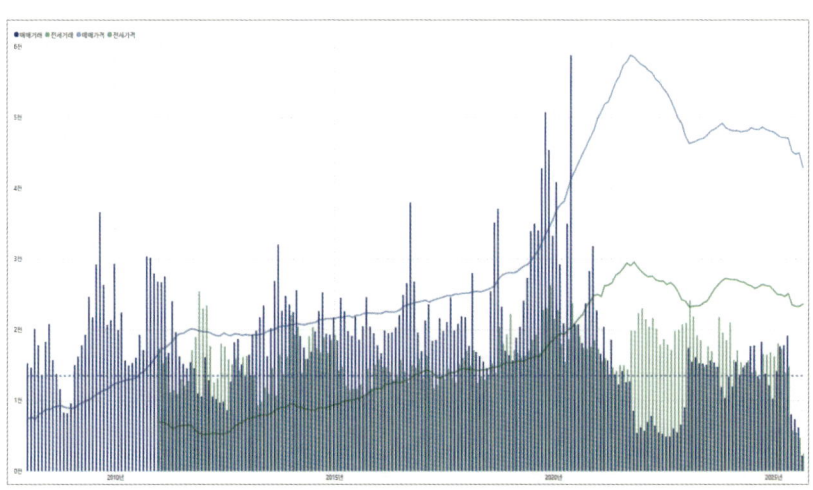

대장 아파트 가격 동향

대전의 최고가 아파트는 유성구 도룡동 '스마트시티주상복합5단지'입니다. 2024년 10월 10일 전용면적 203.3m²가 25억 9천만 원에 거래되며 대전 최고가를 기록했습니다. 평당가는 약 4,204만 원으로, 이는 대전의 부촌으로 떠오른 도룡동의 위상을 보여줍니다

서구 둔산동 '크로바'는 대전의 전통적인 대장 아파트입니다. 2024년 12월 22일 전용면적 164.95m²가 20억 원대에 거래되며, 평당가 약 4,521만 원을 기록했습니다. 크로바는 12억 원대의 높은 시세를 유지하며 전세가율 58.3%로 안정적인 수준을 보입니다.

유성구 도룡동 '도룡SK뷰'는 10억 3천만 원대의 시세를 형성하며

서구에 이어 두 번째로 높은 가격대를 보입니다. 전세가율 68.0%로 상대적으로 높은 편이며, 교통 인프라 개선과 우수한 교육 환경으로 꾸준한 수요가 이어지고 있습니다.

서구 도안동 '트리풀시티레이크포레'는 신도시 프리미엄을 받고 있습니다. 2025년 1월 13일 전용면적 97.7m²가 10억 9,500만 원에 거래되며, 평당가 약 3,698만 원을 기록했습니다. 도안신도시의 대표 단지로 자리매김하고 있습니다.

중구 목동 '목동더샵리슈빌'은 6억 1천만 원대, 동구 신흥 'SK뷰'는 5억 5,500만 원대를 형성하며 중위권 가격대를 보입니다. 대덕구는 상대적으로 저렴한 가격대를 유지하고 있지만, 연구단지 접근성으로 실수요가 탄탄합니다.

분양 시장 동향

대전 분양 시장은 입지에 따라 양극화되고 있습니다. 도안신도시, 유성구 일부 지역은 높은 청약 경쟁률을 보이지만, 외곽 지역은 미달 사태가 발생하기도 합니다.

2025년 예정된 주요 분양 단지들은 대부분 재건축·재개발 물량입니다. 기존 도심지의 노후 아파트를 재건축하는 사업들이 본격화되고 있으며, 이들 단지는 입지적 장점으로 관심을 받고 있습니다.

트램 2호선 건설 계획이 분양 시장에 영향을 미치고 있습니다. 트램 노선 인근 단지들은 미래 가치 상승 기대감으로 분양 성공 가능성이 높아지고 있습니다.

미분양 물량은 점진적으로 해소되고 있습니다. 건설사들의 적극적인 마케팅과 할인 분양으로 재고가 줄어들고 있으며, 일부 단지는 완판에 성공하기도 했습니다.

권역별 상승 및 정체 단지 분석

상승 지역: 유성구 도룡동·전민동, 서구 둔산동·도안동

유성구는 대전에서 가장 역동적인 지역입니다. 도룡동은 대전의 새로운 부촌으로 자리잡았고, 전민동은 엑스포과학공원과 인접해 주거 환경이 우수합니다. 상승 요인은 첫째, 대덕연구단지와의 접근성입니다. 고학력 연구 인력의 주거 수요가 집중됩니다. 둘째, 우수한 교육 인프라입니다. 카이스트 부설 초중고가 있어 교육 수요가 높습니다. 셋째, 트램 2호선 수혜 예정지역입니다.

서구 둔산동·도안동은 대전의 행정·업무 중심지입니다. 둔산동은 전통적인 부촌이고, 도안동은 신도시로 개발되며 새로운 주거 중심지로 부상했습니다. 서구 강세의 배경은 첫째, 탄탄한 상권입니다. 갤러리아 타임월드, 현대아울렛 등 대형 쇼핑 시설이 밀집해 있습니다. 둘째, 관공서 집중입니다. 대전시청, 교육청 등이 위치해 안정적인 수요층을 확보하고 있습니다. 셋째, 세종시 접근성이 양호합니다.

정체/하락 지역: 중구·동구, 대덕구

중구와 동구는 대전의 구도심으로 상대적으로 침체되어 있습니다. 도시 노후화와 젊은 층 유출로 활력이 떨어지고 있으며, 재개발 사업도 지지부진합니다. 동구는 특히 어려운 상황입니다. 대전역 인근임에도 불구하고 구도심 이미지를 벗어나지 못하고 있습니다. 신흥SK뷰 등 일부 신축 단지를 제외하고는 대부분 노후 아파트로 거래가 부진합니다.

대덕구는 연구단지와 인접해 있음에도 불구하고 주거 선호도가 낮습니다. 생활 인프라 부족과 구도심 이미지가 약점으로 작용하고 있습니다. 다만 저렴한 가격으로 실수요자들에게는 기회가 될 수 있습니다.

2026년 전망 및 투자 유망 지역

2026년 대전 부동산 시장은 안정적인 상승세를 보일 것으로 전망됩니다. 공급 부족 현상이 본격화되고, 트램 건설 등 인프라 개선이 가시화되면서 시장 심리가 개선될 것으로 예상됩니다. 세종시와의 상호작용이 중요한 변수입니다. 세종시 개발이 안정기에 접어들면서 대전-세종 메가시티 구상이 현실화될 경우, 대전의 가치가 재평가받을 가능성이 있습니다.

2026년 투자 추천 지역은 서구 둔산학원가입니다. 그 이유는 첫째, 대전 최고 학군의 프리미엄 지역입니다. 명문학원가와 우수 학교들이 밀집해 있어 교육열 높은 수도권 이주 수요의 1차 선택지가 될 전망입니다. 둘째, 기존 인프라가 완성된 성숙 지역입니다. 갤러리아 타임월드, 을지대병원 등 생활·의료·문화 인프라가 이미 구축되어 즉시 정주 가능한 환경입니다. 셋째, 10.15대책 이후 수도권 학부모들의 대안 지역으로 부상했습니다. 강남 못지않은 교육 환경에 상대적으로 합리적인 가격으로 프리미엄 갭이 빠르게 축소될 것으로 예상됩니다.

광주광역시: 지속적 하락세 예상

시장 현황과 주요 지표

광주광역시의 대시보드를 보겠습니다. 공급 측면에서 살펴보면 입주 물량은 지속적으로 많은 상태이기에 빨강(0점), 매물률은 7.7%로 많이 누적되어 있기에 빨강(0점), 미분양은 증가는 하고 있지만 아직 기준을 돌파하지 않았기에 녹색(1점), 거래량은 기준에 많이 부족하기에 빨강(0점)으로 총 1.0점입니다. 2점을 넘지 않았기에 공급-수요 측면에

• 광주광역시 대시보드

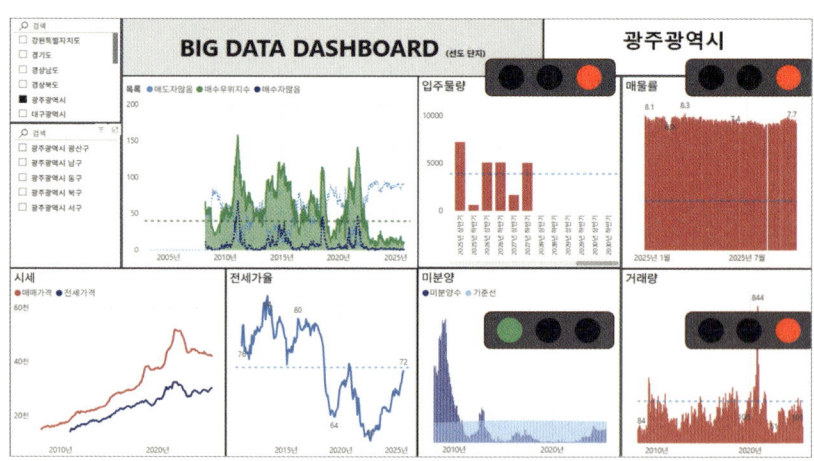

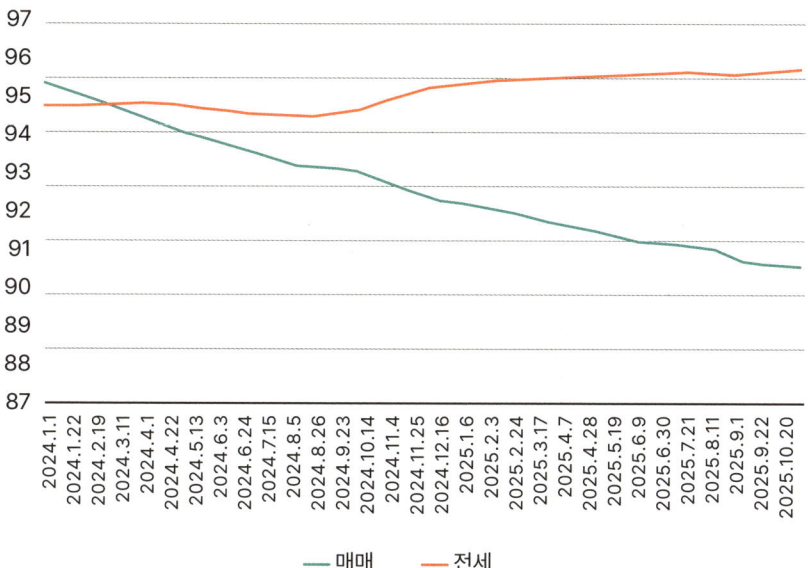

• 광주광역시 아파트 매매/전세 지수

서는 투자에 있어 매우 신중해야 할 것으로 보입니다.

광주 부동산 시장은 전반적으로 하락세를 보이고 있으며, 연간 하락폭은 대구 다음으로 높은 편입니다. 시장이 바닥을 다지는 과정에 있으며, 일부 지역에서는 회복 조짐도 나타나고 있습니다. 2025년 9월 5주 기준 광주 아파트 매매가격은 전주 대비 -0.07% 하락했으나, 이는 전국 평균보다는 양호한 수준입니다.

전세 시장은 비교적 안정적입니다. 일부 인기 지역에서는 전세 매물 부족 현상이 나타나고 있으며, 광산구 신축 아파트를 중심으로 전세가격이 상승하는 모습도 보입니다. 전세가율은 평균 70% 수준으로

• 광주광역시 거래량

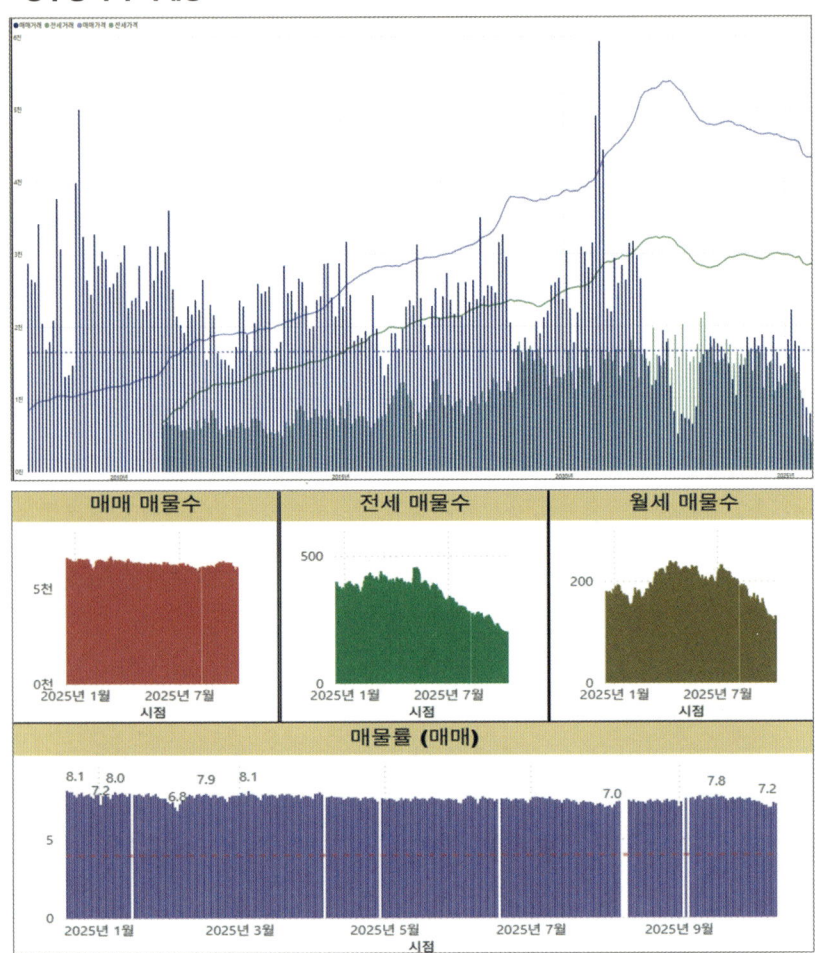

다른 지역 대비 양호한 편입니다.

거래량은 하락세를 유지하고 있어 현재 존재하는 구축 아파트의 매물률이 7% 이상으로 매우 높은 상황입니다. 약 3천 건 이상의 거래량이 발생되지 않는 이상 매물량의 감소가 쉽지 않아 장기적인 하락세가 이어질 가능성이 높아 보입니다.

지역별로는 남구의 봉선학원가, 서구 상무지구와 광산구 수완지구가 상대적으로 강세를 보이는 반면, 동구와 북구의 구도심은 여전히 침체되어 있습니다.

대장 아파트 가격 동향

광주의 대장 아파트들은 주로 서구 상무지구와 남구 봉선동 일대에 집중되어 있습니다. 최고가 아파트들의 거래 가격은 13억~15억 원대를 형성하고 있어, 다른 광역시 대비 상대적으로 저렴한 편입니다.

서구 상무지구의 '상무센트럴자이', '상무SK뷰' 등이 상무지구의 아파트 시장을 주도하고 있습니다. 이들 단지는 평당 1,800만

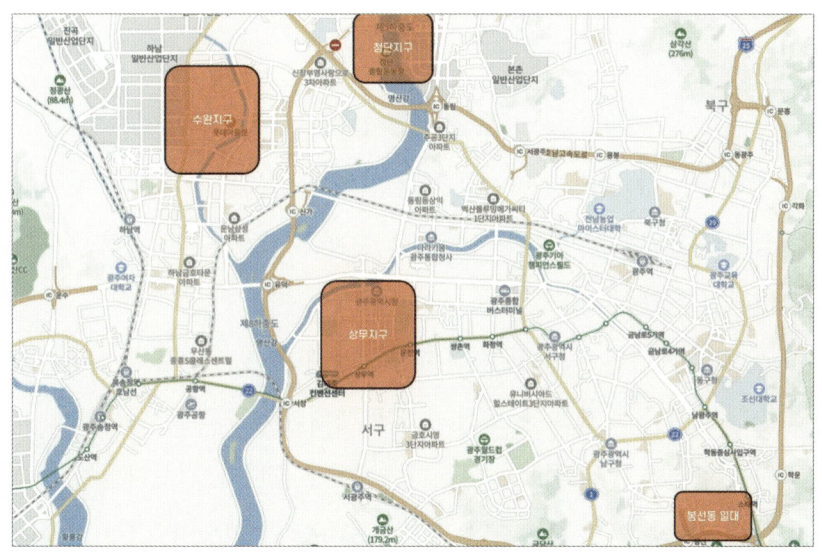

~2,600만 원대의 가격대를 보입니다. 남구 봉선동 일대도 고가 아파트가 밀집해 있습니다. '제일풍경채', '봉선포스코더샵', '쌍용스윗닷홈예가' 등이 평당 2,300만~2,900만 원대에 거래되며 상위권 가격을 유지하고 있습니다. 이 지역은 전통적인 부촌 이미지와 우수한 학군으로 꾸준한 수요를 확보하고 있습니다.

광산구 수완지구의 신축 아파트들도 주목받고 있습니다. '현진에버빌1단지', '수완대방노블랜드6차' 등이 평당 1,700만~2,200만 원대에 거래되고 있습니다. 특히 젊은 층의 선호도가 높아 향후 가격 상승 가능성이 있는 지역입니다.

첨단지구는 AI 관련 기업 유치와 함께 새로운 주목을 받고 있습니다. '힐스테이트리버파크', '첨단2지구제일풍경채리버파크' 등이 평당 1,550만~1,900만 원대에 거래되고 있으며, 정부의 AI 산업 육성 정책에 따라 미래 가치가 기대되는 지역입니다.

분양 시장 동향

광주 분양 시장은 전반적으로 분양 미달 단지들이 속출하며 어려운 상황에 돌입했으며, 건설사의 자금 문제로 시공권을 포기하는 사태도 벌어지고 있습니다.

2025년 예정된 주요 분양 단지들은 재개발·재건축 물량이 대부분입니다. 광천동 재개발 등 도심 재개발 사업들이 주목받고 있으며, 이들 단지는 입지적 강점으로 성공 가능성이 높습니다. 건설사들의 적극적인 마케팅과 가격 조정으로 재고가 줄어들고 있으며, 일부 단지는 완판에 성공하기도 했습니다.

권역별 상승 및 정체 단지 분석

상승 지역: 서구 상무지구, 광산구 수완지구

서구 상무지구는 광주의 대표적인 신도시로 가장 선호되는 주거지역입니다. 행정, 업무, 상업 기능이 집중되어 있고, 고층 아파트 단지들이 밀집해 있습니다. 상승 요인은 첫째, 우수한 생활 인프라입니다. 대형 쇼핑몰, 문화시설, 의료기관 등이 집중되어 있습니다. 둘째, 교통 접근성이 뛰어납니다. 광주 지하철과 연결되고 주요 간선도로와 인접해 있습니다. 셋째, 공급이 제한적입니다. 이미 개발이 완료되어 추가 공급이 거의 없습니다.

광산구 수완지구는 광주의 대규모 신도시로 젊은 층에게 인기가 높습니다. 계획적으로 조성된 도시로 쾌적한 주거 환경을 자랑합니다. 수완지구 강세의 배경은 첫째, 신축 아파트 중심입니다. 대부분 10년 이내 신축으로 주거 만족도가 높습니다. 둘째, 젊은 인구 유입이 활발합니다. 상대적으로 저렴한 가격에 좋은 환경을 제공합니다. 셋째, 향후 개발 가능성이 있습니다. 주변 지역 개발과 연계될 가능성이 높습니다.

정체/하락 지역: 동구·북구

구도심 동구와 북구의 구도심은 광주에서 가장 침체된 지역입니다. 도시 노후화가 심각하고 젊은 층 유출이 계속되고 있습니다. 재개발 사업도 지지부진해 회복이 더딘 상황입니다. 하락 원인은 첫째, 심각한 인프라 노후화입니다. 주택뿐만 아니라 도로, 상하수도 등 기반시설도 낡았습니다. 둘째, 상권 쇠퇴가 지속되고 있습니다. 전통시장과 상가들이 활력을 잃고 있습니다. 셋째, 인구 고령화가 심각합니다. 젊은 층은 떠나고 노인 인구만 남아있습니다.

2026년 전망 및 투자 유망 지역

공급이 해소되지 않는 상황에서 현재 존재하는 구축의 매물도 많이 쌓여 있기 때문에 이보다 더 높은 수요인 거래량 증가가 동반되지 않는다면 장기간 침체된 모습을 보여줄 가능성이 높습니다. 그럼에도 불구하고 다른 광역시 대비 저렴한 가격을 보여주고 있다는 것은 상대적 가격에 대한 장점이 될 수 있기에 매물량을 확인해 적절한 시점을 찾는다면 기회가 될 수 있습니다.

광주에서 2026년 주목할 지역은 봉선동 일대, 수완지구 등 학군 우수 지역입니다.

호재로만 살펴보면 첨단지구가 AI 산업 클러스터 조성 예정지이기 때문에 집중이 될 수 있지만, 광주광역시는 다른 광역시 대비 상대적으로 저렴한 가격을 유지하고 있기 때문에 돈이 몰리는 학군 우수 지역을 우선적으로 살펴보는 것이 유리합니다. 보통 하락기 이후 상승으로 이어질 때는 지역을 대표하는 단지들의 상승률이 높기 때문에 광주광역시의 학원가라 불리는 봉선동 일대와 수완지구가 광주광역시의 상승기 때 상승을 주도할 것입니다.

울산광역시: 공급 절벽 시대의 도래

시장 현황과 주요 지표

울산광역시의 대시보드를 보겠습니다. 공급 측면에서 살펴보면 입주 물량은 지속적으로 꾸준히 있지만 기준을 돌파하며 무리되지 않아 보이기에 노랑(0.5점), 매물률은 5.1%로 누적되어 있으나 6%를 초과하지 않기에 노랑(0.5점), 미분양은 감소하고 있지만 아직 기준 아래로 내려오지 않았기에 빨강(0점), 거래량은 기준 돌파해 꾸준한 수요를 보여주기에 녹색(1점)으로 총 2.0점입니다. 2점을 넘은 상태이기에 공급-수요 측면에서는 투자에 있어 관심을 가질 수 있는 지역으로 보입니다.

울산 부동산 시장은 2025년 들어 지방 광역시 중 유일하게 상승세를 보이며 주목받고 있습니다. 2025년 2월 24일 이후 연속 상승세를 기록했으며, 이는 부산, 대구, 광주, 대전 등 다른 지방 광역시들이 하락세를 보인 것과 대조적인 모습입니다.

구체적인 수치를 살펴보면, 8월 1주 울산 아파트값은 전주 대비 0.02% 상승해 4주 연속 상승세를 유지했고, 8월 3주에도 0.02% 상승해 6주 연속 오름세를 이어갔습니다. 2025년 3월 12일 기준으로는 연초 대비 0.12% 상승을 기록했는데, 같은 기간 광역지방자치단체 중 가격이 오른 곳은 서울 1.53%, 세종 0.52%, 그리고 울산뿐이었습니다.

전세 시장은 매매 시장보다 더 가파른 상승세를 보입니다. 2025년 들어 전셋값은 1.05% 급등했으며, 같은 기간 전셋값 상승률이 1%를

• 울산광역시 대시보드

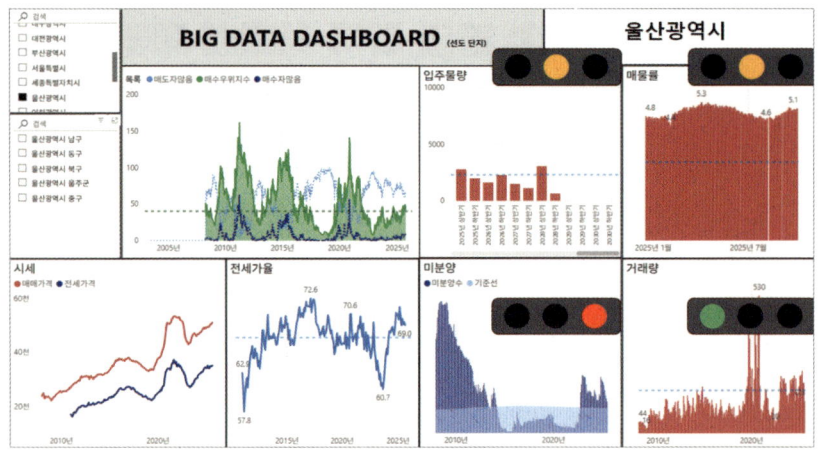

• 울산광역시 아파트 매매/전세 지수

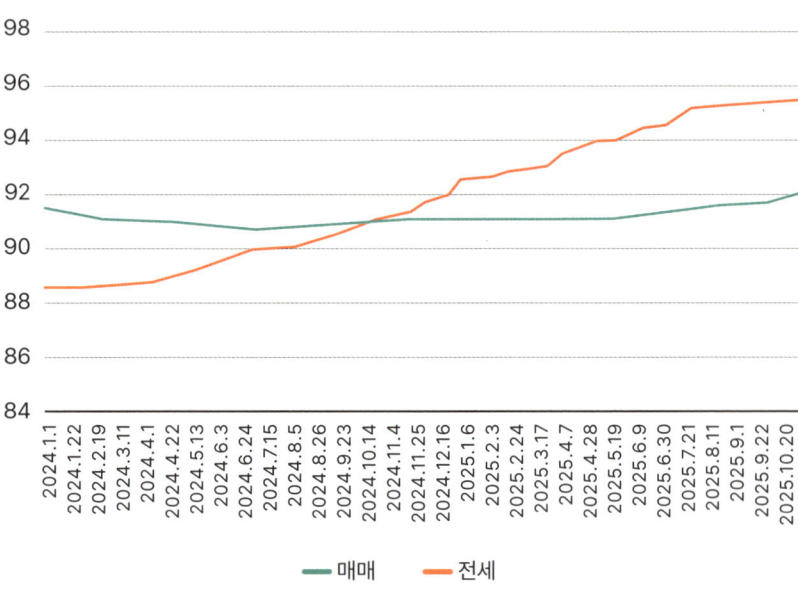

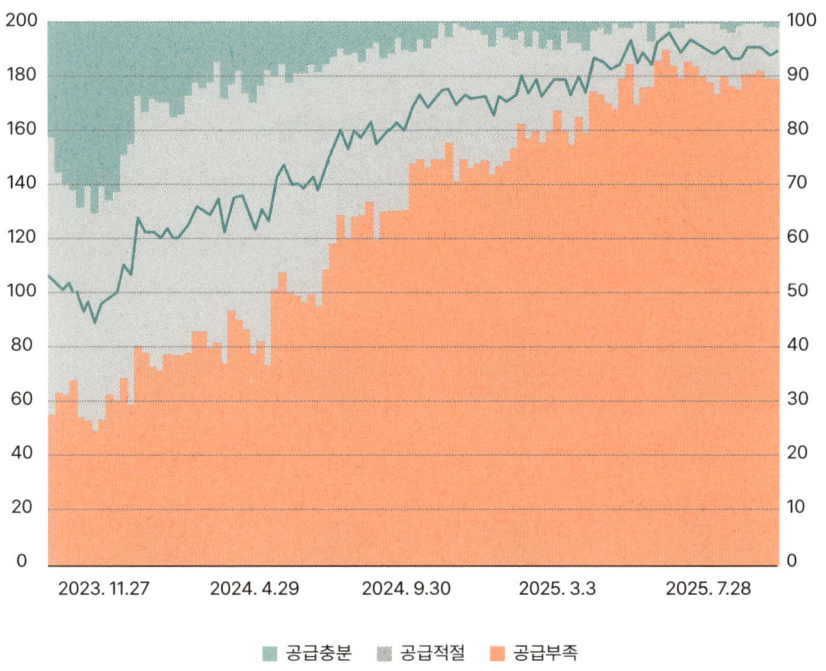

• 울산광역시 전세수급지수

범례: ■ 공급충분 ■ 공급적절 ■ 공급부족

넘긴 곳은 전국에서 울산이 유일했습니다. 전세가율은 KB부동산 기준 76.73%까지 상승했고, 한국부동산원 기준으로도 73.2%를 기록해 2022년 9월 이후 최고 수준을 나타냈습니다. 이는 전세 공급이 매우 부족한 현상이 지속되면서 일어난 결과이며, 울산의 전세수급지수가 적정 수준인 100을 넘어 200까지 치닫는 실정으로 전국에서 가장 높은 수치입니다.

　미분양 물량도 지속적으로 감소하고 있습니다. 2025년 8월 기준 울산의 미분양 가구수는 2,308건으로 2024년 12월 대비 44.1% 감소했습니다. 이는 부산, 광주, 대전 등 다른 지방 광역시들이 미분양 증가세를 보인 것과는 정반대의 흐름입니다.

대장 아파트 가격 동향

울산의 대장 아파트들은 2025년 들어 신고가 행진을 이어가고 있습니다. 특히 남구 신정동 일대의 프리미엄 단지들이 가격 상승을 주도하고 있습니다.

남구 신정동 '롯데캐슬킹덤'은 울산 최고가 아파트로서의 위상을 공고히 하고 있습니다. 2025년 5월 29일 전용면적 207.2m²가 18억 원에 거래되며 울산 아파트 매매가 1위를 기록했고, 7월 5일에는 전용면적 185m²가 15억 3천만 원에 거래되며 또 한 번 최고가를 경신했습니다

• **울산광역시 미분양 현황**

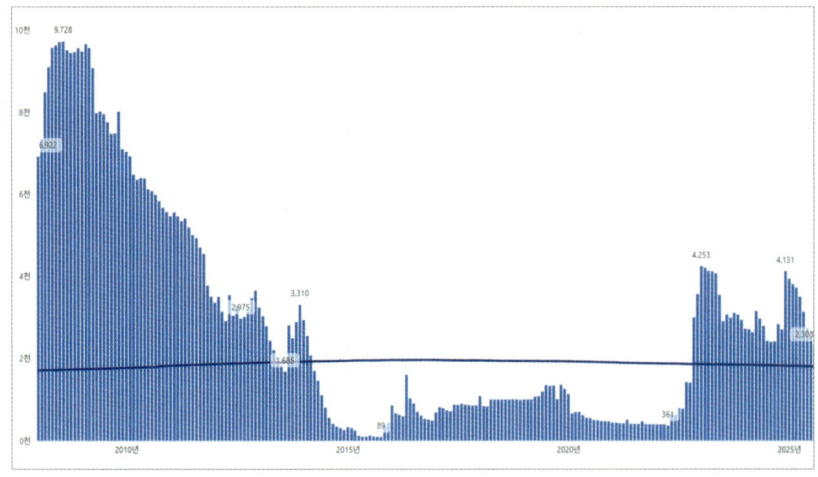

다. 이 단지는 평당가 기준으로 약 2,866만 원을 형성하며 울산 아파트 시장의 천장 역할을 하고 있습니다. '문수로2차아이파크'는 2025년 9월 8일 전용면적 84m²가 10억 3천만 원에 거래되었으며, '문수로대공원에일린의뜰'도 동일 평형대에 10억 5천만 원에 거래되었습니다.

중심 학군지에 있지만 상대적으로 연차가 오래된 '문수로아이파크 1단지'는 전용 84m²가 9월 5일 10억 6천만 원에 거래되었는데, 이는 탑층에 대한 가격 반영이 되어있으며, 평균 가격대는 약 9억 원 미만으로 거래가 되고 있습니다. 이러한 급등세는 학군과 생활 인프라가 우수한 입지적 강점이 반영된 결과입니다.

2024년 중순 대비해 약 30% 정도의 상승을 이어가고 있기에 한국

• 울산광역시 신정동 문수로아이파트1단지 매매 현황

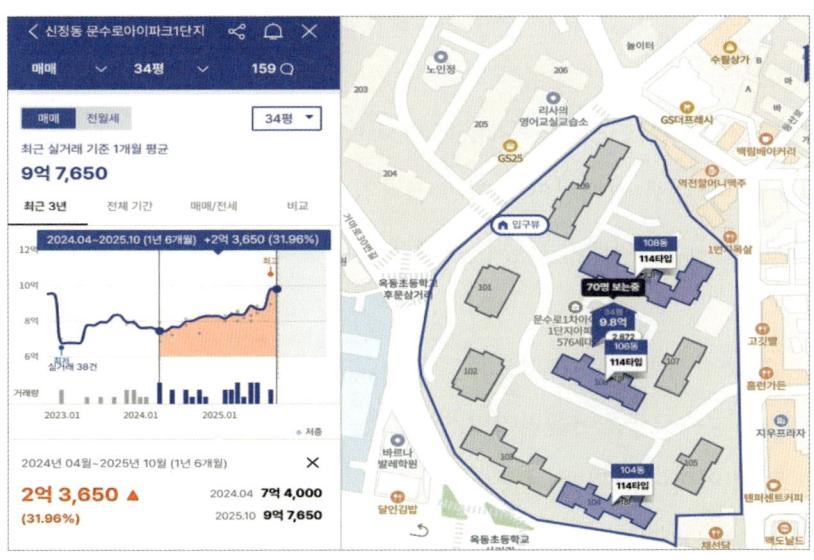

감정원에서 이야기하는 평균 상승률보다 대표 단지들의 상승률이 매우 높다는 것을 확인할 수 있습니다.

분양권 시장에서도 웃음꽃을 피고 있습니다. 최근 분양한 '한화포레나울산무거' 아파트는 지방의 전국적인 어려움에 분양가 조정에 신중을 기했던 단지였는데, 분양가 전용 $84m^2$ 기준으로 7억 원 후반대로 접근해 평균 청약 경쟁률 9.4 대 1로 마감되었습니다.

중구 복산동 '번영로센트리지' 전용 $59m^2$도 2025년 들어 6억 원에 거래가 성사되며 최고 거래가를 새로 썼습니다. 이 지역은 오랫동안 구축 단지만 있다가 최근 재개발로 신축 단지들이 들어서면서 주택 수요가 증가하고 있습니다.

분양 시장 동향

2025년 9월 울산의 아파트 분양전망지수는 73.3에서 107.1로 급상승했습니다. 이는 전국에서 가장 큰 상승폭으로, 미국의 조선산업 부흥 프로젝트인 '마스가(MASGA; Make American Shipbuilding Great Again)'에 대한 기대감이 반영된 결과입니다. 울산의 조선업이 호황을 맞을 것이라는 기대가 부동산 시장에도 긍정적 영향을 미치고 있는 것입니다.

미분양 물량도 지속적으로 소진되고 있습니다. 2024년 들어 '라엘에스', '문수로금호어울림더퍼스트', '문수로아르티스' 등 미분양 아파트들이 연이어 완판에 성공했습니다. 이는 입지가 좋은 물량부터 빠르게 소화되고 있음을 보여줍니다.

다만 분양가 상승은 부담 요인입니다. 최근 분양 단지들의 3.3m²당 분양가가 2천만 원을 넘어서면서 수요자들의 부담이 커지고 있습니다. 그럼에도 불구하고 향후 공급 부족이 예상되는 상황에서 선별적 청약 수요는 계속될 것으로 보입니다.

권역별 상승 및 정체 단지 분석

상승 지역: 남구, 중구, 북구

먼저 울산의 강남, 프리미엄 주거지역인 남구입니다. 남구는 2025년 8월 기준 한 주간 0.11% 상승으로 울산에서 가장 높은 상승률을 기록했습니다. 이 지역이 강세를 보이는 이유는 명확합니다.

첫째, 수요-공급 불균형이 심화되고 있습니다. 남구는 울산에서 가장 선호되는 주거지역이지만 신규 공급이 제한적입니다. 기존 아파트 단지들이 포화 상태에 이르러 추가 개발 여지가 적고, 재개발·재건축 사업도 초기 단계여서 당장의 공급 확대는 어려운 상황입니다. 둘째, 교육 수요가 집중되고 있습니다. 신정초, 삼산초 등 선호 학군과 울산과학고, 울산외고 등 특목고 진학률이 높은 중학교들이 밀집해 있어 자녀 교육을 중시하는 30~40대 실수요자들의 수요가 끊이지 않습니다. 셋째, 생활 인프라가 압도적입니다. 현대백화점, 롯데백화점이 위치한 삼산동 상권, 울산대공원, 문수축구경기장 등 문화·체육 시설, 울산대학교병원 등 의료 인프라가 집중되어 있습니다.

신정동의 롯데캐슬킹덤, 문수로아이파크, 무거동의 문수로한화꿈에그린, 삼산동의 삼산현대아이파크 등이 대표적인 상승 단지입니다.

특히 대로변 접근성이 좋고 단지 규모가 500세대 이상인 중대형 단지들의 상승폭이 두드러집니다.

그다음은 중구입니다. 중구는 8월 3주 기준 0.04% 상승했습니다. 상승폭은 남구에 비해 작지만, 장기적 관점에서 주목할 만한 변화가 일어나고 있습니다.

중구 상승의 핵심은 재개발 기대감입니다. 우정동, 복산동 일대 노후 주택가가 재개발 구역으로 지정되면서 개발 수요가 유입되고 있습니다. 특히 우정동은 태화강과 인접한 입지에 공공재개발 가능성까지 제기되면서 투자 수요가 증가하고 있습니다. 복산동 '번영로센트리지'처럼 최근 재개발로 완성된 신축 단지들이 높은 가격에 거래되면서 주변 구축 아파트들도 동반 상승하는 낙수효과가 나타나고 있습니다. 중구는 울산의 행정·업무 중심지로서 직주근접 수요도 꾸준합니다.

마지막으로 북구는 8월 3주 0.05% 상승했습니다. 북구의 상승은 송정신도시를 중심으로 한 신규 공급과 인프라 개선이 주요 동력입니다. 송정동 일대는 계획적으로 조성된 신도시로 교통, 공원, 학교 등 기반 시설이 잘 갖춰져 있습니다. 최근 들어서는 대형마트 등 상업 시설도 확충되면서 자족 기능이 강화되고 있습니다.

특히 젊은 층의 유입이 두드러집니다. 현대자동차, 현대중공업 등의 출퇴근이 용이하며, 남구 대비 상대적으로 저렴한 가격에 신축 아파트를 구입할 수 있어 신혼부부나 어린 자녀를 둔 학부모의 선택을 받고 있습니다. 송정 반도유보라아이비파크, 송정 제일풍경채 등이 인기 단지입니다.

정체/하락 지역: 동구, 울주군

동구는 8월 3주 0.01% 하락했습니다. 동구가 약세를 보이는 가장 큰 이유는 산업 지역으로 강한 지역 인구 이탈 현상입니다.

동구는 2015년 울산대교 개통 이후 남구와의 출퇴근 시간이 단축되면서 남구, 중구, 북구 등으로 인구 이탈이 심한 지역입니다. 이에 더해 최근 몇 년간 동구에는 대규모 단지들이 연이어 입주했습니다. 특히 지웰시티자이 같은 대단지의 입주로 수천 세대가 한꺼번에 공급되면서 수급 불균형이 발생했습니다. 동구는 전통적으로 조선업 의존도가 높은 지역인데, 조선업 구조조정 이후 인구 유출이 계속되고 있습니다. 젊은 층은 다른 지역으로 이주하고, 남은 주민들도 고령화되면서 주택 수요 기반 자체가 약화되고 있습니다.

• 울산광역시 동구 인구 변동률

울주군도 8월 3주 0.01% 하락했습니다. 울주군은 면적은 넓지만 개발이 불균형하게 이뤄지고 있는 것이 문제입니다. 범서읍, 언양읍 일부 지역은 울산 시내와의 접근성이 좋아 수요가 있지만, 나머지 지역은 여전히 농촌 성격이 강해 주택 수요가 제한적입니다. KTX울산역 인근 등 일부 지역에 신규 공급이 집중되면서 국지적 공급 과잉 현상도 나타나고 있습니다. 특히 울주군은 실수요보다 투자 수요 비중이 높았던 지역인데, 최근 금리 상승과 대출 규제로 투자 수요가 급감하면서 가격 조정을 받고 있습니다.

2026년 전망 및 투자 유망 지역

울산 부동산 시장의 가장 큰 변수는 공급 절벽입니다. 울산시 아파트 입주 물량은 2023년 8,786가구에서 2024년 4,805가구로 45.3% 급감했고, 2025년 3,274가구, 2026년 2,976가구로 계속 감소할 예정입니다. 한국부동산원의 더 보수적인 집계로도 2025년 5,653가구에서 2026년 2,632가구로 절반 이상 줄어듭니다. 이는 연간 적정 공급량으로 추정되는 5,500가구를 크게 밑도는 수준입니다. 이러한 공급 부족은 가격 상승 압력으로 작용할 가능성이 큽니다. 특히 인기 지역의 경우 신규 물량이 거의 없는 상황에서 기존 아파트들의 희소가치가 높아질 것으로 예상됩니다.

2026년 울산 부동산 투자의 최적지는 남구 신정동-무거동 벨트입니다. 이 지역을 추천하는 이유는 다음과 같습니다.

첫째, 공급 희소성이 극대화될 지역입니다. 이미 개발이 포화 상태여서 추가 공급이 매우 제한적입니다. 2026년 이 지역의 신규 입주 물량은 거의 없을 것으로 예상됩니다. 반면 울산대, 울산과기대 등 대학가와 인접해 있어 임대 수요는 꾸준합니다.

둘째, 재개발·재건축 기대감이 있습니다. 남구는 울산에서 재개발·재건축이 가장 활발한 지역입니다. 삼산동과 신정동을 중심으로 대규모 재건축 조합이 결성되고 있으며, 서울 대형 건설사들이 참여할 가능성이 높습니다. 재건축이 본격화되면 주변 아파트들도 동반 상승할 것으로 예상됩니다.

셋째, 절대적인 입지 우위를 갖추고 있습니다. 학군(신정초, 삼산초, 학성중고 등), 의료(울산대병원), 쇼핑(현대·롯데백화점), 문화(울산대공원, 문수경기장) 등 모든 인프라가 도보권 내에 있습니다. 이런 입지는 돈으로도 만들 수 없는 절대 우위입니다.

넷째, AI 데이터센터 수혜 가능성이 있습니다. 미포국가산업단지와 적절한 거리를 유지하면서도 주거 환경이 우수해 AI 센터에 근무할 고급 인력들이 선호할 가능성이 높습니다.

투자 시에는 대로변 접근성이 좋고, 단지 규모 500세대 이상, 초등학교 도보 10분 이내, 지하철(트램) 예정 노선 인근 등의 조건을 갖춘 아파트를 우선 고려해야 합니다. 특히 2010년 이후 준공된 비교적 신축 단지들이 프리미엄을 받을 가능성이 높습니다.

리스크로 금리 인상 지속, 대출 규제 강화, 정치적 불확실성 등이 변수입니다. 따라서 투자보다는 실거주 목적의 접근이 안전하며, 투자하더라도 레버리지를 과도하게 사용하지 않는 것이 중요합니다.

6.27 규제, 9.7 정책, 10.15 초강력 대책 이후 부동산 경매 투자 전략

달천 정민우

- 부동산 투자전문가
- 바른자산(주) 대표이사
- 바른경영컨설팅 대표
- 바른금융(주) 대표이사
- 저서 『아무도 가지 않은 길에 부가 있었다』 『부동산 경매의 기술』 『실전 부동산 경매』 『월급보다 월세 부자』

2025년 새 정부가 들어서며 강남·서초·송파·용산구 2,200여 개 단지, 약 40만 가구를 토지거래허가구역으로 지정했다. 하지만 효과가 나타나지 않았고 오히려 서울 한강벨트 라인의 상승폭이 커졌다. 정부는 다시 10.15 부동산 안정화 정책을 내놓았다. 서울시 모든 구, 경기 동남권까지 토지거래허가구역으로 묶은 것이다. 이토록 광범위하게 서울 수도권을 한꺼번에 지정한 적은 없었다.

특히 토지거래허가제(이하 토허제)로 지정된 지역은 집이나 땅을 거래할 때 지자체장의 허가가 필요하다. 주택은 2년간 실거주 목적의 매매만 허용되며 자금조달계획서도 제출해야 한다. 여기에 대출한도가 크게 축소되어 서울 전역, 분당 등 경기 인기 지역 아파트 진입 장벽은 더 높아졌다.

거래는 크게 위축되었고 은행권도 부동산 담보 대출에 소극적으로 변하면서 내 집 마련이나 상급지 이동을 포기하는 사람이 속출하고 있다. 사상 초유의 광범위한 강력 규제로 이제 서울 및 수도권의 투자가 사실상 어려워진 것이다.

그렇다고 저축만 하자니 현금 가치 하락 위험을 피할 수 없다. 계속 기다리는 상대적 박탈감과 내 집 마련, 상급지 이동의 꿈을 더 멀게 할 뿐이다. 우리는 방법을 찾아야 한다. 강력한 규제 안에서 서울, 경기권 주거용 부동산을 어떻게 매입할 수 있을까? 인플레이션 헤지와 주거 사다리 역할이 가능하면서 현재 할 수 있는 부동산 경매 투자법을 소개한다.

부동산 경매는 토허제 지정과 무관하며 심지어 실거주 의무, 자금 조달계획서 제출 의무가 면제된다. 계약 파기가 없고, 중개수수료도 없으며 법원이 주관하므로 일반 매매보다 안전하다.

지금은 전체 부동산 시장이 오르는 게 아니다. 서울 핵심지, 이른바 마용성(마포구·용산구·성동구)을 비롯한 한강벨트 라인, 주거 환경이 쾌적하며 강남 접근성이 좋은 경기권역을 중심으로 돈이 몰릴 뿐 그 외 지역은 소외되기도 한다. 그렇다고 돈에 맞춰서 경기 외곽의 부동산을 매입하는 것도 위험하다.

하지만 부동산은 아파트만 있는 게 아니다. 원한다면 자신의 종잣돈 수준에 따라 정책을 활용하거나 역발상으로 수익을 낼 수 있다. 현재와 같이 똘똘한 한 채로 귀결된 시기에, 목돈 없이 할 수 있는 투자법을 소개한다.

1 서울의 지하철역 가까운 오피스텔을 경매로 매입하라

핵심은 아파트를 대체할 수 있어야 한다. 오피스텔은 상대적으로 환금성이 낮다. 월세가 꾸준히 들어온다면 팔리지 않아도 대미지가 없으므로 멀리 보고 투자하는 게 좋다. 여기서 '멀리 본다'는 것은 당장의 시세 차익보다 수익률 개념으로 접근하라는 것이다. 그러면 시세 차익은 따라오게 된다.

2 매입 단계부터 안전마진을 확보하라

추후 실거주를 염두에 두어도 좋고 월세가 매달 들어온다면 팔리지 않아도 문제없다. 그래야 시장 상황에 덜 흔들리고 장기 보유가 가능하며 인플레이션을 방어하는 자산이 될 수 있다. 한 마디로 "누가 산다고 하면 팔고, 안 팔려도 그만이다"로 정리된다. 이런 생각으로 접근할 수 있어야 한다. 원룸 오피스텔은 안 된다. 최소한 서울의 소형 아파트를 대체할 수 있는 투룸 이상이어야 한다.

오피스텔 경매

2025년 10월 낙찰된 9호선 가양역(급행) 도보 3분 거리의 오피스텔 경매 결과를 보자. 위치는 9호선 가양역과 증미역 사이로 강남권, 여의도 출퇴근하는 분들이 많이 거주하는 곳이다. 9호선은 여의도역과 고

• 9호선 가양역 오피스텔 경매 결과

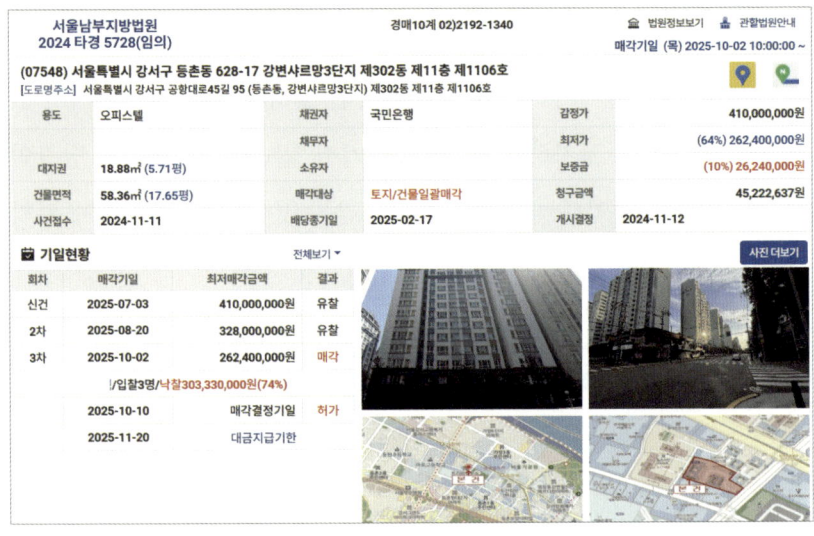

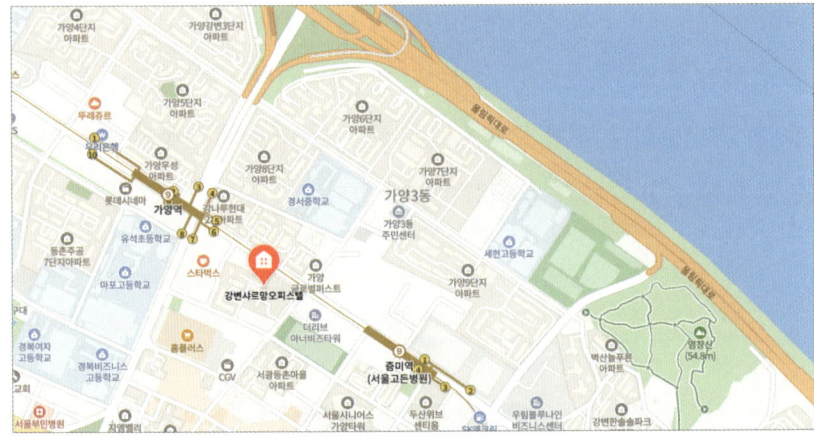

속터미널역, 신논현역 등을 20분 대로 빠르게 도착할 수 있다. 이런 곳은 전세 수요는 물론이고 월세를 시세보다 조금만 낮추면 빠른 임대가 가능하다. 경매로 매입하면 그만큼 시세보다 싸게 월세를 놓을 수 있

• 가양역 오피스텔 전세 및 월세 현황

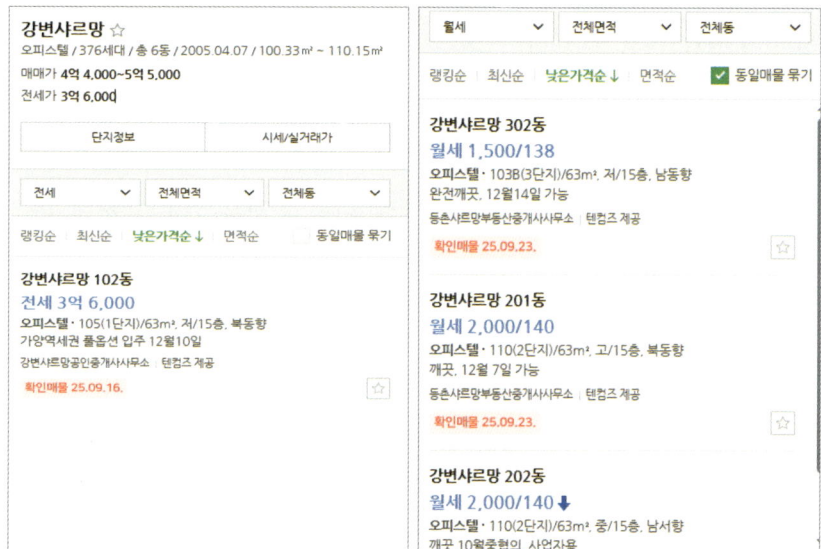

는 여지가 생긴다.

매매가, 임대 시세, 실투자금, 수익률은 다음과 같다.

- 감정가: 4억 1천만 원

- 낙찰가: 3억 300만 원(74%)

- 취득세: 1,400만 원

- 기타비용: 200만 원

- 총 투입비용: 3억 1,900만 원

- 전세가: 3억 6천만 원

- 월세 시세: 2천만 원 / 월 140만 원

매입 이후 출구 전략은 세 가지다. 이 중 한 가지를 자신의 현재 상황에 맞게 선택할 수 있다.

① 시세 차익 투자를 원한다면

전세를 주어 투자금 모두를 회수한다. 현재 서울 아파트 전세 공급이 부족한 상태다. 대출이 없고 집이 깨끗하다면 오피스텔이라도 빠른 임대 계약이 가능하다.

취득세, 등기 비용을 포함한 총 투입비용은 3억 1,900만 원, 전세금 3억 6천만 원을 받으면 4천만 원의 종잣돈을 만들 수 있다. 서울 부동산을 내 것으로 만들고 현금도 생기는 것이다.

인 서울 지하철 역세권에 내 돈 한 푼 안 들이고 소유할 수 있지만, 물가 상승률 이상으로 오를 자산이어야 의미가 있다. 그리고 지하철역 가까운 오피스텔은 장기적으로 물가상승률을 충실히 따라간다.

2년 후 임대 만기 시점 매각하거나 전세가를 올려 투자금을 만든다. 내 돈이 들어간 게 없기에 마음 편히 결정할 수 있다.

② 월세 수익을 원한다면

낙찰가의 60~70% 대출을 받아 실투자금을 줄여 월세를 받는다.

- 낙찰가: 3억 300만 원
- 총 매입비용: 3억 1,900만 원
- 대출: 2억 1,200만 원(낙찰가의 70%)

- **대출이자: 74만 2천 원(금리 4.2%)**

- **보증금 회수: 2,000만 원**

- **총 투입비용: 8,700만 원**

- **순 월세: 65만 원(140만 원-75만 원)**

- **수익률: 5.6%**

- **레버리지 수익률: 9%**

인 서울 역세권 부동산 수익률을 고려했을 때 5.6%의 수익률은 낮지 않다. 금리 인하 시 수익률은 높아지고 그에 따라 매매가도 상승할수 있다. 하지만 시세가 오르지 않아도 상관없다. 현재 시세만 유지해도 1억 원의 시세 차익을 볼 수 있기 때문이다.

3 단기 매도를 원한다면

현재 해당 평형 최저가 매물 시세는 4억 4천만 원이다. 오피스텔은 아파트에 비해 환금성이 낮으므로 가격을 다소 내려야 거래가 된다. 최저가 매물보다 약 8천만 원 싸게 내놓으면 즉시 매도가 가능하다.

이렇게 된다면 단기에 약 4천만 원의 생기지만 양도소득세를 감안하면 그리 좋은 선택이 아니다. 급전이 필요하거나, 단기 투자를 통해 빠르게 종잣돈을 늘리고 싶다면 이런 방식의 투자가 가능하다. 다만 다수의 입찰과 현장 조사를 반복해야 하는 수고가 필요하다.

• **가양역 오피스텔 매매 현황**

이렇듯 서울 및 경기 핵심지 오피스텔은 현재의 주택에 초점이 맞춰진 대출 규제 대상이 아니므로 이를 피해 갈 수 있다.

지식산업센터 경매

2025년 10월 기준, 수도권 전체에 약 1,200여 개의 지식산업센터가 있다. 이 중 약 20%가 착공도 하지 못했거나 아직 짓고 있다. 거래는 커녕 마이너스 프리미엄에도 안 팔리는 현장이 많다. 완공된 건물은 애타게 임차인을 기다리고 있다. 그나마 서울 역세권은 공실률이 낮지만 경기권은 '묻지마 투자'로 많은 사람들이 어려움에 처해 있는 상태다.

여기에 금융기관이 2025년 하반기 상가, 지식산업센터 등 임대용 부동산에 대한 대출 기준을 크게 강화했다. 잔금대출 비율을 크게 낮추거나 거절하는 사례가 속출하고 있다. 약 3년 전 분양받은 분들은 그야말로 진퇴양난이다. 분양받은 지식산업센터의 중도금 대출은 입주가 시작되면서 담보대출로 전환되는데 건물을 짓는 사이 인근 공실 증가, 담보가치 하락에 따라 은행들이 대출을 크게 줄이거나 아예 해주지 않으려 하기 때문이다.

현재 수도권 지식산업센터 중 약 30%는 신탁회사 주도로 짓고 있는데, 지식산업센터발 신탁사 부실위험 리스크마저 거론되고 있다. 그렇다면 일반인인 우리는 어떻게 접근할 수 있을까?

대다수가 대출한도가 크게 줄었다는 생각에 투자를 미루는 데 역발상이 필요하다. 시중 은행에서 대출이 나오지 않는다면 최악의 경우를 가정해서 투자할 수 있다. 대출 비율 0%로 계산해서 경매로 싸게 낙찰받는 것이다. 아무도 입찰하지 않으면 수분양자, 신탁사, 금융기관 모두 매우 어려워지는 구조다. 어느 정도 입찰자가 있어야 말도 안 되는 헐값 낙찰을 막을 수 있다.

지금은 경기권의 수억 원대 분양한 부동산의 경우 수천만 원에 낙찰된다. 서울도 감정가 대비 반토막 낙찰도 쉽게 찾아볼 수 있다. 다음은 종잣돈 5천만 원 내외로 투자할 수 있는 사례다. 집, 직장 근처 등 잘 아는 지역부터 시작해서 범위를 넓혀나가는 게 좋다.

사례 1　경기도 화성 지식산업센터

2025년 11월 잔금, 경기도 화성의 한 지식산업센터 경매다.

- 감정가: 1억 3천만 원

- 낙찰가: 7,750만 원

- 취득세/등기: **450만 원**

- 총 투입비용: **8,200만 원**

- 실투자금: **7,700만 원**

임대 시세는 아래와 같다.

- 임대 시세: 보증금 **500만 원** / 월 **45만 원**

- 수익률: **7%**

2025년 4분기 기준 지식산업센터는 실사용이 아니라면 시중 은행에서 대출받기가 쉽지 않다. 하지만 분양가 대비 낙찰가가 크게 낮으므로 상관없다. 자기자본 7,700만 원을 투입하면 매월 45만 원의 월세를 받을 수 있다. 2026년 금리가 인하되고 시장이 정상화될 때까지 잊고 지내면 된다. 노 레버리지 7%대 수익률에 만족하는 사람이 선택할 수 있는 투자다.

사례 2 경기도 의정부시 지식산업센터

다음은 전용면적 18평, 분양가 약 2억 원대의 의정부시 고산동의 한 신축급 지식산업센터 경매다.

임직원 5~10명까지도 근무할 수 있는 공간이지만 월세 수준은 40만 원 정도로 매우 낮게 형성되어 있다. 이 월세 수준이 앞으로 올라가리라 예상하고 입찰가를 작성하면 안 된다. 특히 경기권의 지식산업센터 공급은 2~3년이 더 지나야 마무리되기 때문이다.

- 분양가: 2억 원

- 감정가: 1억 2,300만 원

- 낙찰가: 7천만 원(28%)

- 취득세/등기: 400만 원

- 총 투입비용: 7,400만 원

- 현재 임대 조건: 보증금 500만 원 / 월세 40만 원

- 실제 투자비용: 6,900만 원

전액 현금 투자 시 6,900만 원이 소요되고 수익률은 7% 이상 나온다.

경기도 김포시 구래동의 지식산업센터도 비슷한 낙찰가율을 보인다.

- 분양가: 1억 5천만 원

- 감정가: 9천만 원

- 낙찰가: 5,540만 원(37%)

- 취득세/등기: 360만 원

- 기타 비용: 100만 원

- 총 투입비용: 6천만 원

- 현재 임대 조건: 보증금 500만 원 / 월세 35만 원

- 실제 투자비용: 5,500만 원

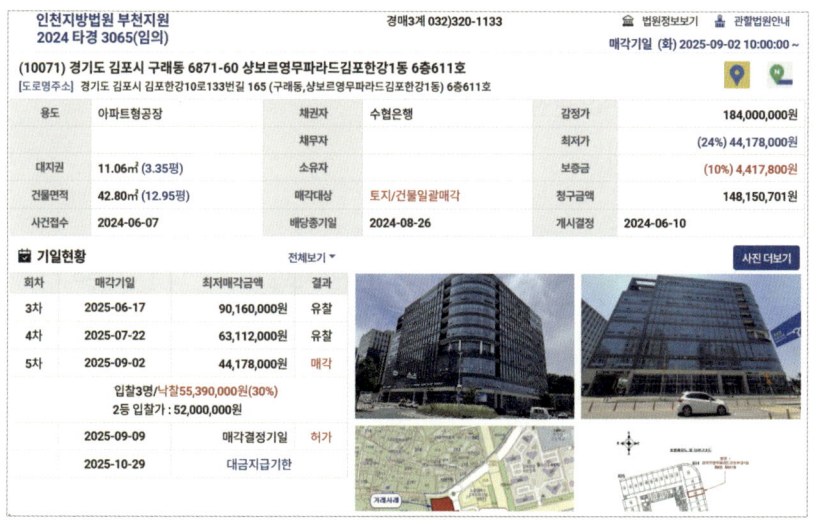

최초 분양가 대비 3분의 1 수준에 낙찰되었다. 월세는 35만 원을 받을 수 있으며 수익률은 다음과 같다.

- 월 35만 원 × 12개월 = 연 420만 원
- 수익률: 7.6%

이렇듯 대출 없이 소액으로 7%대의 수익률을 쉽게 올릴 수 있다.

사례 4 　경기도 시흥시 지식산업센터

다음은 경기도 시흥시 배곧 신도시에 위치한 지식산업센터다. 분양 면적 60평대(전용 33평)로 3년 전 분양가가 3억 원이 넘었던 곳이다.

- 감정가: 3억 5천만 원
- 낙찰가: 9,500만 원(27%)
- 취득세/등기: 500만 원
- 총 비용: 1억 원

2025년 10월 단독 낙찰로 매입가는 분양가의 약 4분의 1 수준이다.

- 임대 시세: 보증금 1천만 원 / 월 80만 원
- 실제 투자금: 9,500만 원
- 수익률: 10%

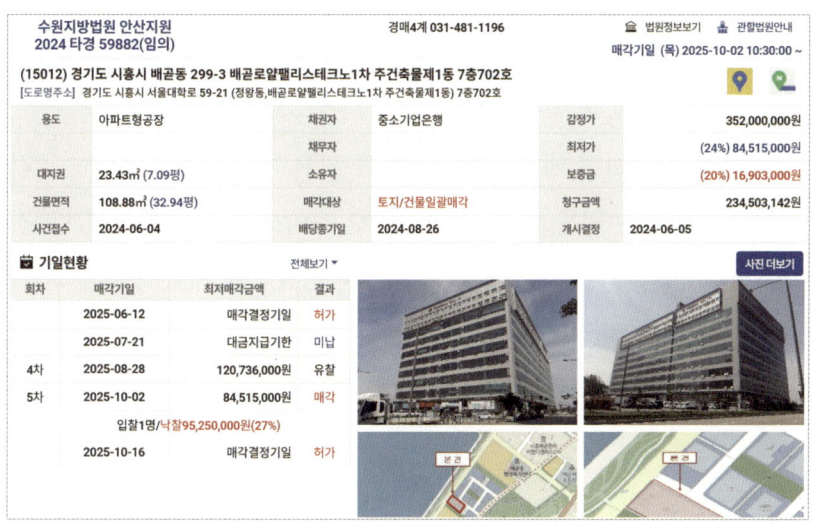

현재 임대 시세를 고집하기보다 월세 수준을 해당 건물에서 제일 낮게 하면 공실 기간을 줄일 수 있다. 분양가 대비 약 4분의 1 정도로 낙찰받았기에 월세를 조정해 줄 수 있는 여지가 충분하다.

면적이 넓은 사무실은 임차인이 부담스러워할 수 있지만 이런 중소형 사무실은 시세보다 20만~30만 원만 싸게 임대해도 경쟁력이 생긴다.

지금까지의 다양한 사례에서 보듯 수익형 부동산 경매를 통해 7~10% 내외 수익률을 만들 수 있다. 대출을 활용한다면 수익률은 더 높아진다. 많은 사람들이 아파트만 쳐다보거나 멈춰있는 사이, 경매와 시장의 흐름을 아는 사람들은 오피스텔, 지식산업센터 같은 수익형 부동산을 헐값에 낙찰받고 있다.

독자분들도 집 주변부터 시작해서 인근 수익형 부동산에 관심을 두시길 바란다. 얼마에 낙찰되고 어느 정도 수익률이 나오는지 알면 투자 대상을 늘릴 수 있다.

이렇듯 비교적 소액으로 현금흐름을 만들 수 있으며, 2026년 금리가 내려간다면 수익률 상승에 따른 양도 차익까지 기대할 수 있다. 경기가 좋지 않을 때는 기대감을 낮추고, 현상 유지만 해도 이길 수 있는 게임을 하는 게 좋다.

6% 역산 매도가 계산법

월세가 나오는 상태의 부동산을 매입하고자 하는 수요는 항상 있다. 매수 예정자가 원하는 수익률만 맞춰 놓으면 상대적으로 매매가 쉬워진다. 그렇다면 내 부동산을 얼마에 팔아야 할까?

'수익률 6% 기준 매도가 계산법'은 단순하지만 얼마에 매도해야 할지 감을 잡을 수 있다.

1 기본 개념

현재 수도권 수익형 부동산 시장에서 '수익률 6%'는 '거래가 일어날 수 있는 기준선'이다. 즉 월세 수익을 원하는 매수 예정자가 관심을 가지는 심리적 마지노선 수익률이라 볼 수 있다. 예를 들어 사람들은 5% 정기 예금은 선호하지만 5% 수익률이 나오는 부동산은 매도가 어렵다. 보유세, 환금성, 거래 비용 등을 고려해야 하기 때문이다.

물론 이 방법은 기준금리의 변화, 개별성, 임차 현황 등에 따라 변동한다. 중요한 것은 자신만의 매수/매도 수익률 기준을 세우는 것이다.

2 계산 공식

매도가 = (연간 임대수입 ÷ 목표 수익률)

예를 들어 월세가 50만 원이라면

→ 연간 임대 수입은 50만 원 × 12 = 600만 원이다.

목표 수익률을 6%로 잡으면

→ 600만 원 ÷ 0.06 = 1억 원이 된다.

여기에 해당 부동산 임대 보증금을 더하면 최종 금액이 나온다.

만약 보증금 1천만 원 / 월세 50만 원이라면 최종 매매가는 1억 1천만 원 정도로 볼 수 있다. 즉 매수인이 월세 50만 원이 나오는 부동산을 1억 1천만 원에 사면 약 6%의 수익률을 보고 매입하는 것이다.

3 활용 팁

시장 침체기, 매수자 우위 시장에서는 6~8% 수익률을,

금리 하락기, 매도자 우위 시장에서는 4~5% 수익률을

안정적으로 맞춰 놓으면 거래 가능하다. 물론 물가 상승률, 기준금리, 부동산 정책 등에 따라 이를 가감 조정할 수 있다.

• 예시 비교

목표 수익률	매도가(연 660만 원 기준)	시장 해석
5%	1억 3,200만 원	호황기/매도자 우위
6%	1억 1천만 원	평시/균형 시장
7%	9,400만 원	침체기/매수자 우위

본 칼럼에는 경매 사건번호와 부동산 주소 전체가 노출되어 있다. 독자 스스로 등기부를 열람해보고 현장을 방문해서 시세를 주기적으로 확인해보시길 권한다. 시간을 두고 추적하면서 "얼마에 낙찰받아, 얼마에 임대하고, 지역별 수익률은 몇 %이며, 얼마에 팔았는가?"를 확인한다면 앞으로의 투자에 더 큰 도움이 될 것이다.

새 정부 들어 통화량 증가에 따른 인플레이션 심화는 필연적이며 특히 타 국가 대비 원화 가치 하락 폭이 커졌다. 이런 시기에 원할 때 7~10% 수익률을 올릴 수 있는 사람과 예금, 적금으로 3~4%에 만족해야 하는 사람의 차이는 크다.

현재 정부의 고강도 아파트 규제에서 자유로운 비주택 경매 투자에 주목하라. 성공적인 투자의 첫걸음은 변화를 감지하고, 투자 대상을 비교하고, 당장 할 수 있는 나만의 투자법을 찾는 데서 시작한다.

2026
결국은 부동산

부동산 실전 투자와
자산 설계 전략

새로운 규제의 시대 실거주 없이 급매 타이밍에 내 집 마련을 해볼까?

진와이스 장미진

- 재개발·재건축 전문가
- 진와이스 아카데미 대표
- 유튜브 재개발은 진와이스
- 네이버 카페 진와이스 함께 공투부
- 네이버 블로그 진와이스 재개발 개척기
- 저서 『5천만 원으로 시작하는 미라클 기적의 재개발·재건축』

2025년 10월 15일 주택시장 안정화 대책이 발표됐다. 시장에 가장 크게 영향을 준 것은 서울 전 지역과 경기 12개 지역이 조정대상지역, 투기과열지구, 토지거래허가구역으로 묶인 것이다. 그중에서도 토지거래허가구역으로 묶여서 실거주를 하지 않으면 당장 아파트를 사는 것이 불가능해졌다는 것이다.

혹시 집값이 내릴까?

아니면 규제에도 불구하고 집값이 더 오를까?

그래서 지금 내 집 마련을 해야 하나?

실거주할 상황이 아닌데… 그냥 좀 더 기다릴까…?

보통 사람들은 방향을 잡지 못하고 걱정만 하게 된다. 20년 차 투자 자라고 시장의 모든 상황을 속속들이 다 아는 것은 아니다. 하지만 한

가지 확실한 것은 항상 답은 '부동산의 기본'에 있다는 것이다. 부동산 시장이 어수선할수록, 부동산을 잘 모르는 초보일수록 기본에서 해답을 찾아야 한다. 이런 상황에 혼자 방향을 찾지 못해 책을 펼쳤을 테니 이 책을 읽는 선생님은 이미 반 정도 정답에 가까이 왔다고 할 수 있다. 어수선함에 휩쓸리지 않는 강한 힘은 탄탄한 기본 지식 기반에서 나오기 때문이다.

누구나 내 집 마련하고 싶은 곳은 서울, 그중에서도 강남업무지구, 여의도업무지구, 중심업무지구 등 대한민국 3대 업무지구 인근이다. 또 이곳에 빠르게 접근할 수 있는 경기 수도권 지역이 내 집 마련하고 싶은 최우선순위다. 지금 대한민국은 서울 수도권과 지방 부동산이 완전히 다르게 움직이고 있다. 똑똑한 한 채 현상이 심화되면서 안전자산의 대명사가 된 서울 아파트, 그것도 한강벨트 중심의 신축 아파트와 신축이 될 정비사업 구역으로 관심과 수요가 증폭되었다. 이는 그대로 부동산 시세에 반영되어 6.27, 9.7 부동산 대책에도 불구하고 부동산 가격은 이들 지역을 중심으로 급등했다. 급기야 정부는 서울 전역과 경기 12개 지역을 조정대상지역, 투기과열지구 지정은 물론 토지거래허가구역으로 묶는 결정을 한 것이다. 급한 불은 끄고 보자는 심산으로 보인다.

가장 먼저 지방에서 서울에 전세 끼고 사두는 수요를 막고 실거주 외에는 모든 거래를 차단하고 다음 대책을 준비할 것으로 보인다. 그러나 부동산에 조금만 관심있는 사람이라면 누구나 알고 있는 공급 부족 문제는 그렇게 가볍게 넘어갈 문제가 아니다.

부동산 기본으로 시장을 해석하자 공급량 체크

다음 페이지는 부동산 지인 사이트에서 찾아볼 수 있는 공급 그래프다. 그래프를 쉽게 읽는 방법은 빨간색 줄을 먼저 체크하는 것이다. 빨간색 줄의 숫자는 해당년도의 필요 공급량이다. 서울은 2022년 이후 신축 공급량이 필요 공급량보다 부족한 모습이다. 특히 2026년 공급량은 필요 공급량 4.8만 세대 대비 27% 수준인 1.3만 세대에 불과하다. 2027년, 2028년까지도 서울의 공급은 절대적으로 부족하다. 일부 후분양 물량이 더해진다 해도 역부족이다. 서울은 공급절벽을 눈앞에 두고 있다. 부동산 가격 상승에 빨간불이 들어온 것이다.

경기도는 그래프상으로는 공급이 약간 부족한 듯 보인다. 경기도는 각 도시별로 공급 데이터를 체크해볼 필요가 있다. 해당 지역의 공급량뿐만 아니라 인근 지역 입주 물량을 함께 체크해야 한다. 광명시의 경우 2025년 11월 말부터 순차적으로 7천여 세대 입주가 있다. 해당 입주 물량은 광명시뿐만 아니라, 인접해 있는 경기도 부천, 안양, 인천광역시 부평구, 서울 금천구, 구로구에까지 영향을 미친다.

경기도의 경우 2027년까지 평택, 광명, 성남, 과천 등 신규 택지개발 또는 정비사업 등의 공급이 잡혀있는 것이 전부라고 해도 과언이 아니다. 서울의 공급 부족 여파는 고스란히 경기 수도권에까지 그 영향을 미칠 것이 자명한 현실이다.

• 부동산 지인 공급 그래프

서울 기간별 수요/입주

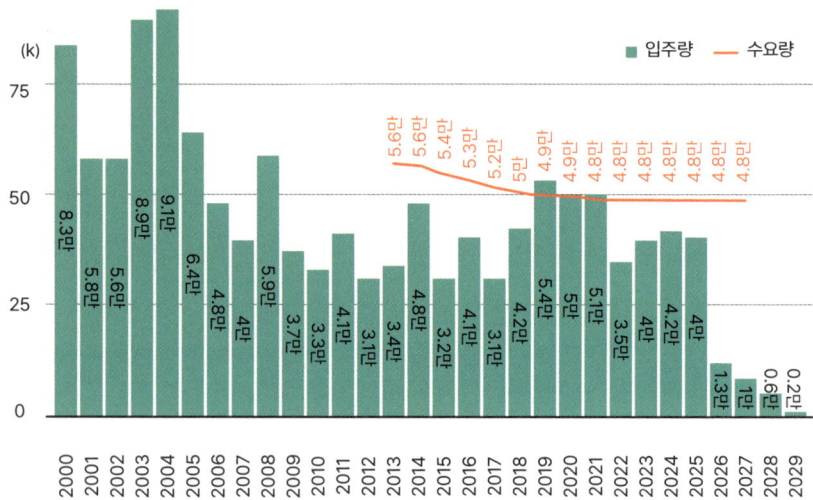

경기 기간별 수요/입주

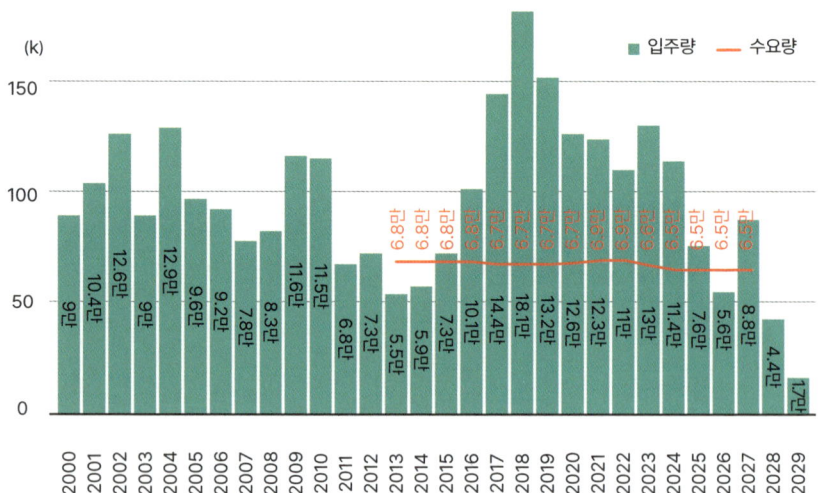

집값은 더 오를 것인가? 10.15 부동산 대책 이후 집값에 대한 보통 사람들의 생각

최근 '재개발은 진와이스' 유튜브 게시판을 통해 설문을 진행했다. 10.15 부동산 대책 이후의 집값에 대한 설문조사였다. 간단한 투표였음에도 불구하고 '공급이 부족하니 가격이 오른다'는 항목에 59%가 손을 들었다. 이에 비해 초강력 규제 때문에 집값이 내린다는 항목은 9%에 불과했다. 평범한 사람들조차 집값이 오를 거라는 걸 알고 있다.

토지거래허가구역으로 묶여서 실거주 아니면 집 못 산다고?

2025년 10월 15일 서울, 경기도 12개 지역이 토지거래허가구역으로 묶였다. 보도자료를 잘 살펴보면 허가대상 부분에 '허가구역 소재 아파트 및 동일 단지 내 아파트가 1개 동 이상 포함된 연립, 다세대 주택'이라고 명시되어 있다. 2025년 3월 서울시에서 토지거래허가구역 지정 시, 같은 단지에서 5층 이상으로 아파트로 분리된 곳은 지정되고 5층 미만인 곳은 토지거래허가 대상에서 제외되는 해프닝이 벌어졌다. 바로 나인원한남이 그 예다. 이런 상황을 방지하기 위해 규제를 강화한 것이다. 결국 큰 틀에서 보면 아파트만 해당된다. 단독주택이나 다세대 빌라는 해당되지 않는다.

누가 요즘 같은 세상에 주택이나 빌라로 내 집 마련하고 싶겠는가? '얼죽신(얼어 죽어도 신축)'이 대세라는데 매도하기도 힘든 주택이나 빌라 또는 규제 사각지대에 있는 오피스텔을 매수하라는 건가? 절대 아니다. 내 집 한 채가 우리 가정의 쉼을 주는 보금자리인 동시에 우리 집 전 재산이 들어가고 대출, 즉 미래 소득까지 볼모 잡아 마련하는데 실거주 안 해도 된다고 아무거나 살 수는 없는 노릇이다. 그러나 미래 신축 아파트를 실거주 없이 매수할 수 있다면 이야기는 달라진다.

실거주 없이 미래 신축 아파트 매수하기

현재 토지거래허가구역 내 위치한 재개발 구역의 빌라, 단독주택을 매수한다면 실거주 없이 당장 매수가 가능하다. 전세를 끼고 매수할 수도 있고 새로 전세를 맞출 수도 있다. 재개발 구역 같은 경우는 주인이 전세를 사는, 이른바 주인 전세 매물도 어렵지 않게 만날 수 있다. 주인이 이주 시까지 전세 살기를 원하는 경우도 허다하다. 이런 매물의 경우 새롭게 임차를 맞추는 수고 없이 실거주 없이 미래 새 아파트를 미리 살 수 있는 것이다. 안타깝게도 투기과열지구로 지정이 되면서 특정 시점이 되면 매도를 할 수 없는 큰 허들이 작동한다. 반면 그 허들이 누구에게는 디딤돌로 작용해서 자산의 큰 점핑을 이뤄지는 점핑 포인트가 돼주기도 한다.

투기과열지구 지정, '현금 청산' 당할 수 있다

재개발 구역의 낡은 빌라는 주택을 매수하는 가장 큰 이유는 청약통장 없이 새 아파트를 받을 수 있기 때문이다. 그런데 투기과열지구로 지정되면 입주권이 나오지 않는, 즉 누구나 두려워하는 현금 청산

대상이 될 수 있다. 그러나 간단한 기본 지식만 습득하면 어렵지 않게 현금 청산 당하지 않는 안전한 거래를 할 수 있다. 게다가 투기과열지구로 지정되었기 때문에 급매를 잡아 볼 수 있는 특별한 기회의 문이 열리기도 한다.

먼저 투지과열지구 지정 효과에 대해 확실하게 알아보자.

투기과열지구 지정 효과

2025년 10월 15일 서울 25개 구와 경기 12개 지역이 조정대상지역, 투기과열지구, 토지거래허가구역으로 지정되었다. 그 어느 때보다 강력한 규제정책이다.

이번 규제가 정비사업에 미치는 영향은 주택시장 안정화 대책 보도자료를 기반으로 보면 아주 간단하다.

조합원 지위 양도 제한

- (재건축) 조합설립인가~
- (재개발) 관리처분인가~

딱, 세 줄의 보도자료가 어떤 의미인지 그림을 보면서 자세히 설명해보겠다.

• 투기과열지구 지정지도

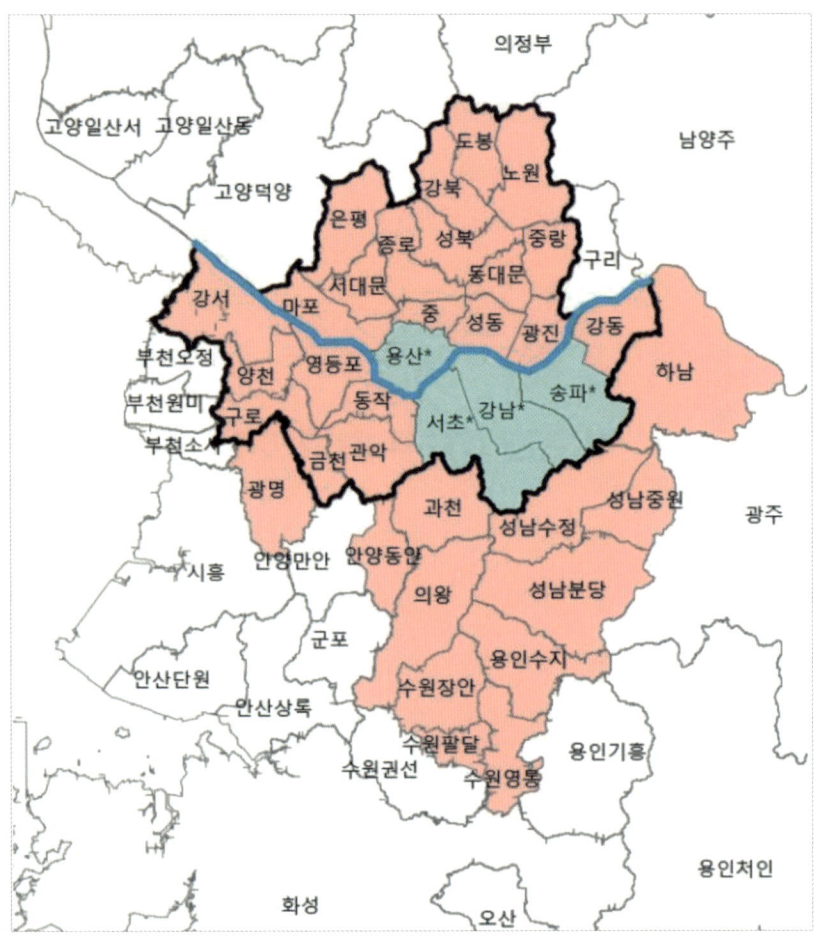

　　정부 보도자료에서 명시한 대로 투기과열지구로 지정되면 정비사업에서 가장 크게 달라지는 점은 조합원 지위 양도가 제한된다. 재건축의 경우는 조합설립부터 소유권이전등기 시까지, 재개발의 경우는 관리처분인가부터 소유권이전등기 시까지 해당된다. 이를 거래가 안

• 재개발·재건축 진행 절차

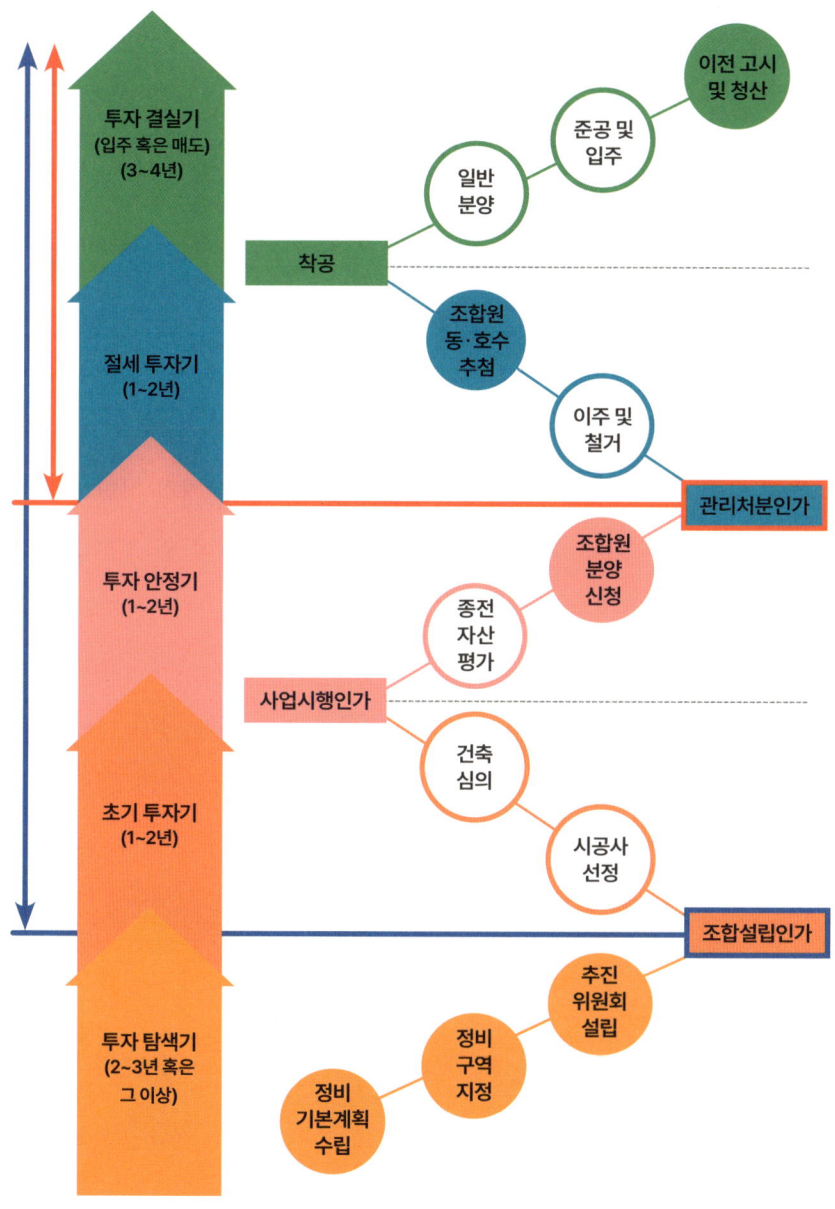

된다고 알고 계시는 분들이 있는데, 사실 거래는 불법이 아니다. 즉 거래해도 무관하다. 그래서 더 문제가 된다. 거래는 가능한데 조합원 지위 양도, 즉 조합원으로서 입주권을 받을 수 있는 권리가 양도되지 않기 때문이다. 그 무섭다는 현금 청산 대상이 되는 것이다.

1 가장 막막한 투기과열지구 재건축 사업 체크포인트

앞의 그림에서 보면 조합설립인가 단계는 직관적으로 전체 사업의 20~30% 정도 진행된 상태다. 초기 투자기의 시작점 정도다. 문제는 그때부터 재건축 사업이 다 끝나고 등기를 칠 때까지 조합원 지위 양도가 불가하다는 것이다. 도대체 얼마 동안 거래가 불가한 것일까?

조합설립부터 새 아파트 입주까지 얼마의 시간이 걸리는지는 각 정비사업 구역마다 천차만별이다. 최근에 입주장을 치른 필자가 소유한 단독주택 재건축의 경우 3천여 세대 대단지 정비사업이었는데 조합설립부터 입주까지 약 13년 정도 걸렸다. 이는 전체 사업 규모 대비 꽤 빠른 편에 속한다. 즉 투기과열지구로 묶이면 재건축의 경우 조합설립부터 아무리 빨라도 10년 이상 매도가 어렵다는 것이다. 10년 이상 장기간 재산권 행사가 불가한 것이다. 다만 몇 번의 기회들이 있다. 이는 이후에 자세히 알아보도록 하자.

2 그래도 견딜 만한 투기과열지구 재개발 사업 체크포인트

재건축 사업과는 달리 투기과열지구 재개발 사업의 경우 관리처분인가 이후 조합원 지위 양도가 금지된다. 앞의 그림에서 큰 단계를 보면 조합설립인가, 사업시행인가를 지나 관리처분인가 단계다. 정비사업 전체에서 사업의 70~80% 정도 진행된 상태다. 전체 정비사업 규모가 확정되고 사업성도 어느 정도 측정 가능하다. 평형별 분양세대수, 일반분양세대수 및 조합원 분양가, 대략적인 일반 분양가 등이 결정되고 어느 정도 확정적인 비례율까지 나와서 투자 리스크가 거의 없는 상태가 바로 관리처분인가 단계다.

투기과열지구 지정과 상관없이 내 집 마련 또는 투자로 접근이 활발한 때이기도 하다. 그렇지만 입주까지 조합원 지위 양도 제한에 걸려 거래를 할 수 없다는 것은 해당 물건을 소유한 조합원에게는 큰 부담으로 작용하는 건 마찬가지다.

특별히 재개발의 경우 투기과열지구 내 관리처분인가 이후 사업장이어도 조합원 지위 양도가 가능할 수가 있다. 바로 2018년 1월 24일 이전에 사업시행인가를 신청한 조합은 조합원 지위 양도가 가능하다. 서울시의 경우 이에 해당하는 조합이 적지 않다. 대규모로 재개발이 이루어지는 노량진뉴타운의 경우 노량진 2, 4, 6, 7, 8구역이 이에 해당한다. 즉 투기과열지구 지정 이후에 거래해도 조합원 지위 양도가 가능하다. 이 외에 서울, 수도권 재개발 구역 중에서 2018년 1월 24일 이전에 사업시행인가를 신청해서 투기과열지구 지정 이후에도 거래가 자유로운 재개발 구역을 정리하면 다음 페이지 표와 같다. 해당 구역에 내 집 마련이나 투자를 염두에 둔다면 크게 도움이 될 것이다.

그렇지만 계약하기 전에는 반드시 조합에 문의해서 조합원 지위 양도에 대해 확인하고 계약을 진행하는 것이 가장 안전한 방법이다.

구분	지자체	재개발 구역	
서울	동작구	노량진 2구역	노량진 4구역
		노량진 6구역	노량진 7구역
		노량진 8구역	흑석 9구역
	은평구	대조1구역	갈현1구역
		증산5구역	수색8구역
	성북구	장위10구역	
	관악구	신림2구역	
	성동구	금호16구역	
경기도	광명시	광명1구역	광명5구역

이들 구역의 재개발 물건의 가장 강력한 장점은 매수 이후에 내 물건 또한 언제든 매도가 가능하다는 점이다.

투기과열지구 내에서
전매 가능한 예외 네 가지

투기과열지구로 지정된 정비사업 구역에서 거래가 가능한 경우를 네 가지로 정리해보았다.

(1) 5년 거주 10년 보유

재개발·재건축 상관없이 해당 정비사업 구역에서 5년 거주하고 10년 보유한 1세대 1주택자의 경우에는 투기과열지구로 지정되었다 하더라도 매도가 가능하다. 즉 조합원 지위 양도가 가능해서 정상적인 거래를 할 수 있다.

단, 주의할 점이 있다. 이런 매물을 소개받았다면 부동산 중개사나 매도인 말만 믿고 계약을 진행하면 위험할 수 있다. 확실하게 조합원 지위 양도가 가능한지가 먼저 체크하는 것이 가장 중요하다.

가장 기본적으로 부동산 등기부등본, 주민등록초본, 지방세납세증명서 등으로 10년 보유, 5년 거주, 1세대 1주택 여부를 확인할 수 있다. 물론 부동산 중개소에서도 자격 확인을 도와줄 것이다. 그러나 이러한 서류나 중개사 말만 듣고 계약하지 말고 꼭 해당 정비사업 조합에 들러보는 것이 필요하다. 조합에서 다루는 업무 중에서 가장 중요한 것 중 하나가 조합원의 자격을 확인하는 일이다. 특히 일반적으로 조합원 지위 양도가 불가한 투기과열지구 내에서의 거래라면 더더욱 조합원의 지위 승계가 가능한지 여부가 초미의 관심사가 된다.

실사례를 하나 들어보겠다. 지난 대세 상승장에 투기과열지구로 지정된 재건축 구역 조합에 방문한 적이 있었다. 물론 소개받은 물건의 조합원 지위 양도에 문제가 없는지 확인하기 위해서였다. 부동산에서 금방 소개받고 아직 등기부등본 등 서류도 발급받아 보지 않은 상태에서 조합에 먼저 들렀다. 5년 보유, 10년 거주, 1세대 1주택자 물건인지 문의를 하자 조합 사무장은 잘 오셨다며 반색했다. 얼마 전 해당 구역에서 5년 보유, 10년 거주 물건이라고 계약은 물론 잔금까지 다 치르고 조합에 방문한 매수자가 있었는데 확인 결과 5년 거주, 10년 보유 물건이 아닌 걸로 판명이 나서 결국은 현금 청산 대상이 되었다는 것이다. 이후 부동산 중개소와 매도자 상대로 소송하고 조합에도 계속 연락이 오고 지금도 소송 중이라는 이야기를 들었다. '현금 청산', 말만 들어도 무서운 정비사업의 최대 위험요소 아닌가! 그러나 생각보다 쉽게 조합 사무실에 들러 조합원 지위 양도에 대해 확답을 받으면 큰 무리 없이 거래를 진행할 수 있다. 관련 서류들도 꼼꼼히 확인해야 함을 물론이다.

그 외에 전매제한 예외 사항들을 정리해보자. 일반적인 경우는 아니지만, 해당되는 경우에는 전매가 가능하니 조합원 지위 승계에도 문제가 없다.

(2) 근무상, 생업상, 질병치료, 취학, 결혼으로 세대원 전원이 타 시, 군으로 이전하는 경우

(3) 상속으로 취득한 주택으로 세대원 전원이 이전하는 경우

(4) 세대원 전원이 해외 이주 및 2년 이상 체류하는 경우

재건축 숨통을 트여주는 333 법칙 급매 나올 수 있는 틈새

관리처분인가 이후 조합원 지위 양도가 불가한 재개발에 비해 조합설립 이후부터 적용받는 재건축은 재산권 침해의 정도가 더 심하다고 볼 수 있다, 그 밖의 대통령령으로 정하는 경우를 보면 투기과열지구 재건축 거래의 숨통이 좀 트이는 것 같다. 아래 세 경우를 꼼꼼히 살펴보자.

① 조합설립인가 이후 3년 이내 사업시행인가 신청을 하지 못한 재건축의 경우 사업시행인가 신청 전까지

② 사업시행인가 이후 3년 내 착공을 하지 못한 재건축의 경우 착공 전까지

③ 착공일로부터 3년 이상 준공되지 않은 재건축, 재개발 토지를 3년 이상 보유한 경우

투기과열지구에서 조합설립 이후 거래를 못 하다가 잠시 거래할 수 있는 기회가 생기면 급매가 나올 수도 있다. 그동안 재산권을 행사하지 못하고 있었는데 매도 가능한 기회가 잠깐 열린 것이니 급전이 필요한 조합원은 빠르게 매도를 진행하고 싶어 한다. 재개발·재건축 구역을 20여 년간 임장 다녀보니 이렇게 기회가 열렸을 때 팔고 싶어 하는 급매는 항상 있다. 게다가 시장 분위기가 좋지 않다면 더더구나

매물은 늘고 가격은 더 저렴하게 형성되는 것이 부동산 시장의 기본 원리다. 이렇게 기본기 탄탄하게 공부하고 관심 있는 구역에 자주 가 보는 사람이 그 급매를 잡는 행운을 누리는 것이다.

투기과열지구 지정에 의한 급매 나오는 시기

투기과열지구로 지정되면 매수, 매도가 자유롭지 못하다는 것에 대해서 배웠다. 투기과열지구 지정 보도자료가 나오면 시행일 전에 계약을 성사시키기 위해 짧은 시간에 매도를 결정하고 시장에 급하게 나오는 물건, 즉 급매가 반드시 있다. 그때 아니면 팔기 어려운 사람과 그때 아니면 사기 어려운 수요가 만나 급하게 이루어지는 초급매 반짝 세일 시장이 열리는 것이다. 다만 2025년 10월 15일 대책의 경우 바로 다음 날이 시행일이어서 이전 대비 급매 거래가 성행하지 못했다.

반짝 세일이 끝나도 투기과열지구로 새롭게 지정되는 지역 정비사업에 집이나 상가 등의 물건을 가지고 있는 조합원들의 고민은 끝나지 않는다. 재건축의 경우 조합설립인가 이후, 재개발의 경우 관리처분인가 이후 매도가 불가하다는 것은 큰 부담일 수밖에 없다. 투기과열지구 지정 이후 조합설립을 맞이하는 재건축이나 관리처분인가를 앞둔 재개발의 경우 개인적인 사정으로 급전이 필요한 경우가 아니더라도

• 한남뉴타운

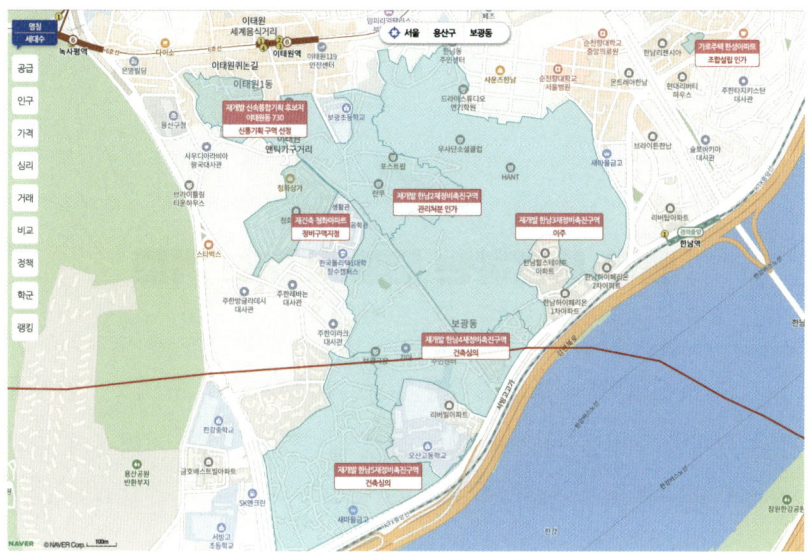

팔 수 있을 때 팔아야 한다는 생각에 빠르게 실행하는 일들이 있다. 특히 시장에 악재가 겹치면 급매물은 더 늘어나고 가격은 더 많이 빠진, 이른바 초급매물들이 시장에 나온다.

대표적인 예가 한남3구역이다. 2023년 초 관리처분인가가 예정되어 있던 한남3구역은 2022년 가을부터 대대적인 빅 세일에 들어갔다. 그런데 2022년 말 금리 폭등에 부동산 하락장까지 겹쳐 시세는 곤두박질치고 매물은 더 늘어났다. 6억! 믿어지는가? 그 당시 6억 원 정도면 한남뉴타운 59m^2, 즉 25평을 받은 조합원 매물을 살 수 있었다. 곧 거래가 막히는데 이제 막 시작된 하락장의 여파가 언제까지 갈지 모른다는 공포감이 커질수록 매물은 더 많이 쏟아져 나왔고 거래는 빠르게 이루어졌다. 한남3구역은 그 이듬해인 2023년 6월 관리처분인가 고시가 되고 일반적인 매매 거래는 전면 중지되었다.

반짝 세일하는 급매를 찾는 기준

기준은 심플하다. 조합설립을 앞둔 재건축 구역, 관리처분인가를 앞둔 재개발 구역을 찾으면 된다. 물론 내가 관심 있는 지역과의 교집합에서 찾으면 가장 좋다. 그리고 그 관심이 입지가치를 우선에 둔다면 최상이다.

재개발·재건축은 주식도 아니요, 코인은 더더욱 아니다. 재개발·재건축은 부동산이다. 너무 당연한 이야기를 굳이 왜 하나 의문이 들 텐데, 너무나 쉽고 명료한 이 정의를 내 집 마련할 때와 투자할 때 자꾸 까먹는 사람들이 있어서다. 재개발·재건축은 부동산이다. 부동산의 사전적 의미를 찾아보면 '움직여 옮길 수 없는 재산. 토지 및 그 정착물인 건물이나 수목 따위'라고 나온다. 가장 중요한 것은 '움직여 옮길 수 없는 재산'이라는 점이다. 그래서 입지가치를 가장 먼저 챙겨야 후회하지 않는다. '입지 좋은 거 누가 모르나? 돈이 없는 게 문제지.' 이런 생각이 든다면 부동산 공부의 첫 계단은 제대로 올랐다고 봐도 좋다.

좋은 입지 기준을 간단히 살펴보면 일자리, 교통, 학군, 자연환경 등을 꼽을 수 있다. 서울 수도권에서는 뭐니 뭐니 해도 일자리가 최우선이고, 그 일자리로 빠르게 들어갈 수 있는 교통, 그중에서도 지하철을 최우선 순위로 검토하면 된다.

문제는 이런 조건들을 빼곡히 채워 넣으면 내 돈으로 매수가 불가하다는 것이다. 여기까지 정리했다면 부동산을 제대로 공부하고 접근하고 있다고 봐도 된다. 여기서 좌절하면 나만 손해다. 가용자금을 제대로 계산하고 그 자금 범위를 벗어나는 지역이나 아파트는 빼면 된다.

매달 라이브로 함께 공부하는 진와이스 유튜브 멤버십에서는 '나만의 원픽' 기준을 세우라고 가르친다. 개개인의 자금상황, 직장, 자녀 학업 등 각각의 사람 수만큼이나 상황이나 여건들이 천차만별이다. 당연히 선호하는 우선순위가 다를 수밖에 없다. '나만의 원픽' 기준이 제대로 세워져 있으면 내 돈으로 살 수 없는 넘사벽 아파트만 바라보다 실망하고 정부 탓하고 힘 빠지는 일은 없다. 그 기준에 부합하지 않으면 빼기를 하자. 진짜 내 집이 될 아파트와 정비구역들만 남게 된다.

정리해보자. 입지가치를 최우선으로 검토하고 내 가용자금 안에 들어오는 곳을 정리한다. 그렇게 정리된 곳 정비사업 구역 중에서 조합설립을 앞둔 재건축, 관리처분인가를 앞둔 재개발 구역을 선별한다. 해당 구역을 임장하면서 시세나 사업 진행 상황들을 보며 급매가 나오는지를 살핀다.

- 입지
- 조합설립을 앞둔 재건축
- 관리처분인가를 앞둔 재개발

쉽게 새로운 급매가 나올 곳을 찾는 법

정비사업 정보몽땅

　서울시 정비사업을 한눈에 볼 수 있는 곳이 있다. 바로 서울시에서 운영하는 정비사업 정보몽땅(cleanup.seoul.go.kr)이다. 검색창에 정보몽땅으로 쉽게 찾을 수 있다.

• 정비사업 정보몽땅

정비사업 정보몽땅에서 서울시 지도가 표시되면 관심지역을 클릭하고 동 이름을 선택하면 바로 그곳으로 이동한다.

샘플로 서울 서대문구를 선택했다. 서대문구 재개발 구역 내에서 관리처분인가를 앞두고 급매가 나올 만한 곳이 있는지 찾아보는 것이다. 아래 그림에서 보면 사업 구분을 선택할 수 있는데 재개발을 선택하고 사업 진행 단계에서 사업시행인가를 선택하면 된다. 관리처분인가를 선택하면 이미 관리처분인가를 득한 곳이 표시된다. 우리는 관리처분인가를 앞둔 급매 나올 지역을 찾는 것이기 때문에 사업시행인가

• **정보몽땅에서 살펴본 서대문구 사업시행인가**

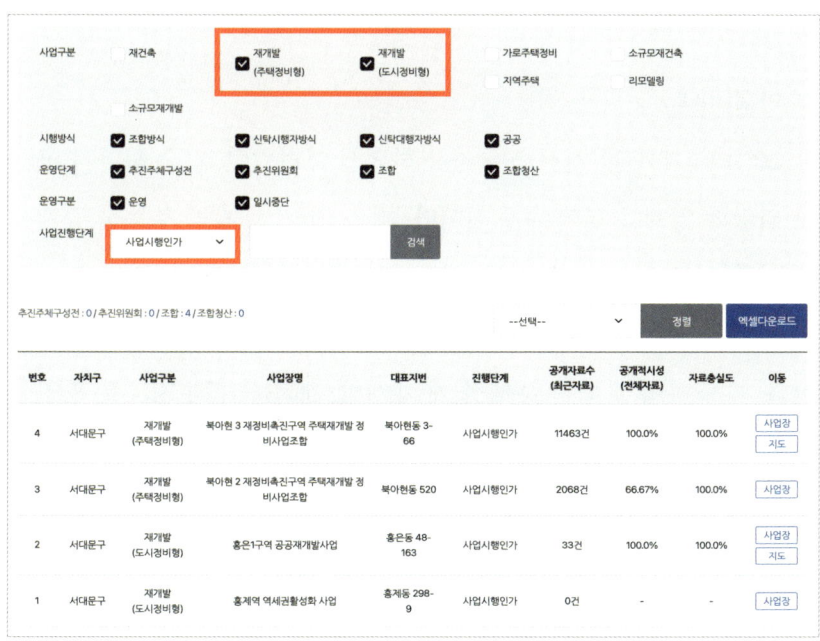

단계를 선택해야 한다. 이것 하나만 기억하면 누구나 쉽게 투기과열지구 내에 급매 나올 재개발 구역을 찾아낼 수 있다.

서대문구에서 북아현 2구역, 3구역 등이 현재 사업시행인가 단계인 것을 확인할 수 있다. 해당 정비사업 구역의 경우 투지과열지구로 지정되어 5년 거주, 10년 보유 물건이 아니라면 관리처분인가 이후 매도가 불가한 상황을 직면하게 된다. 이때 짧은 시간에 빠르게 매도를 결정하는 급매물들이 반드시 있다.

서울 이외에 투기과열지구에 해당하는 경기도 12개 지역의 경우 해당 시청 검색창에 '정비사업현황' 키워드로 검색하면 해당 도시의 정비사업현황을 확인할 수 있다. 재건축의 경우 조합설립 이전 단계인 추진위원회 단계를 찾아보면 된다.

아실(asil.kr)

20여 년 재개발·재건축 투자를 하면서 어려웠던 점 중 하나가 구역의 위치와 경계를 파악하는 것이다. 꽤 오랜 기간 지역 부동산 중개사가 만든 지도나 신문 등 언론 매체에서 제작한 지도를 자료로 모아서 사용해왔다. 아실 사이트에서 정비구역 지도를 올려주기 전까지는 말이다. 이제는 아실 앱을 통해 쉽게 재개발·재건축 구역 지도를 확인할 수 있다. 게다가 간단한 구역 정보도 어렵지 않게 확인할 수 있다.

먼저 내가 관심 있는 정비구역이 있는 인근의 아파트 이름을 검색하고 들어간다. 아쉽게도 정비사업 이름으로는 검색이 되지 않는다. 해당 아파트가 나오도록 지도를 클릭하면 검색했던 아파트와 더불어

• 신림뉴타운 아실 지도

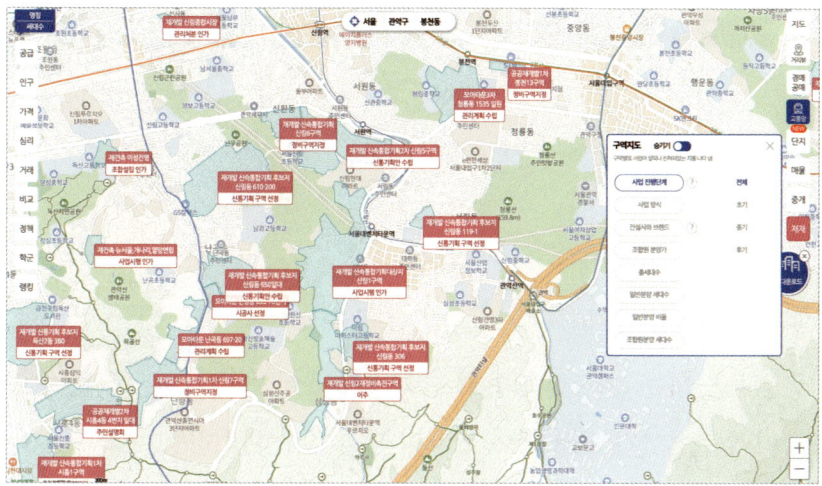

인근에 진행 중인 정비사업이 지도상의 한눈에 펼쳐진다.

　재개발·재건축 구역을 좀 더 상세하게 보고 싶다면 우측 단지 탭을 비활성화하면 좋다. 우측의 핑크색 재개발·재건축 탭을 누르면 사업 진행 단계부터 건설사와 브랜드, 조합원 분양가, 총세대수, 일반분양세대수 등 정비구역에 대한 기본적인 정보를 쉽게 확인할 수 있다. 이곳에서 사업 진행 단계를 중기로 선택하면 사업시행인가 전후의 사업장들만 정리가 된다. 이 중에서 관리처분인가를 앞둔 곳을 선별하고 집중 임장을 진행하면 급매를 만나는 타이밍을 잡을 수 있다.

2026년 내 집 마련하기 좋은 시기와 지역

사람들이 부동산에서 가장 궁금해하는 건 딱 하나다.

그래서 어디?

집을 산다는 것은 한 집안의 전 재산이 들어가는, 아니 대출을 일으켜 미래 자산까지 담보 잡아 현재의 우리 집을 마련하는 중차대한 결정이다. 특정 지역을 콕 짚어서 이야기하는 걸 좋아하지 않지만, 이번만큼은 '그래서 어디에' 내 집 마련하면 좋을지 이야기를 해보련다. 그냥 흘려보내기엔 너무나 좋은 시장이 열렸고 머지않아 그 문이 닫힐 것을 알기 때문이다.

2026년 반짝 세일이 열릴 이곳

2025년 6월 대통령 당선이 확정되고 부동산 시장은 다시금 뜨겁게 달아올랐다. 한강변 아파트는 물론 재개발·재건축 물건까지 호가가 오르고 물건은 빠르게 사라졌다. 매매 거래가 이루어져 사라지기도 하고 매도자가 물건을 거두기도 했다. 그 열기는 6.27대책 발표 이후 쉽게 달궈진 만큼 빠르게 식었다. 그러나 급등하던 한강벨트 아파트들은 거래가 주춤할 뿐 가격은 빠지지 않는 시장이 연출되고 뒤이어 6.27 규제에도 아랑곳하지 않고 한강벨트 아파트들은 신고가를 찍었다.

9.7대책의 결과는 또 어떠한가. 토지거래허가구역으로 묶인다는 것은 매도, 매수가 어려워지는 상황을 의미한다. 그런데 토지거래허가구역으로 묶여서 매수하기 어려워지기 전에 먼저 사자는 매수세가 달려들어 똘똘한 한 채를 향한 초양극화 현상은 한층 더 강화되고 있다.

그렇다면 한강벨트에 더 이상 기회가 없는 것일까? 이미 많이 올라버려 넘사벽인 한강벨트 신축 아파트에 비해 상대적으로 접근이 가능하면서 관리처분인가로 인한 전매제한, 대단지 입주폭탄 등 때마다 매수 기회가 있을 곳이 있다. 바로 노량진뉴타운이다.

재개발·재건축은 투자 상품이다. 그래서 평범한 아파트를 매수하는 것과 비교하면 리스크가 존재한다. 그래서 투자 수익을 극대화할 기회들이 오고 가고 또다시 그 기회의 문이 열린다. 20여 년 투자해오면서 현장에서 배운 핵심이다. 2026년 그런 기회의 문이 열릴 곳으로 노량진뉴타운을 꼽아본다.

2025년 6월 대통령 선거 이후 한강벨트 아파트뿐 아니라 마포구, 성동구를 대표하는 아파트들이 신고가를 경신할 때 노량진뉴타운 역시 매물이 빠르게 감소하면서 프리미엄이 급격하게 올랐다. 그러나 여타의 아파트와는 달리 네이버 부동산 등 프롭테크를 통해 실거래가 확인이 쉽지 않은 것이 사실이다. 직접 부동산을 방문하거나 전화를 통해 매물을 소개받고. 시장 분위기를 브리핑받지 않으면 현 시장 분위기와 시세를 정확하게 알기 어려운 구조다. 그래서 어렵다는 이야기들을 하는데, 그래서 조금만 공부하고 노력하면 초보에게도 기회가 많다는 것을 지난 20년간의 경험으로 말할 수 있다.

• 노량진뉴타운

2025년 6월 임장을 통해 본 노량진 시세는 6월 말 규제 직전 초기 투자금액 25억 원까지 찍었다. 그리고 지금 여타 한강벤트 아파트가 견고하게 그 시세를 유지하는 것과는 달리 다시 초기 투자금 17억 원 선의 물건이 나오고 있다. 20년 차 투자자에게만 그런 것이 보이는 걸까? 아니다. 재개발·재건축 기본기 탄탄하게 다지고 관심 지역에 자주 임장을 가는 그 사람이 급변하는 시장 틈새로 열리는 기회의 문고리를 잡을 수 있다.

노량진뉴타운은 여의도 접근성은 말할 것도 없고, 9호선·7호선을 통해 강남 업무지구 접근성이 탁월하다. 게다가 1호선으로 광화문 일대의 중심 업무지구 접근성 또한 빠지지 않는다. 이렇게 3대 업무지구 접근성이 골고루 좋은 곳은 서울에서도 찾아보기 어렵다.

사실 성수전략정비구역도 욕심나는 곳이긴 하다. 입지로는 노량진뉴타운보다 한 수 위다. 그러나 노량진뉴타운에 점수를 더 주는 이유가 있다. 뭐니 뭐니 해도 노량진뉴타운의 매력은 사업 속도에 있다. 재개발·재건축에서 사업 속도는 '돈' 그 자체다. 현재 노량진은 가장 입지가 좋은 노량진 1구역, 3구역 외에는 모두 관리처분인가를 득했다. 9호선 급행역인 노량진역 접근성이 가장 좋은 노량진 1구역과 3구역도 관리처분인가를 목전에 두고 있다. 이곳들도 곧 관리처분인가 후 매도 불가의 벽을 맞이하게 될 것이다. 급매 사정권 안으로 들어온다는 뜻이다.

노량진 1구역과 3구역 관리처분인가 직전 급매를 잡아보는 것도 좋고, 투기과열지구임에도 불구하고 2018년 1월 24일 이전에 사업시행인가 신청을 마친 노량진 2, 4, 6, 7, 8구역의 입주권을 매수하는 것도 좋은 방법이다. 해당 구역들은 이미 철거가 진행된 터라 실거주를 할 수 없어 신축 아파트 입주 후 실거주 조건으로 입주권 매수가 가능하다.

누구나 쉽게 투자가치가 높은 재개발·재건축 찾는 방법 네 가지

마지막으로, 누구나 쉽게 투자가치가 높은 재개발 구역을 찾아내는 핵심 네 가지를 정리해보자. 물고기 잡아주는 것에 그치지 않고 스스로 물고기를 잡을 수 있도록 가르치는 것이 내 삶이 추구하는 가장 고상한 가치 중 하나다.

1️⃣ 나홀로 재개발보다 다함께 재개발하는 곳을 찾아라

서울, 경기 지역에서는 뉴타운을 위주로 보는 것이 가장 좋다. 매수 가격도 입지마다 다양하니 내 자본에 맞는 곳을 선택하면 된다. 지방 광역시에도 촉진지구 등을 지정해서 전체 규모가 1만여 세대 이상 대단지로 개발을 진행하는 곳들을 가장 먼저 검토하라.

2️⃣ 일반분양세대수가 많은 곳을 찾아라

'분담금 폭탄' 말만 듣고 먼저 두려워하기보다, 분담금을 적게 내거나 아예 환급을 받을 정도로 사업성이 좋을 곳을 선별하면 된다. 대표적인 기준이 일반분양세대수가 많은 곳이다. 수도권이라면 일반분양 비율이 40% 이상이면 가장 좋고 최소 30% 이상을 본다면 이상적이다. 상대적으로 일반 분양가가 낮은 지방 광역시의 경우는 공격적으로 일반분양 비율 50% 이상을 보는 것이 안정적이다.

3️⃣ 재개발·재건축도 기본 '입지'를 양보하지 마라

재개발·재건축을 알게 되면 그 매력에 푹 빠지게 된다. 그러면서 정비사업이 부동산이라는 것을 망각하기에 이른다. 너무 억지 주장이라 생각할 수도 있다. 20여 년의 투자를 넘어 부동산을 가르치는 자리에서 있다 보니 수강생들이 종종 길을 잃고 헤매는 걸 목격하게 된다.

바로 나무만 보고. 숲을 보지 않는 것이 그것이다. 수익이 크게 나는 재개발·재건축을 찾으려면 부동산으로서의 가치, 즉 입지가치를 간과해서는 안 된다. 투자금에 맞추다 보면 입지를 약간 양보하는 선택을 할 수도 있다. 그런 선택을 위해 한 시간이라도 더 손품을 팔고, 한 곳이라도 더 가보는 수고가 있어야 제대로 된 투자를 할 수 있다.

4 재개발·재건축 인근 기준점이 될 신축 아파트를 살펴라

정비사업 미래의 모습은 인근에 있는 신축 아파트에서 찾아볼 수 있다. 물론 쌍둥이처럼 동급의 브랜드, 동일 규모의 세대수가 아니어도 좋다. 정비사업 구역 인근의 신축 아파트는 해당 재개발·재건축 구역이 완성되었을 때의 모습과 시세를 유추해볼 수 있는 기준이 된다. 더 중요한 것은 인근 신축 아파트의 시세가 해당 정비구역의 일반 분양가를 책정하는 기준이 된다. 인근 신축 아파트가 부동산 시장 흐름에 따라 가격이 오를수록 정비사업 구역의 일반 분양가를 자연스럽게 더 올려 받을 수 있는 것이다.

대한민국 최고의 재건축 아파트 단지인 압구정 재건축 아파트가 최근 더욱 가파르게 가격 상승을 이룬 배후에는 반포 원베일리의 신고가 행진이 큰 영향을 미쳤다. 압구정에 새 아파트가 들어서면 무조건 반포 신축 가격을 넘어설 것이기 때문이다. 10년 뒤 반포 원베일리가 10년 차 구축 아파트 대열에 진입할 때, 압구정 신축 아파트는 대한민국 서울 최신축 아파트로서 최고가를 경신하며 다시금 왕관을 되찾아 올 것이다. 부동산을 그렇게 움직인다. 내가 선택한 곳이 압구정이 아니라면 더욱 인근에 좋은 신축 아파트가 있는지를 꼭 체크하고 매수해야 제대로 자산의 점핑을 이룰 수 있을 것이다.

집,
우리 집,
우리 아이들이 자라고 공부하고
퇴근 후 지친 몸과 마음이 쉬어가고
내일을 준비하는
삶이 풀어지고 지어지는 공간.

감상적으로 끝내기에는
우리 집 전 재산이 들어가는
살 떨리는 현실 세상.

우리 아이들 더 좋은 환경에서 공부시키고
돈 없어서 못 해준다는… 말… 하지 않고…
내 노후까지 야무지게 준비하는
모든 계획과 꿈을
집 한 채에 꼭꼭 눌러 담는다.

그래서 함부로 입을 뗄 수가 없다.

그러니 여러분도 급한 숙제 해치우듯

불장에 불나방처럼 달려들어

아무거나 사지 말고

공부합시다.

우리 가족을 꿈을 눌러 담을 그 집 한 채 찾아가는 여정

진와이스가 도와드리겠습니다.

오늘도

미라클~

진와이스

진와이스
아카데미

유튜브
재개발은 진와이스

네이버 카페
진와이스 함께 공투부

그럼에도 불구하고
대출력을 활용해
내 집 마련과 갈아타기를 하자

플팩 강연옥

- 13년차 여신금융전문가
- (전) 기업은행 본점 외환사업부 해외투자 외국인투자 근무
- (전) 우리은행 호치민지점 근무
- 저서 『플팩의 상급지로 가는 대출력』 『부동산 투자 무작정 따라하기』
- 유튜브 '플팩의 대출력'
- 블로그 '플팩의 대출력'

20억, 30억… 서울의 부동산 가격을 바라보는 순간, 많은 사람들은 말 그대로 현타를 느낀다. 평범한 근로소득자들에게 20억, 30억이라는 숫자는 단순한 자릿수가 아니다. 그것은 현실을 초월한 상징이며, 마치 선택받은 자들만의 세계처럼 느껴지기도 한다.

2년 전만 해도 10억 원 이하의 아파트를 매수하며 떨던 사람들이 이제는 15억 원 이상의 집값을 바라보는 시대가 되었다. 이 변화의 속도와 방향은 2030 젊은 세대에게 더욱 허탈함을 안겨준다. "다들 어떻게 내 집을 마련하고 살까? 부자가 이렇게 많단 말인가?" 이 질문은 단순한 푸념이 아니다. 지금 이 시대의 구조적 모순에 대한 탄식이며 서글픈 우리의 자화상이다.

강남에서는 이미 상상을 현실로 만드는 가격대가 일상이 되어버렸다. 2025년 9월 29일 기준, 서울의 강남 11개 구 아파트 평균 매매가격이 처음으로 18억 원을 돌파했다는 매일경제 보도가 나왔다(〈매일경제〉,

'강남 아파트 매매가 '평균 18억' 돌파…18개월 연속 고공행진').

서울 전체 평균은 약 14억 3,621만 원대, 수도권 평균 아파트값도 2022년 9월 이후로 8억 원대에 진입했다. 강남의 초고가 지대는 더욱 과열 양상을 보인다. '상위 20%'에 속하는 아파트의 평균 가격은 32억 6,250만 원인 반면, 하위 20% 아파트의 평균 가격은 4억 9,298만 원 수준이다. 강남의 고가 아파트 1채 가격으로 저가 아파트 6채를 살 수 있다는 소리다.

이런 양극화 시대에서 평범한 소득을 갖고 강남을 목표 삼는다는 것은 허황된 꿈을 넘어 코미디가 되어버린 것만 같다. 어차피 강남은 그들만의 이야기이니 꿈도 꾸지 않는 것이 좋을까?

결론부터 말하면 지금이라도 최대한 대출력을 활용해 내가 할 수 있는 선에서 내 집 마련을 한 뒤, 여러 번 갈아타기를 통해 최대한 강남에 접근하는 방법을 연구해보는 것이 (여전히) 좋다. 갈아탈 집은 현금으로만 사는 것이 아니다. 상환능력 범위 내의 대출과 오른 내 집에서 얻은 수익으로 하는 것이다. 집은 대출로 사고 대출은 집으로 갚는다.

또한 이제는 자산 상승만을 위해 내 집 마련과 갈아타기를 하라는 것이 아니라, 지금 가지고 있는 현금자산이 녹아내리는 것에 대비하기 위해서라도 최대한 대출을 받아 오를 집을 사두어야 한다. 엄밀히 말하면 집값이 오르는 것이 아니라 화폐가치가 하락하기 때문이다. 달러 투자, 금 투자 등만 원화 가치 하락에 대비하는 방법이 아니다. 좋은 대출을 받아 가치가 상승할 집을 사두는 것이 심리적 균열을 매우며 리스크를 헤지하는 좋은 방법이다.

6.27 대출 규제가 낳은 상급지로 가는 사다리

6.27대책은 일명 '666대책'으로 불릴 만큼 강력했다. 서울 수도권 규제지역에서 주택담보대출(이하 주담대)을 받을 시 최대 대출한도는 DSR 범위 내에서 최대 6억 원까지 가능하며, 이 주담대를 받게 되면 6개월 이내 전입해야 하는 전입의무도 부과되었다. 또한 1주택자가 무주택자 조건으로 대출을 받으려면 기존 집을 6개월 이내에 처분해야 하는 처분 조건도 명시되었다.

6.27대책은 비실거주에 대한 대출 규제로, 이로 인해 갭투자에 활용되는 대출이 전면 막혔다고 보면 된다(물론 현금으로만 거래하면 토지거래허가구역을 제외한 비규제지역은 여전히 갭투자가 가능하다). 수도권 규제지역 내에서 이제 주담대를 받으면 6개월 이내 전입을 해야 하기에 전세입자를 둘 수 없기 때문이기도 하고, 조건부 전세자금대출도 전면 막혀 신축 아파트 입주장에서 전세입자의 전세금을 받아 잔금을 치를 수가 없게 되었기 때문이다.

조건부 전세자금대출이란 주택 매수자(또는 수분양자)가 전세보증금으로 매매대금 또는 분양 잔금을 납입할 때 활용하는 전세자금대출이다. 즉 갭투자에 사용되는 전세자금대출이다. 전세입자는 올 현금이 있어야 신축 아파트를 살 수 있게 되었고, 집주인 또한 현금으로 잔금을 치러야 올 현금 전세입자를 들일 수 있게 되었다. 결국 현금부자들만 신축 아파트를 누릴 수 있게 된 것이다.

현재 서울 수도권에서는 소유권 이전 조건부 전세자금대출(임대차 계약서상 임대인과 임차주택 소유주가 다른 경우 등)도 금지해 실거주가 아닌 갭투자 목적의 주택 구입에 금융권 대출자금이 활용되지 못하도록 하고 있다. 이 또한 갭투자를 막겠다는 취지다. 즉 매수자가 전세를 끼고 집을 살 때, 본인의 현금과 전세보증금으로 잔금을 치르면서 세입자가 받는 전세자금대출은 모두 막혔다고 보면 된다.

다만 전세입자 입장에서는 이미 전세자금대출을 받아 세를 들어 살고 있다면, 중간에 집주인이 바뀐다고 해도 내 전세자금대출이 회수되진 않으니 염려하지 않아도 된다. 또한 신축 아파트 입주장에 전세로 들어갈 때, 집주인이 갭투자가 가능한 지역에서 대출을 받지 않고 현금으로 잔금을 치른 후에 3개월 후 세입자를 들이는 경우 전세자금대출을 받을 수 있다. 주택담보대출이 일어나지 않았고, 소유권이 이전되면서 동시에 실행되는 전세자금대출이 아니기 때문이다.

입주잔금은 6.27대책 전후 입주자 모집공고 기준으로 나뉜다

6.27대책으로 인해 입주장에서 잔금대출을 6억 원 이상 받을 수 있는지 아닌지는 입주하려는 아파트의 '입주자모집공고일'에 따라 달라진다. 즉 6월 27일 이전에 입주자모집공고가 난 아파트 단지는 종전

대출 규정이 적용되어, 중도금과 잔금 모두 6억 원 이상 대출이 가능하다. 또한 1주택자의 처분 및 전입의 의무 등의 규제도 소급 적용되지 않아 전세를 줄 수도 있다.

6.27대책이 나오기 전, 운 좋게 서울 동대문구의 신규 분양을 받아 해외 거주 중이던 수강생이 있었다. 현재는 1주택자이신 수강생 부모님 댁에 가족 모두가 세대원으로 전입해 있는 상황이라 12월 입주 잔금을 앞두고 과연 6억 원 이상의 대출은 받을 수 있을지 아니면 현재 기준으로 규제지역 LTV 40%로 적용이 될지 궁금해하셨다.

결론부터 말하면 이 가정은 6.27대책 전에 입주자모집공고가 난 아파트를 분양받았으므로 종전 대출 규제를 적용받아 당시 무주택자 비율인 LTV 70%까지, 6억 원 이상도 소득 범위 내에서 대출을 받을 수 있다. 즉 동대문구가 규제지역으로 지정된 시점이 분양 이후라 하더라도, 입주자 모집공고 기준이 대출 규정의 잣대가 되므로 잔금대출 때는 완화된 종전 규정(최대 LTV 70%)이 그대로 적용되기 때문이다. 다만 이 경우 유주택자 부모님과 합가가 되어 있는 상황이라 반드시 세대분리는 필요하다. 잔금 심사 때까지 세대 분리가 되지 않으면 다주택자 대출 기준인 LTV 60%까지만 대출이 가능하다.

여기서 이 수강생의 궁금점은 하나 더 있었다. 유주택자 부모님 집에서 세대분리를 하여 나올 때, "형제·자매의 주소지로 전입해 세대를 분리하는 방식이 가능하냐"라는 것이었다. 이 경우 전입지의 세대주가 부모나 자녀 등의 직계존비속이 아닌 형제·자매라면 전입 자체가 원칙적으로 문제가 되지 않는다. 어차피 형제·자매의 주택 보유 여부나 거주 형태 등은 잔금대출에 영향을 미치지 않기 때문이다.

다만 대출과 별개로 세금 측면에서는 세대 구성과 주택 수가 얽히며 변수(예: 1세대 1주택 비과세 판정, 종합부동산세 합산 여부, 취득세 중과 요건 등)가 생길 수 있다. 세대분리 이후 실제 거주 사실, 가족 간 생활비 분리, 향후 전세·월세 계약이나 추가 취득 계획 등까지 고려해 종합적으로 판단해야 하므로, 세금 이슈는 별도로 점검해야 한다.

대출은 철저히 전략, 금융권의 특성을 이해해야 기회를 잡는다

좋은 입지의 아파트를 매수할 기회가 왔는데, 조금만 더 대출이 나왔다면 잡을 수 있었던 기회, 한 번쯤 경험해봤을지도 모르겠다. 1금융권에서는 한도가 부족해 발목이 잡히고, 결국 눈앞의 기회를 놓치는 경우도 많다. 보통 사람들은 자신이 거래하는 주거래 은행 정도만 방문해보고 결론을 내린다. 그러나 지금과 같이 은행별로 규제가 달리 적용되고 대출 총량이 차이나는 시장에서는 발품이 중요하다. 같은 은행이라도 지점마다 다르게 적용하는 게 지금의 대출 규제이기 때문이다.

대출은 단순히 돈을 빌리는 게 아니라 오히려 돈을 불리는 전략이다. 금융권의 구조와 특징을 이해하면, 같은 조건 속에서도 전혀 다른

• 금융권의 종류

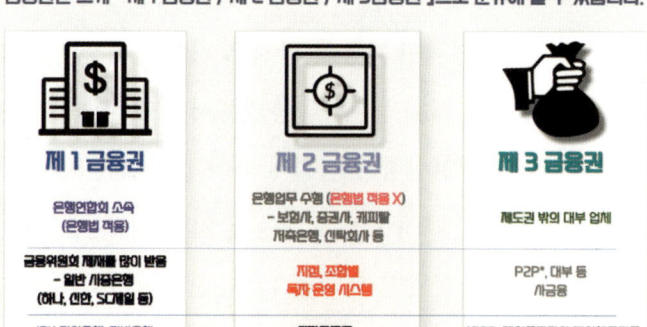

금융권은 크게 「제1금융권 / 제2금융권 / 제3금융권」으로 분류해 볼 수 있습니다.

제1금융권	제2금융권	제3금융권
은행연합회 소속 (은행법 적용)	은행업무 수행 (은행법 적용 X) - 보험/사, 금융/사, 캐피탈 저축은행, 신탁회/사 등	제도권 밖의 대부 업체
금융위원회 제재를 많이 받음 - 일반 시중은행 (하나, 신한, SC제일 등)	지점, 조합별 독자 운영 시스템	P2P*, 대부 등 사금융
IBK 기업은행, 지방은행 NH 농협은행, 인터넷은행	새마을금고, 신협/농협/수협	*P2P: 개인투자자와 개인채무자를 연결해주는 온라인투자연계금융업

결과를 만들 수 있다.

신한, 우리, 하나, 기업은행처럼 우리가 익숙한 시중은행들은 모두 1금융권 은행이다. 이들은 「은행법」의 적용을 받으며, 금융위원회와 금융감독원의 감독 아래 운영된다. 그 덕분에 안정성과 신뢰도는 높지만, 심사 기준은 그만큼 까다롭다. 1금융권은 DSR(총부채원리금상환비율) 규제가 40% 내로 가장 엄격하게 적용된다. 그래서 소득 대비 대출한도가 가장 낮게 형성된다. 대출 금리는 가장 저렴하지만, 대출이 안 나오는 상황이 종종 발생하는 이유다.

대출은 언제, 어디서, 어떻게 받느냐에 따라 조건도, 한도도, 전략도 완전히 달라진다. 이름만 보면 다 비슷해 보이지만, 대출 규제, 금리, 접근성 등이 모두 다르다. 차이를 알면, 자신에게 가장 유리한 대출 전략을 짤 수 있다.

1금융권에서 한도가 모자라면 2금융권을 고려해볼 수 있다. 카드사, 보험사, 캐피털사, 저축은행, 신협, 새마을금고 등이 여기에 속한다. 이들은 「은행법」의 직접적인 적용을 받지 않기 때문에 심사가 더 유연하고, 한도도 여유롭다. 예를 들어 1금융권에서 DSR 40%로 막혔던 사람이 2금융권에서는 영업점장의 전결에 따라 150~200%까지 가능해지는 경우도 있다. 게다가 주택담보대출 금리 차이도 예전보다 많이 좁혀져 특판 금리로 출시되면 오히려 1금융권 은행보다 유리한 경우도 많다. 따라서 대출한도가 중요할 때는 2금융권이 현실적인 대안이 될 수 있다. 대출을 거절당했다고 끝이 아니라, 금융권을 옮기면 새로운 길이 열리는 셈이다. 따라서 2금융권은 1금융권에서 대출이 어렵거나, 한도가 부족하거나, 빈틈전략이 필요한 사람들이 주로 활용한다.

3금융권은 흔히 말하는 P2P금융(개인 투자자와 개인 채무자를 연결해주는 온라인투자연계금융업), 대부업체 등이다. 3금융권이라 하면 흔히 '사채'나 '불법대출'을 떠올리지만, 사실은 그렇지 않다. 금융감독원이나 지자체에 정식 등록된 대부업체나 P2P금융사는 제도권 안에서 합법적으로 운영된다. 오히려 더 자주 정기적으로 감사를 받고, 이자율과 정보도 투명하게 공개된다. 하지만 등록되지 않은 불법업체도 존재하므로 금융감독원 홈페이지(fss.or.kr)에서 사전에 확인해볼 필요가 있다.

3금융권은 금리가 높기에 자산을 급히 마련해야 할 때, 단기 보완용도로만 제한적으로 활용하는 것이 좋다. 최근 대출 규제를 피해 3금융권을 찾는 사람이 늘어나고 있는데, P2P 대출한도도 최대 6억 원인 점, 고금리 부담과 신용점수 하락 가능성이 있다는 점을 고려해 신중히 접근해야 한다. 3금융권의 대출까지 주의점을 잘 파악하며 전략적으로 활용할 줄 알면, 1금융권이나 2금융권의 규제를 피해 즉시 유동성을 확보할 수 있는 유일한 통로가 되기도 한다.

대부대출의 또 하나의 장점은 자금용도 증빙 측면에서의 유연성이다. 부동산 매입 시 자금조달계획서를 제출해야 할 경우, 대출금의 출처와 용도를 명확히 소명해야 한다. 대부대출은 자금용도 증빙서류상에서 기타대출 부분에 '대부대출'이라고 기재하면 통과된다. 즉 '대부업체에서 차입한 자금'으로 명시만 하면 인정되는 구조다. 이는 대부업체가 정식 금융기관으로 등록되어 있고, 금융감독원의 관리·감독을 받는 제도권 금융사이기 때문이다. 부동산 거래 시 세무서나 금융기관의 자금 출처 조사에서도 합법적으로 인정된다.

이렇듯 대부대출은 무조건 피해야 할 대상이 아니라, 상황에 따라 현명하게 활용할 수 있는 전략적 수단이다. 단기적으로 필요한 자금을 신속하게 마련할 수 있을 뿐 아니라, 자금조달계획서에 자연스럽게 포함할 수 있는 증빙 가능한 자금원이 된다. 대출은 단순한 부채가 아니라 기회를 사는 힘이다. 1금융권의 안정성, 2금융권의 유연성, 3금융권의 융통성을 이해하고 조합한다면 어떤 시장에서도 흐름을 읽고, 기회를 잡는 사람이 될 수 있다.

6.27대책의 빈틈은 지방에서 찾을 수 있다

실제 6억 원 이상의 대출도 가능했던 6.27대책 전엔 고소득 전문 맞벌이 부부들이 10억 원 이상도 대출을 실행해 바로 강남에 진입하기도 했다. '대치키즈'를 만들어주고 싶었던 변호사 지인 가정은 실제 2023년 4월, 잠실 트리지움 34평을 23억 원에 매도하고 새롭게 대출 10억 원 이상을 받아 대치 미도아파트 40평대를 30억 원에 매수했다. 현재 대치 미도아파트는 44억 원을 돌파했다. 이 가정은 늘 갈아탈 때마다 대출을 최대한 잘 활용한다. 잠실 트리지움에 실거주하기 전 신천동 파크리오 34평 아파트에서도 대출을 최대한 활용해서 잠실본동으로 상급지 입성에 성공했던 경험이 있기에, 고금리로 거래량이 위축되고 대출이 원활한 2023년을 기회로 파악하고 대출력을 활용해 강남의 핵심지로 잘 이동한 것이다. 갈아타기도 해본 사람만이 제대로 된 맛을 안다.

또한 6.27대책은 전세를 끼고 미리 상급지에 내 집 마련을 해두려는 생애최초주택 구매자들에게도 치명타가 되었다. 6.27대책 전까지만 해도 생애최초주택 구매자들은 최대 LTV 80%까지 대출을 활용할 수 있었는데 현재 이 비율이 LTV 70%까지 낮아졌다. 무엇보다 최대한도 6억 원까지 전세보증금 뒤로 후순위대출(기존 담보대출이 있는 상태에서 추가로 받는 담보대출)도 활용 가능해 자본금 대비 더 높은 상급지에 내 집 마련을 할 수 있었다. 이렇게 생애최초 후순위대출을 최대한 활용해 2023년 송파 헬리오시티나 파크리오, 강동 그라시움, 마포 래미안

푸르지오 등을 매수한 사람들은 상당한 차익을 누리고, 2025년 다시 갈아타기를 통해 자산증식을 도모 중인 경우가 대다수다.

예를 들어 자본금 2억 원대로 2023년 고덕의 준신축 25평 로열동 로열층을 12억 원에 갭으로 매수한 이 집은 현재 17억 원을 돌파했다. 자본금 대비 두 배 이상의 수익이다. 같은 해 헬리오시티 42평을 26억 원이 안 되는 가격으로 생애최초 후순위 주담대 6억 원을 활용해 갭투자한 성공 사례도 있다. 현재 해당 단지는 매도 호가만 38억 원에 육박한다. 2년 만에 10억 원 이상의 차익이다. 이러한 사례는 정말 수도 없이 많다. 모두 후순위대출까지 내서 내 집 마련을 한다고 비아냥대는 소리를 뒤로 하고, 상급지에 내 집 마련을 해낸 결과다. 근로소득으로는 2년 만에 10억 원을 벌기는 힘들다. 이 돈은 그대로 더 높은 상급지를 위한 자본금이 된다.

생애최초 후순위 주담대는 분명 상급지로 가는 징검다리다. 비록 서울 수도권 규제지역에서는 이제 사용 불가하나 지방에서는 여전히 이 방법이 가능하다.

왜 생애최초대출은 지방에서 특히 강력할까? 일반 무주택자는 서울 수도권에서 최대한도로 대출을 받는다 해도 LTV 비율이 70%에 그치지만, 지방에서 생애최초는 그보다 훨씬 유리한 조건으로 집을 구매할 수 있다. 지방에서는 여전히 LTV 최대 80%, DSR 범위 내에서 6억 원까지 대출이 가능하기 때문이다. 게다가 주택 가격 기준 제한이 없고, 수도권과 달리 실거주 의무도 없다. 이 말은 곧 지방에선 대출을 활용한 갭투자가 여전히 가능하다는 뜻이다.

예를 들어 전세가 5억 원인 시세 10억 원의 핵심 입지 주택을 갭투자할 때 생애최초는 전세보증금을 받은 후에도 3억 원의 후순위 주담대가 가능하다. 그럼 내 돈 2억 원으로도 해당 주택을 매입할 수 있다. 15억 원짜리 아파트에 전세 9억 원이 들어가 있다면, 12억 원(15억 원의 80%)에서 9억 원을 뺀 3억 원을 생애최초 후순위 주담대로 받을 수 있다. 내 돈 3억 원만으로 상급지의 집을 살 수 있게 되는 셈이다.

생애최초 후순위 주담대를 받는다고 해서 금리가 높아지거나 신용점수가 급감한다는 오해를 하기도 하는데 전혀 사실이 아니다. 1금융권 은행은 오히려 신용대출보다 위험이 낮다고 판단해 더 선호하기도 했다. 즉 담보가 이미 설정되어 있어 채권 회수가 용이하므로 안정적으로 대출을 운용할 수 있다고 판별하기 때문이다. 또한 생애최초 후순위 주담대는 이름 그대로 첫 주택 관련 대출을 받는 고객이 많다. 은행 입장에서는 이 고객을 장기 거래 고객으로 유입할 수 있는 좋은 기회로 본다. 즉 주담대를 실행하면서 금리를 낮춰주기 위한 부수거래로 급여이체, 카드, 예금, 보험 등으로 확장 가능성이 있다고 보며, 상환능력이 좋은 우량 신용자일수록 향후 다른 금융상품 이용 가능성이 높기에 오히려 금리적인 메리트도 주는 경우가 많았다. 생애최초주택 구입자 우대금리 0.25% 등 우대 조항이 있는 은행들이 대다수다.

생애최초 후순위 주담대를 활용한 갭투자의 핵심은 '입지 좋은 집'을 볼 수 있는 안목이다. 나아가 대출을 활용해 초기 투자금을 줄이고, 적은 종잣돈으로 내 자산을 일하게 해줄 좋은 집을 매수한다면 금상첨화다. 예컨대 지방에서 핵심 학군지 위주의 대장 단지를 갭투자한다면, 생애최초 후순위 주담대를 최대한 활용해 적은 자본금으로 좋은 입지를 선점할 수 있다. 부산, 대구 등 주요 핵심 대장 단지는 34평 기준 10억 원이 훌쩍 넘는다. 이런 곳은 늘 전세 수요와 대기 수요가 풍부하고 전세가율도 높게 형성되어 있기에 갭투자하기 유리한 조건을 갖추고 있다.

특히 갭투자 핵심 요건인 '전세 대기 수요'는 반드시 체크해야 한다. 그래야 설사 중간에 세입자가 나간다고 해도 그다음 세입자를 구하기가 용이하기 때문이다. 실제로 생애최초 후순위 주담대 6억 원을 활용해 강동 신축에 내 집 마련을 한 수강생이 중간에 전세입자가 나간다고 해서 대출을 문의한 적이 있었다. 이후 연락이 없어 물어보니, 오히려 전세매물이 부족해 해당 대출이 있음에도 불구하고 서로 들어오겠다고 했단다. 세입자가 계약기간 전 전출을 하게 되면 후순위로 있던 주담대가 선순위로 설정되기에 후속 세입자가 해당 집에 들어오기를 꺼린다. 하지만 워낙 입지와 인프라가 좋은 대단지 신축이다 보니, 해당 선순위 대출을 한 푼도 갚지 않아도 오히려 세입자 면접을 볼 정도로 골라 받았다고 한다. 입지의 힘이다.

이렇게 생애최초 주담대의 힘을 빌려 자본금을 줄이면서도 상급지에 입성하는 방법은 2025년 6월 27일까지는 토지거래허가구역을 제외한 모든 지역에 통하는 전략이었다. 하지만 강력한 대출 규제 이후 이 방법은 지방에서만 사용 가능한 방법이 되었다. 입지 분석이 끝났다면, 이러한 빈틈 전략은 지방에서라도 활용해보길 강력하게 추천한다. 대출은 받을 수 있을 때 받아야 한다.

대출 규제로 거래 지점만 이동했을 뿐 시장은 멈추지 않았다

6.27대책 이후 대출이 필요해서 상담하시고 실제 접수하는 금융 소비자분들의 매수세가 서울뿐만 아니라 서울 외곽 지역의 15억 원 이하 아파트까지 확대됨을 확인할 수 있었다. 6.27대책 이후 강남권과 서울 중심부의 매수세는 이전보다 위축되었지만, 거래가 완전히 사라진 것은 아니었다. 오히려 자본금 2억~3억 원 정도로 대출을 최대한 받아 수도권에 저평가된 8억~9억 원대 신축 아파트에 내 집 마련하려는 수요나, 갈아탈 집을 매도하고 남은 자본금과 최대한 대출 6억 원을 받아 움직이려는 수요가 꽤 컸다. 즉 대출 규제로 거래가 멈춘 게 아니라 거래 지점이 이동했을 뿐이었다.

대출은 시장의 선행지표로의 역할을 하기에 규제 뒤 시장의 움직임을 미리 엿볼 수 있다. 대출 규제로 인해 서울 중심 지역은 이미 진입 장벽이 높아져서, 상대적으로 대출이 가능한 15억 원 이하 아파트로 수요가 쏠림을 확인할 수 있었고, 토지거래허가구역으로 지정되기 전 마포나 성동의 상급지의 매수 문의도 많았다. 즉 6.27 대출 규제는 거래를 얼어붙게 했다기보다 매수 주택 가격의 이동만 불러왔고, 이는 9.7대책의 시초가 되었다.

이러한 15억 원 이하의 아파트의 매수세를 꺾기 위해 나온 규제가 규제지역의 LTV 40% 규제였다. 원래 규제지역에서도 DSR만 된다면

• 가계부채 관리 강화 방안

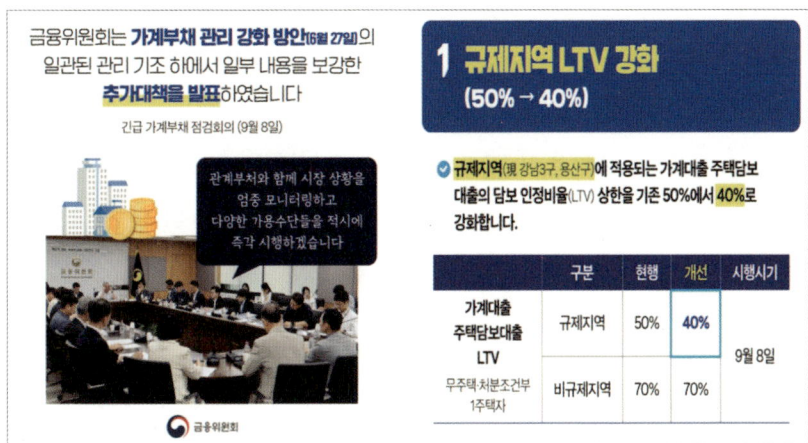

6억 원 한도 내에서 LTV 50%까지 대출이 가능했다. 그러나 9.7대책으로 규제지역의 LTV가 10%로 감축되면서 15억 원 이하의 아파트 매수 시 최대 6억 원도 못 받는 구조가 형성된 것이다. 즉 9.7대책은 15억 원 이상의 주택 가격을 잡기 위한 정책이 아니라, 최상급지의 상방이 열려 있는 상황에서, 키 맞추기를 할 15억 원 아래 주택들을 선제적으로 차단한 대책이었다고 볼 수 있다.

결국 공급 확대와 6.27 대출 규제의 보완을 담은 '9.7 부동산 대책'은 오히려 시장 열기를 자극하는 변수가 되었다. 정부는 2030년까지 수도권 135만 채 착공 계획을 발표했지만, 공급 발표의 대부분이 착공 계획 중심이었고, 실제 입주 물량은 빠르게 체감되기 어려운 구조였다. 게다가 「중대재해처벌법」, 건설 규제, 인건비 상승, 원자재 수급 불안 등으로 인해 신축 아파트 공사 지연 우려가 커지면서, 실질적 입주는 멀고 불확실하다는 공급 부족 공포감만 더 키웠다. 결국 단기적으로는 "지금 사야만 손해 안 본다"는 심리만 강화됐고, 매수 경쟁을 재점화하는 불쏘시개 역할만 했다.

이러한 시장 상황을 반영하듯 9.7대책 이후 대출 문의는 폭증했다. 마치 짜여진 정답지를 들고 오는 듯 마포에서 사야 할 단지, 성동의 주요 단지, 강동의 신축 단지 등 비슷한 시세를 형성하는 아파트 위주의 대출 문의가 쏟아졌다. 다음 규제가 마포, 성동, 강동 등 주요 주거 선호 지역에 대한 거래 제한이 예상되었기에 규제 막차를 타려는 심리의 집합체였다. 이 중 대부분은 매도 잔금과 더불어 6억 원의 대출이라도 받을 수 있을 때 최대한 상급지에 자산을 파킹하고자 하는 갈아타기 수요가 주를 이루었다. 현금 여력이 있는 사람들은 해당 지역들이 토지거래허가구역으로 묶여 현금으로도 갭투자가 더 이상 불가해지기 전에 전세를 끼고 사두려는 수요와 맞물려 해당 지역은 앉은 자리에서 몇억 원 이상의 호가가 뛰기도 했다.

또한 성남의 대장 단지와 광명의 신축 아파트, 안양, 평촌, 하남 등의 주요 아파트 등을 중심으로 매수 수요가 폭증해 그에 따른 대출 문의도 많았으나 실제 대출을 실행하기 위한 접수 건수는 문의 건수를 따라가지 못했다. 오히려 해당 물건 질문 후에 주변 단지에 대한 대출 가능 문의가 뒤를 이었다. 왜 그랬을까?

시장에 매매 가능한 매물이 많이 없었기 때문이다. 즉 매수자들은 매물을 잡고 싶어하는데 매도자들이 급하지 않다. 간혹 나오는 매물은 그다음 상급지로 이동하기 위해 급하게 처분하기 위한 매물이지 시장에 원활한 공급을 형성하는 충분한 매물이 아니었다. 그러다 보면 부동산 소장님들이 그 주변에 틈새 아파트 등을 추천하게 되고 조급한 시장 참여자들은 그 물건이라도 잡아야 하는 건지 일단 대출 가능 여부를 파악하려 했다. 10.15대책 전 대출 시장에서 흔히 보이던 패턴이었다.

투자와 실거주를 분리할 때 전세자금대출의 유의점

9.7대책으로 1주택자의 전세자금대출의 한도가 최대 2억 원으로 일원화되었다. 그동안은 SGI 전세자금대출을 활용할 경우, 1주택자 같은 경우엔 최대 3억 원까지 대출이 가능했는데 이제는 최대 2억 원을 넘지 못하는 것이다. 또한 지방에 1주택을 보유하더라도 수도권, 규제지역에서 전세대출의 최대 한도는 2억 원을 넘을 수 없다. 즉 이제 집이 한 채라도 있는데 수도권이나 규제지역에서 전세대출을 받으면 최대 2억 원만 가능하다는 소리다.

여기에 덧붙여 10.15대책으로 인해 1주택자가 규제지역에서 실거주를 위한 전세자금대출을 받을 땐 DSR까지 보게 되었다. 이젠 기존에 1주택을 구매하면서 최대한 대출을 활용해 이미 개인 DSR이 40%까지 모두 차 있는 상황에선 추가로 전세자금대출을 받지 못하기에 월

• 1주택자 전세대출 DSR 적용

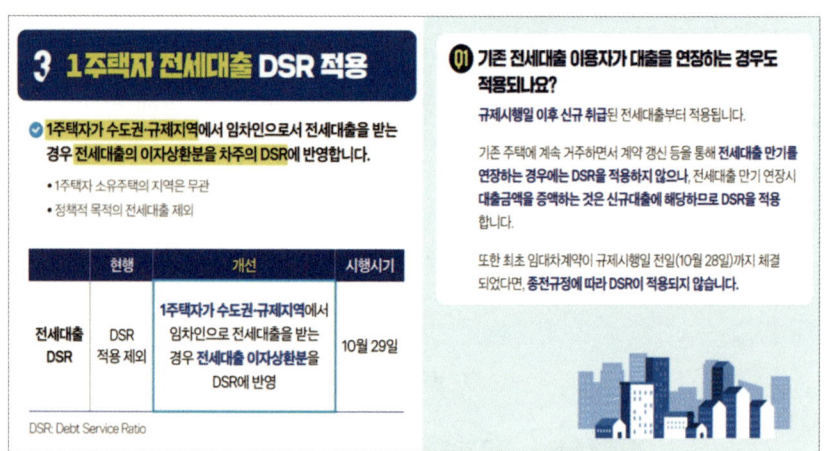

세로만 거주해야 한다는 뜻이다. 이러한 전세자금대출 규제는 전세의 위축을 초래해 반전세화와 월세화 현상을 가팔라지게 하는 데 영향을 크게 미치고 있다.

만약 기존에 DSR이 40%가 가득 차 있는 사람이 월세 보증금이 모자라서 신용대출을 받아 보증금에 보태려 한다면 가능할까? 불가하다. DSR 40%를 초과해서는 신용대출이 실행되지 않기 때문이다. 따라서 이 경우 월세 보증금은 대출 없이 전액 현금으로 마련해야 하므로 자금 계획을 잘 세워야 함을 잊지 말자.

그럼 기존에 실거주와 투자를 분리해 1주택자 전세자금대출을 3억 원까지 이미 사용 중인 사람은 계약 갱신 등을 통해 전세대출 만기를 연장하는 경우 1억 원을 상환해야 할까? 결론부터 말하면 최초 임대차 계약이 2025년 9월 7일 이전에 체결되었다면 별도의 상환 없이 연장이 가능하다. 만약 1주택인 상태에서 추가로 주택수를 늘릴 경우 다주택자가 되어 전세자금대출이 즉시 회수될 수 있으니 주의해야 한다. 다주택자는 1금융권에서 전세자금대출이 불가하기 때문이다.

전세대출 규제로 인해 규제지역에서 3억 원 이상의 아파트를 취득하고 다른 곳에서 임차로 거주할 경우 전세자금대출이 불가함도 잊지 말아야 한다. 반대로 전세자금대출을 받아 거주하고 있다가 규제지역에 3억 원 이상의 아파트를 취득할 경우에도 기존의 전세자금대출이 회수될 수 있으니 주의해야 한다. 이때 전세자금대출의 성격에 따라 다르지만 조건에 따라 즉시 회수가 일어나기도 하고 연장 시 연장을 해주지 않는 형태로도 제한을 두기도 한다. 그러니 실행 중인 전세대출 상품의 약정서도 잘 살펴두어야 한다.

멀티 채널 탐색을 통한 나에게 대출해주는 은행 찾기

보통 연말이 되면 대출은 잘 나오지 않는다. 대부분의 은행이 상반기에 실적을 다 채웠기도 하고 올해 대출 총량 규제가 심화됨에 따라 하반기 대출 물량 자체가 거의 소진되었기 때문이다. 따라서 대출 가능 여부를 파악하다 보면 겨우 매물을 잡았는데 내가 원하는 은행에서 원하는 한도를 주지 않을 경우를 만나기도 한다. 이럴 땐 주거래 은행만 고집할 게 아니라 나에게 대출해주는 은행을 찾아야만 한다. 현재 보험사 등의 2금융권이 대출 총량이 남아있는 경우가 많다. 지금처럼 대출 총량규제와 DSR 규제가 촘촘한 시장에선, 주거래 은행 창구만 두드리는 것보다 믿을 만한 대출상담사(대출모집인)를 통한 '멀티 채널 탐색'이 실전에서 유리할 때도 많다.

현재 가계부채 확대에 대비해 대출한도를 낮추는 스트레스 DSR 3단계가 도입되어 실행 중이며, 은행권 하반기 가계대출 총량 목표를 크게 낮춰 시행 중이다. 그 결과 대부분의 1금융권 은행에서 대출상담사를 통한 신규 접수를 받지 않고 있다. 2금융권도 A은행은 한도 소진, B은행은 여유가 있는 식으로 은행별 편차가 큰 편이다.

대출상담사는 이런 은행별 잔여 총량, 창구, 정책을 상시에 파악해 실행 가능한 은행으로 직접 연결해주는 역할을 한다. 실제로 2025년 8~9월엔 일부 은행이 대출상담사를 통한 주담대와 전세대출 접수 중단(한도 소진) 공지를 냈는데, 이런 부분 중단은 은행별로 달라서, 상담사 네트워크가 있으면 우회 경로를 빨리 찾기 쉬웠다.

대출 총량 압박이 커질수록 은행들은 대출상담사를 통한 외부 채널부터 먼저 조인다거나, 특정 지역이나 대출 유형만 잠그는 등 미세 조정을 한다. 한 곳이 막히면 바로 다른 은행, 다른 유형의 상품으로 전환 제안이 가능한 게 대출상담사의 강점이다. 한 은행만 볼 때보다 동일 조건에서의 체감 속도와 대출 승인율이 올라간다.

2025년 7월부터 스트레스 3단계 DSR이 시행되면서 대출 심사 로직이 사실 더 복잡해졌다. 정책보증 연계나, 일부 예외 취급을 해주는 은행 내 규정 적용이라든지, 대출 상품별 DSR 반영 방식이 은행마다 확연히 달라져 오히려 금융소비자가 결정 장애를 겪는 부작용을 낳았다. 이 경우 대출상담사는 여러 금융사 조건을 비교해 복잡한 차이를 한 번에 비교, 설명해주며 실제 실행 가능성이 높은 조합이나 은행을 바로 제시해주기에 금융 편리성이 크다는 장점도 가진다. 실제로 동일 차주에 같은 담보 조건인데도 은행별 잔여 총량과 내부 심사온도가 달라 통과 가능성 및 대출 조건이 달라지는 경우는 비일비재하다. 지금처럼 규제 중심의 시장에선 정보전에 강한 능력 있는 대출상담사를 잘 만나는 것도 인적 레버리지 중의 하나다.

간혹 이러한 대출상담사가 중간에서 브로커 수수료를 요구하거나 금리를 높여 금융소비자에게 되레 피해를 주는 건 아닌지 잘못된 오해나 편견을 가진 사람들도 더러 있다. 대출상담사는 「금융소비자보호법」(이하 「금소법」)상 '금융상품 대리 중개업자' 등록이 필요하고, 위법행위로 소비자에게 피해가 가면 위탁 금융회사도 사용자 책임을 지는 구조로 운영된다. 즉 등록, 감독, 책임 구조가 분명한 제도권 채널 내 은행 밖 직원이기에, 정식으로 「금소법」의 적용을 받는 업체에 정식 등록된 상담사라면 믿고 상담을 진행해도 무방하다(대출 상담사 조회 등은 금융감독원 및 은행협회에서 확인 가능). 어차피 대출상담사 수수료는 대출이 실행되면 은행으로부터 수취하기에 「금소법」상 고객에게 수수료를 요구할 수도 없다.

초고가 강남 시장은 정말 대출이 쏘아 올린 공일까

대출이 제한되면 매수 여력이 줄어 거래량은 줄어들지만, 반대로 자금 여력이 있는 수요자 중심으로 시장이 재편되면서 양극화 및 불균형이 커진다.

6.27대책 전에는 6억 원이라는 대출한도 제한이 없었기에 규제지역에서도 소득, 상환능력만 충분하면 LTV 50% 내로 대출이 가능했다. 연봉 3억 원이 넘는 전문직 맞벌이 부부 같은 경우 시세 40억 원 강남 아파트를 20억 원까지도 대출받아 움직이기도 했다. 하지만 이들이 이제 6억 원의 한도 제한에 걸려 아무리 상환능력이 충분해도 20억 원까지 대출을 받지는 못한다.

이제 강남의 핵심지 아파트의 신고가는 대부분 현금부자와 자산가 등의 몫이 되었다. 그렇다면 그동안 이러한 곳이 모두 대출로 이루어진 시장이었을까? 사실 그렇지 않다. 물론 앞서 살펴본 바와 같이 6.27대책 전에 충분한 대출이 나온 경우 대출의 힘을 받아 움직이는 수요도 많았지만, 그 당시에도 현금거래 비중이 더 높았다. 강남의 초고가 아파트가 그동안 '대출로 쌓아 올린 버블'이 아닌 이유다.

실제 강남구 고가 아파트 거래를 들여다보면, 매수자들이 대출 비중을 최소화하거나 아예 대출을 받지 않는 사례가 상당하다는 보도가 있다(〈마켓in〉, '강남에서 강남으로…'현금부자' 리그, 집값 못 잡는다'). 70억 원대 초고가 아파트를 매입하면서도 LTV를 꽉 채워 대출을 받은 사례는 전체 17건 중 4건에 불과했고, 나머지 거래는 대출 비중이 30% 수준에 머물렀다고 보도했다. 이는 대출 없이 사실상 현금 역량 중심으로 거래가 이루어지는 모습을 보여준다.

거래량이 급감한 상황에서도 강남3구 등 핵심 지역에서는 신고가 중심의 거래가 계속되었다. 거래는 줄었지만 가격은 꺾이지 않았다는 방증이다. 이는 거래 주체가 자본 여유가 있는 현금 중심 매수자로 갈수록 쏠리는 구조의 단면을 보여준다.

신고가 거래 해제 비율이 높았던 이유, 전자계약

반면 이러한 고가 아파트의 최고가 신고 거래 중 계약 해제 비율 또한 상당히 높게 나타났음을 알 수 있다. 특히 서초구는 해제 비율이 66.1%, 강남구는 52.8%, 용산구는 49.4% 등으로 조사된 바 있다. 해제된 거래 중 약 36.5%는 '최고가 거래'였던 것으로 나타났다. 즉 신고가를 찍고 곧바로 계약이 취소되는 거래들이 많았다는 것이다. 이는 수요를 자극하기 위한 가격 띄우기 전략일 수 있다는 의혹까지 제기된다. 정말 그랬던 것일까?

결론부터 살펴보면 정부와 시장 전문가들의 분석을 종합해본 결과, 이는 거래의 투명성이 높아진 결과이자 전자계약 활성화의 부작용일 가능성이 크다는 점이지 가격 띄우기가 아니었다는 것이다.

국토교통부 보도자료에 따르면, 2025년 상반기 전체 거래에서 계약 해제 건이 차지하는 비중은 4.2%에서 9.1%로 약 두 배 증가했다. 이는 2024년 상반기 2,620건에서 2025년 상반기 5,192건으로 늘어난 수치다. 그중 6.6%(280건)는 해제 후 다시 계약이 이뤄지지 않은 사례이며, 92%(3,902건)는 동일 거래인, 동일 매물, 동일 가격으로 재신고된 거래였다. 즉 대부분은 단순 취소 후 재계약 형태라는 뜻이다.

정부는 계약 해제 건수 증가의 주요 원인으로 금리 인하를 위한 '전자계약 활성화'를 꼽았다. 최근 주요 시중은행들이 전자계약서를 제출하면 주택담보대출 금리를 0.1~0.2%p 낮춰주는 혜택을 제공하면서, 일부 매수자들이 기존 오프라인 계약을 취소하고 전자계약으로 재체결하는 사례가 늘고 있다. 실제 대출 현장에서는 빈번하게 일어나는 형태다. 이 과정이 통계상 계약 해제 후 재신고로 잡히며 해제 건수 증가로 보이는 것이다.

또한 전자계약은 서류 처리 절차를 줄여 대출 실행 속도를 단축하고 세금 신고 절차를 단순화하기 때문에 실수요자 입장에서도 재계약이 합리적인 선택이다. 정부도 "전자계약을 통한 대출 금리 인하, 거래 편의성 개선이 주요 요인"이라 공식 발표했다(국토부 공식 설명자료, 2025.09.24 발표).

실제 거래량이 늘면서 거래가 활발해지자 계약 해제 건수도 많아지는 것은 당연한 상관관계다. 서울 아파트 거래량은 2024년 상반기 1만 7천 건에서 2025년 상반기 2만 9천 건 이상으로 늘었다. 계약 해제율이 증가한 것은 거래 건수 자체가 많아졌기 때문이지 허수 거래 증가나 가격 띄우기가 아님을 알 수 있다.

또한 실제로 해제 후 재신고 비율이 90%를 넘는다는 점은 허위 거래보다는 제도적 변화나 금융상의 이유로 인한 재계약으로 보는 것이 타당하다. 국토부 역시 "거래 급증, 전자계약 확산, 대출 우대 등 시장 변화 요인이 복합 작용한 결과로 판단된다"고 밝혔다.

결국 계약 해제 급증은 금융·행정 제도의 변화로 인한 통계상 착시에 가깝다. 전자계약의 금리 우대, 거래 투명성 강화, 실수요자 중심 재계약 등은 모두 건전한 시장 흐름이다. "계약 해제가 곧 허위 거래"라는 단선적 해석은, 오히려 시장 참여자들의 합법적이고 이성적인 행동을 왜곡하는 프레임일 수 있다.

10.15대책 이후 달라진 대출 환경

시장의 불쏘시개 역할만 했던 9.7대책 이후 10.15대책이 나왔다. 서울 전역과 경기도 일부 지역의 토지거래허가제(이하 토허제) 지정은 대출에서도 크나큰 충격을 주었다. 기존 6.26대책으로 서울 수도권에서 6억 원의 대출을 받으면 6개월 이내로 전입해야 했지만 사실 이것이 실거주 의무는 아니었다. 하지만 토지거래허가구역으로 묶이면서 주담대 여부와 상관없이 실거주 의무가 부과되었다. 또한 이젠 주택 가격별로 대출한도가 정해진다.

즉 KB시세나 한국부동산원의 시세가 15억 원 이하이면 최대 대출을 6억 원까지 받을 수 있고, 15억 원에서 25억 원 사이의 주택 가격은 최대 대출한도 4억 원, 25억 원 이상은 최대 2억 원까지만 대출을 받을 수 있다. 고가주택일수록 대출받기가 힘들어지는 것이다.

앞서 살펴본 대로 고가주택은 어차피 대출이 움직이는 수요가 아니다. 25억 원 이상의 대출이 2억 원밖에 나오지 않는다는 것보다, 사실 10.15대책은 대출의 힘을 받아 갈아타기를 해서 상급지에 입성하려 했던 15억 원 이상에서 25억 원 정도의 수요층에 타격이 컸다. 15억 원 이하는 최대 6억 원까지 대출이 가능하나 규제지역은 LTV 40%까지만 대출이 가능하기에 일반 무주택자들은 이 6억 원도 활용할 수 없게 되었다.

• 주택 가격별로 정해지는 대출한도

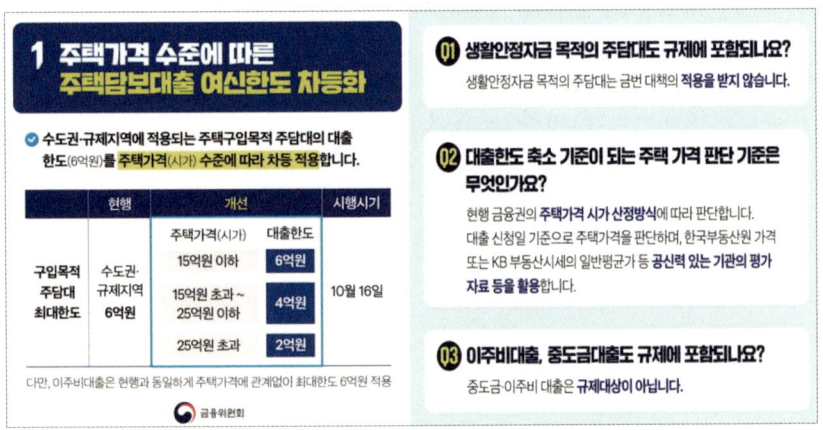

하지만 15억 원 이하의 주택에서도 대출을 잘 활용할 수 있는 계층이 있다. 바로 규제지역에서 생애최초와 서민 실수요자 요건(연 소득 9천만 원 이하의 무주택 세대주가 규제지역에서 8억 원 이하의 주택을 구매할 경우)으로 집을 사려는 사람들이다. 생애최초는 규제지역에서도 LTV가 최대 70%까지 활용 가능하며, 서민 실수요자 요건은 최대 60%까지 활용이 가능하기 때문이다. 예컨대 규제지역에서 10억 원의 주택을 구매할 시 일반 무주택자는 LTV 40%가 적용되기에 소득이 된다면 최대 4억 원까지만 주담대가 가능하다. 하지만 생애최초는 최대 6억 원까지 가능하기에 4억 원의 자본금만 있으면 규제지역에서도 10억 원의 주택을 구매할 수 있다.

여기서 대출력을 발휘하면 초기 투자금을 더 줄일 수도 있다. 만약 혼인 신고한 부부인 경우, 주담대를 받는 배우자가 단독 명의로 해당 집을 구매하고, 소득이 높은 배우자가 DSR 범위 내에서 신용대출을 받는다면 초기 투자금을 더욱 줄일 수 있다. 예컨대 연봉 1억 1천만 원인 배우자가 연봉만큼 신용대출을 내서 주택 구매에 보탤 수 있다는 뜻이다. 물론 규제지역에서 신용대출을 활용할 경우 고액신용대출 규제는 주의해야 한다. 1억 원 이상의 신용대출을 받아 해당 자금으로 1년 내 규제지역에 집을 사면 신용대출이 회수되기 때문이다. 하지만 이 경우 어차피 신용대출을 1억 원 이상 사용한 차주 명의로는 주택을 구매한 것이 아니기 때문에 상관없다. 이것이 대출력이다.

규제지역에서 6억 원까지 주택담보대출을 받으려면 연봉 1억 원인 사람은 주기형 주담대를 받아야 한다. 10.15대책으로 규제지역의 스

• 스트레스 금리 상향 조정

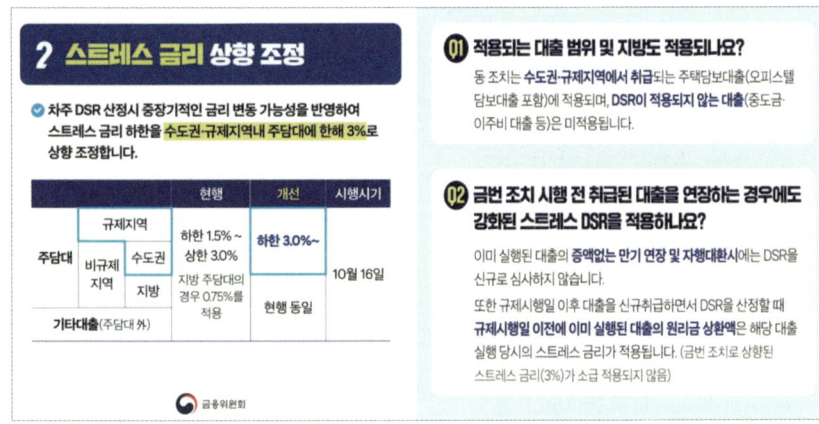

• 연봉에 따른 최대 대출 가능 금액

연봉	실수령액	월 상환액 (연 상환액)	대출가능금액		
			DSR 40%	DSR 50%	DTI 60%
3,000만원	월 255만원	월 100만원 (연 1,200만원)	1.50억원	1.87억원	2.73억원
4,000만원	월 294만원	월 133만원 (연 1,600만원)	2.00억원	2.50억원	3.64억원
5,000만원	월 358만원	월 166만원 (연 2,000만원)	2.50억원	3.13억원	4.55억원
6,000만원	월 421만원	월 200만원 (연 2,400만원)	3.00억원	3.75억원	5.46억원
7,000만원	월 483만원	월 233만원 (연 2,800만원)	3.50억원	4.38억원	6.37억원
8,000만원	월 541만원	월 266만원 (연 3,200만원)	4.00억원	5.00억원	7.28억원
9,000만원	월 599만원	월 300만원 (연 3,600만원)	4.50억원	5.63억원	8.19억원
1억	월 658만원	월 333만원 (연 4,000만원)	5.01억원	6.25억원	9.1억원

※ 다른 대출이 없을 경우, 30년 원리금상환 변동형 주담대 4% 기준(스트레스 DSR 3.0% 적용 시)

트레스 가산금리가 기존 1.5%에서 3%로 가산되어 대출한도가 대폭
줄어들었기에 고정금리 상품인 주기형이 변동형 상품보다 더욱 유리
해졌기 때문이다.

만약 연봉 1억 원인 차주가 일반 변동형으로 대출을 받는다면 이젠 1금융권 은행에선 5억 원 정도밖에 대출을 못 받는다. 물론 보험사와 같은 2금융권을 활용하면 변동형 상품이라도 6억 원 이상의 대출이 가능하다. 하지만 DSR 40%에 맞춰 1금융권에서 주담대를 실행하고 싶다면 고정금리 상품인 주기형 상품을 활용해보는 것이 가장 좋다.

규제의 시대에도, 대출력이라는 사다리로 기회를 사자

서울 부동산 시장은 이제 상식의 경계를 넘었다. 20억, 30억 원의 가격표가 붙은 아파트들이 속출하고, 평범한 근로소득자에게 그 숫자는 단순한 자릿수가 아니라 불가능의 상징으로 느껴진다. 그러나 시장은 언제나 기회를 포착하고 움직이는 사람들에게 미소를 지어준다.

지금은 엄밀히 말하면 집값이 오르는 시대가 아니라, 돈의 가치가 떨어지는 시대다. 현금이 녹아내릴 때, 좋은 입지의 부동산을 레버리지로 보유하는 것은 부를 늘리기 위한 공격이 아니라 가치를 지키기 위한 방어전략이다. 이때 활용되는 대출은 리스크를 만드는 것이 아니라, 리스크를 분산시키는 도구다. 좋은 부채는 강력한 자산 방패가 된다.

규제가 강화될수록 오히려 대출력을 통한 자산 이동의 효율성은 커진다. 아는 사람만 더욱 움직일 수 있기 때문이다. 지금 필요한 것은 두려움이 아니라 전략이며, 대출은 단순한 부채가 아니라 자산을 불리는 방법이며 미래의 기회를 사는 지렛대라는 인식의 전환이다.

강남의 초고가 거래는 오랫동안 현금 중심이었다. 실제로 70억 원대 거래 중 70% 이상이 대출 없이 이뤄진다. 그러나 이것이 시장의 정체를 의미하지는 않는다. 상단이 현금으로 움직이면, 중단과 하단은 레버리지 활용이 가능한 자금으로 끊임없이 회전한다. 규제는 거래를 멈추게 하는 장벽이 아니라 거래의 이동선을 바꾸는 신호다. 대출이 제한되면 강남권 중심의 거래의 무게 중심은 곧바로 서울 수도권 외곽, 또는 지방 핵심지로 이동한다.

6.27대책은 수도권 규제지역의 주담대를 6억 원 한도로 제한하고, 전입의무와 처분 조건을 부과했다. 이로 인해 과거처럼 소득이 충분하면 10억, 20억까지 대출이 가능했던 시대는 막을 내렸다. 고가 지역으로 진입이 막히자, 시장의 수요는 자연스럽게 대출이 가능한 구간으로 재편됐다. 실제로 9.7대책 직후 대출 문의는 강남에서 마포, 성동, 광명, 하남 등으로 급격히 확산됐다. 시장은 단지 길을 바꿔 흐를 뿐이다.

한때 생애최초주택 구입자들은 후순위대출을 활용해 수도권 핵심지로 진입할 수 있었다. 이제는 수도권 규제지역에선 불가능하지만, 지방에서는 여전히 LTV 80%, 실거주 의무 없음 조건으로 활용이 가능하다. 적은 종잣돈으로 좋은 입지를 먼저 점유하는 것. 대출을 두려워하지 않고, 레버리지를 구조적으로 이해해 좋은 자산을 획득하는 방법은 지방에서는 여전히 가능하니 생애최초는 이 기회 또한 놓치지 않길 바란다. 대출을 받는 것이 위험한 것이 아니라 좋은 자산을 놓치는 것이 위험한 일이기 때문이다.

이후 이어진 10.15대책은 오히려 생애최초와 서민 실수요자 요건의 무주택자에게 규제를 피해 입지가 상대적으로 떨어지는 곳으로 눈을 돌리는 것이 아니라, 오히려 토허제로 더욱 빛나 보이는 규제지역에 시선을 놓치지 말라고 말해준다. 지방에서 생애최초를 활용하든, 규제지역에 생애최초를 활용하든 각 가정의 상황에 맞게 자신의 소득, 부채, 보유 현금을 기준으로, 현실적으로 매수 가능한 지역과 가격대를 살펴본 후 최대한 대출을 활용해 내 집 마련을 하자.

첫 번째 내 집 마련은 종잣돈과 대출로 하는 것이라면 갈아타기할 내 집은 기존 주택을 매도한 자금과 대출로 움직인다. 즉 집은 대출로 사고, 대출은 집으로 갚으며, 그다음 집은 집으로 사는 구조다. 오를 내 집이 없다면 갈아타기를 통한 자산 증식도 있을 수 없다. 이 흐름을 읽는 자만이 기회를 잡는다.

규제가 아무리 강해도 시장은 멈추지 않는다. 대출이 막히면 시장은 그다음 가능한 구간으로 이동할 뿐이다. 화폐가치가 녹아내리는 시대, 좋은 레버리지는 부를 불릴 뿐만 아니라, 부를 지키는 힘이다. 대출을 두려워하지 말고 지금 가능한 한도 안에서 시작하라. 여러 악조건 속에서도 대출력을 활용해 내 집 마련과 갈아타기를 해낸 사람만이 더욱 양극화되는 자본주의 시대에서 살아남을 것이다.

이렇듯 대출을 활용해 여러 번 갈아타기를 통해 자산을 점차 증식해 나가다 보면, 20억, 30억으로 불리던 나와는 상관없던 강남이, 어느새 나의 종착역으로 자리매김해 있을지도 모른다.

2026년
어떻게 자산을
증식할 것인가?

앨리스허 허미숙

- 입지분석 전문가
- 행투네 대표
- 오를집 공인중개사무소

2025년 한 해 더 없이 분주한 날이었다. 한 해 동안 1대1 부동산 상담을 통해서 수백 명이 나를 찾아오셨다. 월화수목금금금 일을 하면서 다양한 직업군과 여러 계층의 사람들을 만났다. 서울뿐만이 아니라 수도권, 제주도를 포함한 지방 광역시에서 상담을 오셨고 국내뿐만이 아닌 국경을 넘어 미국, 중국에서도 상담을 받으러 오셨다.

직접 올 수 없는 분들은 줌을 통해서 상담을 진행하기도 했고, 당장 중대한 결정이 필요한 분들에게는 전화 상담으로 급한 불을 꺼 드리기도 했다. 상담을 시작한 지 만 2년이 되어가는 지금은 꼬리에 꼬리를 물고 한 번 상담을 다녀가신 분들이 주변 지인들을 소개해주셔서, 소개에서 소개로 이어지는 릴레이 상담을 하고 있기도 하다.

2023년 겨울, 부동산 상담을 처음 시작할 때만 해도 이렇게 뜨거울 것이라 전혀 예상하지 못했다. 더욱 놀라운 것은 부동산 상승장과 더불어 상담을 오시는 분들의 다양한 수백 가지의 사례는 엄청난 빅데이터가 되고 있다.

그분들이 어떻게 그렇게 큰 투자금을 보유하게 되었는지

그분들이 과거에 어떤 선택을 해서 부를 이루게 되었는지

반대로 그분들이 과거에 어떤 선택을 했기에 자산이 반토막이 난 건지

그분들은 지금 어떤 선택을 하는지, 그리고 그 선택의 결과는 2년 사이에 어떻게 되었는지

지금 어떤 집들이 팔리고 있는지 또 어떤 집들을 사고 있는지

수백 건의 사례에서 배운 단 하나의 진실은 바로 이것이었다. "똑똑한 한 채를 장기 보유하라!"

11년의 세월 동안 전국으로 실전 임장을 다니면서, 수없이 많은 집을 사고팔아보면서 수없이 다양한 경험을 했고, 그 경험을 바탕으로 지금 나는 부동산 전문가라는 직업을 갖게 되었다. 10년이라는 짧은 부동산 역사를 돌이켜본다면, 다주택자 취득세 중과라는 장벽도 없었고 단기 양도에 대한 징벌적 과세도 없었던 과거에는 단기간에 적은 돈을 벌어서 현금흐름도 만들고, 그 돈을 굴리고 굴려서 큰돈을 만들 수 있었던 시절이 있었다. 서울보다는 수도권과 지방 광역시가 인기가 많았던 이유는 소액의 투자금으로 높은 수익률을 낼 수 있다는 장점이 있었기 때문이었다. 그러나 투자 환경이 많이 달라진 지금, 과거의 방식으로는 돈을 벌기보다는 돈이 부서지는 뼈아픈 경험을 하게 될 수

있다.

정권이 바뀌면서 수차례 두드려 맞은 부동산 규제로 취득세 장벽은 너무 높아졌다. 최소 2년 보유기간 제한도 걸린 상황에 다주택자들은 보유세 부담까지 커졌다. 내가 쓸 수 있는 카드가 많을 때는 큰 고민 없이 지금 내가 갖은 투자금에 맞는 아파트를 제한 없이 자유롭게 매수·매도가 가능했지만, 지금은 나에게 주어진 카드는 단 두 장뿐이다. 조정지역 하나와 비조정지역 하나 혹은 비조정지역 2개. 그 두 장을 어떻게 써야 가장 효율적인 자산 증식이 될지에 대한 수없이 많은 고민이 필요한 시기이기에 나와 같은 전문가의 도움이 더욱 절실해졌다.

2026년 필요한 투자전략

2026년 부동산 시장이 과연 어떻게 될까. 지금 내 집 팔아야 할지 더 보유해야 할지, 지금이라도 사야 할지, 혹시 상투를 잡는 건 아닌지, 혹시 모를 질호의 기회를 기다려야 할지. 여러분들의 다양한 질문에 내가 사이다 같은 답변을 드릴 수 있는 이유는 어떤 집이 돈이 되는지를 정확히 알기 때문이다. 많은 고민 속에서 오를 집에 대한 기준을 확실히 세운다면 더 이상 흔들릴 필요가 없다.

• 다주택자가 되기보다는 똑똑한 한 채에 집중해야 하는 시대가 열렸다. 정부는

무주택자 내지 1주택자 갈아타기에 대해서는 비교적 관대하다.

- 세금과 부대비용으로 다 나가는 단기 투자보다는 보유기간을 최대한 늘려야 목돈이 된다. 시간이 다소 걸리더라도 목돈이 굴러가는 눈덩이의 크기는 작은 돌멩이에 비할 수 없다.

- 돈이 부족하다면, 대출 레버리지를 최대한 이용해서라도 나르는 양탄자에 올라타야 한다. 내가 깔고 앉아 있는 똘똘한 실거주집은 든든한 버팀목이 되어 준다.

- 사업성이 괜찮은 재건축 아파트라면 10년 이상 몸테크를 해서라도 끝까지 지켜내야 한다.

- 절대 상급지를 팔고 하급지로 옮겨 타는 실수를 하지 마라. 다시는 그곳으로 되돌아 갈 수 없다.

- 자금이 부족하다면 차곡차곡 돈을 모으는 시간이 필요하다. 조급한 마음에 잘못된 선택을 하기보다는 다음 장에서 확실한 기회를 잡으면 된다. 방법을 알고 있다면 지금의 결핍이 결코 두렵지 않다.

"2026년에도 무조건 서울이 답이다."

그렇다면 당장 서울에 입성할 수 없는 사람들에게는 아예 기회조차 없는 것인가. 자금력이 턱없이 부족한 사회 초년생 혹은 신혼부부, 서울이 아닌 지방에 주거지를 둔 사람들은 어떻게 자산을 증식하고 부를 이룰 수 있는가. 서울 부동산 상승이 심화될수록 서울을 갖지 못한 사람들의 고민이 깊어질 수밖에 없다. 같은 투자금이라면 당연히 서울이 정답이겠으나, 그만큼의 자금 여유가 없다면 차선책이 필요하다.

똑똑한 한 채는 서울에만 있는 것이 아니다. 서울이면 좋겠으나, 서울의 모든 아파트가 똑똑한 한 채는 아니지 않는가! 각 지역에 똑똑한 한 채는 반드시 있다. 2026년, 나의 조건에 맞는 똑똑한 한 채를 찾아야 한다.

똑똑한 한 채의 정확한 의미가 무엇인가?

'똑똑한 한 채'란 내가 가용할 수 있는 최대의 자금으로 최고의 가성비를 낼 수 있는 아파트를 말한다. 단순히 가격이 비싼 집이 아니라, 실거주와 미래 가치 상승, 우수한 환금성까지 갖춘 한 채에 집중하는 전략을 말한다.

최고의 가성비를 낼 수 있는 아파트는 수요가 튼튼하게 뒷받침이 되는 지역이어야 한다. 꼭 서울이 아니어도 수도권 및 지방 광역시 일지라도 집을 매수하고자 하는 수요 여부를 파악하는 것이 가장 중요하다. 집을 매수하고자 하는 수요는 일자리를 기반으로 해야 튼튼한 하방지지가 가능하고 그 일자리를 얼마나 편하고 빨리 갈 수 있느냐에 따라 집값이 결정된다.

서울은 3대 업무지구인 강남(GBD), 여의도(YBD), 종로/광화문(CBD), 그리고 새롭게 떠오르는 마곡지구(MBD) 등 고소득 직장인들이 받아줄 수 있는 아파트들은 상승의 중심에 서게 된다. 경기도권에서는 판교와 신흥강자인 과천 지식정보타운처럼 고급 일자리로의 직장 근접성은 미래가치가 보장된 곳이라 할 수 있다. 서울을 포함한 이런 일자리로 들어가는 지하철 노선도만 잘 연구해도 서울 수도권에서 똑똑

• 똑똑한 한 채를 찾을 수도권 지역

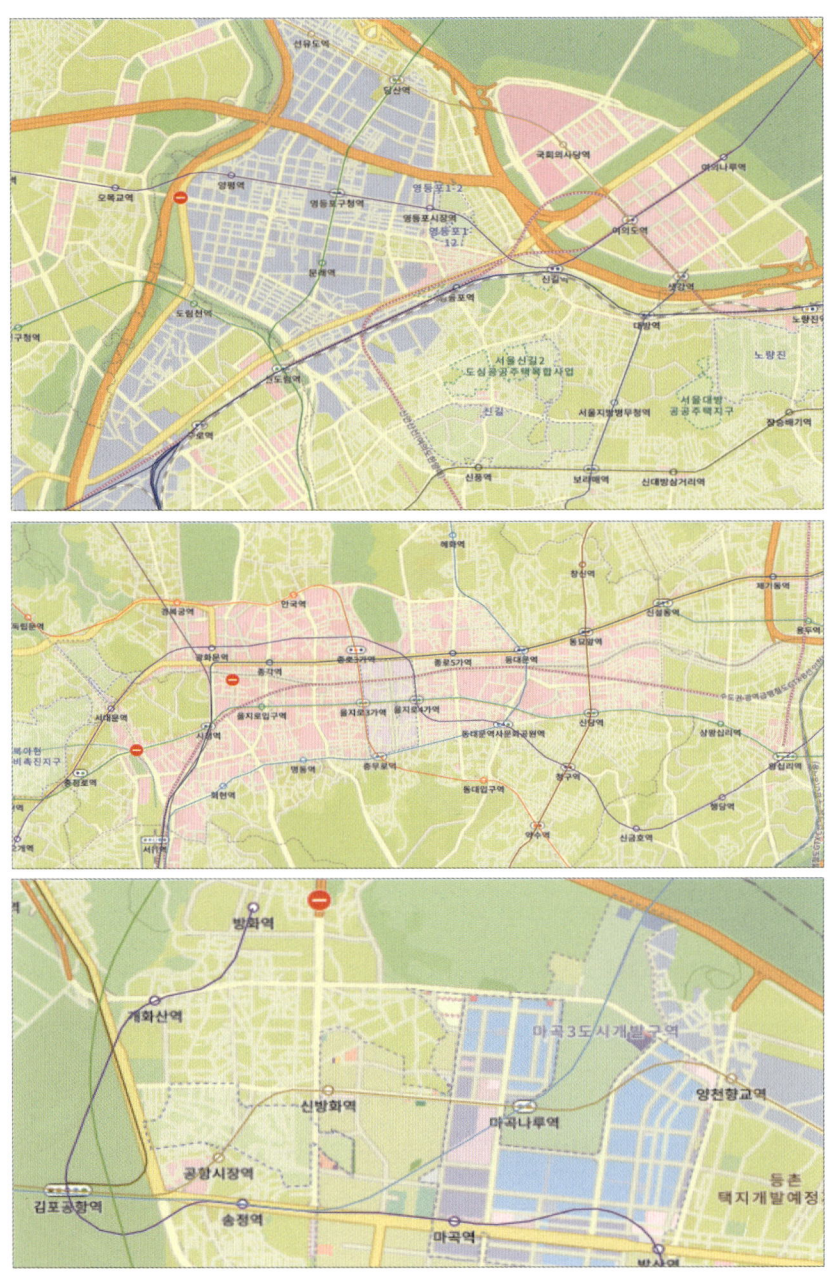

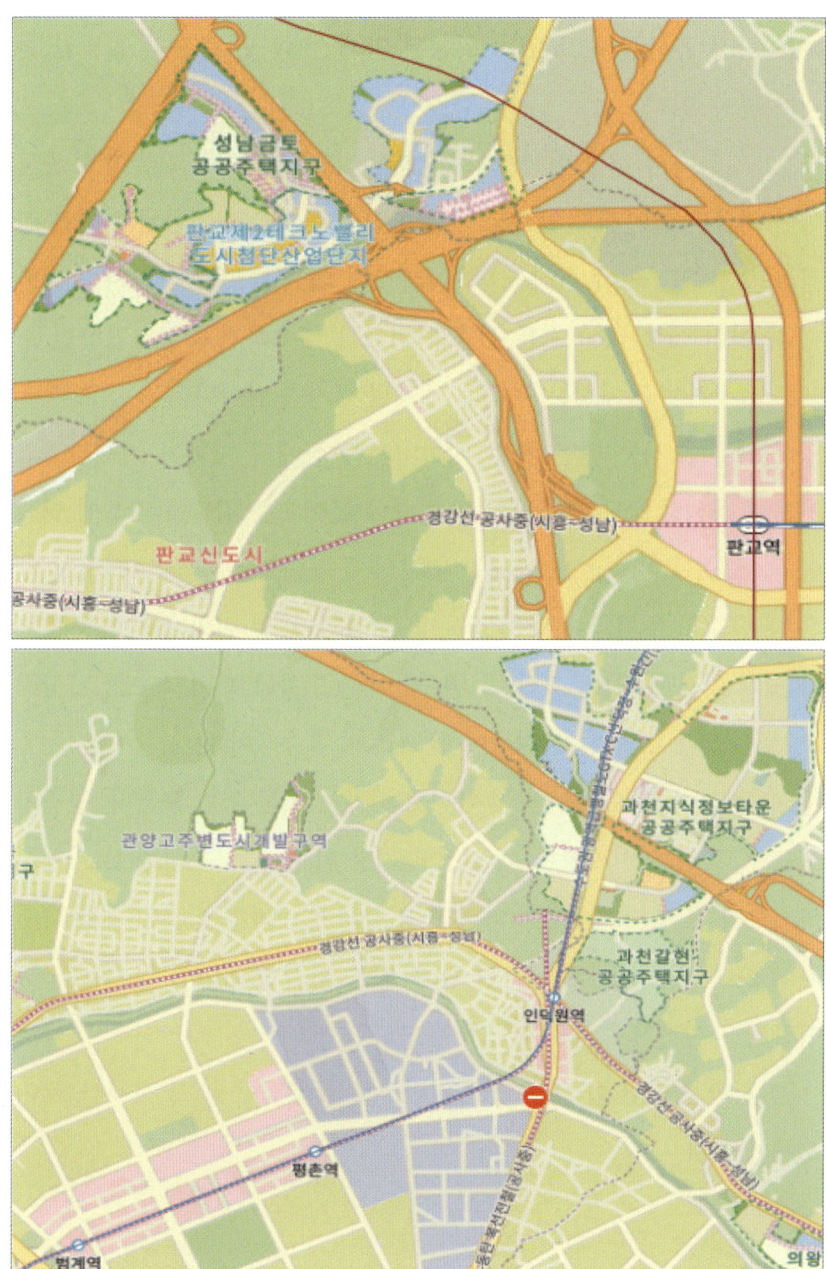

한 한 채를 충분히 찾을 수 있다. 착공이 예정되어 있는 미래의 역세권 혹은 당장 공사를 하고 있는 확정된 역세권이라면 충분히 똑똑한 한 채가 될 수 있다.

그 지역에서 대장 아파트이면 더없이 좋을 것이나, 자금이 부족하다면 지금은 열악해도 앞으로 대단지 신축 아파트로 거듭날 지역을 선점하는 전략을 짜야 한다. 신축 아파트에 대한 니즈가 최고치에 달한 지금, 이미 너무 많이 오른 신축 아파트를 매수하기 부담스럽다면 소액으로 시간에 투자하는 재건축·재개발 투자가 답이다.

상담을 오시는 많은 분이 네이버 부동산에서 매매와 전세가격의 차이를 검색해서 내 투자금의 범주 안에 들어오는 집들을 엑셀에 열심히 적어 오신다. 리스트 안에는 입지나 준공년도를 전혀 고려하지 않은 채 단순히 투자금에 맞는 집을 찾은 결과다. 몇 번의 검색으로 누구나 쉽게 찾을 수 있는 그런 아파트가 아닌 투자금 대비 최고의 가성비를 낼 수 있는 신축 혹은 신축이 될 물건에 집중해야 한다.

모든 집이 다 오르는 것이 아니고 이제는 오를 집만 오른다. 옆집이 오르면 내 집도 시차를 두고 키 맞추기를 할 것이란 기대를 갖고 매수하기보다 그 집의 미래가치와 수요가 강하게 뒷받침될 것인가 잘 따져봐야 한다. 신축이거나 신축이 될 수 있는 확실한 희망이 있는가, 구축이라도 입지가 열일하는 집이어야 한다.

진정한 똑똑한 한 채는 가진 것만으로 세상 든든함 그 자체인, 많이 오를 집이다.

부동산 상승장에서 남발되는 테마주 중 옥석을 가려야 한다

작은 투자금으로 서울 입성을 꿈꾸는 분들이 가장 먼저 접하는 투자 항목이 빌라 투자다. 전세를 끼고 매수하면 투자금에 대한 부담감이 적기 때문에 희망 회로를 돌리게 된다. 심지어 전세가격을 높게 받을 수 있다는 장점을 부각시키며 신축 빌라업자까지 나서서 빌라 매수를 추천하니 핑크빛 청사진만을 갖고 덜컥 빌라를 매수하는 분들이 정말 많다. 나는 이런 극초기 재개발 빌라 투자를 테마주라고 말한다. 사업성과 무관하게 이슈만으로 크게 오르내리므로 예측이 어렵고 위험성이 높은 투자라고 할 수 있다. 이슈가 식으면 빠르게 하락할 가능성이 크므로 신중한 접근이 필요하다.

부동산 상승장의 분위기에 힘입어 서울 전역에 모아타운부터 시작해서 아직 조합설립인가조차도 되지 않은 극초기 재개발 구역들이 너무 많다. 이 중에 과연 어떤 구역들이 정말 끝까지 잘 갈 수 있을지 초기 단계에서 판단하기 쉽지 않다. 차라리 이슈가 부각될 때 단기 수익을 내기에는 좋을 수 있어 보이나, 그냥 묻어 둔다는 막연한 기대감으로 장기 보유는 추천하지 않는다. 부동산 분위기가 바뀌면 잘 나가던 사업장들도 사업성 하락 등의 이유로 사업속도가 느려지는데, 극초기 정비사업들은 새로운 이슈가 생길 때까지 더없이 오랜 시간을 버텨야 할 수 있다.

소액이라는 이유로 혹은 지역 네임밸류에 대한 기대로 기한 없는 투자를 하기보다는 투자금을 더 지불하더라도 어느 정도의 기한과 사업성이 눈에 보이는 정비사업에 투자하는 것을 추천한다.

• 서울 용산구 후암동 정비사업 현황

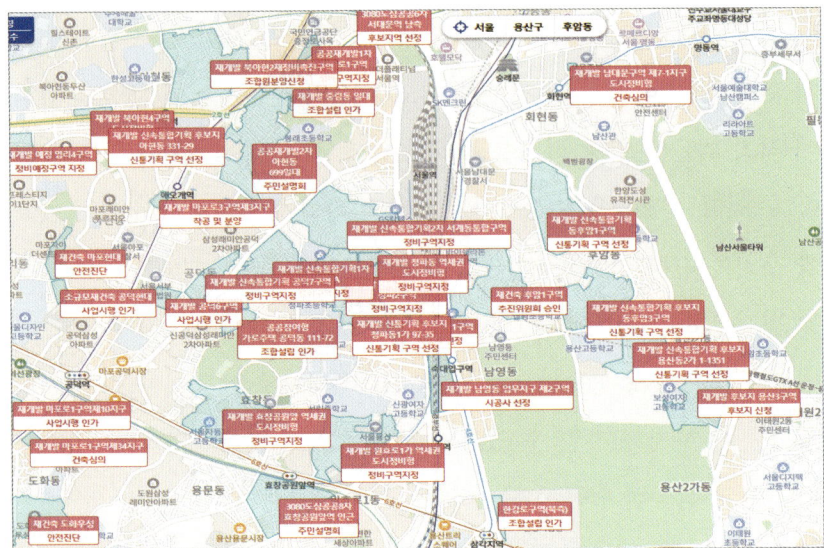

출처 : 아실

내가 무슨 짓을 했는가: 떠난 버스를 기다리지 마라

많은 분들이 말씀하시는 가장 큰 후회 중 하나는, ① 그때는 그 돈으로 여러 가지 선택지가 있었는데 하필 내가 선택한 아파트의 상승폭이 상대적으로 너무 작아서 오는 속상함이다. 도저히 치유되지 않는 더 큰 속상함은 ② 내가 버린 카드가 우수한 상급지 카드였다는 것을 뒤늦게 알게 될 때다.

나는 무슨 짓을 했는가. 그때 나는 왜 그런 선택을 했을까. 돌이켜보면 ① 대출이자 부담을 줄이고자 혹은 ② "여기가 더 오르겠어?"라는 섣부른 판단으로 내 집의 진정한 가치를 알아보지 못했기 때문이었다.

대출이자가 부담스러워 내 집을 팔고 전세로 내려앉거나, 상급지를 팔고 하급지로 가는 선택을 하게 되면 당장은 지출이 줄어 돈이 모이는 것처럼 느껴질 수 있으나, 돈이 모이는 속도는 내가 매도한 상급지 아파트가 오르는 속도를 도저히 따라잡을 수는 없다. 왕관의 무게를 견뎌야 왕의 자리에 앉을 수 있다. 레버리지를 얼마나 잘 활용할 수 있는가에 따라 자산의 증가 속도는 우상향하게 된다. 부디 소탐대실하지 않기를 바란다. 대출이자는 집값이 내주게 된다. 나는 그동안의 시간을 감당하고 버텨야 단물을 마실 수 있다.

진정한 상급지 갈아타기란?

내가 보유한 집값이 오르면 처음에는 기분이 좋다가도, "하락장이 와서 떨어지면 어떡하지?"라는 걱정으로 "이 정도 올랐으면 떨어지기 전에 팔까?"라는 생각을 하게 된다.

반대로 그동안 더디게 오르다가 이제 막 매수세가 붙어서 매수자가 나타나면, 덜컥 겁이 난다. "지금 파는 게 맞나? 팔고 나서 더 오르면 어떡하지?" 계좌를 주어야 할지 말아야 할지 고민하는 분들이 많다. 급하게 상담을 요청하시는 대부분이 바로 이 경우다.

집을 팔아야 할지 말지를 결정하기 전에, 내 집에 대한 냉철한 감정평가가 필요하다. 서울 똘똘한 아파트 가격이 너무 오르니 10억 원 이하 내지 10억 원대 초중반 구축 아파트 혹은 입지가 살짝 빠지는 아파트들이 급매 위주로 하나씩 팔리고 있다. "이렇게 아무것도 안 하고 있으면 벼락거지가 될 듯하니 뭐라도 사야겠다" 하며, 그동안 손 놓고 있던 후발주자들이 가진 돈으로 살 수 있는 급매물을 매수하기 시작했다.

수년간 하나도 오르지 않던 집, 그렇게 팔고 싶어도 매수세가 전혀 없었던 집, 그런 집에 매수 콜이 왔다면 매수자의 마음이 변하기 전에 망설이지 말고 당장 계좌를 줘라. 그리고 계약금이 입금되자마자, 나 역시 상급지 갈아타기를 하면 된다. 시간 차를 줄이면 줄일수록, 상급지 아파트의 상승폭이 크니 설사 내가 버린 카드가 매도 이후 오르더라도 하나도 배가 아프지 않다. 그래서 1대1 부동산 상담은 팔고 나서 오는 게 아니라, 팔기 전에 오시라고 추천하는 이유다.

부디 집을 매도할 때도 명확한 기준을 세워 둬야 한다. "그냥 많이 올랐으니까 팔까?"라는 개념이 아닌, "이 집을 팔면 얼마의 자금이 생기지? 그럼 그 돈으로 무엇을 살 수 있지?"부터 생각해야 한다. 지금보다 훨씬 더 나은 대안이 있다면, 그때는 과감하게 실행하면 된다. 상급지 갈아타기는 빠르면 빠를수록 좋다. 가격의 오름폭이 훨씬 크고 빠른 것은 당연하거니와, 매수할 수 있는 물건 자체가 매우 귀하다. 그 어떤 때보다도 상급지 갈아타기 전략이 필요한 2026년이 될 것이다. 각 지역에 아직 남아있는 기회를 잡기 위해 분주하게 움직여야 한다.

상급지 갈아타기는 이렇게 하는 것이다

사례1 경기도 외곽에서 서울 중심부로 입성

2024년 9월 어느 날, 운정신도시 아이파크를 보유하신 분이 부동

산 상담을 오셨다. 운정신도시 아이파크는 2020년 7월 입주한 3,042세대 대단지 아파트로 GTX-A 운정중앙역 역세권 아파트다. 초중고 학군도 우수하고 길 건너 상권과 공원을 품은 운정신도시 힐·푸·아 삼형제 중 대장 아파트다. 청약에 당첨된 이후 계속해서 보유 중이나, GTX-A가 개통되었음에도 불구하고 가격 반등이 쉽지 않은 지역이다. 공급 물량 앞에 장사 없다고, 거의 10년 동안 공급폭탄이 쏟아지고 있다.

"최근 운정신도시 아이파크 매도 콜이 자꾸 오는데요. 이 아파트를 팔아야 할까요? 아직 오르지도 않은 아파트를 팔려고 하니 지금 매도하는 게 맞는지 걱정돼요. 이거 팔아서 서울 상급지로 갈아타기하고 싶은데 서울이 그새 많이 올라서 학군이 괜찮은 실거주 아파트를 못 찾겠어요."

• 운정신도시아이파크 매매 현황

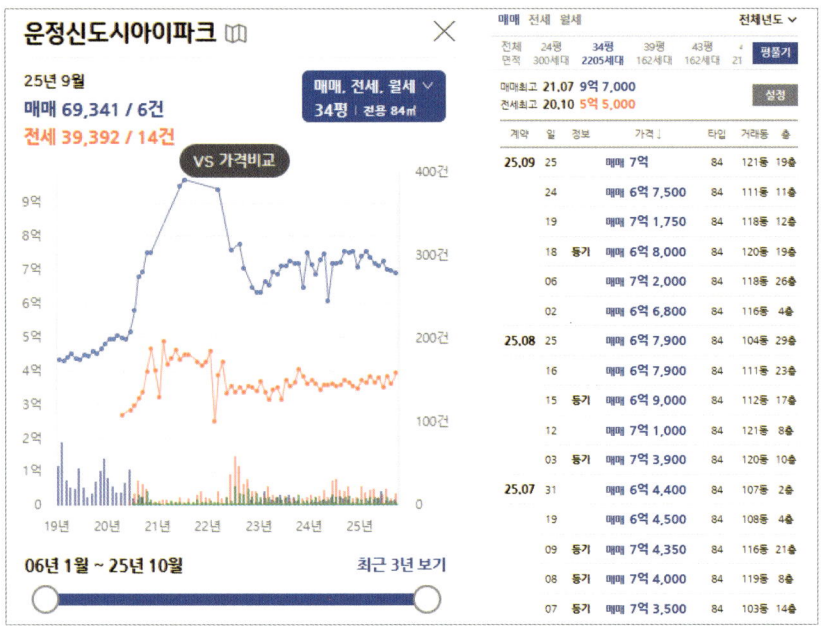

이분과 열심히 상담을 진행하고 있는 동안에도 운정신도시 부동산에서 계속해서 매도 결정을 하셨는지 묻는 전화가 오고 있었다. 잠시 상담을 멈추고, 전화를 받으시라고 했다. 34평을 7억 5천만 원에 매수자가 있다고 한다. 무엇을 더 망설일 필요가 있겠는가! 지금 이렇게 분위기가 좋고 매수자가 있을 때, 얼른 팔아야 한다.

그분이 매도에 성공한 이후, 지금 운정신도시 아이파크 실거래가격은 오히려 하락을 면치 못하고 있다.

"선생님, 그럼 저는 이 아파트를 매도하고 어디를 사야 할까요?"

운정신도시 아이파크를 매도하고 나서 생기는 투자금 + 현재 빅데이터 + 그동안 열심히 모아오신 저축액을 합하면 12억 원이다. 모자란 금액은 대출로 메꿔야 한다.

내가 추천한 아파트는 송파구 방이동에 재건축이 한창 진행 중인 대림가락아파트다. 1985년식 기존 480세대에서 최고 35층 867가구로 재건축될 예정이다. 2025년 2월 삼성물산이 시공사로 선정되면서 바로 옆 단지인 한양3차와 '래미안 비아채'로 하나의 단지로 조성할 예정이다. 5호선 방이역 초역세권 아파트로 한 정거장만 가면 9호선이 올림픽공원역에 직결된다. 방산초·중·고를 품었고 학원가와 대형상권이 자리 잡았고 올림픽공원을 통해 한강까지 산책로가 이어진다. 그야말

• 송파 대림가락아파트 재건축 조감도

출처 : 삼성물산

로 입지 대박의 송파구 잠실 다음으로 인기가 높은 지역이다.

2024년 9월, 상담이 끝나기가 무섭게 버선발로 달려가 16억 4천만 원에 실거주 집을 마련하신 똑똑한 D님. 빠른 판단력과 실행력 덕분에 경기도 외곽에서 서울 중심부로 한 번에 갈아타기에 성공하셨다. 그리고 1년이 지난 지금, 방이동 대림아파트는 27억 원에 매물이 나와 있다. 그것도 달랑 하나다.

아직 사업시행인가 전 단계로 신축 입성까지 많은 시간이 남아있지만 실거주하면서 똑똑한 한 채를 장기 보유하는 전략으로 간다면, 충분히 매수가격의 2배수 이상을 나에게 안겨줄 고마운 아이다.

• 송파구 방이동 매물 현황

오래 실거주한 구축 아파트를 비과세 매도 후 서울 입성

2024년 12월, 안양시 평촌신도시에 거주하고 계시는 은퇴세대가 1대1 부동산 상담을 오셨다. 대출을 싫어하시는 남편 덕분에, 평생 빚 없이 성실하게 저축만을 해오신 사모님. 오래 살 목적으로 구축 아파트에 인테리어까지 완벽하게 해놓았다. 초원마을 대원아파트 31평 (1993년 752세대 / 용적률 207% / 평균대지지분 12.5평)이었다.

"재건축 희망이 있을까요? 비과세를 받고 매도하는 게 나을까요? 조금 더 보유할까요? 이걸 팔면 어디를 갈 수 있을까요?"

● **안양시 평촌신도시 아파트 현황**

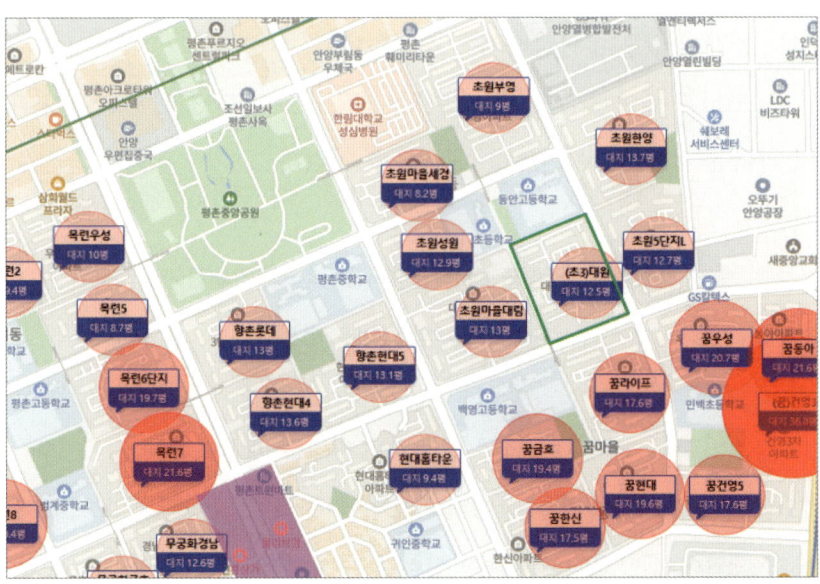

재건축을 바라보기엔 초원마을 대원아파트는 풀어야 할 숙제가 많았기에, 비과세를 받고 매도 후 서울 재건축 아파트로 갈아타기를 제안했다. 그러나 이분이 평촌 아파트를 매도하고 서울 아파트를 매수하기까지 넘어야 할 산들이 만만치 않았다.

첫 번째 산은 평촌 집을 너무 좋아하는 남편, 두 번째 산도 대출을 너무 싫어하는 남편이었다. 왜 지금 평촌집을 매도하고 서울로 갈아타기를 해야 하는지에 대한 반박 불가한 설득력 있는 빅데이터가 필요했고 최소한의 대출로 갈아탈 수 있는 집을 추천드렸다.

전혀 예상치 못했던 가장 큰 산은, 내가 추천하는 재건축 아파트마다 물건이 잠기고 가격이 오르기 시작하면서 매수하는 데 상당한 시간이 걸렸다는 점이다. 올 수리 되어있는 안양 집은 첫 손님한테 싸게 매도했는데, 갈아타기할 서울 재건축 아파트는 가격은 오르고 매수할 수 있는 물건이 없으니 난감하기 그지없었다.

사모님과 정이 들 정도로 자주 만나 집을 보러 다녔고, 드디어 송파구 가락동 삼환가락아파트를 매수할 수 있었다.

초원 대원 9억 매도 + 저축 보유자금 + 최소한의 대출 2억

= 매매가격 14억 5천 / 32평 매수

삼환가락아파트는 1984년 기존 648세대를 재건축해서 최고 35층, 1,101세대로 재건축될 예정이다. 5호선 개롱역 초역세권 아파트로 개롱역 상권이 발달되어 생활편의성이 우수하고, 인근 지역의 대부분 아파트가 재건축을 통해 신축 브랜드 대단지 군락을 형성할 예정이다.

시공사는 GS건설로, 2025년 10월 2일 관리처분계획인가가 송파구청에 접수되어 2026년 상반기에는 이주를 목표로 하고 있다. 최근 29평(84신청 매물)이 실거래가격 19억 5천만 원을 찍었고 32평 매물은 구하기가 어려운 상황이다.

2026년 이주가 시작되면 5~6년 안에 송파구 개롱역 역세권 신축 아파트에 입주하게 된다. 오래된 구축을 매도하고 신축이 될 송파구 재건축 아파트로 갈아타기하신 후 시세 변화를 체크하시는 남편이 이제 더 이상 잔소리를 안 하신다고 하니 더없이 보람차다.

• 서울 송파구 삼환가락아파트 조감도

자료: 정비사업 정보몽땅

• 서울 송파구 가락동 재건축 현황

사례 3 **무주택자의 서울 입성**

2024년 12월, 무주택자인 젊은 직장인이 부동산 상담을 오셨다. 지방에 거주 중이라서 서울에 실거주 집이 필요한 상황은 아니었고 서울에 똘똘한 한 채를 매수하고 싶다고 하셨다.

갓 서른이 넘은 나이에 어떻게 이런 훌륭한 생각을 하게 되었는지 물어보니 역시나 부모님이 일찍부터 부동산 재테크에 관심이 많으셨기에 그 영향을 받았다고 한다. 빠숑 님이 매일 아침 진행하시는 빠세 시청은 기본이고, 매주 수요일마다 진행하는 앨리스허TV 라이브 방송도 열심히 들으면서 공부를 했다고 한다.

"재건축·재개발은 아직 공부해보질 않아서 너무 낯설고… 서울에 전세를 끼고 매수해두면 어떨까요? 생애최초 대출을 최대한 이용해서 1억 5천으로 살 수 있는 집이 있을까요?"

가진 투자금 1억 5천만 원으로 서울 아파트를 사러 온 당찬 젊은이에게 나는 과연 어떤 조언을 했을까? 생애최초 대출을 이용해서 집을 사는 것은 좋으나, 1순위 세입자가 있고 2순위 후순위 대출을 받아서 집을 사게 될 경우, 나중에 어떤 문제가 발생하는지에 대해 자세히 설명했다.

1순위에 있는 세입자가 만기가 되어 이사를 나가게 되면, 새로운 세입자를 맞추어야 하는데 2순위 대출금이 1순위로 바뀌면 전세를 맞추기가 쉽지 않다. 세입자 만기 때 집값이 많이 올라있거나, 전세금이 후순위 대출금을 갚을 수 있을 만큼 올라있으면 큰 문제는 없지만, 드라마틱한 상승이 없다면 세입자의 퇴거 소식은 나에게 독이 된다. 부족한 자금을 마련할 수 있는 대비책 없이 영혼을 끌어모으는 대출은 돈을 벌기보다는 그 집을 지키지 못하는 리스크로 다가올 수 있음을 경고했다.

대출을 최대한 이용해서 집을 매수하고 싶다면 세입자 전세 보증금이 낮아서 충분한 버퍼가 있는 재개발 투자를 추천했다.

거여마천뉴타운은 지금은 열악한 환경의 재개발 밀집지역이지만, 1구역부터 5구역까지 촘촘하게 빠짐없이 재개발이 예정되어 있고 현재 1군 건설사들이 구역마다 돌면서 수주에 관심을 보이고 있다. 마천

4구역은 현대건설에서 하이엔드 브랜드인 디에이치를 적용해 현재 이주철거 단계이고, 마천3구역은 GS건설이 시공사로 선정되었고 사업시행인가가 접수되어 있는 상태다.

2024년 겨울만 해도, 송파구 마천3구역 재개발 지역에 5억 원대 물건을 구하는 것이 그리 어려운 일이 아니었다. 심지어 프리미엄도 2억 원 중후반대였으니 생애최초 대출을 이용해서 내 집 마련을 하는 이들에겐 더없이 좋은 지역이었다.

대지지분 10.8평 / 2024년 공시지가 4억 5천만 원 / 반지하 빌라

매매가격 5억 5천만 원

사정이 매우 급한 매물이 마이너스 프리미엄에 나왔다. 물건을 건네받자마자, "이건 무조건 사야 해!"를 판단하는 데 몇 초의 시간도 걸리지 않았다. 생애최초 주택담보대출도 3억 5천만 원이나 나온다고 한다. 투자금 2억 원이 필요하다.

어찌해야 하나? 투자금 5천만 원이 부족한 상황이다. 혹시나 해 매도자 할머니에게 여쭈어보니, 4,500만 원으로 이주 시까지 전세를 사실 의향이 있으시다고 한다. 2025년 2월, 투자금 1억 5천만 원으로 마천3구역 재개발 물건을 매수하게 되는 드라마틱한 사건이었다. 매수한 지 8개월 만에 비슷한 지분의 마천3구역은 10억 원에 거래되고 있다.

당차기 그지없었던 사회 초년생 매수자는 이주 시 준비해야 할 자금과 입주 시 내야 할 분담금을 미리 계산하면서 "10년의 세월을 허리띠를 졸라매며 살면 30억이 되어 있겠지요?"라며 환히 웃었다.

당장은 목돈이 많지 않으나, 고소득 직장인에게는 시간을 버는 투자가 훨씬 더 마음이 편할 수 있다. 매년 차곡차곡 돈을 모을 시간이 필요한 사람에게 재개발의 오랜 사업기간이 부담으로 전혀 느껴지지 않는다는 것을 나 역시 이번 매수 컨설팅으로 알게 되었다. 이분에게는 마천3구역이 진정한 똘똘한 한 채이며, 이 집 하나로 든든한 노후대책까지 해냈다고 해도 전혀 과언이 아니다.

오래 묵혀야 큰돈이 된다

허름한 옷차림의 노부부가 상담을 오셨다. 현금 60억 원 정도가 생길 예정인데 이 돈으로 작은 아파트를 하나 사서 월세를 주고 나머지 돈으로 여생을 편히 살고 싶다고 하신다. 현금 60억 원이란 소리에 흠칫 놀란 나는, 대체 어떻게 그만큼 모으셨는지 조심스럽게 여쭤보았다.

"2000년도에 1억 5천의 투자금으로 반포경남아파트를 매수해서 25년째 보유 중이야. 그 당시 재건축 이야기가 막 나오고 있었는데 한강변 라인에 재건축이 될 아파트인데 저평가라는 지인의 이야기를 듣고 매수했지. 같이 산 사람들 중에는 재건축되겠냐며 다들 팔고 나갔는데 나는 뭘 하나 사면 안 팔고 오래 갖고 가는 건 잘해~"

반포경남아파트는 1973년 준공된 아파트로 2003년 재건축 조합 설립인가를 받았지만 2016년 신반포3차와 통합 재건축을 추진하면서 2020년 착공해 2023년 입주로 이어진 래미안원베일리의 원조 아파트다. 입주 2년 차가 된 래미안원베일리는 34평 평균 매매가격은 60억 원을 넘어섰고 최근 한강 조망권이 나오는 매물이 72억 원에 거래되었다.

1억 5천의 투자금으로 25년을 보유해서 60억 원의 양도차익을 남겼다면, 평생 보유한 이 집 한 채로 노후대책은 완벽하게 완성되었다.

2025년 9월, 또 다른 한 쌍의 은퇴 세대가 상담을 오셨다. 디에이치퍼스티어아이파크(개포주공1단지 재건축 아파트, 2023년 11월 입주, 6,702세대)를 보유하고 계신데, 이 아파트를 매도해서 상급지 갈아타기를 해야 할지, 장기로 더 보유하면서 자산을 증식시킬 방법이 있는지에 대한 해답을 구하러 오셨다.

또 궁금증이 발동해 이 아파트를 언제 얼마에 매수하셨는지 조심스럽게 여쭤보니, 사모님의 당당하고 거침없이 대답에 큰 박수를 드렸다.

"2002년도에 2억 9천에 개포주공1단지를 매수했어요. 그 당시 돈이 부족해서 큰 평수를 못 사고 작은 평수를 매수했는데, 조합원 분양신청할 때 84타입을 못 받고 59타입을 받아서 너무 속상했어요. 그때는 대치동 아파트들도 1억 갭이면 살 수 있었는데 대치동을 안 사고 개포동을 샀고만요."

"그때 내가 최고 가격을 주고 샀는데, 2006년도인가 9억이 넘으니까, 주변 부동산에서 많이 올랐으니 이제 팔라고 엄청 연락이 많이 왔어요. 더 이상 오르겠냐면서 그때 팔고 나간 사람들이 많았지만, 나는 안 팔고 여태껏 갖고 있었어요."

• 래미안원베일리(좌)와 디에이치퍼스티어아이파트(우) 거래 현황

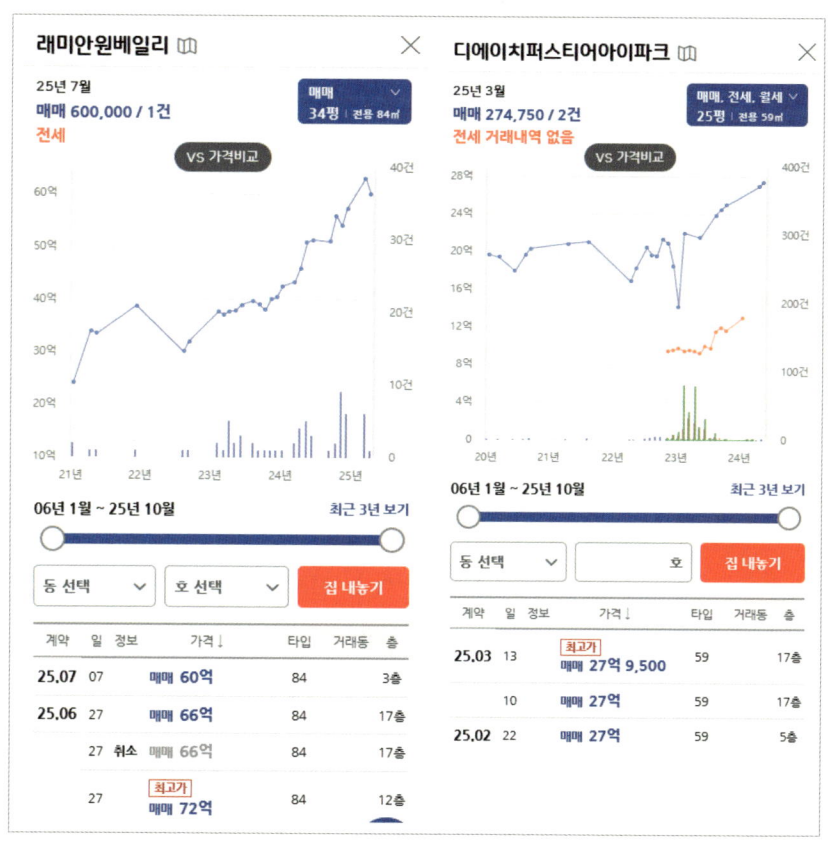

20년 넘게 보유한 개포주공1단지 25평 매매시세가 32억 원이다. 20년 동안 3억 원짜리 아파트가 30억 원이 된 셈이다. 25평이면 어때 한가! 20년의 세월 동안 매도하고픈 유혹을 이겨내고 팔지 않고 장기 보유할 수 있었기에 맺을 수 있었던 결실이다.

이 두 분의 사례만 봐도 진정한 부자가 되기 위해서는 팔지 않을 똘똘한 아파트를 사서 장기 보유하는 것이 답이라는 생각이 든다. 1년에 1억씩 벌 수 있는 최고의 투자전략이 바로 재건축·재개발이라 할 수 있다. 지금은 열악하지만 천지개벽할 지역에 재개발 물건을 소액으로 10년 묻어둔다는 개념으로 매수한다면 20억 원 내지 30억 원짜리 최신축 아파트를 갖게 되는 것이다. 혹은 이미 모든 인프라는 갖춰져 있지만 나만 노후화되어 머지않아 재건축이 진행될 아파트를 매수해서 신축이 될 때까지 보유한다면 최고의 인플레이션 헤지의 수단이 될 것이다.

2026년 수요와 공급의 불균형이 심화되고 서울 부동산은 이미 슈퍼 사이클에 진입해 있다. 2026년부터는 상승세가 본격화될 것이란 전망이 지배적이다. 입주 물량 부족으로 인해 전세 시장까지 불안정한 상황에 공급보다는 규제카드를 꺼내 드는 현 정부는 과거 문 정부와 크게 다를 것이 없어 보인다. 서울 수도권과 지방이라는 양극화, 신축과 구축과의 양극화, '될 놈 될, 갈 놈 갈'에 대한 명확한 기준을 갖고 10년 이상의 장기 플랜을 짜야 한다.

빠숑 님의 첫 책의 제목처럼 "흔들리지 마라, 집 살 기회가 온다"라고 말하고 싶다. 2026년 뜨거운 부동산 시장에서 부디 정부의 정책에 부합하는 똘똘한 한 채를 장기 보유하는 기회를 잡으시길 바란다.

이제부터 부동산 시장은 세금 규제, 그리고 '이것' 조심하세요!

제네시스박 박민수

- 연세대학교 경영학과 및 동 대학원 법무대학원 석사(조세법 전공)
- 21만 유튜브 '채널 제네시스박' 운영
- 부동산 세금 분야 1위! 네이버 프리미엄 콘텐츠 〈제네시스박의 부동산 절세노트〉 운영
- 저서 『부동산 세금 트렌드 2026』 『아파트 투자의 정석』 등 다수

"2025년 상반기를 주목하라!"

『2025 결국은 부동산』에서 본인은 2025년 상반기가 매우 중요하다고 밝힌 바가 있다. 상생임대주택 비과세 특례를 할 수 있는 실질적 기한이 2025년 상반기이고, 여전히 공급이 부족한 상태이므로 주택 가격이 불안할 수 있기에 최소한 내 집 마련은 여력이 되는 선에서 해두는 것이 낫겠다고 말씀드렸다.

여기에 큰 변수가 하나 생겼는데, 그건 바로 6.3 조기대선으로 인해 부동산 정책 방향성이 완전히 달라진 것이다. 새 정부 출범 이후 이 글을 작성 중인 현재(2025년 10월), 6.27 대출 규제, 9.7 공급대책 그리고 10.15 주택시장 안정화 대책 등 총 세 가지 대책이 나왔다. 대출 규제는 지역, 가격이 아닌 대출금액 한도 자체를 6억 원으로 제한해서(규제지역 및 서울/수도권 한정) 그 효과가 상당했다. 새 정부의 부동산 방향성이라 할 수 있는 9.7 공급대책은 향후 5년간 서울 및 수도권을 중심으로 135만 호를 '착공'하겠다고 했으나 현재 수요세를 잠재우기에는 불안한 것 같다.

무엇보다 최근 10.15 주택시장 안정화 대책이 '압권'이다. 서울 주요 지역 정도가 규제지역으로 지정될 것이라는 예상을 깨고 서울 전 지역 그리고 경기도 12개 지역에 대해 투기과열지구, 조정대상지역 그리고 전혀 예상치 못한 토지거래허가구역(이후 토허제)까지 적용한 것이다.

한 마디로 '선을 넘은' 정책이라 할 수 있는데, 이로 인해 상당한 부작용이 나타날 것으로 우려된다. 특히 토허제의 경우 주택 매매에 있어 사전허가를 받아야 하고 곧바로 전입을 해야 하기에, 흔히 말하는 세를 끼고 매수하는 방식이 원천차단된다. 이런 흐름 속에서 임대차 시장은 매우 불안해질 것으로 보인다.

하지만 여기서 끝이 아니다. 이번 10.15대책 중 눈여겨볼 것은 '부동산 세제 합리화'로, 추후 '종합적인 세제개편'을 시사하고 있다. 즉 아직 부동산 세금 규제는 시작도 안 한 것이라고 볼 수 있다. 그도 그럴 것이 주택 공급은 일정 시간 이상의 절대 시간이 필요하고, 그동안 불안한 수요를 잠재우려면 어쩔 수 없이 수요억제책을 써야 하는데 대출 규제는 이미 사용을 했고(그럼에도 추가 대출 규제는 나올 수 있다), 남은 건 세금 규제밖에 없기 때문이다.

따라서 향후 어떤 규제가 나올지, 그리고 이미 규제지역이 서울 전역으로 확대된 지금 달라지는 부동산 세금은 무엇이고 이에 대해 어떻게 대응해야 할지가 매우 중요하다.

• 조정대상지역 현황(2025.10.16 현재)

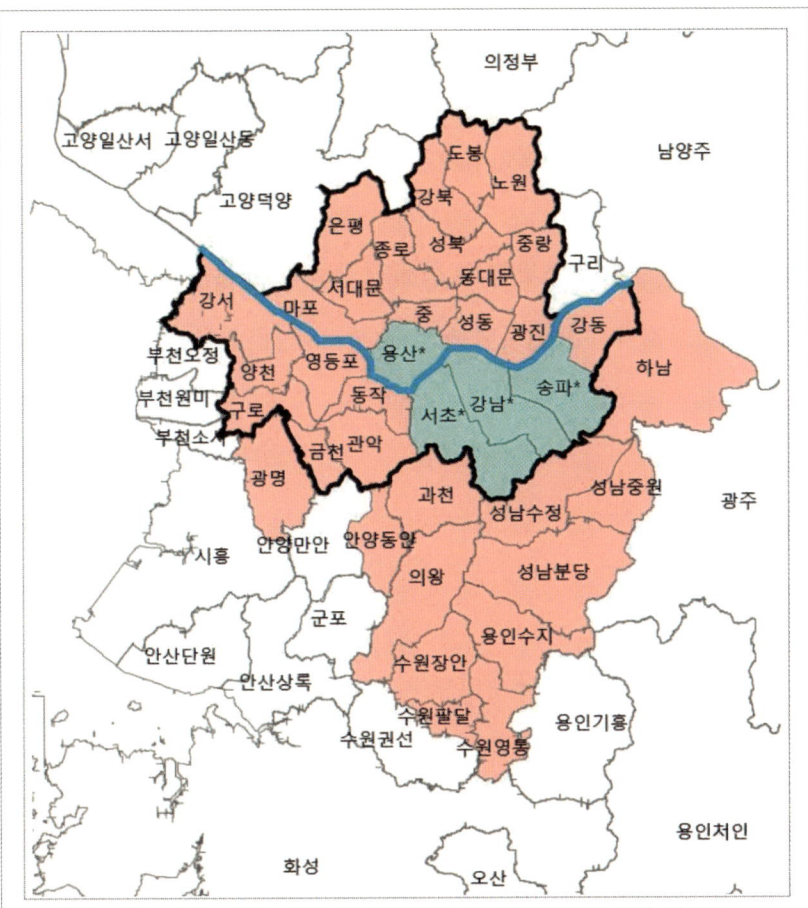

* 강남·서초·송파·용산 : 기존 투기과열지구 및 조정대상지역 적용 자치구

투기과열지구·조정대상지역 지정(안)

서울 강남, 서초, 송파, 용산, 강동, 강북, 강서, 관악, 광진, 구로, 금천, 노원, 도봉, 동대문, 동작, 마포, 서대문, 성동, 성북, 양천, 영등포, 은평, 종로, 중, 중랑 **25곳**

경기 과천, 광명, 성남(분당·수정·중원), 수원(영통·장안·팔달), 안양동안, 의왕, 하남, 용인수지 **12곳**

* 밑줄 친 **4개구**는 기존 지정상태 유지

특히 부동산 세금은 규제지역 중에서도 '조정대상지역' 여부가 매우 중요하다. 해당 지역으로 지정되면 부동산 세금에 있어 상당한 변화가 생기기 때문이다. 이에 조정대상지역으로 지정되면 달라지는 부동산 세금 다섯 가지가 무엇인지 살펴보자.

변경1 2번 주택부터 취득세 8%가 적용될 수 있다

조정대상지역이 늘어나면 취득세 중과에 해당하는 경우가 상당히 늘어날 것으로 우려된다. 예를 들어 현재 1주택자인 경우 추가로 주택을 하나 더 취득했는데 만약 해당 지역이 조정대상지역이라면 8%의 취득세를 부담해야 한다.

다만 곧바로 8%를 내는 것은 아니고 신규주택을 취득한 후 3년 이

• 다주택자 및 법인 취득세 중과

기존		현행		
1주택	주택 가액에 따라 1~3%	1주택	1~3%	
			조정	비조정
2주택		2주택	8%*	1~3%
3주택		3주택	12%	8%
4주택 이상	4%	4주택 이상	12%	12%
법인	주택 가액에 따라 1~3%	법인	12%	

개인 / 법인

* 단, 일시적 2주택은 1주택 세율 적용(1~3%)
※ 조정: 조정대상지역 / 비조정: 그 외 지역

내 종전주택을 처분한다면 취득세 중과는 적용되지 않는다. 즉 1~3% 기본세율만 부담하면 되는데, 이를 '취득세 일시적 2주택'이라고 한다.

물론 지금 같은 시장 상황에서는 2주택으로 가는 것도 부담이기 때문에 1주택자가 주택을 하나 더 추가하는 경우는 그렇게 많지 않을 수도 있다. 그렇지만 수도권의 상당 지역이 조정대상지역으로 늘어난 현재 상황에서는 추가 주택 취득 시 매우 조심해야 한다.

이렇게 본다면 사람들의 행동은 어떻게 바뀔까? '똑똑한 한 채'에 대한 생각이 바뀌게 될까? 그렇지는 않을 것으로 보인다. 즉 2025년 10월 세 번째 규제책에도 불구하고 사람들은 여전히 좋은 것 하나로만 가려는 성향이 더 공고해질 것이다.

변경2 다주택자의 경우 양도세 중과가 적용될 수 있다 (양도일 기준 주의)

조정대상지역 지정 시 가장 유의해야 하는 부분이 바로 이 '다주택자 양도세 중과'라고 본인은 생각한다. 다주택자 양도세 중과가 적용되면 세부담이 급격하게 올라가기 때문인데, 심한 경우엔 '팔면 남는 게 없을 정도로' 세부담이 커질 수 있다.

예를 들어 양도차익이 5억 원이라고 가정할 때, 일반적인 양도세는 약 1억 6천만 원 정도가 나오지만 3주택 중과가 적용되면 3억 5천만 원으로 크게 올라간다. 양도차익이 10억 원이라면 일반과세는 양도세 약 3억 원, 반면 3주택 중과는 약 7억 원 정도가 된다. 물론 공동명의 여부, 필요경비, 장기보유특별공제 등에 따라 세금 차이는 있겠지만,

확실한 것은 양도세 중과가 적용되면 세부담이 매우 커진다는 점이다.

여기에 또 하나 조심해야 하는 점은 양도세 중과는 '양도 당시'로 판단한다는 것이다. 즉 취득 당시 비조정이었다고 하더라도 매각 당시 조정대상지역이고 세대기준 2주택 이상 다주택이라면 양도세 중과가 적용되는 것이다. 다만 현재는 2026년 5월 9일까지는 양도세 중과 배제 기간이므로 2년 이상 보유한 주택이라면 주택수가 몇 채이든 그리고 조정대상지역이라도 양도세 중과는 적용되지 않는다. 물론 2년 미만 보유 시 단기 양도세율 60% 혹은 70%가 적용되니 이 부분은 유의하자.

이쯤에서 양도세 중과 세부담이 왜 이렇게 커지는지 살펴보자. 두 가지 이유다.

하나는 장기보유특별공제를 적용하지 않아서다. 즉 아무리 오랜 기간을 보유 혹은 거주하더라도 양도세 중과에 해당하면 장기보유특별공제를 하나도 받지 못한다. 그 결과 양도세 과세표준이 올라가고 적용되는 세율 자체도 상승하는 것이다.

또 다른 이유는 양도세 기본세율에 가산세율이 붙기 때문이다. 양도세 기본세율은 2년 이상 보유한 주택에 대해 적용되는데 최저 6%에서 최대 45%까지 적용된다. 그런데 양도세 중과에 해당하면 이러한 기본세율에 20%p(2주택) 또는 30%p(3주택 이상)가 추가되어 그 결과 최고 75%(=45%+30%) 세율이 적용되는 것이다. 지방소득세까지 더하면 82.5%의 세율이 적용되므로 상당한 세부담이라고 할 수 있다. 그 결과 양도세 중과가 시행되면 시중에 매물은 더욱 줄어들 것이다

• 다주택자 양도세 중과

구분	일반과세	양도세 중과(3주택)
양도가액	20억 원	20억 원
(-) 취득가액	10억 원	10억 원
(-) 필요경비	0.5억 원	0.5억 원
양도차익	9.5억 원	9.5억 원
(-) 장기보유특별공제	20%(10년 보유)	**미적용**
양도소득금액	7.6억 원	9.5억 원
(-) 기본공제	250만 원	250만 원
= 과세표준	757,500,000원	947,500,000원
세율	42%	42%+**30%**
누진공제	(-) 3,594만 원	(-) 3,594만 원
양도세	282,210,000원	646,260,000원
총 부담세액(지방세 포함)	310,431,000원	710,886,000원

계산 사례를 보면 이해가 더 쉬울 것이다. 예를 들어 10억 원에 취득한 주택을 20억 원에 매각한다고 가정 시(필요경비 5천만 원, 10년 보유), 일반적인 경우의 양도세는 지방세 포함 약 3억 1천만 원이 나온다. 하지만 해당 지역이 조정대상지역으로 지정되고 별도의 양도세 중과 배제 사유가 없다면 양도세 중과가 적용된다. 만약 3주택 중과라고 가정

시 3억 1천만 원의 양도세는 7억 1천만 원 정도로 두 배 이상이 된다.

이는 앞에서 설명한 두 가지 이유, 즉 장기보유특별공제를 하나도 받을 수 없고, 기본세율에 가산세율(이 경우 3주택 가정, 30%p 가산)이 붙기 때문이다. 이렇게 된다면 그동안 집값 상승분의 상당 부분을 세금으로 헌납해야 할 수도 있다. 특히 앞서 설명한 대로 양도세 중과는 양도 시기로 판단하니, 매각 전 이에 대해 꼭 체크한 이후 양도하는 것이 중요하다.

변경3 양도세 비과세 적용 시 2년 거주 요건이 추가

세 번째 변경되는 세금은 양도세 비과세 적용 시 '2년 거주' 요건이 추가된다는 점이다.

예를 들어 마포구에 있는 아파트를 취득했는데 취득 당시 비조정대상지역이라면 2년만 보유해도 비과세가 가능하다. 하지만 지금은 조정대상지역으로 지정되었으므로 이제부터 마포구에 있는 아파트를 취득한 경우라면 반드시 2년 거주해야 양도세 비과세를 받을 수 있다. 그만큼 비과세를 받는 난도가 올라간다고 생각해야 한다.

앞서 살펴본 양도세 중과는 양도 당시로 판단하지만 비과세 2년 거주 요건은 취득 당시로 판단한다. 따라서 비조정일 때 취득하는 것이 비과세를 받는 데는 유리하고, 만약 다주택이라면 매각 당시 조정 여부가 매우 중요한 것이다.

이에 대해서는 다음 페이지 그림으로 구분해보도록 하자.

만약 취득 당시 조정대상지역이라서 2년 거주를 해야 비과세가 되는데, 거주하지 못한 경우라면 '상생임대주택'을 활용해야 거주 없이 양도세 비과세가 가능하다. 상생임대주택 셀프 체크는 아래를 참고하되, 사전에 세무사 상담 등을 통해 추가 검증하는 것이 필요하다.

• 조정대상지역과 비과세 2년 거주

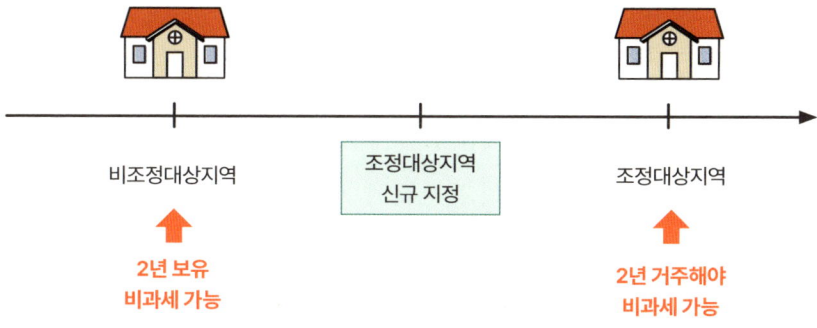

• 상생임대주택 셀프 체크

번호	검토 내용	검토 결과
1	주택을 취득한 후 임대차계약을 맺었는가?	① 그렇다 ② 아니다
2	직전 임대차계약 임대기간이 1년 6개월 이상인가?	① 그렇다 ② 아니다
3	상생 임대차계약 임대기간이 2년 이상인가?	① 그렇다 ② 아니다
4	직전 임대차계약 대비 상생 임대차계약 임대료가 5%를 초과하지 않았는가?	① 그렇다 ② 아니다
5	상생 임대차계약을 2021년 12월 20일부터 2026년 12월 31일까지 기간 중 체결하고 임대를 개시했는가?	① 그렇다 ② 아니다

개인적으로 매우 안타까운 내용으로, 증여를 할 거면 서둘러서 하는 것이 좋다고 강조한 이유다.

취득세 중과는 문재인 정부 당시 2020년 8월 개정된 내용으로, '똘똘한 한 채' 선호 심화 그리고 지방 부동산 시장의 몰락을 가속화한 대표적인 정책이다.

일단 취득세는 매매 취득세 그리고 증여 취득세가 있는데 매매 취득세는 앞서 '다주택자 및 법인 취득세 중과' 표에서 본 것처럼 1~3%인 기본세율이 최대 12%까지 올라갈 수 있다.

다음으로 증여 취득세의 경우 3.5%에서 12%로 올라갈 수 있는데, 이 경우가 바로 조정대상지역에 있는 공시가격 3억 원 이상 물건을 증여할 때다. 따라서 앞으로 조정대상지역 주택을 증여하면 증여 취득세 부담이 크게 올라가게 되는데, 이번 10월 대책으로 10월 16일 이후 증여분부터는 이에 대한 내용을 반드시 사전에 확인하는 것이 좋겠다.

예를 들어 시가 10억 원 상당의 주택을 증여하는 경우 지금까지는

• 증여 취득세율

기존 증여 취득세율	현행
3.5%	• 조정대상지역 내 공시가 3억원 이상: 12% • 그 외: 3.5% ※ 단, 1세대 1주택자가 소유주택을 배우자, 직계존비속 등에게 증여한 경우 3.5%의 세율을 적용함

증여 취득세로 3,500만 원 정도를 부담했다면 앞으로는 1억 2천만 원을 부담해야 한다. 물론 1세대 1주택자가 배우자나 직계존비속에게 증여한 경우라면 여전히 3.5%의 증여 취득세율을 적용받을 수도 있다.

또한 공시가격 3억 원 이하라면 증여 취득세율이 여전히 3.5%가 가능하다. 다만 지분 증여를 하더라도 해당 지분 가액으로 판단하지 않고, 전체 물건 가액이 3억 원 이상이면 증여 취득세 중과가 적용되니 유의하도록 하자.

변경 5 개인 매매사업자는 '비교과세' 적용

개인 매매사업자는 앞으로 조정대상지역 내에 위치한 물건은 거래가 힘들 것으로 보인다. 이는 '비교과세' 때문으로, 말 그대로 세금을 비교해서 더 높은 쪽으로 부과하는 방식이다.

매매사업자는 말 그대로 주택을 임대하는 것이 아닌 '매매'를 그 업으로 한다. 따라서 주택을 취득하고 판매하는 일을 계속적, 반복적으로 하는 것인데 그 사이클(취득~매각)이 상대적으로 짧고 주택 판매업을 '사업'으로 보기 때문에 양도소득세가 아닌 사업소득이 적용된다. 이 경우 2년 이상 보유를 하지 않더라도 곧바로 종합소득세 세율(6~45%)이 적용되므로 2년 미만 단기 양도세율인 60%, 70%보다는 더 낮은 세율이 적용되어 단기 거래에 유리할 수 있는 것이다.

하지만 조정대상지역에 있는 물건을 거래하면 비교과세로 인해 단기 양도세율이 적용될 수 있으므로 세부담이 급격히 올라갈 수 있다. 예를 들어 1년 미만 보유한 주택이고 양도차익이 1억 원이라고 가정할 경우, 매매사업자의 판매용 재고주택이라면 양도차익 1억 원에 대해 종합소득세 세율이 적용되어 1,956만 원의 세금만 부담하면 된다(세율 35%, 누진공제 1,544만 원).

하지만 조정대상지역으로 지정되고 비교과세가 적용된다면 위 1,956만 원은 종합소득세가 적용될 때이고, 이와 함께 양도소득세가 적용될 경우에는 7천만 원의 양도세가 적용되므로(1년 미만 70%), 둘을 '비교해서' 이 중 더 높은 세금인 7천만 원으로 과세하는 것이다.

따라서 조정대상지역으로 묶인 서울에서는 더 이상 개인 매매사업자는 실익이 없어지게 되고, 비조정대상지역인 수도권 일부 그리고 지방에서 기회를 찾아야 할 것이다.

이렇듯 겉으로 보기에는 별다른 세금 규제가 없는 것처럼 보인다. 하지만 규제지역, 특히 조정대상지역으로 지정되면 부동산 세금에 있어서 상당히 많은 부분이 중과되고 복잡하고 어려워지게 된다. 이런 상황에서 앞으로 어떻게 대응하는 것이 좋을까?

최고의 매도·매수 타이밍은 바로 이때!

위에서 살펴본 내용이 복잡하고 어렵다고 해서 무작정 외면만 할 수는 없다. 이에 대해 관심을 갖지 않고 중요 사항은 놓치는 순간 소중한 자산 가치가 크게 훼손될 수 있기 때문이다.

특히 양도세 중과가 그러하다. 물론 해당 제도가 다시 1년 정도 유예될 수도 있을 것이다. 정부 입장에서 최근 악화된 여론을 고려한다든지, 혹은 공급 부족 상태에서 기존 주택이라도 시장에 내놓게 하기 위한 조치로 중과를 유예할 가능성도 전혀 없진 않은 것이다.

다만 '유비무환'이라는 말이 있듯이, 이를 알고 미리 대응하는 것이 현재는 필요하다고 보이며 최소한 아래 내용 정도는 반드시 숙지하는 것이 현시점에서는 매우 중요하다고 판단된다. 그럼 하나씩 살펴보자.

첫째, 조정대상지역 매각해야 하는 물건이 2채 이상이라면 지금쯤 1채 정도는 매각을 고려하는 것이 유리

만약 앞으로 최소 2채 정도를 매각해야 하는데 1채 정도를 양도세 중과로 매각하게 된다면 세부담이 너무 커질 수 있다(양도차익 10억 원인 경우 일반과세 3억 원, 3주택 중과는 7억 원). 따라서 1채 정도는 미리 일반과세로 매각하는 것이 좋다. 또한 이왕 매각할 때 연도를 달리해서 합산과세를 피하는 것도 세부담 측면에서 유리하다.

따라서 매각해야 하는 조정대상지역 주택이 2채 이상이라면, 최소 1채 정도는 지금부터라도 시장에 내놓고 매수자를 찾는 것이 어떨까?

둘째, 조정지역 매각 물건이 1채라면 2026년 초까지 관망하는 것도 필요

만약 팔아야 하는 물건이 1채인데, 조정대상지역에 위치하고 세대 기준 다주택인 경우, 그래도 혹시 모르니 양도세 중과 유예 여부가 결정되는 2026년도 초 상황을 보고 결정하는 것도 방법이다.

물론 예상한 것과 반대로 2026년 5월 10일부터 양도세 중과가 시행될 경우, 다소 급하게 매수자를 찾아야 할 수 있다. 하지만 어느 정도 투자가치가 있는 물건이라면 조금이라도 더 들고 갈 경우 추가 상승여력이 있을 수 있기에 한 번 두고 보는 것도 그렇게 나쁜 전략은 아니다.

셋째, 증여자가 있다면 조금 더 여유를 갖는 것도 필요

만약 보유 주택을 증여받을 수 있는 자녀 등이 있다면 조금 더 상황을 관망해도 좋겠다. 양도세 중과 유예가 1년 더 된다면 그 자체로 좋은 것이고, 아쉽게도 중과가 되더라도 급하게 파는 것보다 차라리 증여를 할 수도 있어서다. 조정대상지역의 경우 이미 증여 취득세가 12%가 적용되고 있으므로 추후 증여를 하게 된다면 보유세 부담을 줄이기 위해 6월 1일 전에 하는 것이 필요하다.

물론 부담부증여라면 채무 부분에 있어서 양도세 중과가 시행될 수도 있겠지만(만약 양도세 중과가 2026년 5월 10일부터 시행되고, 이때 부담부증여를 한 경우), 어차피 서울 전역 및 경기도 12개 지역이 토허제로 묶인 지금 부담부증여는 곧바로 전입을 해야 해서 불리할 수 있다. 차라리 증여가 더 유리할 수 있는 이유다.

넷째, 매수자라면 2025년 말과 2026년도 초를 눈여겨보자

앞서 살펴본 것처럼 양도세 중과 및 보유세를 피하기 위해 다주택자 물건 중 일부가 시장에 나올 것이다. 매수자라면 해당 물건을 매수하는 것이 유리할 수 있는데 이미 주택이 있는 경우라면 좀 더 신중하게 접근하되, 무주택자 입장에서 이를 활용해보면 어떨까 한다.

구체적으로 매도 잔금을 2026년 5월 9일까지 하고자 한다면 이는 양도세 중과를 피하려는 물건이고, 그렇지 않고 2026년 5월 31일까지 잔금을 하고자 한다면 이때는 보유세를 피하려는 물건일 가능성이 높다. 따라서 이 둘의 차이를 알고 적당한 선에서 매수 가격 협상을 한다면 꽤 좋은 결과가 나올 수 있을 것이다.

주택수에 따른 부동산 세금 대응전략

이상의 내용을 종합해 이제 주택수에 따른 대응전략을 살펴보자.

먼저 무주택자(혹은 갈아타기 1주택자)는 가급적 좋은 1주택을 매수하되 공동명의를 하는 것이 유리하다. 공동명의(부부공동명의, 5:5 가정)를 한다고 해서 취득세, 재산세가 줄어드는 것은 아니다. 다만 종합부동산세(이후 종부세)의 경우 각각 9억 원씩 공제가 되기에 총 18억 원, 시세로는 약 25억 원 정도까지는 종부세 문제가 없다. 설령 종부세가 나오더라도 1주택 특례신청(12억 원 공제 및 최대 80% 세액공제)을 9월에 할 수도 있다. 반대로 단독명의는 이를 선택할 수 없다.

양도세 역시 공동명의가 유리하다. 물론 양도가액 12억 원 이하는 비과세이므로 세금이 하나도 나오지 않지만, 12억 원 초과에 대해서는 비과세라 하더라도 세금이 나오기에 역시 공동명의가 유리하다.

이렇게 볼 때 무주택자라면 여력이 되는 선에서 좋은 것 하나를 구입하되 공동명의로 해두는 것이 추후 세금 인상에 대비할 수 있는 현실적인 방안이다. 갈아타기를 하는 1주택자 역시 마찬가지이고, 이미 단독명의 1주택을 보유하는 경우라면 거래비용(취득세 등)이 발생하기에 일단은 그 상태로 있거나 혹은 갈아타기를 할지 고민해야 한다. 부동산 세금뿐만 아니라 자산관리 측면까지 고려해야 할 것이다.

다음으로 2주택자가 가장 중요하고 어려운데 그래도 보유, 일부 처분 혹은 모두 처분 중 하나를 선택하는 것이 필요하다. 가령 2채 모두 보유하는 경우는 해당 주택이 모두 마음에 들고 투자가치가 높은 물건들인 경우다. 장기적으로 증여나 상속을 고려하되, 매년 부담해야 하는 보유세에 대한 대비가 있어야 한다. 보유세는 지금보다는 점진적으로 올라갈 가능성이 매우 높다.

다음으로 2채 중 1채를 처분하는 경우인데, 만약 매각하는 경우라면 다주택자 양도세 중과를 조심해야 하기에 보유 물건이 위치한 지역이 조정대상지역인지 혹은 추가 규제지역으로 지정될 것인지를 유의해서 체크해야 한다. 그렇지 않고 증여를 하는 경우라면 되도록 일찍 증여하는 것이 좋다. 조금이라도 가격이 저렴할 때 하는 것이 세부담 측면에서 유리하고, 만약 조정대상지역으로 지정될 경우 증여 취득세가 비조정 3.5%에서 조정 12%로 크게 오르기 때문이다. 예를 들어 강남구 1채, 마포구 1채 이렇게 2채를 보유하고 있는데 마포구 주택을 증여한다면 현재 비조정일 때 증여하는 것이 증여 취득세 측면에서 훨씬 더 유리한 것이다.

2채 모두를 처분하는 경우도 있을 것이다. 보유 물건이 다소 아쉬워서 혹은 2채를 처분하고 좀 더 좋은 한 채로 갈아타기 위함이다. 이때 반드시 체크해야 하는 것은 일시적 2주택 비과세가 되는지 여부다. 만약 가능하다면 종전주택을 기한 내(신규주택 취득일로부터 3년 이내) 처분해서 비과세를 받고, 남은 1채 역시 1주택 비과세를 받으면 2채 모두 비과세를 받고 갈아타기가 가능하다.

간혹 1주택이 남은 상태에서 추가 2년을 더 보유해야 하는지 문의하는 경우가 있다. 이는 과거 문재인 정부에 있었던 보유기간 재산정 제도로 흔히 최종 1주택이라 불렸던 것인데, 2022년 5월 10일 이후 양도분부터는 사라진 제도다. 따라서 곧바로 매각하더라도 취득일로부터 2년 보유(취득 당시 조정지역이었다면 2년 거주)를 했다면 비과세가 가능하다. 게다가 양도가가 12억 원 이하 비과세라면 동일연도에 매각하더라도 합산과세로 인한 세부담은 없다. 따라서 빠른 매각을 원할 때 자주 사용되는 방법이다. 이는 다음 쪽 상단 그림처럼 표현할 수 있다.

만약 2주택을 처분해야 하는데 위 사례처럼 일시적 2주택 비과세가 되지 않는다면 어떻게 될까? 그렇다 하더라도 1채는 과세, 남은 1채는 비과세가 가능하니 최대한 집중해서 매도 전략을 잘 세워야 한다.

우선 2채 중에서 투자가치가 덜하거나 양도차익이 작은 주택을 먼저 매각한다. 당연히 과세가 되는데, 이왕이면 양도세 중과를 피할 수 있는지도 함께 고려하는 것이 좋다. 즉 비조정일 때 매각하거나 혹은 조정대상지역이라도 2026년 5월 9일까지 매도 잔금을 한다면 양도세 중과를 피할 수 있다. 이후 남은 1채를 매각해서 비과세를 받는다. 역

• 일시적 2주택 상태에서 조기 매각하는 경우

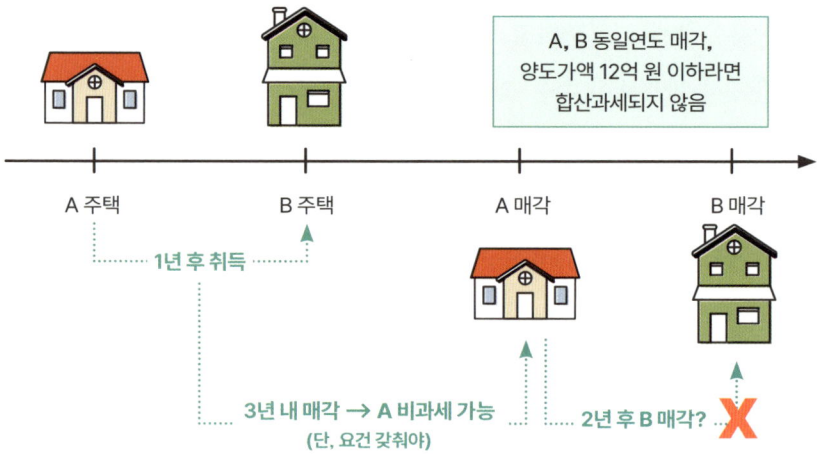

시 추가 2년은 필요 없으며, 합산과세가 되더라도 상황에 따라 조기 매각하는 것이 더 유리할 수 있다. 이상의 내용을 그림으로 표현하면 다음과 같다.

• 2주택일 때 매도 순서 정하기

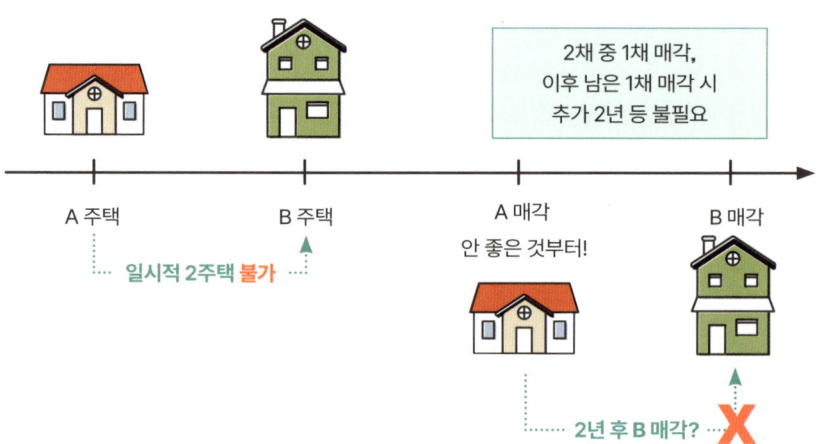

이제 가장 복잡한 3주택 이상을 보자. 사실 이 경우는 정해져 있는 솔루션이 없다. 즉 보유자산의 특징, 투자가치, 향후 투자전략, 소유자의 소득 정도, 소유자의 투자성향 등 매우 다양한 경우를 조합해야 한다. 따라서 일관된 솔루션을 내리는 것은 현실적으로 불가능하다.

그럼에도 불구하고 큰 틀에서 가이드를 잡는다면 가장 먼저 '보유세 부담 정도'를 체크하라고 강조하고 싶다. 앞으로는 보유세 부담이 늘어날 것으로 예상되기 때문이다. 작년 부담했던 보유세에서 대략 두 배 정도를 각오한다면 어떨까 싶다. 너무 높은 게 아니냐고 반문할 수 있겠지만 실제 마포, 송파 2주택 보유자의 보유세가 2020년도 2천만 원대에서 2021년도 6천만 원대까지 거의 3배 가까이 오른 적이 있었다. 다만 현재 정부가 그렇게 단기간에 급격하게 보유세를 올릴 것으로 예상되진 않는다. 아마도 올린다면 점진적으로, 천천히 올릴 것으로 추정해본다.

보유세 체크가 끝났다면 이 중 일부를 처분할지(매각 혹은 증여 등), 아니면 그대로 들고 갈지를 결정해야 한다. 최소한 현 상태에서 주택수를 더 늘리는 것은 신중해야 할 것이다.

이렇듯 주택수에 따라 부동산 정책에 대응하는 방식은 달라야 한다. 이는 취득-보유-양도 단계별로 부동산 세금 특성이 다르고, 특히 주택수에 따라 그 정도가 판이하게 달라지는 현재 부동산 세금 정책의 특징 때문이라 할 수 있다. 안타깝지만 현재의 부동산 세금 정책은 모든 단계에서 '좋은 것 하나만 사라'를 강조하고 있다. 양극화를 넘어 초양극화 시대로 가는 요인 중 가장 큰 원인이 현재의 부동산 세금 정책인 것 같아 개인적으로 매우 안타까울 따름이다. 이러한 트렌드는 앞으로도 계속될까?

향후 부동산 세금 트렌드와 유의점

결론부터 밝히자면, 안타깝지만 그럴 가능성이 크다.

먼저 취득세의 경우 2020년 8월부터 시작된 취득세 중과세율은 개정될 기미가 전혀 보이지 않는다. 이는 앞으로도 별다른 변화가 없는 '뉴 노멀(새로운 기준)'이 될 가능성이 높은데, 이렇게 될 경우 '이왕이면 좋은 것 하나' 심리는 계속될 것이다. 이로 인해 가장 직격탄을 받는 곳은 바로 지방 부동산 시장이다. 물론 현재에도 인구감소지역 등의 경우에는 취득세 완화 정책이 있긴 하나 유인책으로는 매우 약하다고 생각된다.

보유세는 그나마 좀 낫다. 종부세의 경우 3주택 이상이면서 과표가 12억 원(시세 약 40억 원)을 초과 시 종부세 중과가 적용되는데, 이는 달리 말하면 2주택까지는 아무리 고가주택이라도 종부세 중과는 해당하지 않음을 의미한다. 따라서 2주택까지는 괜찮다고 할 수 있겠으나 그럼에도 1주택 종부세 혜택이 더 크기에, 이 역시 1주택자가 상대적으로 더 유리하다.

양도세는 말할 것도 없이 1주택자가 유리하다. 상대적으로 비과세가 용이하기 때문이다. 특히 장기간 거주하는 실거주자라면 고가주택이라 하더라도 세부담을 최소화할 수 있으므로 향후 더 비싼 주택으로 갈아타기하는 데 유리하다.

이제는 부동산 세금 외 다른 정책을 살펴보자. 본서에서도 자세히 설명하겠지만 대출의 경우 수도권의 경우 6억 원으로 제한되었으며 (그마저도 가격에 따라 다르다) 임대·매매사업자의 경우 사업자대출이 전면 통제되었다. 따라서 임대·매매업에 대한 메리트가 떨어졌고 주택담보대출의 경우 금액이 낮아짐은 물론 곧바로 전입을 해야 하므로 실거주 1주택을 하는 것이 가장 좋은 선택지가 되었다.

얼핏 보면 '누구나 1주택'이므로 굉장히 공평해 보이고 투기수요가 전혀 없는 이상적인 모습이라 할 수 있겠지만 민간이 공급하는 전세 혹은 월세가 사라지는 것이라 보아야 한다. 특히 피치 못할 사정으로 잠시 임차를 지내야 하는 임차인들 입장에선 민간, 즉 다주택자 공급하는 전월세가 사라지는 것이니 임차비용이 올라갈 수밖에 없는 구조가 된다. 이는 곧 가처분소득 감소로 이어져 내 집 마련은 더더욱 멀어지는 악순환이 벌어지게 되는 것이다.

이상의 내용을 종합하면 주택 시장에 참여하는 사람들은 다음과 같은 행동을 할 가능성이 높다.

➊ 이왕 사는 주택, 좋은 것 하나로 끝낸다.

➋ 대출이 나오지 않으니 부모 등으로부터 증여 혹은 차입을 한다.

➌ 증여의 경우 무신고 혹은 과소신고 등 불성실 사각지대가 나올 수 있다.

ⓓ 가족 간 차입의 경우 편법, 위장 증여가 늘어날 수 있다.

ⓔ 이로 인해 과세당국은 자금출처 및 증여세 조사가 더욱 늘어나고, 이는 곧 납

세협력비용의 증가로 이어져 사회적 순손실이 커지게 된다.

지난 9.7 공급대책 중에서 부동산 세금 규제 관련해 한마디로 정리하면 '자금조달 및 증여세 조사 강화'라고 할 수 있다.

그림에서 보듯이 9.7 공급대책 중 규제정책은 '부동산 시장 거래질서 확립' 파트라 할 수 있다. 이를 구성하는 다섯 가지 항목 중에서 3) 불법 의심사례 세무조사 그리고 5) 자금출처 투명성 제고 기반 강화가

• **9.7 공급대책 보도자료 일부 편집**

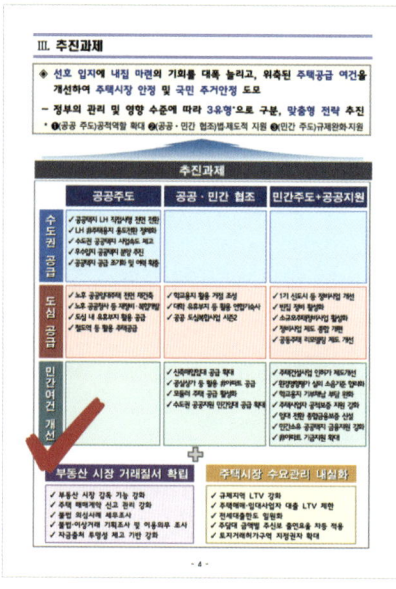

➤ **부동산 시장 거래질서 확립**
  1) 부동산 시장 감독 기능 강화
  2) 주택 매매계약 신고 관리 강화
  3) 불법 의심사례 세무조사 ★
  4) 불법, 이상거래 기획조사 및
     이용의무 조사
  5) 자금출처 투명성 제고 기반 강화 ★

**자금조달 및
증여세 조사 강화!**

핵심이다. 이는 곧 자금출처 및 증여세 조사를 강화하겠다는 것으로 해석해야 한다. 이게 곧 이 글의 처음에서 밝힌 10월 1일 발표된 국세청의 세무조사 강화 보도자료를 의미한다. 앞으로는 이에 대한 내용이 매우 중요해질 것이다.

이런 상황에서 우리는 무엇을 준비해야 할까? 세 가지를 기억하자.

첫째, 소득 대비 지나치게 높은 자산 취득은 유의한다

세무조사 대상자 선정 시 기준이 되는 것은 '소득-지출 분석 시스템'으로 일명 PCI(Property, Consumption, Income) 시스템이라고 하는데, 통상 당사자의 5년 동안 늘어난 자산과 지출에서 소득을 차감한 값을 '탈루 혐의금액'으로 추정한다.

물론 모든 금액을 탈루했다고 볼 수는 없으나 그 혐의 금액이 높을수록 조사받을 확률이 높아지는 것은 상식이라 하겠다. 예를 들어 5년 동안 신고된 소득금액이 5억 원인데(1년 약 1억 원), 늘어난 부동산 재산 증가액이 50억 원이라고 한다면 단순 계산해도 탈루 혐의금액은 45억

• 소득-지출 분석 시스템 모델

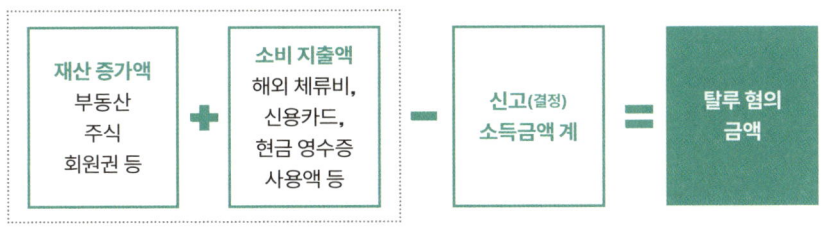

자료: 국세청 보도자료

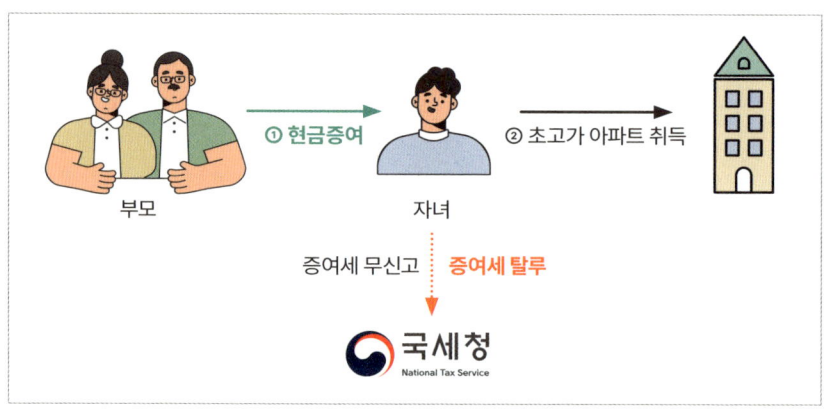

자료: 국세청 보도자료(2025년 10월)

원이고 이 중에서 대출 등을 차감한다고 하더라도 '어디에서 그 돈이 났을까?'라는 생각이 드는 것은 당연할 것이다.

실제 이번 국세청 세무조사 보도자료에서도 비슷한 패턴이 많이 나왔다. 소득 대비 지나치게 비싼 초고가 아파트를 취득한 자녀 갑은 대출을 최대한 받았음에도 불구하고 자금이 부족, 부모로부터 증여를 받은 것으로 추정되나 이에 대해 증여세 신고를 제대로 하지 않은 혐의로 조사를 받은 경우다. 여기에서 시작은 '소득 대비 지나치게 비싼 아파트를 취득'했다는 것이다. 이러면 과세당국의 관심을 받을 확률이 높아진다는 점을 꼭 기억하자.

둘째, 부모의 자산 처분 후 해당 자금 사용처가 불분명한 경우도 유의하자

역시 이번 보도자료에 나온 사례로, 취업 준비생인 자녀 갑이 고가

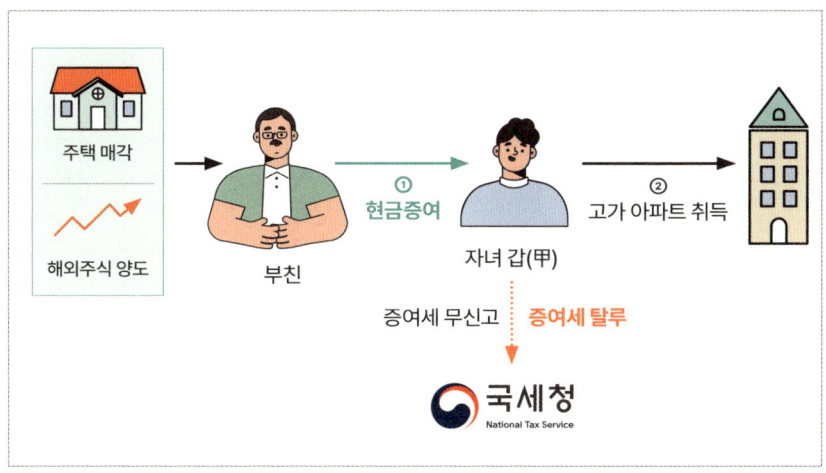

주택 매각

해외주식 양도

부친

① 현금증여

자녀 갑(甲)

② 고가 아파트 취득

증여세 무신고   증여세 탈루

국세청
National Tax Service

자료: 국세청 보도자료(2025년 10월)

아파트를 취득했는데 바로 그 직전, 부친은 주택을 매각하고 해외주식을 양도한 경우다. 앞서 살펴본 것처럼 소득이 없는 취업 준비생이므로 해당 자금의 출처가 의심스러운데, 특수관계자인 부친이 주택과 주식을 매각한 사실이 있고 그 사용처가 불분명하다면 과세당국은 어떻게 생각할까? 당연히 그중 일부 혹은 거의 전부가 자녀의 주택 취득 자금으로 흘러들어갔다고 생각할 것이다. 하지만 그럼에도 불구하고 사례의 당사자는 증여세 신고가 없었기에 이와 관련해 조사를 받게 된 것이다.

이와 비슷한 사례는 2025년 2월 국세청 보도자료에도 나온 적이 있는데 그 패턴이 매우 유사하다.

역시 소득 대비 지나치게 높은 고가주택을 취득했고 그 직전 특수

• 세무조사 사례 ③

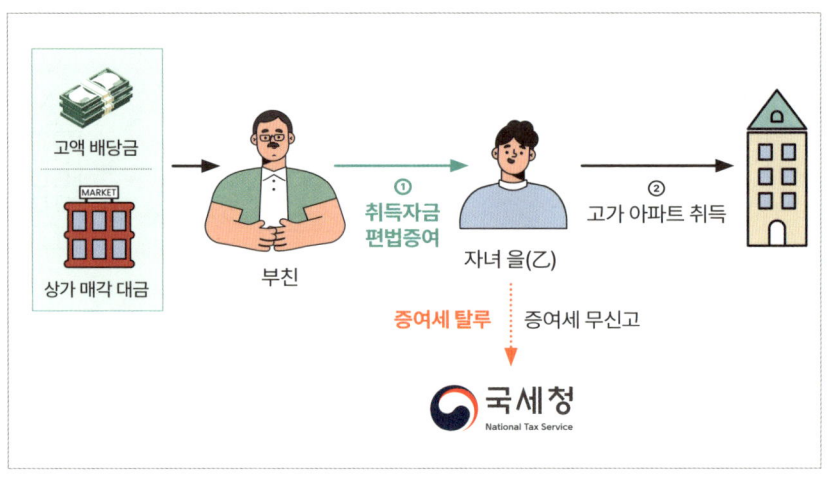

자료: 국세청 보도자료(2025년 2월)

관계자인 부친이 상가를 매각한 경우다. 따라서 이와 비슷한 경우에는 차라리 현금증여를 해서 증여세 신고를 한 후, 해당 자금을 자녀가 용도에 맞게 활용하는 것이 차라리 더 낫지 않을까 한다.

셋째, 자금조달계획서에서 '증여'와 '대출'을 적극 활용하자

향후 자금출처에 대한 조사는 더욱 늘어날 것이다. 이는 곧 자금조달계획서에 있는 항목을 더 꼼꼼하게 보겠다는 의미인데, 이를 역이용한다면 명확한 자금출처가 있다면 세무조사 이슈에서 상대적으로 자유로워질 수 있음을 의미한다. 이때 적극 활용해야 하는 항목이 바로 '증여' 그리고 '대출'이다.

자금조달계획서는 크게 '자기자금'과 '차입금 등'으로 구분할 수 있

• 자금조달계획서 양식

■ 부동산 거래신고 등에 관한 법률 시행규칙 [별지 제1호의3서식] <개정 2022. 2. 28.>   부동산거래관리시스템(rtms.molit.go.kr)에
서도 신청할 수 있습니다.

주택취득자금 조달 및 입주계획서

✿ 색상이 어두운 난은 신청인이 적지 않으며, [ ]에는 해당되는 곳에 √표시를 합니다.   (앞쪽)

접수번호		접수일시		처리기간	
제출인 (매수인)	성명(법인명)			주민등록번호(법인·외국인등록번호)	
	주소(법인소재지)			(휴대)전화번호	

① 자금 조달계획	자기 자금	② 금융기관 예금액	원	③ 주식·채권 매각대금	원
		④ 증여·상속	원	⑤ 현금 등 그 밖의 자금	원
		[ ] 부부 [ ] 직계존비속(관계:) [ ] 그 밖의 관계( )		[ ] 보유 현금 [ ] 그 밖의 자산(종류:)	
		⑥ 부동산 처분대금 등	원	⑦ 소계	원
	차입금 등	⑧ 금융기관 대출액 합계	주택담보대출		원
			신용대출		원
			그 밖의 대출		원
			원	(대출 종류:)	
		기존 주택 보유 여부 (주택담보대출이 있는 경우만 기재) [ ] 미보유 [ ] 보유 (건)			
		⑨ 임대보증금	원	⑩ 회사지원금·사채	원
		⑪ 그 밖의 차입금	원	⑫ 소계	원
		[ ] 부부 [ ] 직계존비속(관계:) [ ] 그 밖의 관계( )			
	⑬ 합계				원
⑭ 조달자금 지급방식	총 거래금액				원
	⑮ 계좌이체 금액				원
	⑯ 보증금·대출 승계 금액				원
	⑰ 현금 및 그 밖의 지급방식 금액				원
	지급 사유 ( )				
⑱ 입주 계획	[ ] 본인입주 [ ] 본인 외 가족입주 (입주 예정 시기: 년 월)		[ ] 임대 (전·월세)	[ ] 그 밖의 경우 (재건축 등)	

「부동산 거래신고 등에 관한 법률 시행령」 별표 1 제2호나목, 같은 표 제3호가목 전단, 같은 호 나목 및 같은 법 시행규칙 제2조제6항·제7항·제9항·제10항에 따라 위와 같이 주택취득자금 조달 및 입주계획서를 제출합니다.

년   월   일

제출인

(서명 또는 인)

시장·군수·구청장 귀하

유의사항

1. 제출하신 주택취득자금 조달 및 입주계획서는 국세청 등 관계기관에 통보되어, 신고내역 조사 및 관련 세법에 따른 조사 시 참고자료로 활용됩니다.
2. 주택취득자금 조달 및 입주계획서(첨부서류 제출대상인 경우 첨부서류를 포함합니다)를 계약체결일부터 30일 이내에 제출하지 않거나 거짓으로 작성하는 경우 「부동산 거래신고 등에 관한 법률」 제28조제2항 또는 제3항에 따라 과태료가 부과되오니 유의하시기 바랍니다.
3. 이 서식은 부동산거래계약 신고서 접수 전에는 제출이 불가하오니 별도 제출하는 경우에는 미리 부동산거래계약 신고서의 제출여부를 신고서 제출자 또는 신고관청에 확인하시기 바랍니다.

210mm×297mm[백상지(80g/㎡) 또는 중질지(80g/㎡)]

다. 이때 자기자금 중에서는 4번 항목에 있는 증여를 적극 활용하자. 앞서 사례에서도 보았듯이, 증여를 받고 증여세 신고와 납부를 제대로 했다면 별 탈 없이 넘어갔을 수도 있었을 것이다.

또 하나, 타인자금이라 할 수 있는 '차입금 등'에서는 8번 항목에 있는 금융기관 대출을 적극 활용하자. 이 부분은 양식이 조금 더 세분화될 것인데 해당 금융기관에서 자체 검증을 한 것이므로 과세당국 역시 받아들이는 정도가 더 용이하다고 할 수 있다. 물론 6억 원 한도가 있긴 하나 활용할 수 있는 범위 내에서 최대한 활용하도록 하자.

만약 금융기관이 아닌 개인 간 혹은 부모-자식 등 특수관계자 거래라면 11번 '그 밖의 차입금'에 기재해야 한다. 물론 실제 차입을 한 것이라면 상관이 없겠지만 상환기간이 지나치게 길다거나(가령 30년 등), 무이자 등 실질이 증여에 가깝다면 역시 과세가 될 수 있기에 유의하도록 한다.

이제 지금까지의 내용을 정리해보도록 하자. 앞으로 부동산 세금 규제는 강화될 수 있는 환경이고, 주택수에 따라 대응법이 각기 다름을 살펴보았다. 그리고 자금출처 및 증여세 조사 역시 강화될 수 있다는 것도 주의해야 한다. 구체적인 규제가 아직 나오지 않은 상황이므로 이에 대한 예측보다는 적절한 대응이 더 중요해 보인다. 혹자는 문재인 정부 때처럼 세금 규제가 강화될 것이라 하고, 다른 이들은 설마 똑같은 전철을 그대로 밟겠느냐고 반문한다. 어느 쪽이든 부동산 세금 정책은 나의 소중한 재산권과 밀접한 관계가 있다는 것을 꼭 기억하자.

마키아벨리는 『군주론』에서 "인간은 살해된 아버지의 일은 잊어도 빼앗긴 재산은 영원히 잊지 못한다"라고 했다. 모두를 만족시키는 세금 정책은 나올 수 없다. 다만 어떤 정책이 나오더라도 이를 개선하기 위해서는 모두의 관심이 필요하다. 앞으로는 부동산 세금 정책에 대해 더 많은 관심을 기울일 때다.

part
4

부동산 시장에서의
새로운 기회

2026년,
위반건축물
해법이 나타났다

토미 김서준

- 국내 1호 부동산+리모델링 전문가
- 저서 『리모델링으로 재테크하라』 『버리는 부동산 살리는 부동산』
- 블로그(blog.naver.com/rockclub20)
- 유튜브 '부동산병원'
- 도시로 재생연구소 소장

새 정부의 강력한 부동산 정책인 10.15대책을 통해 서울 전 지역 25개 지역과 경기권 12개, 총 37곳의 지역이 조정대상지역과 투기과열지구, 토지거래허가구역으로 지정되었다. 주택을 매수하는 경우 2년 실거주 의무, 그리고 대출한도를 하한 조정함으로써 강력한 규제의 시작을 알렸다. 대출한도 LTV와 신용대출, 청약, 전매제한 규제가 강화되고 1주택을 제외한 2주택 이상의 취득세 중과까지 되었다.

실수요자, 무주택자, 다주택자, 기존 수분양자, 기존 조합원 등 서울 및 수도권을 비롯한 어쩌면 우리 모두에게 영향력이 있는 규제다. 이 정책으로 인해 신규 매물과 전세 매물의 공급이 막힌다면 거래는 둔화될 것이고, 실거주 목적으로만 주택 거래를 제한한다면 시장의 수요와 공급의 흐름은 위축될 것이다.

주택 안정을 위한 정책이라면 점진적으로 시장의 상황을 살피면서 결정해야 하지만, 이번 정책은 규제할 수 있는 옵션을 전부 선택함으로써 주택의 매수 목적을 실거주로만 한정하려는 듯하다. 고가주택의 수요 억제, 주택 관련 세금 중과, 임대 시장의 정부 주도 개입은 시장의 자연스러운 거래 흐름을 막는다. 모두가 원하는 집값 안정화가 될 수 있을지 의문이다.

집이 있어도 고민, 없어도 고민이다. 지방 부동산과 청년 내 집 마련, 무주택의 주택취득은 점점 더 벽이 높아지고 있다. 갭투자라는 용어가 뉴스와 정책에까지 나오는 시절이 되었고, 자본주의에서 내 자본을 증식하는 방법이 강압적으로 규제되며, 한국의 상당한 비율을 차지했던 전세제도의 붕괴 조짐도 예측된다.

10.15정책의 보완책이 나오지 않는다면 향후 매매 거래와 전세 공급은 어려워질 것으로 보인다. 매매, 임대, 건설 시장의 위축과 전세난의 가중으로 부동산 투자 수익은 불확실해 보일 수도 있을 것이다.

이런 때일수록, 장기적인 안목과 각 개인의 상황에 맞는 플랜을 세워야 한다. 계속되는 규제정책의 어둠 속에서 한 가닥 희망의 소식이 있다. 2026년, 12년 만에 발표되는 건축규제 완화 정책을 예고하고 있으니, 다주택자와 건물 보유자, 건물 매수 희망자, 단독·다가구주택 소유주 등은 본 칼럼을 주시하기 바란다. 2026년, 위반건축물 양성화 제도를 잘 활용해 부동산 수난 시대를 잘 헤쳐갈 수 있도록 해보자.

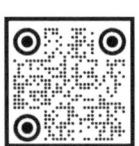

토미의
리모델링재테크

서울시의 건축규제 완화

2025년, 서울시는 침체된 건설경기와 도심 내 주택공급 확대를 위해 2가지 카드를 꺼내 들었다.

첫 번째, 소규모 재건축에 한시적 용적률 완화 조치 시행(2025.5)이다. 이 조치로 인해 제2·3종 일반주거지역의 용적률이 최대 300%까지 상향되어 조례 개정을 통해 제2종 일반주거지역은 기존 200%에서 250%로, 제3종 일반주거지역은 250%에서 300%까지 용적률을 높일 수 있도록 허용되었다. 적용 대상은 부지 1만㎡ 미만의 소규모 재건축과 5천㎡ 미만 소규모 재개발, 36세대 미만의 자율주택정비사업 등이다. 다만 용적률 완화 조건이지만 주거 환경과 일조권, 경관 훼손을 막기 위해 사업계획 수립 기준을 충족해야 하며 국민주택 규모

• 서울시 소규모 재건축 용적률 완화 관련 공지

서울시, '소규모재건축' 용적률 300%까지 완화 8천가구 공급… 주민설명회 추진

<규제철폐 33호>

- 시, 9일 소규모재건축 대상 주민설명회 첫 개최…7개 권역별 설명회 추진 참여 확산
- 소규모재건축 용적률 한시적 완화로 3년간 제2종 250%, 제3종 300%까지 확대
- 사업성 분석·건축가 자문 등 원스톱 지원…집중관리 30개소·신규사업장 30개소 발굴
- 소규모 재건축 주택도시보증공사 저금리 융자상품 개설 건의 등 제도 개선 지속 시행
- 시, 소규모재건축 활성화 주거환경 개선 3년간 60개소 관리 8천가구 공급 목표 추진

(전용 85m² 이하) 이하의 주택으로 공급해야 한다.

　두 번째는 기존의 일조권 사선제한 규제를 완화하는 방안을 법안 발의한 내용이다. 현행법에서 전용주거지역이나 일반주거지역에서 건축물을 짓는 경우 높이에 따라 일정 거리 이상을 띄우도록 하는 일조 사선 규정이 있는데, 건축하려는 대지의 높이 10m 이하인 부분은 인접 대지 경계선으로부터 1.5m 이상, 10m 초과 부분은 경계선으로부터 건축물 각 부분 높이의 1/2 이상 범위에서 띄어야 한다.

　현행법에 맞춰서 설계하다 보면 10m 이상의 건물의 측면은 사선이 되는데 그 사선이 계단식으로 시공하니 자연스레 베란다 천장을 만들게 되어 불법으로 사용하는 사례가 되기도 한다. 서울시가 소규모재건축 용적률을 한시적으로 상향했음에도 현행법의 사선 제한으로 인해 용적률 활용이 되지 않고 있다는 것을 감안해 법령을 현실에 맞게

• 일조권 사선 규제 완화 내용

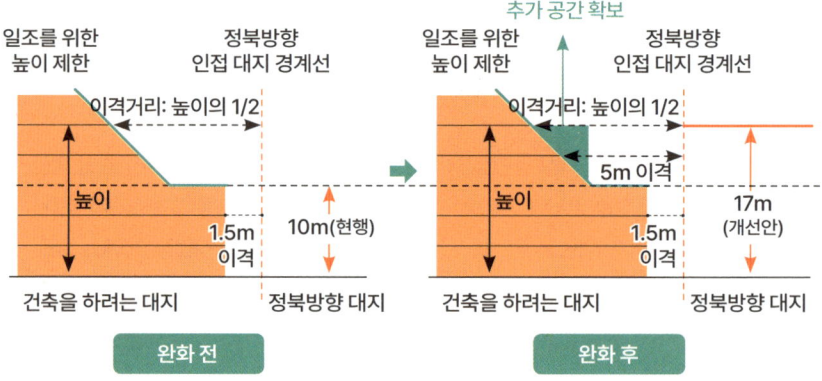

정비하려는 취지다.

　건축규제는 날이 갈수록 엄격해져서 실생활과 과거로부터 축적된 규제가 현실과 맞지 않는 경우가 있는데 낡고 까다로운 「건축법」을 완화하는 제도는 자주 시행하기 어려운 점이 많으므로 높아진 건축비용, 대출 제한, 빌라 기피 현상, 10.15 부동산 정책, 경기 침체 등의 상황 속에서 오랜만에 찾아오는 완화책인 「건축법」 개정 발의안을 주목해보자.

주거환경개선과 지역활력제고를 위한 빈 건축물 정비활성화 방안

빈집도 벌금을 내야 한다고?

[사례 1]

B씨는 지방의 오래된 주택을 부모님으로부터 상속받았다. 50년이 지난 주택

• 빈 건축물 정비 활성화 방안

빈 건축물 정비를 통한 도시활력 제고

핵심과제 ❶ 예방 및 관리 기반 구축

모니터링 체계 강화

- ☑ 특별법 제정
- ☑ 관리대상 확대
- ☑ 실태조사 내실화
- ☑ 예측모델 도입

정비계획 수립체계 개선

- ☑ 주체별 역할·책임 부여
- ☑ 철거명령 근거 명확화
- ☑ 정비계획 정합성 제고

핵심과제 ❷ 활용도 낮은 입지는 적극적 철거

소유주 자진철거 유도

- ☑ 소유주 관리의무 부과
- ☑ 철거 전 방치부담 강화
- ☑ 철거 시 신고부담 완화
- ☑ 철거 후 세부담 완화

직권철거 실행력 강화

- ☑ 철거명령 기간 단축
- ☑ 철거 의무화
- ☑ 행정대집행 특례

개발사업 연계 철거

- ☑ 민간 : 사업구역 外 철거 특례
- ☑ 공공 : 철거 지원 활성화

핵심과제 ❸ 활용도 높은 입지는 정비·활용 활성화

관리·거래 네트워크 구축

- ☑ 통합 플랫폼 구축
- ☑ 빈건축물관리업 신설
- ☑ 빈건축물 허브 도입

정비사업 연계 강화

- ☑ 정비사업 개편
- ☑ 빈건축물정비촉진지역 도입
- ☑ 사업절차 간소화

복합적 활용 지원

- ☑ 용도규제 유연화
- ☑ 도시채움시설 신설
- ☑ 공공시설 입체복합

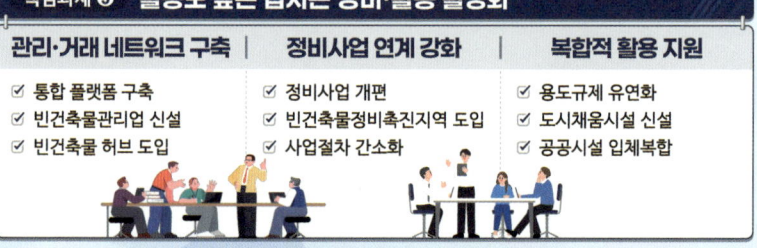

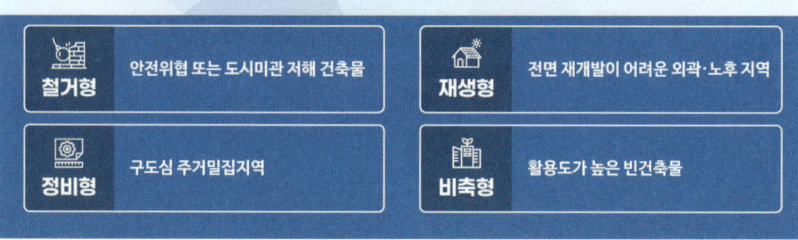

철거형 안전위협 또는 도시미관 저해 건축물	**재생형** 전면 재개발이 어려운 외곽·노후 지역
정비형 구도심 주거밀집지역	**비축형** 활용도가 높은 빈건축물

• 전국 빈집과 빈 건축물 현황

전국 빈집

13.4만 호
• 도시: 5.6만 호
• 농어촌: 7.8만 호

자료: 행정안전부, 2024년

전국 빈 건축물(주택 제외)

6.1만 동

자료: 건축공간연구원, 2024년

은 노후가 많이 진행된 상태이고, 과거 그 지역의 개발 진행도 흐지부지되어서 신축도 어려운 상황이다. B씨가 지방에 내려가서 거주할 계획도 없고, 임대로 활용도 못 하던 터라 매물로 내놓았지만, 거래도 되지 않는 상태다. 활용도 하지 못하는 재산에 세금만 내고 있는 B씨는 골치가 아프다.

정부가 「건축법」과 빈집에 관한 정책을 발표했다. 전국적으로 빈집과 빈 건축물은 20만 채에 달하고 있는데, 방치된 빈집과 빈 건축물*은 주변 지역의 주거환경을 악화시키고 지역 쇠퇴 등을 유발하기도 하며 범죄의 원상이 되는 등 사회적 문제가 되고 있다. 정부는 빈 건축물 예방과 관리를 위해 특별법을 제정하고, 활용도가 낮은 입지의 빈집 등의 건축물은 적극적인 철거를 유도하고자 한다. "붕괴·재해 등 안전사

---

* 「빈 건축물 정비 특별법」에서의 빈 건축물의 정의는 기존 1년 이상 미거주, 미사용 주택 외에 20년 이상 노후 비주택과 공사 중단 건축물도 포함하기로 했다.

•「빈 건축물 정비 특별법」제정 추진

고 발생 가능성이 있는 경우에는 지자체의 철거 명령을 의무화하고 구상권을 부여해. 민간이 개발 사업 추진 시 사업 구역 외 빈 건축물 철거 비용을 기부채납으로 인정해 용적률을 완화한다"라는 정비계획이다.

앞으로 빈 건축물을 적극적으로 철거하되 활용도가 높은 경우 숙박업 등 다양한 용도로 쓸 수 있게 제도와 혜택을 만들게 되었다. 또한 빈 건축물 소유주에게 관리 의무를 주어 이행하지 않을 시 이행강제금을 부과하고, 자발적으로 빈 건축물을 철거하면 지방세 부담을 완화해 주기로 했다.

활용도가 높은 입지에 있는 빈 건축물의 경우, 관리업 도입과 허브 설립 등을 통해 적극적으로 활용할 방침이다.

유의할 점은 빈집을 방치해도 지금까지 큰 패널티가 없었으나 앞

• **「위반건축물 합리적 관리방안」 발표**

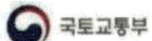 
으로는 빈집을 아무 대책 없이 방치하다가는 이행강제금을 물게 될 가능성이 있다는 것이다.

건물 노후와 위반건축물의 증가

전국의 건물 중 10채 중 4채는 준공 이후 30년이 넘은 노후건축물이다(2025 국토교통부 전국 건축물 현황 통계). 노후건축물의 용도 중 주거용 노후건축물 비율이 53%로 가장 높으며 이 수치는 지속적으로 증가하고 있다.

문제는 신축 물량의 공급과 기존 노후건물의 보수인데 개별 건물의 상황과 비용 때문에 어려운 관리와 높아진 건축비로 사회적인 문제가 되어가고 있다. 특히 다세대주택, 즉 빌라라고 불리는 공동주택

• 주거용 위반건축물의 주요 유형

등 노후 주택은 준공 후 불법 확장이나 베란다, 옥상 등을 다른 형태로 변경해 사용하면서 적발이 되면 위반건축물이 되어버린다. 준공 이후, 사용승인 이후에 생활편의나 임대 등을 위해 면적이나 구조를 변경하는 경우가 다양하게 나타난다.

정부는 붕괴나 화재 등에 취약한 위반건축물 관리 방안을 발표하면서, 관련 사항은 국회 논의를 통해 2025년 말 확정해 2026년 상반기에 시행할 계획을 추진하고 있다. 오랜만의 이번 발표는 위반건축물을 발생시키는 주요건축규제 완화, 즉 주거지역에 일조 사선 기준의 조정, 비가림 시설과 보일러실에 대한 면적특례 등의 내용이 담겨있다.

위반건축물은 2024년 12월 기준, 전국의 14만 8천 동이 등재되었으며, 그중 주거용은 56%, 비주거용은 43%를 차지하고 있다. 주거용 위반건축물은 약 8만 3천 동으로 보고되었으며, 주거용 위반건축물 가운데 특히 단독·다가구·다세대 주택 형태가 약 4만 6천 동으로 절반 이상을 차지한다. 주로 무단 증축과 용도 변경, 방 쪼개기 등으로 적발

• 위반건축물과 이행강제금 개요

위반 건축물이란	「건축법」이 정한 허가나 신고 절차 없이 무단으로 건축물을 신축·증축하는 등 행위를 했다가 적발된 건축물을 말한다. 위반건축물로 적발되면 건축물대장에 등재되고 시정명령을 받게 된다. 시정명령을 받은 후 시정기간 내 시정하지 않으면 이행강제금을 부과한다.
위반건축물 형태	- 허가없이 면적, 층수, 높이를 증가한 행위 - 건축경계선 위반 - 무허가 신축, 개축행위 - 방쪼개기 행위 - 공개공지의 판매행위 - 용도에 맞지않는 용도와 사용행위 - 주택의 가구수, 세대수 증가 - 가설 건축물 축조행위 - 편의 시설(계단실, 베란다 구조물, 비막이 시설, 케노피 등) 설치
강제이행금	부과 비율은 각 위반 유형에 따라 다름.
영리목적을 위한 위반이나 상습적 위반	허가권자는 영리목적을 위한 위반이나 상습적 위반 등의 경우 100분의 100 범위 안에서 가중할 수 있다는 조항도 있음.
2019년 4월 23일 이후	주거용 건축물의 연면적이 $60m^2$ 이하인 경우 이행강제금의 1/2 범위에서 2~5회 부과되었음.
2019년 4월 23일 개정 세법 이후	이행강제금 횟수는 시정명령이 시정될 때까지 부과하는 것으로 변경됨.
매수 시 주의점	다가구나 다세대 등을 매매로 사거나 경매로 취득 시: 건축물대장 등의 서류 (위반건축물)확인, 매도인, 중개사 등에 확인. 위반건축물의 처리에 관한 내용 특약기재. 매도인 손해배상 청구 등의 특약기재.

• 전국 위반 건축물 현황

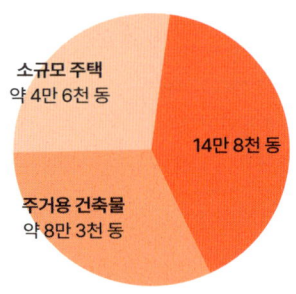

소규모 주택
약 4만 6천 동

14만 8천 동

주거용 건축물
약 8만 3천 동

• 위반 건축물 누적 현황(동 수)

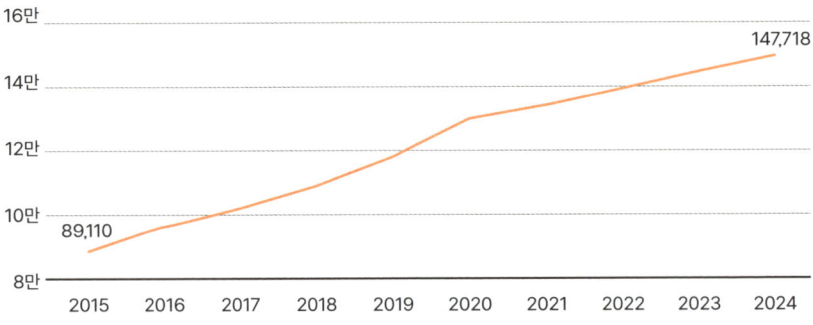

자료: 국토교통부

• 연도별 위반 건축물 누적 증가량(동 수)

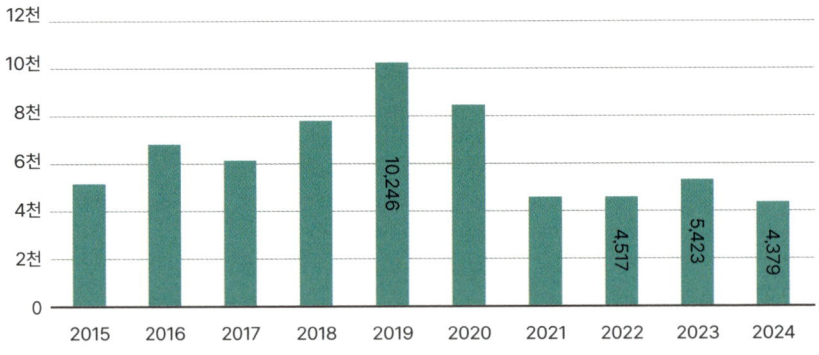

자료: 국토교통부

되었다. 매년 약 6천만 동씩 늘고 있지만 적발되지 않은 건과 합치면 훨씬 많을 것으로 추정된다.

어둠 속의 희망, 위반건축물 양성화

2014년 이후 12년 만에 시행되는 위반건축물 양성화는 준공 이후 발생하는 위반사항을 억제하는 제도를 마련해 근본적 제도개선을 목표로 하고 있다. 이번 특별법을 내놓은 배경은 새 정권의 대선공약인 '미신고 불법건축물의 주거안전 보장'의 일환으로, 국정과제로 선정되었으며, 국회에서도 여야에서 여러 번 상정해 실태조사를 진행, 국회에서도 특별법 제정을 논의하고 있다. 2025년 말 세부적인 가이드라인을 발표 후 2026년 한시적으로 시행할 것으로 예상된다.

[사례 2]

A씨는 2024년 서울 광진구의 다가구를 매입했다. 매입 당시 건축물대장에는 위반사항이 없었으나 베란다에 설치되어 있던 새시가 위반건축물로 적발되었다. B씨는 매년 이행강제금을 내야 할 상황이 되었고 은행에서 대출도 어려워졌다는 사실을 알게 되었다. 이후 A씨는 이러한 사실을 전주인, 즉 매도자에게 알리고 구제받기를 원했지만, 전주인은 모르쇠로 일관했다.

이번 위반건축물 양성화 조치는 '소규모 주거용 위반건축물'을 대상으로 하며, 일정 기간 신청을 받아 합법적인 지위를 부여하는 것이 목표다. 국토교통부는 임차인이나 매수인 등 제3의 피해자 예방과 신규 위반의 원천차단 등으로 양성화 사례가 더는 반복되지 않도록 건축 규제를 개선하고 불법 행위를 근원적으로 차단할 수 있는 제도적 기반을 구축할 방침이다.

위반건축물로 등재될 경우 임대인의 주택담보대출이 제한돼 임차인에게 보증금이 반환되지 못하거나 위반건축물을 모르고 주택을 매입한 신규 매수인에게 이행강제금이 납부되는 사례 등으로 사회적인 피해 등을 원천적으로 차단하겠다는 것이다. 특히 소규모 주거용 건축물은 라이프스타일의 변화 등에 대응하지못한 과거의 평면과 좁은 면적의 불편함 등으로 증축 등을 했다가 적발되는 경우가 많은데, 양성화의 사각지대에 놓인 재개발 지역 등에서는 별도의 해법이 필요하겠다.

이번 규정은 2014년의 선례를 기반으로 논의될 가능성이 있는데, 2014년의 경우, 양성화 대상은 단독주택 연면적 165m² 이하, 다가구주택 330m² 이하, 다세대주택 세대당 전용면적 85m² 이하 등으로 제한되었다. 2014년의 기준이 2026년에도 적용될 가능성이 많으며 심의 기준은 위반 행위가 인접 건물의 일조권 등에 '현저(顯著)한 지장(支障)'을 주지 않는 한, 구조 안전이나 위생 문제가 없는 건축물의 경우 사용 승인을 허용하는 방향이었는데, 이는 2026년에도 실용적인 접근법이 유지될 가능성을 시사한다.

2014년 양성화제도 요약(2014년 기준)

- 특정건축물 정리에 관한 특별조치법(2014.1.17~2015.1.16)

- 대상: 연면적의 50% 이상이 주거용으로 사용되는 건축물로 건축허가(신고)

  받지 않거나, 허가(신고) 이후에 위법시공 등으로 사용승인을 받지 못한 건축

  물(일부 제외)

- 완공기준: 2012.12.31 이전 사실상 준공기준

- 심사기준: 구조, 일조, 방화, 위생에 지장 없을 것

- 대상 건축물 면적기준

  - 연면적 165m² 이상 단독주택

  - 연면적 330m² 이하 다가구주택

  - 세대당 전용면적 825m 이하 다세대주택

대상 건축물의 범위에서 구제 대상은 대상 건축물의 준공년도에 달려있는데, 2014년에는 2012년 말 이전까지 준공된 건물을 기준으로 했으니, 이번 양성화에서도 노후된 소규모 건축물 위주로 한시적인 구제가 될 것으로 전망된다.

2014년의 업그레이드 버전인 이번 대책의 특징은 준공 이후 발생하는 불법 행위를 억제하기 위해 '건축물 사후 점검제'를 도입하고 건축 전문가가 건축물의 불법 여부를 수시로 진단하는 '건축물 성능 확인제'를 신설하는 것, 계약 시 건축물 대장상 위반 사항 확인을 강화, 매수 이후에도 위반 행위를 한 이전 건축주 등에게 구상권 등의 손해 배상 책임을 명시하는 법적 근거 등을 마련하는 등, 일반 시민이 쉽게

건축물 위반 정보를 확인할 수 있도록 별도의 정보 제공 사이트 운영, 건축설계·시공 과정에서 불법을 유도하는 관행을 사전에 차단하고, 위반건축물의 상시 관리·감독 체계를 구축하는 내용 등의 관리와 사후시스템 구축 등이다.

제도 강화 방안이 국회에서 특정 건물과 함께 논의되고 개정이 필요한 사항은 개정 작업에 착수, 2025년 12월 '특정건축물 정리에 관한 특별조치법안'으로 법안 발의가 될 예정이다. 이번 발표에서 '주거용 위반건축물 등'이라는 전제조건은 향후 발표될 최종 가이드라인에서 상가 건물을 포함한 다른 용도의 건축물까지 양성화 대상에 포함될지 지켜봐야 하겠다.

각종 위반 형태와 방향

위반건축물에 대한 한시적 양성화는 과거 5차례(1980, 1981, 2000, 2006, 2014년)에 걸쳐 시행되었으며 이번 2026년이 진행된다면 여섯 번째다.

비가림지붕, 보일러실 특례

비가림이 필요한 주택과 보일러실 증축으로 적발된 주택의 대부분은 오래전에 지어져, 주택 트렌드가 바뀌는 속도를 시대의 법이 따라잡지 못한 사례다. 단속의 대상이지만, 어쩔수 없이 설치된 시설도 존

• 2006년 양성화 보도자료-건설교통부 특정 건축물 정리에 관한 특별조치법 시행령

옥탑방 등 내년 1월까지 신고하면 양성화

- 담당부서 · 등록일 2006-02-08 18:53 · 조회수 1620
- 첨부파일 HWP 보도자료(위반건축물양성화).hwp Q 바로보기

2006년 양성화

소규모 주거용 위반 건축물이 양성화된다.

건설교통부는 옥탑방 등의 '건축법'을 위반한 건축물 중 소규모 주거용 건축물을 선별적으로 양성화하는 내용의 '특정건축물 정리에 관한 특별조치법 시행령'이 2월8일 공포됨에 따라 동법을 2월 9일부터 시행한다고 밝혔다.

양성화 대상 건축물은 2003년 12월 31일까지 사실상 완공된 연면적 165㎡(50평)이하 단독주택, 연면적 330㎡(100평) 이하 다가구주택, 세대 당 전용면적 85㎡(25.7평) 이하 다세대주택, 연면적의 50%이상이 단독·다가구주택으로 사용되는 복합용도 건축물도 건축물의 전체 연면적이 해당 면적 이하이면 양성화가 가능하다.

그러나 정비구역·도시개발구역·개발제한구역·군사시설보호구역 등 관계 법령의 규정에 따라 지정된 건축물은 적용 대상에서 제외된다.

다만, 정비구역이나 도시개발구역 내에 있으나 해당 사업에 지장이 없는 건축물과 구역 지정 이전에 건축된 건축물은 양성화 대상에 포함된다.

이에 따라 양성화를 희망하는 건축주나 소유주는 오는 9일부터 내년 1월 8일까지 건축사가 작성한 현장조사서, 건축물이 위치한 대지의 소유 및 사용권리를 증명하는 서류 등을 첨부하여 관할 자치단체장에게 신고해야 한다. 자치단체는 신고서류 등을 검토하여 대상건축물 여부를 판단하고 건축위원회 심의를 거쳐 사용승인 대상건축물을 확정하고 신고 받은 날로부터 30일 이내에 사용승인서를 교부하게 된다.

양성화되기 위해서는 자기소유 대지나 사용승낙을 받은 대지에 건축된 건축물이어야 한다. 또 화재 및 구조안전 등에 문제가 없어야 하며, 체납된 이행강제금 등이 없어야 한다.

건설교통부는 이 법의 시행으로 소규모 주거용 위반건축물 상담수가 구제받게 되므로, 형편이 어려워 자발적 시정이 어려운 서민들의 주거안정에 기여할 것으로 전망하고 있다.

※ 문답자료(Q&A) 등 자세한 내용은 첨부된 보도자료 참고

• 비가림지붕, 보일러실 특례

외부 계단 비가림 지붕 | 옥상 비가림 지붕 | 보일러

재한다. 노후건물은 비가림 시설이 없다 보니 누수에 노출되어 있고, 보일러 설치와 규정은 계속 바뀌었고, 위반시설에 임차인이 거주하고 있다면 원상복구도 쉽지 않다. 이런 현실을 반영해, 노후주택의 외부 계단이나 옥상 등에 설치된 비가림지붕과 단독·다가구·다세대주택의 보일러실은 층수와 면적 산정에서 제외하도록 개선이 추진되고 있다. 건폐율·용적률·층수 등에 미산정 처리함으로써, 결과적으로 무단 증축으로 간주되던 위반 사례를 해소하는 효과가 기대된다.

• 대표적인 위반건축물 유형

베란다 무단 증축

신축 시 일조 사선 제한을 적용받아 위 사진 처럼 계단식으로 건축하면 베란다에 비가 올 때 관리가 어렵고 실내로 사용하고자 하는 수 요에 의해 베란다를 실내처럼 천장과 새시를 시공하는 경우

옥탑층 무단 증축

옥상에 지자체 증축 허가 없이 건축물 설치해 구조상, 안전상, 이웃권리 침해 등으로 위법 등재되는 경우

1층 야외공간 무단 증축

소유주의 대지 경계를 벗어나서 도로나 이웃 의 대지를 침범한 경우

1층 필로티 무단 증축

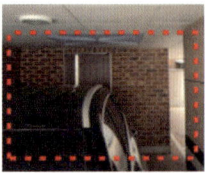

필로티 구조의 1층에 무단으로 시설물을 설 치한 모습

세대수가 증가하는 무단 대수선(방쪼개기)

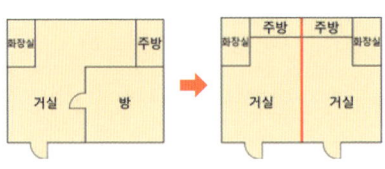

1세대를 무단으로 2~3세대로 세대를 나누는 행위

무단 용도변경(근린생활시설→주택)

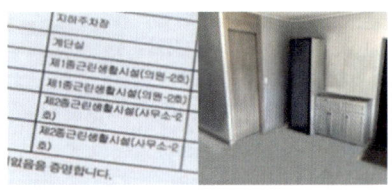

등록된 용도 외에 다른 용도로 사용하는 행위

· 해당 사진은 참고용으로, 실제 위반.단속.적발 등 여부와는 관련이 없음

자료: 국토교통부

• 각종 위반 형태와 유형

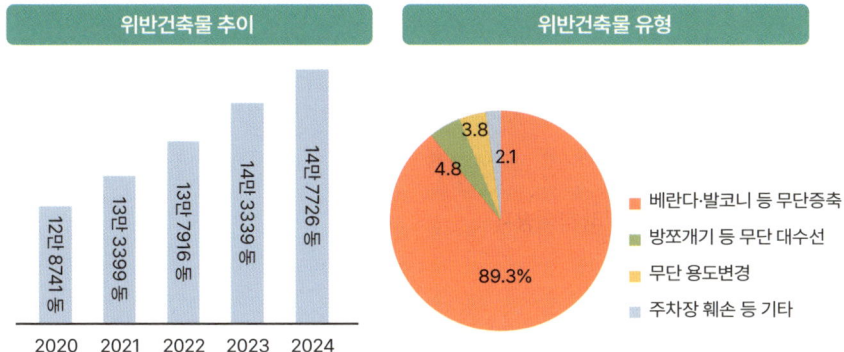

위반건축물 추이

- 2020: 12만 8741동
- 2021: 13만 3399동
- 2022: 13만 7916동
- 2023: 14만 3339동
- 2024: 14만 7726동

위반건축물 유형

- 89.3% 베란다·발코니 등 무단증축
- 4.8 방쪼개기 등 무단 대수선
- 3.8 무단 용도변경
- 2.1 주차장 훼손 등 기타

• 정북 방향 일조 사선 후퇴 기준 조정

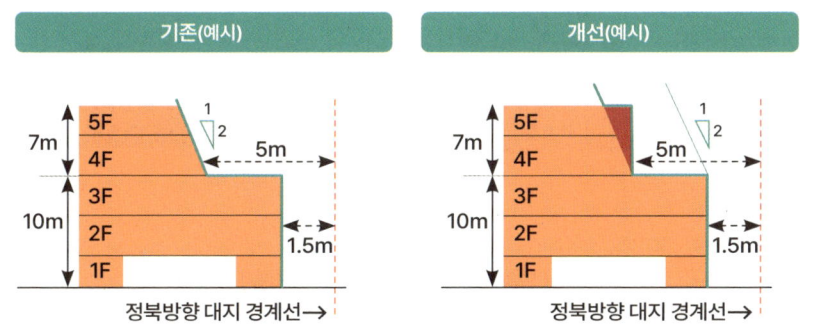

기존(예시)

7m, 10m / 5F, 4F, 3F, 2F, 1F / 5m / 1.5m / 1:2

정북방향 대지 경계선→

10m 이하: 경계선 부터 1.5m
10m 초과: 경계선 부터 건축물 해낭 높이의 1/2

개선(예시)

7m, 10m / 5F, 4F, 3F, 2F, 1F / 5m / 1.5m / 1:2

정북방향 대지 경계선→

10m 이하: 경계선 부터 1.5m
10m 초과 17m 이하: 경계선 부터 5m
17m 초과: 경계선 부터 건축물 해낭 높이의 1/2

※ 기존의 일조사선 기울기(1:2)는 그대로 유지해 일조영향 변화 최소화
  (시뮬레이션 결과: 일조 수인한도(총 4시간, 연속 2시간))를 고려한 실제 피해영향 미미

※ 현행 일조 기준을 4~5층 높이(10~17m)에서 사선 → 수직선으로 조정

※ 다세대주택의 4~5층, 다가구주택의 4층(필로티 설치 시)에 위치한 베란다 등에 확장 가능 공간 확
  보 → 무단증축 위반 해소 효과

위반건축물 양성화 6가지 조건

1. 용적률 적합

2. 내진설계 충족(안전진단 필요)

3. 주차대수 충족

4. 안전 및 이웃권리 침해방지

5. 정북일조권

6. 기존 이행금 성실납부자 우선

위반건축물 양성화 추진 방안 순서

• 양성화 대상 건축물 통지 및 신고 → 건축사 의뢰(소유주) → 특정건축물 신고 접수(소유주) → 양성화 대상 건축물 여부 판단(지자체 허가권자) → 건축위원회 심의(지방건축위원회) → 사용승인 대상 여부 확정(허가권자) → 사용승인 대상 여부 확정(허가권자) → 사용승인서 교부(허가권자) → 건축물대장 생성(허가권자)

향후 관리방안과 강화방안

건축물 사후점검제가 도입되고, 건축물의 불법 여부를 수시로 진단하는 '건축물 성능확인제'가 신설되는 등 제도 개선이 추진될 전망이다. 또한 계약이나 경매 등의 낙찰 과정에서 건축물대장상 위반사항 확인을 강화하고, 매수 이후 위반 행위를 한 이전 건축주 등에 대해 구상권 등 손해배상 책임을 명시하는 법적 근거도 마련될 예정이다.

• 향후 관리방안과 강화방안

	불법행위 예방
건축물 사후관리 시스템 구축	사용승인 이후 일정기간 경과 시, 허가권자(또는 대행건축사)가 위반 여부를 재확인하는 건축물 사후검사제도 도입
성능확인제	사용기간 중 건축 관련 전문가가 건축물의 불법 여부 등을 수시 진단하는 건축물 성능확인제도 도입 및 시범사업 추진 향후 건축물 거래·대출·보험 등에 활용할 수 있도록 제도 운영
건축물대장 확인	건축물 매매·임대차 계약 시 공인중개사가 건축물대장을 필수적으로 제시하고, 건축물대장에 위반사항 기재 확대 공인중개사법 일부개정법률(2025.8 공포, 2026.2 시행): 설명 근거자료에 건축물대장 명시 -매수인·임차인 등의 건축물대장상 세대·가구수 확인 강화
불법책임 명시	실제로 위반행위를 한 자(前 건축주 등)에게 구상권 등 손해배상 책임 등을 명시할 수 있도록 「건축법」 등 법률 개정
특약 반영	계약서 특약(중개사협회 제공)에 '계약체결일 전에 발생한 위반사항 추후 발견 시, 매도인이 원상복구 책임내용' 반영
정보 제공	건축물 위반 여부 조회가 가능한 정보제공 사이트 개설 -실수요자 사용을 위해 민간 부동산 서비스앱과 적극 연계 추진
	불법유도 건축설계/시공방지
가이드라인	위반행위 예방을 위한 설계·감리 점검 가이드라인 마련, 건축허가·사용승인 검사 등에 활용하도록 추진 불법 증축·대수선 유도 시설물(배수·배관 설비 등) 설치, 불법확장을 의도한 평면계획 등
처벌대상 확대	위반행위를 한 미등록 시공·설계자 등도 벌칙 포함
불법행위 인식 제고	건축허가 및 사용승인 시 건축주에게 불법행위 및 처벌규정 등에 대한 안내자료 제공

단속/시정 강화	
AI 기술을 활용한 실태조사	전국 건축물 외부 위반행위를 선제적으로 확인할 수 있도록 항공사진 변화 AI 분석시스템 개발
조사권한 강화	지자체 건축부서에 위반건축물 세부현황 파악을 위해 과세자료 등을 요청할 수 있는 근거 부여 검토
업무환경 개선	이행강제금 재원 등을 활용해 건축안전특별회계 조성을 의무화, 위반 건축물 표준 업무처리지침 마련

일반 시민이 위반건축물 정보를 보다 쉽게 확인할 수 있도록 별도의 정보 제공 사이트가 운영될 계획이며, 국토교통부는 이러한 제도 강화 방안이 국회에서 '특정건축물법'과 함께 논의될 수 있도록 법률 개정 작업에 착수할 의지를 보이고 있다.

이처럼 위법 건축물에 대한 매도인과 관련인의 책임을 명문화하고 처벌 대상을 확대함으로써, 기존 매수인의 불이익 문제를 해소하고 부동산 거래 단계에서의 관리·감독 체계를 강화하려는 것이다. 즉 앞으로는 부동산 매매나 임대차 계약을 체결하기 전에 위반건축물 여부를 확인할 수 있는 기반이 만들어진다고 본다.

그동안은 위반건축물에 부과되는 이행강제금보다 임대 수익이 많거나 비슷한 경우가 많아, 불법 상태를 그대로 유지하는 사례가 적지 않았다. 이에 따라 향후에는 이행강제금이 가중 부과될 전망이며, 신규 위반 행위를 원천 차단하는 관리 체계 구축이 정책의 목표로 보인다.

- **규제 완화:** 일조 기준과 면적 산정 기준의 현실화

- **단속 강화:** AI와 드론을 활용한 위반 탐지 시스템

- **정보 공개:** 거래 시 위반 여부 확인 의무화

- **비용 완화:** 해체·정비 비용 일부 지원

요약하면 생활 방식은 급격히 변화했지만 건축규제는 오히려 강화되어, 소규모 주택의 유지·관리가 어려워졌으며 매수 시 꺼려지는 부분이 있었다. 이로 인해 사회적 비용도 적지 않게 발생했다. 앞으로는 일조 기준, 보일러실 면적 산정, 외부 계단 비가림 시설 등 일상에 불가피한 시설을 사회적 합의 아래 일정 부분 허용하고, 대신 소유자가 관리와 안전 의무를 충실히 이행한다면, 고령화가 진행되는 도시에서 단비와 같은 제도 개선이 될 것이다. 도심에서 오랜만에 등장한 완화 정책을 현명하게 활용할 시점이다.

프랑스 니콜라와 강남 할매니

최근 프랑스 여행을 계획했던 필자는 최근에 일어난 프랑스의 '블로꽁 투(Bloquons Tout)' 시위와 파업사태를 보며 계획을 변경할 수밖에 없었다. 프랑스 곳곳에서 니콜라*, 즉 청년·서민들이 정부의 예산절감안(연금 동결, 복지 축소, 의료비 인상, 공휴일 축소 등)의 긴축정책을 비난하

며 전국적인 시위에 나섰기 때문이다. 우리보다 훨씬 먼저 경제대국의 길을 걸었던 프랑스가 이제는 한국보다 국가부채가 많아지고 경제위기에 IMF 이야기가 나올 정도니, 이번 프랑스사태를 보면서 우리도 대비를 해야 한다는 생각이 든다.

풍성한 복지정책으로 부러움을 샀던 프랑스는 현재 가난한 청년들로부터 현저히 벌어진 소득격차와 복지 부담으로 파업과 시위가 몇 달씩 이어졌고, 정부의 정당성 논란으로까지 번졌다. 급격한 고령화와 재정 악화 앞에서 연금 제도를 손보지 않으면 지속 가능성이 없다는 것이다. 혁명과 저항의 전통을 가진 나라 프랑스에서 소위 MZ세대 청년을 니콜라라고 일컫는데, 실업과 불평등, 기후위기, 경제적 불안정에서 30대 프랑스 청년은 누적된 각종 책임과 정부 지출 부담에 기성세대에 대한 불만이 터진 것이다.

"소득이 높아도 부자가 될 수 없나요?"

"열심히 살아도 집을 살 수 없나요?"

대도시와 지방 간의 격차, 상류층과 서민층, 부모 세대의 지위 세습, 기성 세대의 환경 훼손의 문제, 복지의 불만 등은 기존의 제도가 니콜라의 미래를 보장하지 못한다는 현실을 보여준다.

한국 역시 예외가 아니다. 프랑스처럼 노년층이 금융과 부동산 자

＊ 1980년대생 프랑스 남성에서 흔한 이름 니콜라는 밀레니엄 세대의 평범한 중산층을 일컫는다. 니콜라의 근로소득이 기존 노령세대 베이비붐 세대의 노후연금과 각종 세금으로 부담하지만 정작 본인에게는 혜택이 없다는 의미의 캐릭터다.

산을 과반수 넘게 보유하고 '부담만 지고 혜택은 못 받는 구조'에 대한 불만을 가지고 있는 청년 세대 니콜라와 한마음일지 모른다. 400% 이상의 레버리지를 실현한 강남 할머니에게 우리는 불평등하다고 하소연할지도 모른다.

두 나라 모두 '고령화'라는 공통의 벽 앞에 서 있다. 프랑스가 보여준 혼란의 그림자 속에서 우리는 은퇴 나이, 연금, 복지 등 화려하고 풍성해 보이는 풍요로움은 언제나 영원하지 않고 그에 따른 대가를 누군가는 지불해야 한다는 교훈을 새겨보아야 한다.

2025년 새 정부 출범 이후 강남3구(강남·서초·송파)와 노도강(노원·도봉·강북)의 온도 차는 뚜렷히 벌어졌다. 강남과 강북 간의 가격 차가 크게는 25배까지 나고 있다. 서울 내에서의 격차, 서울과 지방과의 격차, 소득의 격차, 복지의 격차 등으로 수요가 집중하는 곳은 계속 인기몰이를 하고, 정체되는 곳은 계속 위험할 수 있다는 것이다.

최근 10.15 부동산 정책 등 계속되는 규제 속에서 혼란스러워진 무주택자와 젊은 세대 중에는 부동산 상품의 대체재를 찾는 움직임도 있는 듯하다. 어차피 본인의 급여로 구입할 수 없을 만큼 오른 새 아파트를 구매 못 한다는 전제라면, 아예 내 맘대로 꾸밀 수 있는 주택건물 쪽으로 관심을 돌린 수요도 예측해 볼 수 있다. 도심의 핵심 위치에 직주근접이 되는 입지의 건물은 브랜드 아파트에 비해서 나 자신을 드러낼 수 있는 거대한 개성이 될 수 있다.

• 2026년 투자 포지션

무주택자	경매 취득
1주택자	일시적 2주택이라면 매도 타이밍 노리기.
다주택자	임차인 보호정책이 강화되고 있으니 상황에 맞는 물건 정리. 보유 대출 파악하고 & 대출 비율 축소하기.
은퇴(예정)자	국민연금 + 개인별 수익 연구. 보유한 자산을 지켜내는 방법 연구. 은퇴자금을 한가지 아이템에 올인하지 말 것. 건물과 상가 중 임대 세팅이 안 되는 곳이 있음을 인지할 것.
재건축·재개발 조합원(예정자)	자신의 생애주기에 맞춰서 개발 진행을 장기적으로 바라볼 것. 보유(예정 포함) 자금과 추가 분담금 등 본인의 상황을 고려할 것.

저성장시대에 맞는 투자법은 하이리스크보다는 미들리스크, 안전과 개성을 차선으로 취하는 방법은 보수적이지만 인내심을 요한다. 격렬한 서울 내 격차를 나만의 개성으로 압도할 수 있는 터닝점을 만드려는 독자, 건물에 관심 있는 그리고 건물에 거주·사용·임대·변경 등을 계획하려는 동자, 10.15대책으로 내 집 마련을 포기한 독자가 있다면, 2026년 「건축법」 개정에 주목해보자. 작은 발견을 자신만의 기회를 만들어보자. 끈기 있게 조금씩 나아가는 당신을 응원한다.

2026
결국은 부동산

돈은 국경을 모른다, 이제는 '도시별' 부동산 투자 시대다

고미연

- 글로벌 프론티어 에셋 대표
- 미국·한국 부동산 투자자
- 해외 자산 이전 및 진출 컨설팅 회사 운영
- 유튜브 채널 '고미연TV' 운영
- 연세대학교 응용통계학과·경제학과 복수전공
- 저서 『나는 당신이 미국 부동산으로 부자가 되면 좋겠습니다』

미래 부동산 투자는 국경을 넘어 '도시 간 경쟁'의 시대

앞으로의 부동산 투자는 국경을 넘어 도시 간 경쟁의 시대가 될 것이다. 필자는 2014년부터 한국 부동산을 시작으로 부동산 투자를 시작해 2019년 미국에 첫 집을 마련했다. 지금도 한국과 미국에서 재개발, 재건축, 분양권, 경매와 공매 투자를 하는 부동산 투자자다. 동시에 200명이 넘는 자산가들이 미국의 여러 개의 주의 부동산에 직접 투자하는 것을 자문했다.

점점 많은 자산가가 더 이상 한 나라, 한 통화, 한 시장 안에 머물지 않는다. 필자가 해외 부동산 투자에 관심을 가지기 시작했던 2017년에는 해외 부동산은 상위 1%만의 투자 영역으로 여겨졌다.

4년간 투자 자문을 하며 체감한 것은 더 이상 해외 부동산이 자산가들만의 전유물이 아니라는 것이다. 여전히 한국 부동산 시장은 서울에 투자가 집중되어 있지만, 점차 해외 부동산 투자에 대한 관심이 대중화되고 있다고 느낀다.

서울 다음으로는 뉴욕, 캘리포니아, 텍사스, 도쿄, 두바이, 싱가포르, 호치민 같은 도시들이 자산가들의 투자 후보로 함께 올라온다. 예전에는 '해외 부동산'이 일부 부자들만의 영역이었다면, 지금은 자산을 지키고 키우기 위해 고려하게 되는 일반적인 투자 분야가 되고 있다.

한국의 자산가들은 점점 원화 중심의 자산 구조를 벗어나고 있다. 아무리 분산 투자를 한다고 해도 부동산, 예금, 주식, 채권이 모두 원화 표시 자산에 묶여 있다면 위험이 한곳에 몰려 있는 셈이다.

이제 달러, 금, 비트코인, 미국 주식, 달러 표시 금융자산, 해외 부동산 비중을 높이는 것은 선택이 아닌 필수다. 원화 가치의 변동과 OECD 국가 내에서도 상위권의 한국의 높은 세금 구조, 인구구조의 불안정성을 고려하면 자산을 다른 통화로 분산하는 것은 방어의 개념에 가깝다.

영국의 글로벌 투자이민 컨설팅사 헨리앤파트너스(Henley & Partners)의 2025년 글로벌 부 보고서에 따르면, 2024년 약 12만 8천 명의 백만장자가 거주국을 옮겼다. 가장 많은 자본이 향한 곳은 아랍에미리트(UAE)와 미국이었다. 2025년에는 이 숫자가 14만 명을 넘길 것으로 예상된다.

전 세계 자산가들이 공통으로 찾는 곳의 조건은 단순하다. 법과 정책이 안정적이고, 통화가 강하며, 세금이 유리하고, 자산 이동이 자유로운 나라다.

나이트 프랭크(Knight Frank)의 〈웰스 리포트 2024(Wealth Report 2024)〉에 따르면 "19%의 초고액자산가(UHNWIs)가 2024년에 제2의 여권을 취득하거나 시민권을 신청할 계획이다"라고 답변했다. 같은 보고서에서는 프라임 부동산 시장은 국제 바이어가 강세이며, UAE·일본 등의 국가에서는 해외 투자자 자본이 대거 유입되었다. 영국 상업용 부동산에서는 해외 자본이 거래의 45%를 차지하고 있다. 이 수치는 지금의 부동산 시장이 자국 중심이 아니라, 세계 주요 도시들이 서로 연결된 구조로 바뀌고 있음을 보여준다.

앞으로 한국 투자자들의 포트폴리오에는 뉴욕과 캘리포니아의 주거형 부동산, 텍사스의 임대 수익형 부동산, 두바이의 0% 세금인 환경, 싱가포르의 안정된 금융 시스템이 함께 자리 잡게 될 것이다.

이제 미래의 부동산 투자는 "어디에 내가 살고 있느냐"보다 "어디에 자산을 둘 것이냐"의 문제다. 부의 흐름은 이미 국경을 넘어 도시를 단위로 재편되고 있고, 그 중심에는 여전히 미국이 있다. 달러라는 기축통화, 명확한 소유권 제도, 그리고 전 세계를 선도하는 산업과 인구가 꾸준히 늘어나는 구조. 이 세 가지가 미국 부동산을 다시 세계 자본의 중심으로 만들고 있다.

이제 거대한 자본 이동 속에서 자산가들이 실제로 왜 미국을 선택하는지, 그리고 투자 이민과 해외 부동산 투자가 어떻게 연결되고 있는지를 데이터와 사례로 자세히 살펴보겠다.

한국 자산가들의 해외 투자와 글로벌 이민 트렌드

수년 전만 해도 "한국 부자들이 해외로 나간다"는 말은 일부 재벌가의 이야기처럼 들렸다. 하지만 한국 부자들의 유출은 매년 증가하고 있다. 헨리앤파트너스에 따르면, 2025년 한 해에만 한국에서 2,400명의 백만장자가 해외로 떠날 것으로 예상된다. 3년 전 400명에 불과하던 숫자가 6배로 늘어난 것이다.

이들이 함께 옮기는 자산 규모는 약 152억 달러(약 21조 3천억 원), 국적만 바꾸는 것이 아니라 당연히 자산도 함께 이민을 가고 있다. 한국은 이제 전 세계에서 부자 유출이 네 번째로 많은 나라가 되었다. 1위는 영국, 2위 중국, 3위 인도, 그리고 그 뒤를 한국이 잇는다.

반면 '세금이 없는 나라' 아랍에미리트(UAE)는 새로운 부자들의 '기착지'로 떠오르고 있다. 2025년에는 무려 9,800명의 백만장자가 UAE로 이주할 것으로 예측된다.

한국의 자산가들이 한국을 떠나는 이유는 명확하다. 높은 세율과 불리한 상속 구조, 경쟁적인 교육 환경, 경직된 경제 상황, 그리고 불안정한 규제 환경 때문이다. 특히 높은 상속세와 증여세가 문제다. 한국의 상속세율은 OECD 국가 중 최고 수준이다. 과세표준이 30억 원을 넘으면 50% 세율이 적용된다.

비상장 주식이나 오너 일가가 50% 이상 지분을 보유한 법인의 경우, 주식 평가액에 경영권 프리미엄(최대 20%)을 더해 과세한다. 따라서 실제 체감세율은 최대 60%으로 올라간다. OECD 국가를 기준으로 보면, 15개 국가가 직계 상속자에 대해 상속세를 부과하지 않는 제도를 갖고 있다고 한다. '전 세계'를 기준으로 하면, 조세 피난처 지역들까지 포함하면 20~30여 개 내외의 국가와 지역이 상속세가 없다.

UAE가 대표적이다. 개인소득세, 자본이득세, 상속세, 증여세, 양도소득세가 모두 '0%'인 나라, 여기에 10년간 장기 체류가 가능한 골든 비자 제도, 고급 인프라, 안정된 정치와 치안이 결합되면서 UAE는 단숨에 자산가들의 '0% 세금 천국'으로 급부상했다.

흥미로운 것은 이런 현상이 한국만의 이야기가 아니라는 점이다. 영국 역시 2024년 '비영국 거주자 제도(UK non-domiciled regime)'를 폐지하면서, 한 해에만 1만 6,500명의 백만장자가 떠나 세계 1위 순유출국이 되었다. '비영국 거주자 제도'는 200년 넘게 유지되었던 제도다. 이 노돔 제도가 폐지되면서 런던의 부자들이 떠났다.

노돔은 간단히 말해, 영국에 살더라도 해외에서 번 돈엔 세금을 내지 않아도 되는 특권 제도였다. 실제로 많은 자산가가 케이맨 제도, 싱가포르, 모나코 등 해외 계좌로 자산을 운용하면서 영국의 인프라와 문화, 교육을 누릴 수 있었다. 이 제도는 오랫동안 런던을 '조용한 세금 피난처'로 만들어주었다.

하지만 팬데믹 이후 불평등이 심화되자 "왜 부자만 면세 혜택을 받는가"라는 여론이 거세졌고, 2024년 4월 영국 정부는 제도를 전면 폐지했다. 그로 인해서 이제 런던에 거주하는 순간, 전 세계 모든 소득이 세금의 대상이 되었다.

부자들은 세금을 피하려는 게 아니라, 힘겹게 쌓아 올린 부가 존중받는 시스템으로 이동하는 것이다. 이제는 국적도 돈을 주고 사고 내 마음대로 선택할 수 있는 시대다.

한국 자산가들의 새로운 기준

한국에서도 같은 변화가 나타나고 있다. 이제는 서울에만 부동산을 보유하는 안전하지 않다고 생각하는 사람들이 늘고 있다. 내가 수천 명을 자문하면서 깨달은 공통된 이유는 명확하다.

첫째, 높은 세금과 정책 피로감 때문이다. 부동산 관련 세금은 살 때, 보유할 때, 팔 때 발생한다. 한국은 1세대 1주택자인 경우에는 다양한 공제 제도가 있다. 하지만 다주택자의 경우는 취득세 중과세, 종합부동산세 부담, 양도소득세 중과세 등 세금을 크게 부과하는 구조다.

부동산은 정치와 분리될 수 없는데, 한국에서는 정권이 바뀔 때마다 규제·완화가 반복된다. 세율, 부동산 정책, 대출 규제까지 예측이 어렵다. 이런 잦은 변화는 피로감을 낳기에 자산가들은 '정책 리스크가 낮은 나라'를 선호한다.

둘째, 원화의 약세 리스크다. 2020년 이후 원·달러 환율은 1,200원대에서 1,400원대까지 올라갔다. 원화 자산만 보유하면 실제 자산 가치가 줄어드는 셈이다.

셋째, 자녀 세대의 글로벌 정착을 위한 포석이다. 자산가들은 이제 자녀 세대의 교육, 경제 성장, 일자리와 비즈니스 기회, 생활 인프라까지 통합적으로 고려하고 있다. 자산가들에게 해외 부동산은 단순한 투자처가 아니라 자녀를 위한 미래 세대의 거점을 미리 준비하는 행보다. 특히 해외 부동산 중에서도 미국을 선호하는 자산가들은 자산 이전과 동시에 자녀의 교육, 미래의 기회, 생활 인프라까지 복합적으로 고려하고 투자한다. 이 세 가지 조건이 모두 충족되는 교집합이 바로 미국이다. 한국 외교부의 해외 이주자 신고에 따르면 한국인이 매년 이민·체류·거주지로 가장 많이 선택하는 나라가 바로 미국이다.

해외 자본이 집중되는 미국의 도시

해외 투자처 중에서도 미국은 여전히 가장 많은 자본이 몰리는 시장이다. 미국 부동산중개협회(NAR)의 2025년 보고서에 따르면, 2024년 4월부터 2025년 3월 사이 외국인 투자자들은 미국 주거용 부동산에 약 560억 달러(한화 약 74조 원)를 투자했다. 이는 전년 대비 33% 증가한 수치다.

구매 비중이 가장 높은 지역은 플로리다(21%), 캘리포니아(15%), 텍사스(10%), 뉴욕(7%) 순이었다. 특히 47%가 현금 거래였고, 평균 매입가는 49만 4천 달러로 미국 전체 평균 주택가보다 높았다.

이 데이터를 통해 얻은 인사이트 중 두 가지를 꼽고 싶다. 외국인 투자자들은 미국 내에서도 입지가 좋은 지역, 즉 자산 가치가 방어되는 곳을 고른다는 점이다. 두 번째는 미국 내에서도 세금 혜택이 큰 주세(State Tax)가 없는 플로리다와 텍사스를 선택했다는 것이다. 투자의 본질이 '수익'뿐 아니라 '절세'에 있다는 사실을 보여준다.

이민과 투자의 결합

필자를 통해 해외 부동산을 구입하는 자산가의 70%는 단순히 투자 관점으로 접근한다. 하지만 최근 해외 부동산 투자는 단순한 '수익형 투자'의 개념을 넘어서고 있다. 투자, 절세, 거주, 교육, 라이프 스타일 추구를 포함한 '가문의 자산 구조의 이동'으로 여겨지고 있다.

미국의 EB-5 투자이민 프로그램을 보면 그 흐름이 뚜렷하다. 미국 국토안보부 자료에 따르면, 2023년 대비 2024년 EB-5 신청 건수는 57% 증가했다. 이 중 한국은 아시아 국가 중 네 번째로 높은 비율을 차지했다. 아시아 국가 중에 한국의 인구수가 10위권 중반임을 감안하면 상당히 높은 순위다.

이민을 통한 부동산 투자는 부모와 자녀 세대의 인생 설계, 자녀 교육, 거주, 세금 구조, 자산 상속까지 이어진다. 즉 단순히 부동산을 사는 것이 아니라 '미래의 삶의 터전'을 함께 설계하는 과정이다.

투자 목적의 변화

이전 세대는 부동산 투자를 '차익 실현'의 수단으로 봤다. 지금 세대는 부동산 투자를 '포트폴리오 구성'의 한 축으로 본다. 이 차이가 크다.

미국 부동산 투자의 주요 목적은 다음 세 가지로 정리된다.

1. 세금 효율

- 뉴욕을 제외한 미국 대부분 주에는 취득세가 없다.
- 보유 중 감가상각과 경비 공제가 폭넓게 인정된다.

- 양도 시 1031 Exchange 제도를 통해 세금을 이연할 수 있다.
- 미국의 증여세와 상속세는 2025년 기준 개인당 US$ 13,990,000(약 199억 원 수준)이 평생 면제 한도(Lifetime Exemption)이다.
- 미국은 다주택자에 대한 규제나 중과세가 없다.

2. 교육과 거주

- 안정된 교육 시스템과 생활 인프라를 동시에 확보할 수 있다.
- 세계 최상위 교육 환경에 접근할 수 있다. 하버드, 스탠퍼드, MIT 등 글로벌 명문대 대부분이 미국에 있다.
- 비자·이민 프로그램과 연계가 용이하다. 임대용 부동산 투자를 통해 투자비자(E-2)도 지원 가능하며, 미국 내 부동산 소유는 영주권 유지에도 유리하다.
- 세대 간 자산·교육 전략을 동시에 설계할 수 있다.

3. 수익형 자산

- 미국은 전세 제도가 없어 임대 수익이 꾸준하다.
- 주요 지역 임대 수익률은 연 4~8% 수준이다.
- 장기 보유 시 자산 가치 상승률이 물가 상승률을 상회한다.

앞으로의 전망

2025년 이후 트럼프 정권 아래 글로벌 자산 이동은 더 빠르게 전개 될 것이다. 『각자도생의 세계와 지정학』(피터 자이한 지음, 2021)에 따르면 자이한은 미국의 패권적 역할이 사라지면 글로벌 시스템이 금세 균열 을 일으킬 것이라고 말한다. 그는 '탈세계화(deglobalization)'가 전 세계 를 쪼개고, 각 지역 중심의 시장으로 재편하리라 전망한다. 저자는 미국이 글로벌 질서를 유지하기 위해 오히려 경제적 대가를 감수해왔다고 본다.

이제 트럼프 대통령의 집권 아래 미국은 과거처럼 전 세계의 경찰관이자 질서를 관리하는 수호자의 역할을 계속 유지하지 않을 가능성이 커지고 있다. 따라서 전 세계 자본은 세계 질서가 재편되는 혼란 속에 식량과 에너지의 자급자족 능력, 군사력과 외교력을 가진 지역으로 더욱 쏠릴 것이다.

이 흐름은 단기 현상이 아니다. 향후 최소한 10년 이상 지속되는 세계 질서의 판이 바뀌는 새 패러다임의 시작이다. 자산가들은 경쟁적으로 규제와 세제가 유리하며, 통화 안정성과 법치 시스템이 발달한 국가로 더 많은 자산을 배치할 것이다.

아이러니하게 미국이 세계의 중심으로 머물지 않으려 할수록 전 세계의 자본과 권력은 더 강하게 미국으로 회귀할 것이다.

미국 부동산에 쏠리는 자본

미국은 여전히 세계 자본의 안식처이자 기회의 땅으로 불린다. 주식, 채권, 부동산, 스타트업 투자까지 전 세계의 돈이 미국으로 모인다. 그 이유는 간단하다. 법이 예측 가능하고, 통화가 안정적이며, 시장이 열려 있기 때문이다.

전 세계 자본이 미국으로 향하는 이유

스위스의 글로벌 투자은행 UBS의 〈글로벌 웰스 리포트 2025〉에 따르면 2024년 말 기준 전 세계 개인 자산 규모는 약 471조 달러다. 이 중 미주 지역이 전체의 39.3%를 차지한다. 특히 미국은 전 세계에서 가장 많은 백만장자와 초고액자산가를 보유한 나라로, 전 세계 백만장자의 38%가 미국에 거주하고 있다. 이는 2위 중국의 세 배에 달한다.

주목할 점은 속도다. 미국의 자산 성장률은 다른 선진국과 달리 오히려 가속화되고 있다. UBS 분석에 따르면 2000년대 이후 미국의 평균 자산 성장률은 6.3%, 글로벌 금융위기 이후에도 줄곧 상승세를 이어왔다. 부동산·금융·AI 테크 산업이 맞물린 경제 구조, 강력한 달러의 위상 덕분이다. 그리고 세계 어디서도 찾아보기 힘든 투자 수익률이 자본을 미국으로 끌어들이는 근본적인 이유다.

나이트 프랭크의 〈웰스 리포트 2025〉도 같은 결론을 내린다. 자산 1천만 달러 이상 부자 중 38.7%, 1억 달러 이상 초고액자산가의 40% 이상이 미국에 있다. 북미 지역의 고액자산가 수는 2024년에만 5.2% 증가했는데, 이는 전 세계에서 가장 빠른 성장률이다. 나이트 프랭크는 그 이유를 이렇게 분석한다. "미국 경제의 회복력, AI와 기술 중심의 산업 확장, 그리고 자본시장 개방도가 결합된 결과이다."

결국 전 세계 부자들이 미국을 택하는 이유는 명확하다. 예측 가능한 법과 세금 제도, 글로벌 기축통화로서의 달러, 견고한 금융 인프라, 높은 유동성, 그리고 세계 최고 수준의 인재와 비즈니스 생태계. 이 다섯 가지가 동시에 작동하는 나라는 미국뿐이기 때문이다.

미국 주택 시장의 안정성과 구조

미국 주택 시장은 변동성이 있어 보이지만, 실제로는 장기적으로 꾸준히 매년 상승하는 구조다.

연방주택금융청(FHFA)의 주택 가격지수(House Price Index)에 따르면, 2019~2024년 동안 미국 주택 중위가격은 평균 48% 상승했다. 특히 2020~2021년 팬데믹 이후 텍사스, 애리조나, 플로리다 등 남부(Sunbelt) 지역은 60% 이상 상승했다. 인구 유입과 기업 이전이 직접적인 원인이었다.

다만 단기 투자에 따른 수익률은 미국의 주요 도시가 서울보다 낮을 수는 있다. 미국인들의 주택 투자 성향은 한국처럼 단기 매매 중심이 아니라 장기 보유와 임대 운영 중심이다. 미국인의 평균 주택 보유 기간은 13.4년(2025, NAR 기준)이라고 한다. 즉 미국인들은 부동산은 '팔아서 차익을 얻는 수단'이 아니라 '보유하면서 수익을 축적하는 자산'으로 여겨진다.

세금과 제도의 신뢰

세금 구조 역시 자본이 몰리는 중요한 이유다. 한국과 달리 미국 대부분의 주에서는 취득세가 낮거나 아예 없다. 또한 임대 소득에 대해서도 감가상각비·대출이자·운영비·보험료 등을 모두 공제할 수 있다.

미국 국세청(IRS)의 데이터에 따르면, 2024년 개인 부동산 소유자들이 신고한 감가상각 공제액은 전년 대비 11% 증가했다고 한다. 이런 미국의 유연하고 안정적인 세금 체계는 투자자의 예측 가능성을 높여준다. 이 점이 외국인 투자자에게는 큰 신뢰 .요인이다.

　미국 부동산은 단기적인 시세 차익보다는 투명하고 안정된 시스템의 신뢰가 전 세계 자본을 흡수하고 있다. 법과 제도가 명확하고 세금이 예측 가능하며, 시장 참여자 모두가 같은 룰 안에서 거래한다는 믿음을 준다. 여기에 미국 부동산 세제의 핵심이라 할 수 있는 양도소득세 이연 프로그램(1031 Exchange) 제도는 미국 부동산 투자의 꽃이라고 불린다. 투자용 부동산을 매도하고 일정 기간 내 투자용 부동산을 갈아타기하여 취득하면, 양도차익에 대한 세금을 다음 거래로 이연할 수 있는 제도다. 이 제도를 활용하면 투자자는 세금 부담 없이 자산을 재투자하고 복리처럼 불려나갈 수 있다. 특히 외국인이라도 미국 내에 법인을 설립하면 동일한 1031 Exchange 혜택을 적용받을 수 있다.

　또한 미국의 부동산 정책과 세제는 수십 년 전부터 정립되어 왔으며, 정권이나 경기 상황에 따라 갑작스럽게 바뀌지 않는다. 한국처럼 '대책'이라는 이름의 세제 개편이 반복적으로 발표되지 않는다. 그 이유는 명확하다. 미국의 입법자들과 정책 설계자들은 수백 년의 자본주의 역사 속에서, 물가 안정과 주택 시장의 균형을 위해서는 민간의 임대 공급이 필수적이라는 사실을 잘 알고 있기 때문이다. 그래서 다주택자나 임대사업자는 억제의 대상이 아니라, 시장 안정에 기여하는 핵심 공급자로 인정받는다. 미국은 그들에게 규제를 가하기보다, 세금 혜택과 제도적 장치를 통해 시장의 지속 가능성을 높이는 방식을 택해왔다.

　결국 미국의 세금 체계는 단순한 절세 구조를 넘어, 투자자에게 신뢰와 예측 가능성을 제공하는 시스템이다. 바로 이 제도적 신뢰 덕분에 전 세계 자산가와 기업들이 미국 부동산으로 자본을 옮기는 것이다.

미국 부동산의 세 가지 성장축: 선벨트, 게이트웨이, 이노베이션 벨트

미국의 50개의 주는 모두 다른 나라라고 할 정도로 각기 다른 특성, 강약점, 장단점을 가지고 있다. 같은 나라지만 주별로, 지역별로 부동산의 성격이 완전히 다르다. 미국 부동산을 단일한 기준으로 접근하게 되면 투자에 실패하기 십상이다. 미국 부동산은 50개의 관점에서 바라보아도 무방할 정도이나, 핵심적인 세 가지 관점에서 미국 부동산을 접근해보겠다.

그 세 축은 선벨트(Sunbelt, 중남부를 통과하는 성장 벨트), 게이트웨이 (Gateway, 전통적인 투자 입문 도시), 그리고 이노베이션 벨트(Innovation Belt, 혁신 산업을 이끌어가는 도시)다. 이 세 곳이 지난 5년간의 미국 부동산 상승분의 대부분을 차지했다고 봐도 과언이 아니다.

선벨트: 기업과 인구가 모이는 곳

선벨트는 미국 남부와 남서부 및 남동부 지역을 말한다. 텍사스, 플로리다, 애리조나, 조지아, 노스캐롤라이나가 대표적이다.

미국은 우리나라와 다르게 국가 내 인구 이동 현상이 시대에 따라 하나의 트렌드처럼 나타난다. 2020년 이후 미국 인구 증가의 절반 이상이 이 지역에서 발생했다. 미국 인구조사국(Census Bureau) 자료에 따르면 2020~2024년 플로리다는 5.1%, 텍사스는 4.8%, 조지아는 3.7% 증가했다. 반면 같은 기간 캘리포니아는 0.7% 감소했다.

즉 미국 내에서도 인구가 세금이 낮고 거주 물가가 저렴하고 일자리가 늘어나는 지역으로 옮겨가고 있다는 뜻이다. 기업과 자본의 재배치가 불러온 미국 내 인구 이동은 단순한 주거 이전이 아니라 투자 기회의 지도가 다시 그려지고 있는 것이다.

① 기업 이전과 일자리 증가

테슬라, 오라클, HP, 토요타 같은 대기업이 본사를 캘리포니아에서 텍사스로 옮겼다. 플로리다에는 월트디즈니와 시트델 같은 대형 그룹이 새로운 캠퍼스를 세웠다.

이러한 기업의 본사와 핵심 시설 이동의 흐름은 세금 때문이다. 텍사스와 플로리다는 주(州) 소득세와 법인세가 0%다. 주정부가 투자 유치를 위해 토지 개발 규제 또한 다른 주 대비 완화되어 있다. 기업과 자본이 옮기면 인력이 따라가고, 인구가 늘어나면 자연스럽게 주택 수요가 늘어난다.

② 주택 가격 상승률

FHFA의 주택 가격지수(HPI)에 따르면, 2019년 대비 2024년 주택 중위가격 상승률은 탬파(플로리다) +68%, 피닉스(애리조나) +61%, 오스틴(텍사스) +54%, 애틀랜타(조지아) +47%다. 같은 기간 뉴욕은 +22%, 샌프란시스코는 +15% 상승에 그쳤다.

즉 선벨트 지역은 가격이 빠르게 오르고 있지만, 여전히 생활비와 주택 가격은 서부·동부보다 낮다. 그래서 실수요자, 투자자 모두에게 매력적이다.

③ 임대 수익률과 인구 유입

선벨트 지역의 평균 임대 수익률은 연 6~8% 수준이다(NAR, 2025). 또한 인구 증가율이 높아 공실률이 낮다. CBRE에 따르면, 2024년 기준 텍사스 오스틴의 공실률은 3.1%, 플로리다 탬파는 3.4%로 미국 평균(5.6%)보다 훨씬 낮다.

이 지역은 생활비가 저렴하고 세금이 낮은 데다, 기업 고용이 꾸준하기 때문에 미국 내에서도 가장 지속 가능한 성장성이 높은 도시로 평가된다.

게이트웨이: 전통적인 투자 입문 도시

많은 투자자가 미국에 처음으로 부동산 투자를 할 때 가장 많이 찾는 도시들이다. 맨하튼, 로스앤젤레스, 호놀룰루는 미국 경제의 상징이자, 여전히 외국 자본이 가장 먼저 들어오는 관문이 되는 도시다.

이 도시들은 이미 성숙기에 들어서 미국 어느 도시보다 부동산 가격이 비싸지만 높은 가격을 '인지도'와 '신뢰'가 상쇄한다.

① 뉴욕

서울에 강남이 있다면 전 세계의 강남은 뉴욕이다. 뉴욕은 세계 금융의 중심지다. 월스트리트와 유엔본부, 글로벌 기업들의 본사가 몰려 있다. 팬데믹 시기에 잠시 인구가 빠져나갔지만 2023년부터 다시 회복세다.

맨해튼의 평균 매매가는 2020년 150만 달러에서 2025년 172만 달러로 약 15% 상승했다(Zillow, 2025). 고급 콘도 시장은 특히 회복이 빠르다. 15 Hudson Yards, Central Park Tower 같은 초고가 주거지들은 2024년 하반기 거래량이 전년 대비 42% 늘었다(Knight Frank, 2025).

뉴욕의 임대 수익률은 높은 부동산 가격으로 인해 3~4%로 미국 평균보다는 낮지만, 세계적인 브랜드 파워와 자산 안정성이 투자 매력도를 유지시킨다.

② 로스앤젤레스

많은 한국인에게 가장 친숙한 미국의 도시는 로스앤젤레스, LA이다. 한인 교포가 가장 많이 거주하는 도시이기 때문에 친숙한 탓이라고 생각한다. LA는 한국인 외에 미국인과 글로벌 투자자들에게 가장 선호되는 상징적인 시장 중 하나다.

LA와 그 인근에는 할리우드(Hollywood), 실리콘비치(Silicon Beach), 어바인(Irvine), 패서디나(Pasadena) 같은 지역이 있고 이곳은 뛰어난 기술, 우수한 교육, 문화의 중심지, 온화하고 따스한 기후, 풍부한 일자리를 모두 가진 팔방미인이다. 하지만 높은 세금과 물가로 인해 일부 자본이 텍사스·애리조나로 이동 중이다. 그럼에도 불구하고 LA의 주택 수요는 견고하다. LA 주민들은 우스갯소리로 이런 이야기를 한다. "다른 도시로 이사를 갔다는데 왜 여전히 교통은 막히고 사람이 많으냐고. 갔다가 2명씩 더 데려온 것 아니냐"고 말이다.

2024년 기준 LA 카운티의 주택 중위가격은 93만 달러로 2020년 대비 약 27% 상승했다(California Association of Realtors, 2025).

③ 하와이

하와이는 일본, 한국, 중국 등 아시아인들에게 '미국 부동산 투자의 첫 관문'이다. 서울에서 8시간, 도쿄에서 7시간이면 닿는 아시아에서 가장 가까운 미국의 주이다. 아시아인에 대한 인종차별이 없고, 천혜 자연환경, 365일 온화하고 따뜻한 날씨로 인해 일본, 한국, 싱가포르, 중국, 호주 아시아 자산가들이 꾸준히 들어온다.

호놀룰루의 콘도 가격은 매매 평균 가격 기준 2020~2024년 사이 평균 23% 상승했다. 미국 주요 도시의 상승률에는 미치지 못하는 수치이지만, 하와이 부동산 시장은 그만큼 안정적이다. 지난 40년간 각종 경제 위기에서 미국 전체 주 안에서도 가격이 가장 덜 떨어지고 가장 빠르게 회복하는 경향을 보인다.

하와이 부동산은 '여유로운 라이프 스타일과 투자, 두 가지 목적을 동시에 충족하는 자산'이다. 임대 수익은 4~5% 수준으로 안정적이며, 미국 전역으로 금지되고 있는 1일 단위 단기렌탈(에어비앤비) 규제에 비교해서 여전히 합법적으로 특정 지역에서 단기렌탈이 가능하다.

이노베이션 벨트: 산업이 도시를 움직이는 곳

보스턴, 시애틀, 오스틴은 교육, 첨단산업, 제약, 의료를 중심으로 성장하는 혁신 도시다. 이 세 지역은 공통적으로 '고소득 전문직 인구가 꾸준히 늘어나는 곳'이다.

① 보스턴

하버드, MIT, 보스턴대 등 명문 대학이 몰려 있고, 의료·바이오 산업이 도시 경제의 40% 이상을 차지한다. 보스턴 도시계획개발청(Boston Planning & Development Agency)에 따르면 2024년 보스턴 지역 평균 가구 소득은 12만 2천 달러, 전년 대비 9.2% 증가했다. 주택 가격은 5년간 40% 상승, 임대 수익률은 4~5% 수준이다.

② 시애틀

아마존, 마이크로소프트, 스타벅스 등 글로벌 본사가 집중된 도시다. IT·물류·에너지 산업이 균형 있게 자리 잡았다.

2024년 시애틀 메트로 지역의 주택 중위가격은 82만 달러, 2019년 대비 31% 상승했다(Zillow, 2025). 시애틀은 고용 안정성과 자연환경 덕분에 장기 거주 비율이 높고, 공실률은 3% 이하다.

③ 오스틴

오스틴은 '남부의 실리콘밸리'라고 불린다. 테슬라, 애플, 구글, 델 본사가 몰려 있으며 10년간 인구가 36% 증가했다. 집값은 2019년 대비 54% 상승, 임대 수익률은 평균 4~6%다. 2024년 기준 신규 주택 착공은 전년 대비 12% 감소했지만 수요가 꾸준해 공실률은 3.1%에 불과하다.

미국 부동산은 한국과 달리 특정 도시가 선도하는 단일 시장이 아니다. 세금, 산업, 인구, 일자리 구조에 따라 도시마다 강약점과 장단점이 완전히 다르다. 그래서 미국 부동산에 투자할 때는 사실 '어느 도시'를 고르는지가 매우 중요하다.

선벨트는 성장과 수익, 게이트웨이는 브랜드 가치와 신뢰, 이노베이션 벨트는 미래 산업과 일자리를 의미한다. 미국 부동산을 한 번도 투자해보지 않은 초보자도 이 세 가지 카테고리 안에서 본인의 투자 목적, 투자 방향성, 투자 철학과 선호와 취향에 따라 자신의 기준에 부합하는 도시를 찾아볼 수 있다.

2026년 미국 부동산 시장 전망

2026년의 미국 부동산 시장은 조정기에서 회복기로 넘어갈 것으로 예상된다. 2022~2024년 고금리 충격이 시장을 멈춰 세웠다면, 지금 이 글을 쓰는 2025년 9월 미국 연준의 첫 금리 인하를 시작으로 이제는 다시 거래와 수요가 움직이기 시작하는 단계다.

이 시점에서 중요한 건 단기 시세가 아니라, 금리·공급·인구라는 세 가지 구조적 요인 아래서 미국 부동산 시장을 분석해보는 것이다.

1 금리: 인하 사이클의 시작

미국 연준(Fed)은 2022년 이후 기준금리를 5.5%까지 올렸다. 이로 인해 30년 고정 모기지 금리는 7.2%를 넘었고, 거래량은 10년 만의 최저 수준으로 떨어졌다.

하지만 2025년 하반기부터 물가 상승률이 안정되면서 연준은 금리 인하 가능성을 공식 언급했다. CME FedWatch에 따르면, 2026년 상반기에는 기준금리가 4.25~4.5% 수준까지 내려갈 것으로 예상된다 (2024년 12월 기준 대비 약 1%p 인하).

모기지 금리가 1% 내려가면 거래량이 약 8~10% 증가한다는 게 NAR(미국 부동산중개협회)의 통계다. 즉 금리 인하 국면이 시작되면 시장에는 곧바로 거래가 살아난다.

2 공급: 미국은 여전히 부족하다

미국 주택 시장의 구조적인 문제는 공급이다. 주택의 공급은 신규 주택과 기존 주택의 공급 두 가지 측면에서 볼 수 있다. Freddie Mac이 발표한 자료에 따르면, 미국은 현재 380만 채의 주택이 부족하다. 미국은 지난 7년간 매년 평균 약 400만 채의 주택이 부족한 상황이 지속되고 있다.

건설 인력 부족, 자재비 상승, 조달 비용 상승, 토지 규제 등으로 신규 공급은 팬데믹 이전 수준을 회복하지 못하고 있다. 2024년 주택 착공 건수는 연간 130만 채, 이는 2019년의 87% 수준이다.

기존 주택의 경우 실거주용 매물과 투자용 매물이 있다. 실거주용 매물이 나오기 위해서는 주택 소유자가 갈아타기를 하거나 매도하고 월세로 거주해야 한다. 미국은 한국과 달리 30년 고정금리로 주택담보대출을 세팅한다. 기존 주택의 보유자들은 코로나19 시기 2~4%의 고정금리로 리파이낸싱(재융자)를 받았다. 이들이 이런 저렴한 이자비용을 포기하고 갈아타기를 하거나 월세에 거주할 유인은 매우 적다.

공급이 따라가지 못하니 금리가 내려가도 가격은 다시 상승 압력을 받는다. 2026년의 주택 시장은 '수요 회복+공급 부족'이 동시에 일어나는 구조이기에 미국 집값의 상승세는 피하기 어렵다고 예상한다.

③ 인구: 매년 부산 인구만큼 증가하는 유일한 선진국

미국 인구는 매년 꾸준히 증가하고 있다. 특히 2024년 기준 전년 대비 증가한 인구수는 330만 명으로 한 해 미국 인구는 약 1%가 늘어났다고 한다.이는 미국은 매년 부산광역시 인구만큼 인구가 증가하는 나라라는 것이다.

이런 이민자들은 불법 체류자나 저소득층이 아니다. 이들은 주로 중산층 이상의 전문직 인구로, 도시 주택 수요를 직접적으로 끌어올린다. Census Bureau는 2026년까지 미국 인구가 연평균 0.8% 증가할 것으로 전망한다. 이는 약 270만 명씩 늘어나는 수준이다.

또한 Zonda Research 자료에 따르면, 밀레니얼 세대(1981~1996년생)의 주택 구매 비중이 2025년 전체 주택 구매의 42%를 차지한다. 이들은 여전히 도시 근교의 신축 주택을 선호한다. 즉 2026년부터의 주택 수요는 이민자와 베이비부머 세대의 자녀들인 젊은 세대가 주택 구입 적령기에 들어섰다는 두 유인에서 동시에 유지된다.

❹ 임대 시장: 실질 수익이 늘어난다

Rent.com의 2025년 자료에 따르면, 미국 평균 임대료는 전년 대비 5.8% 상승했다. 플로리다·텍사스·조지아는 6~8%, 보스턴·시애틀은 4~5% 상승세를 유지하고 있다. 공실률은 2023년 6.2%에서 2025년 4.7%로 줄었다. CBRE는 2026년 전국 평균 공실률이 4% 이하로 떨어질 것으로 전망한다.

임대료 상승은 단기적인 현상이 아니다. 공급이 따라오지 못하고, 인구는 꾸준히 늘기 때문에 임대 수익률은 구조적으로 상승할 가능성이 높다. 현재 선벨트 지역의 임대 수익률은 평균 6~8%, 게이트웨이 도시는 3~4%, 이노베이션 벨트 도시는 5% 내외 수준이다.

❺ 가격 전망

Zillow의 2025~2026년 주택 가격 예측에 따르면, 전국 평균 주택 가격은 2026년 말까지 4.8% 상승할 것으로 예상된다. 상승률은 지역별로 다르지만, 플로리다(7.2%), 텍사스(6.8%), 오스틴(6.3%), 보스턴(5.5%)이 상위권이다.

NAR은 2026년을 "조정기 이후의 첫 완만한 상승 국면"으로 본다.

금리 인하와 인구 증가로 인한 수요 증가와 공급 부족이 동시에 작용하며 가격이 서서히 회복되는 구조로 예상하고 있다.

6 2026년 미국 부동산 시장을 보는 핵심 포인트

- **금리 인하 → 거래량 회복 → 가격 상승의 순서**

  금리가 내려가면 주택 구매 여건이 나아지므로 구매 심리가 개선되고 거래량이 늘어난다. 과거 미국 주택 시장에서 금리 인하가 거래량 회복으로 이어진 뒤 6~12개월 후 주택 가격 상승으로 이어진 패턴이 관찰된다.

- **공급은 빠르게 늘지 않는다**

  건설 인력과 자재 문제로 공급은 단기간에 해소되지 않는다.

- **수요는 구조적으로 유지된다**

  인구 증가와 이민자 유입이 주택 수요를 떠받친다.

- **장기 투자에 유리한 구간 진입**

  변동성이 줄고, 금리 하락이 본격화되는 시점이다.

정리하자면 다음과 같다. 2026년 미국 부동산 시장은 회복기의 초입에 들어섰다. 금리 인하와 인구 증가, 공급 부족이 동시에 맞물리며 시장의 회복세를 뒷받침하고 있다. 이 과정에서 가장 먼저 움직이는 것은 거래량이다. 아직 가격이 오르지는 않지만, "거래가 다시 된다"는 신호가 나타나는 시점이다.

다음으로 임대료가 오른다. 새로 집을 사려는 사람보다 당장 입주

해야 하는 세입자들이 먼저 움직인다. 특히 이민자 유입이 많은 지역일수록 임대 수요가 급격히 늘어나면서 월세가 오른다. 공급이 여전히 부족한 상황이라, 임대료 상승은 자연스럽게 매매 시장에도 영향을 미친다. 임대 수익률이 좋아지면 투자자들이 매입을 다시 검토하기 때문이다.

그다음 단계에서 매매가격이 따라간다. 거래량이 늘고, 임대료가 오르며, 매도자들이 자신감을 되찾는다. 이 시점부터는 시장에 활기가 돌고, 수요와 공급이 균형을 맞추며 가격이 점진적으로 오른다. 즉, 거래량 회복 → 임대료 상승 → 매매가 상승의 순서다.

지금의 미국 시장은 '급등'이 아니라 거래와 가격의 '정상화'의 시기다. 불안한 고점이 아니라, 금리 인하로 인한 실물 자산으로의 유동성 공급과 부동산 시장의 거래 회복이 되며 다시 기초 체력이 회복되는 시점으로 보아야 한다.

그래서 단기 시세를 쫓기보다는 미국으로의 인구 증가와 이동, 전세계 자본의 유입, 고질적인 공급 부족, 유동성 확대라는 구조적 흐름 속에서 차분히 장기 전략을 세우기를 바란다.

슈퍼리치
2026
부의 트렌드

뉴리치 이지영

- (주) 리치그룹 대표_시그니엘 롯데월드타워
- (전) 하나은행 본점 근무
- (전) 외환 은행 근무, 서울외대 영어통번역대학원 석사
- 저서 『엄마의 첫 부동산 공부』 『엄마의 10억』 외 7권
- 유튜브 '이지영 뉴리치 부자학 TV' 운영
- 네이버 카페 뉴리치 연구소 운영

한국 부동산 시장
슈퍼리치가 만드는 새로운 부의 지도

2025년 한국 부동산 시장의 가장 주목할 만한 변화는 무엇이었을까? 바로 '자본의 대이동(Capital Migration)'이다. KB금융그룹의 〈2024 한국 부자보고서〉에 따르면, 금융자산 10억 원 이상 보유자 중 75.5%가 3년 이상 해외자산에 장기 투자를 이어가고 있다. 더 놀라운 사실은 이들 중 68%가 단 한 번의 중단 없이 해외자산 비중을 꾸준히 확대하고 있다는 점이다.

헨리앤파트너스(Henley & Partners)의 〈부의 이동 보고서 2025(Wealth Migration Report 2025)〉는 이를 더욱 명확히 보여준다. 한국은 전 세계에서 고액 자산가 순 유출 규모 4위를 기록했으며, 그 수치는 2022년 대비 무려 6배 이상 증가했다. 이제 '부의 이동(Wealth Migration)'은 소수 상류층의 선택이 아니라, 한국 슈퍼리치들 사이에서 새로운 표준(New Normal)이 되었다. 자본의 대이동의 시대, 데이터는 새로운 부의 흐름을 말하고 있다.

왜 우리는 슈퍼리치의 움직임을 주목해야 할까. 바로 자본 흐름의 선행지표이기 때문이다. 자본주의 시장에서 부동산의 방향은 결국 자본의 흐름에 의해 결정된다. 강물이 위에서 아래로 흐르듯, 슈퍼리치의 자본 움직임은 전체 부동산 시장의 방향을 선제적으로 보여준다. 나이트 프랭크(Knight Frank)의 〈웰스 리포트(Wealth Report)〉 외에 각종 투자 보고서에 따르면, 초고액자산가의 투자 결정은 시장의 선행지표로 나타났다.

과연 그들은 어떤 원칙으로 자산을 배치하고, 어느 지역을 선택하며, 어떤 타이밍에 투자를 결정하는 것일까? 이는 단순히 그들의 매수 물건이나 방식을 모방하자는 것이 아니다. 슈퍼리치의 부의 트렌드를 읽는 것은 자산을 지키고, 미래의 잠재적 이익이 발생할 곳을 선점하기 위한 전략적 방어의 핵심이다. 슈퍼리치의 투자 설계 원칙을 알아내는 것은 시장을 앞서 나가는 것이며, 그 원칙을 파악하고 반복해 간다면 당신도 슈퍼리치의 길로 가까이 갈 확률이 높아진다는 뜻이다. 성공은 반드시 단서를 남긴다.

1단계 구조적 자산 배분
슈퍼리치는 수익성과 안정성 양극단을 추구

슈퍼리치의 자산 해외 이전은 단기적 변수가 아닌, 구조적 자산 이동으로 해석된다. KB금융그룹 〈2024 한국 부자보고서〉를 보면, 슈퍼리치는 자산 관리에 있어서 수익성과 안정성을 분리해 추구하고 있는 것으로 나타난다. 다시 말하자면, 슈퍼리치는 수익성과 안정성을 둘 중 하나를 선택하는 문제로 보지 않고, 항상 둘 다 확보해야 하는 필수 요건으로 인식한다. 세제 부담이나 교육 인프라도 해외자산 이전의 요소에 들어가지만, 2025년 자산 이동은 단기적 트렌드가 아니며, 자산가들의 구조적 투자 철학의 변화와 수익성을 추구하는 시장의 변화를 극단적으로 보여준다.

전통적인 자산 배분 이론은 한 종목 내에서 '위험과 수익의 균형'을 강조한다. 또는 한 지역 내에서 투자하며 균형을 맞추려 한다. 현대 포트폴리오 이론(Modern Portfolio Theory)의 핵심이다. 하지만 현실은 다르다. 중간 위험, 중간 수익 자산의 문제점이 있다. 리스크를 낮추면 수익률도 낮다. 자산 증식 속도는 제한적이다. 시간은 흘러가고 기회비용만 증가한다. 결과적으로 두 마리 토끼를 모두 놓친다.

슈퍼리치의 자산 관리 패턴을 살펴보면, 그들이 자산을 늘린 핵심 비결은 수익성과 안정성이라는 두 극단을 함께 가져가는 자산 배분 방식에 있다. 이른바 '바벨 전략(Barbell Strategy)'이다. 원래 채권 투자에서 시작된 개념으로 극단적 안전자산과 수익 자산에 집중하는 것을 뜻하며 중간 정도의 물건은 배제하는 것이다. 몇 년 전부터 한국 슈퍼리치들은 미국 시장으로 진출하면서 수익을 실현했고 한국 시장에서는 안정을 추구하는 전략을 실행하고 있다.

한국 | 안정의 축(Anchor Axis): 자산을 지키는 시장

- **핵심 특징: 고급 입지의 희소성과 브랜드 가치**

- **핵심 지역: 강남, 용산, 서초**

- **정책·규제의 예측 가능성**

- **초집중형 입지 구조(강남권 자본 집중)**

- **공급 부족 구조**

해외 | 성장의 축(Expansion Axis): 자산을 키우는 시장

- **핵심 특징: 환차익과 자산 가치 상승의 이중 수익 구조**

- **핵심 지역: 뉴욕 맨해튼, 텍사스**

- **산업·인구 구조적 성장 속도**

- **달러 자산 가치 상승에 따른 수익 창출**

- **글로벌 유동성 차익**

결국 2025년 슈퍼리치의 부의 지도 설계 첫 번째 원칙은 단순한 분산 투자는 이제는 추구하지 않는다는 것이다. 바벨 전략과 같은 의지로 성장성 추구와 안정성 확보라는 기본 원칙에 따라 '지키는 자본'과

'움직이는 자본'을 동시에 운용하는 전략 구조다. 당신이 여기서 얻어야 할 인사이트는 하나다. 중간은 절대 없는 양극화 시대가 도래하고 있다.

2단계 5A ALIGN 포트폴리오 슈퍼리치 자산 배분의 공식

슈퍼리치들은 어떤 상황에서도 스스로 부를 추적할 수 있도록 자신의 자산 구조를 개편한다. 그들에게는 부의 '감각'이 아니라 '공식'이 있다. 절대 감으로 투자하지 않으며, 언제 어떤 시장에서도 자산이 스스로 살아남을 수 있는 구조를 만든다. 12년간의 외환은행 및 하나은행 재직 경험, 7권의 경제 경영 도서 출간, (주)리치그룹 자산컨설팅사 대표로서 롯데월드타워 본사에서 몇 년간 고액 자산가 상담 데이터 및 연구 결과를 바탕으로 분석한 결과, 슈퍼리치의 자산 배분 원리와 투자 결정 패턴에 대한 일관된 공식을 도출해낼 수 있었다. (주)리치그룹 리서치 연구소에서 이것을 바로 '5A ALIGN 포트폴리오 전략'이라고 한다.

이 전략은 다섯 개의 축으로 구성된다.

- **Anchor**(안정 자산): 시장이 흔들려도 자산의 중심을 잡아주는 부의 축

- **L**iquidity(유동 자산): 언제든 현금화할 수 있는, 자본의 순환을 돕는 부의 혈류

- **I**ncome(현금흐름 자산): 매달 꾸준한 수익을 만들어 부의 생명력을 유지하는 심장

- **G**rowth(성장 자산): 미래의 자본이득을 이끌어 부를 성장시키는 엔진

- **N**ext Generation(승계 자산): 세대와 세대를 이어주는 부의 DNA

5A 부의 공식으로 슈퍼리치 자산 투자 순서를 살펴보자.

• 5A ALIGN 부의 전략: 슈퍼리치의 포트폴리오

단계	의미	지역 선정 기준
안정 자산 (Anchor)	장기 보유, 자산 가치 보존용 지역	① 5년 이상 가격 변동성 ±10% 이내 ② 거주 선호도·교통 인프라 안정성 ③ 공시가격·세제 리스크 낮음
유동 자산 (Liquidity)	단기 매각·현금화 용이 자산	① 거래량/매물 비율 0.8 이상 ② 임대 수요 꾸준한 상권 중심지 ③ 외국인 수요 및 환금성 높은 지역
현금흐름 자산 (Income)	임대·운영 수익형 부동산	① 임대 수익률 4~7% 유지 ② 공실률 3% 이하 ③ 장기계약 상가·오피스·물류센터 비중
성장 자산 (Growth)	개발·도시 확장·재개발 지역	① 3년 평균 가격 상승률 상위 15% ② 인프라·정책 호재(교통·산단·스마트시티) ③ 기업·인구 유입 순증 지역
승계 자산 (Next Generation)	증여·상속·법인 자산 구조	① 상속세율·법인세 감면 지역 ② 신탁·임대법인 설립 유리 ③ 문화·교육 인프라 우수 지역

2023~2025년 금리 급등기 동안 수많은 사람이 고금리로 급매물을 내놓고 거리에 어려움을 겪었다. 그러나 같은 시기에 슈퍼리치들은 서울 강남과 용산의 초고가 아파트를 매도하지 않았다. 오히려 임대 수익률이 높은 역세권 오피스텔·상가형 현금흐름 자산을 매수해 현금흐름을 강화하고 포트폴리오 방어력을 높였다.

한편 달러 강세기였던 같은 시기 미국 자산가들은 뉴욕 맨해튼·마이애미 비치 물건을 매수했다. 이는 단순한 '해외 분산 투자'가 아니라, 달러 자산의 자연스러운 환헤지(hedging) 전략이었다. 즉 그들은 시장을 예측한 것이 아니라 자산 구조를 재정렬한 것이다.

이 모든 의사결정의 근간에는 하나의 원리가 있었다. A5 부의 공식 정렬(Align)이다. 슈퍼리치는 시장을 '예측'하지 않는다. 대신 시장이 어떻게 되더라도 자신의 구조가 수익을 창출해낼 수 있도록 미리 설계해둔다. 이것이 위기 속에서도 부자가 손실을 최소화하고 방어할 수 있었던 이유다. 마치 농부가 계절에 맞추어 미리 준비하듯 그들은 미리 준비해두고 부자 될 기회를 조용히 기다리는 것이다. 5A 부의 공식은 슈퍼리치만이 해왔던 정렬을 여러분도 쉽게 도입할 수 있도록 도울 것이다. 단순한 투자 전략이 아니라, 리스크를 통제하고 수익을 구조적으로 극대화하는 원리다.

1 안정 자산(Anchor): 부의 중심

지역: 시장이 흔들려도 자산의 가치가 유지되는 핵심 입지

비율: 전체 포트폴리오의 약 30~35%

목표: 경기 변동기에도 자산 가치를 지키고, 부의 중심축을 확보

특징: 입지·브랜드·희소성이 모두 검증된 지역, 세계적 신뢰 자산군

- 대한민국(KR): 서울 강남(아크로리버파크, 래미안원베일리), 서초 반포, 용산 한남 더힐
- 미국(US): 뉴욕 맨해튼 허드슨야드, 비벌리힐즈, 샌프란시스코 퍼시픽하이츠

② 유동 자산(Liquidity): 부의 혈류

지역: 언제든 팔 수 있고, 수요가 꾸준히 유지되는 거래 활성 지역

비율: 전체 포트폴리오의 약 20~25%

목표: 위기 시 빠르게 현금화하거나, 새로운 투자 기회를 즉시 확보

특징: 시장 회전율이 높고, 내·외국인 수요가 꾸준한 지역

- KR: 부산 해운대 엘시티, 제주 중문 리조트, 인천 송도 레지던스
- US: 플로리다 마이애미 비치, 네바다 라스베이거스, 텍사스 댈러스

③ 현금흐름 자산(Income): 부의 심장

지역: 꾸준한 임대 수요와 현금흐름이 유지되는 수익형 지역

비율: 전체 포트폴리오의 약 20%

목표: 월 단위 수익 창출을 통해 부의 순환과 자산의 지속성 확보

특징: 안정적 임대료 수익, 불황기에도 유효한 현금 엔진

- **KR:** 서울 여의도 오피스, 판교 IT밸리, 김포·용인 물류센터
- **US:** 텍사스 오스틴 물류벨트, 시카고 오피스, 뉴저지 리츠형 아파트

④ 성장 자산(Growth): 부의 엔진

지역: 향후 도시 성장, 산업 확장, 인프라 개선이 예상되는 지역

비율: 전체 포트폴리오의 약 15%

목표: 중장기 자본이득(Capital Gain) 실현, 자산 성장 중심축 확보

특징: 선제적 투자로 '미래의 입지 프리미엄'을 확보

- **KR:** 인천 송도, 평택 고덕, 세종 신도시, 천안 아산 첨단산단
- **US:** 텍사스 오스틴, 애리조나 피닉스, 워싱턴 D.C. 인근 개발벨트

⑤ 승계 자산(Next Generation): 부의 DNA

지역: 세대 간 자산 이전이 용이하고, 장기적 가치가 지속되는 프라임 지역

비율: 전체 포트폴리오의 약 10%

목표: 세대 간 부의 이전과 자산의 영속성 확보

특징: 법인·신탁·패밀리오피스 구조를 통한 상속 및 자산 보호 중심

- **KR:** 서울 한남동, 성수동, 용산 나인원한남
- **US:** 캘리포니아 비벌리힐즈, 뉴욕 어퍼이스트, 팜비치

안정 자산(Anchor)으로 중심을 세우고, 유동 자산(Liquidity)으로 유동성을 확보하며, 현금흐름 자산(Income)으로 숨 쉬고, 성장 자산(Growth)으로 성장하고, 승계 자산(Next Generation)으로 자산을 이어간다. 이것이 바로 '흔들리지 않는 부의 지도'이며, 2026년 설계해야 할 자산 구조다.

일반 투자자와 슈퍼리치는 질문부터 다르다. 일반 투자자들이 재무 상담을 오면 가장 먼저 묻는다. "급매 있나요?" 하지만 슈퍼리치는 전혀 다른 질문으로 시작한다. "이 자금은 내 전체 포트폴리오 안에서 어떤 역할을 해야 할까요?" 그들은 어디에 투자할까보다 어디에 배치할까를 먼저 고민한다. 이것이 바로 5A 법칙의 핵심이다. 슈퍼리치에게 부동산은 단순히 '단기 투자용 자산'이 아니라, 전체 인생 기간에서 자산의 핵심 균형을 잡고 부의 성장의 동력이 되고 리스크를 분산하는 역할을 하기 때문이다. 그들은 '무엇을 살까'보다 '왜 사는가'를 먼저 고민한다. 이 차이는 단순한 투자 습관의 문제가 아니다. 바로 '거래 중심의 투자자'와 '설계 중심의 자산가'를 가르는 결정적 분기점이다.

2026년 슈퍼리치 지역별 전략

국내외 핵심 지역 및 전망을 살펴보면 2026년 슈퍼리치들은 여전히 '5A 공식'을 기초로 포트폴리오를 정렬하게 될 것이다.

그들의 자산 설계 기본인 수익성과 안정성에 따라 한국과 해외의 양분화는 한동안 지속될 것이다. 한국의 자산가들은 강남과 용산의 안정 자산으로 안정성을 확보하고, 분당·과천 등 유동 자산으로 시장의

• 2026 슈퍼리치 부의 설계 지도: 5A 포트폴리오

2026 슈퍼리치 한국 투자 포트폴리오 유망 지역

단계	지역	의미
안정 자산	서울 강남·용산	국내 자본 보존의 축
유동 자산	분당·과천·광교·송도	환금성 및 실거주 병행 우위
현금흐름 자산	서울 역세권 상가·수도권 오피스텔	안정적 임대 수익 중심
성장 자산	세종·평택·부산·인천 검단·김포	산업벨트 및 교통망 확장 수혜
승계 자산	제주·남양주·강원·전주	장기 보유형 승계 자산 집중

2026 미국 슈퍼리치 5A 포트폴리오

단계	지역	의미
안정 자산	뉴욕·LA	글로벌 자본 보존의 핵심 축
유동 자산	플로리다·네바다	환금성 및 세금 효율 우위
현금흐름 자산	텍사스·조지아	고용 성장 및 임대 수익 중심
성장 자산	애리조나·오스틴	첨단 산업 및 도시 확장 수혜
승계 자산	팜비치·실리콘밸리	상속·트러스트 이전 자산 집중

유연성을 유지한다. 현금흐름 자산으로는 수도권의 상가·오피스텔을 선호하며, 성장 자산은 산업벨트가 확장 중인 평택·세종·부산으로 이동하고 있다. 마지막으로, 제주와 남양주는 승계 자산으로서 세대 간 자본 이전과 승계 거점으로 선택될 것으로 전망된다.

3단계 5M 머니무브
자산 이동 타이밍의 법칙

슈퍼리치들은 부의 흐름을 읽고, 시장보다 한발 앞서 움직인다. 그렇다면 그들은 어떻게 부의 흐름을 읽는 것일까? 달러, 금, 글로벌 부동산의 본질을 먼저 이해해야 한다.

나이트 프랭크의 〈UBS 글로벌 자산 리포트〉에 따르면, 초고액자산가(UHNW)의 평균 자산 구성은 다음과 같다.

• 초고액자산가 평균 자산

자산 구분	비중	의미
달러 자산	23%	유동성과 안전성 확보
금·원자재	11%	신뢰 회복기 대비
부동산	34%	자본 회복 및 인플레이션 수혜

출처: UBS Global Wealth Report 2024, Knight Frank

이 비율은 단순한 분산 투자가 아니다. 그 안에는 위기와 회복의 타이밍 공식, 즉 부의 순환 리듬이 숨어 있다. 초고액자산가의 평균 자산 구성에서 달러, 금, 글로벌 부동산은 따로 움직이지 않는다. 이들은 서로 연결되어 거대한 순환의 파동을 만든다. 이 순환 구조가 바로 '슈퍼리치 머니무브(Super Rich Money Move)'다.

부동산 시장의 방향은 언제나 자본의 흐름이 결정한다. 많은 경제 데이터 속에서 무엇을 봐야 할지 고민이라면 다섯 가지 핵심 지표인 머니무브 시그널 신호를 확인하자. 국내외 유수의 경제 기관의 수많은 경제 지표들을 분석해 그중에서 핵심적인 다섯 개의 지표를 선정하고 '5M 머니 무브 법칙'이라고 정리했다.

5M 지표를 꾸준하게 체크하고 그 요인도 함께 확인하라. 5개 지표가 모두 긍정으로 돌아서는 순간은 확실한 부동산 매수 적기다. 슈퍼리치들은 시장을 예측하지 않는다. 그들은 흐름을 읽는다. 이 흐름은 대부분 달러 → 금리 → 리츠 → 금 → 부동산의 순서로 움직인다.

부의 흐름을 읽는 다섯 가지 핵심 지표

(1) M1 – Money Flow: 달러지수(DXY)

달러는 모든 자산의 출발점이다. 달러가 강세일 때는 돈이 미국으로 몰리고, 약세로 전환되면 안전자산(현금·채권)에 머물던 자금이 실물시장으로 이동하기 시작한다. 이것이 바로 모든 머니무브의 출발 신호다. 매수 신호는 DXY가 100 이하로 떨어질 때, 이는 즉 부동산 진입 준비 구간이다. 달러 약세는 자본이 실물로 흐르기 시작한다는 뜻이다.

(2) M2 – Monetary Policy: 기준금리(Fed Funds Rate)

금리는 시장의 체온이다. 금리 인하가 시작되면 정부가 '경기 부양'에 나섰다는 의미이며, 그 순간부터 자본은 다시 주식·부동산 등 위험자산으로 이동한다.

(3) M3 - Market Signal: 글로벌 리츠 수익률

리츠(REITs)는 기관 자본의 부동산 온도계다. 수익률이 5%를 넘어설 때, 기관들은 '이제 시장이 안정됐다'고 판단하고 본격적으로 자금을 투입하기 시작한다. 즉 리츠 수익률이 상승하면 시장 신뢰 회복의 신호다.

(4) M4 - Metal Price: 국제 금 시세

금은 '시장 심리'를 비추는 거울이다. 금값이 급등하면 아직 불안이 해소되지 않았다는 뜻이고, 금값이 횡보·안정세에 접어들면 자본이 다시 실물자산으로 이동할 준비를 한다는 의미다.

(5) M5 - Market Index: MSCI 글로벌 부동산지수

마지막 단계는 실제 부동산 시장의 반응이다. 이 지수가 반등하면, 글로벌 자본이 '이제 안전하다'며 실물자산으로 완전히 이동했다는 뜻이다. 이 시점이 바로 부동산 시장의 회복기이자 '골든 타이밍'이다.

실전 활용법: 부의 흐름을 읽는 방법

다섯 가지 지표의 방향성이 같은 순간, 시장의 전환점이 시작된다.

Case 1: 매수 타이밍(5개 지표 모두 긍정 신호)

- 달러 약세 전환(DXY < 100)

- 기준금리 인하(3.5% → 3.25%)

- 리츠 수익률 상승(5% 이상)

- 금값 안정(2,200~2,300달러 횡보)

- 글로벌 부동산지수 반등

이 구간은 자본이 실물로 이동하기 시작하는 시기다. '프라임 부동산'을 선점할 절호의 매수 구간이다

Case 2: 관망 타이밍(5개 지표 모두 부정 신호)

- 달러 강세 전환(DXY > 105)

- 금리 인상(3.25% → 3.75%)

- 리츠 수익률 하락(5% 미만)

- 금값 급등(월 5% 이상 상승)

- 글로벌 부동산지수 하락

자본이 다시 안전자산으로 피신하는 시기다. 이 구간에서는 현금 비중을 늘리고, 시장을 관망하는 것이 현명하다.

뉴스보다 지표를 보자

경제 뉴스는 하루에도 수백 개가 쏟아진다. 하지만 부자들은 뉴스가 아니라 방향성을 본다. 이 다섯 가지 지표만 꾸준히 추적한다면 당신은 시장의 노이즈 속에서도 '부의 신호'를 먼저 듣게 될 것이다. 매일 확인해야 할 지표와 확인 방법은 다음과 같다.

- 달러지수(DXY)

  www.investing.com/indices/usdollar?utm

- 기준금리(Fed Funds Rate)

  fred.stlouisfed.org/series/FEDFUNDS?utm

- 글로벌 리츠 수익률

  goldprice.org/live-gold-price.html?utm

- 국제 금 시세

  www.spglobal.com/spdji/en/indices/equity/sp-global-reit/?utm

- MSCI 글로벌 부동산지수

  www.msci.com/our-solutions/indexes/real-estate-indexes?utm

4단계 슈퍼리치의 안목 그들은 무엇을 고르는가?

일반인들이 평형과 교통을 따질 때, 슈퍼리치는 자신을 대변하는 가치, 건축, 조망, 철학, 프라이버시 등을 큐레이션한다. 하지만 이것은 슈퍼리치만의 전유물이 아니다. 슈퍼리치의 안목을 장착한다면, 지금 당장 더 나은 선택을 하며 숨겨진 가치를 볼 수 있는 사람이 된다.

슈퍼리치 프리미엄 자산 5대 요건은 다음과 같다.

1 레거시(LEGACY): 시간이 흐를수록 가치가 깊어지는 자산

"이 자산은 세대를 넘어 지속될 수 있는 신뢰와 상징성을 가지고 있는가?"

레거시란 10년, 20년, 심지어 100년이 지나도 그 가치가 유지되거나 상승할 것이라는 확신을 주는 자산의 본질적 특성이다. 시간이 지날수록 희소해지고, 복제할 수 없으며, 수요는 지속되는 자산을 말한다.

대표 사례

- 아크로리버파크: 한강변 정면 조망, 더 이상 공급 불가능한 입지
- 35 Hudson Yards, 뉴욕: 맨해튼 마지막 대규모 개발지, David Childs 설계

② 아이덴티티(IDENTITY): 당신의 철학과 품격이 드러나는 자산

"이 자산은 나(혹은 가문)의 취향·철학·스토리를 담고 있는가?"

아이덴티티란 자산이 소유자의 세계관, 취향, 라이프스타일, 사회적 지위를 자연스럽게 표현하는 특성이다.

대표 사례

- 아크로서울포레스트: "나는 예술과 문화를 아는 사람" - 갤러리 속 생활
- One Beverly Hills, LA: "나는 웰니스를 추구하는 사람" - 삶의 질 중심

③ 프라이버시(PRIVACY): 존재의 품격을 완성하는 자산

"이 자산은 나와 가족의 평온과 경계를 안전하게 보호하고 있는가?"

프라이버시란 슈퍼리치의 라이프스타일에서 가장 중요한 '보이지 않는 자산'이다.

대표 사례

- 한남더힐: 경사형 입지, 외부 접근 완벽 차단, 도심 속 프라이버시 성역
- One Hyde Park, 런던: 완벽한 방음, 개별 전용 통로, CCTV 사각지대까지 설계

④ 커뮤니티(COMMUNITY): 함께 성장하며 신뢰를 쌓는 자산

"이 자산은 어떤 사람들과 연결되어 있으며, 그 관계가 나의 품격을 높이는가?"

커뮤니티란 슈퍼리치의 세계에서 부의 확장성과 지속성을 결정짓는 사회적 자본이다.

대표 사례

- 아크로리버파크: 강남권 금융·의료·예술계 상위층 커뮤니티 중심
- 35 Hudson Yards, 뉴욕: 리츠칼튼 레지던스, 글로벌 투자자·예술가 네트워크

5 하모니(HARMONY): 포트폴리오를 완성하는 자산

"이 자산은 전체 포트폴리오의 리스크·수익·성장 밸런스를 맞추는가?"

하모니란 자산이 전체 포트폴리오 내에서 명확한 임무를 수행하며 다른 자산들과 조화를 이루어 위험을 분산하고 수익을 안정화하는 특성을 말한다.

대표 사례

- 한남더힐: 안정 자산 역할, 금리 급등에도 가격 방어, 포트폴리오 안정축
- Continuum South Beach, 마이애미: 아이덴티티+유동성+헷지, 플로리다 세제 혜택

슈퍼리치 프리미엄 TOP 5

1. 한남더힐 | 대한민국 부의 상징

• 서울특별시 용산구 한남대로 91(한남동 810)

• 서울 부촌의 중심축, 한남더힐은 한국 프리미엄 주거의 기준이자 '부의 상징'으로 불린다. 600세대의 대단지임에도 철저히 폐쇄형 구조를 유지하며, 외부인의 출입은 철저히 통제된다. 한강·남산 조망이 동시에 가능한 국가대표 입지로 보존형 단지. 세대별 전용 엘리베이터, 5성급 수준의 커뮤니티, 그리고 예술적 조경. 초고액자산가 포트폴리오에서 '안정 자산'으로 증여·신탁 비율이 높다.

출처 인용: 〈서울경제〉〉(2025-04-13), 4년 만에 바뀐 1위, 전국 최고가 찍은 '아이유 아파트'는 어디? 중, "전용 244.75m²의 공시가격이 118억 6,000만 원"이라 발표되었다.

2. 나인원한남 | 도심 속 완전한 사적 세계

• 서울특별시 용산구 한남대로91길 35(한남동 680-1)

• 한남더힐 바로 옆, 나인원한남은 서울 한복판에서 누릴 수 있는 최대치의 사적 공간이다. 외교공관지대 인접, 도심 속 리버사이드+남산뷰 복합입지. 각 세대마다 진입로·엘리베이터가 분리된 구조로 '완전한 프라이버시'를 실현. 거주형 안정 자산이자, 향후 상속·거주 병행형 승계 자산이다.

출처 인용: 〈매일경제〉(2024-12-26), "나 나인원한남 사는 사람이야"…

3. 한남자이 더 헤리티지 | 클래식의 귀환

• 서울특별시 용산구 한남대로 52(한남동 680)

• '100년 주거문화 유산'을 목표로 설계된 재개발형 초고급 단지. 한남3구역

코어, 한강 조망과 교육·문화 인프라를 동시에 누린다. GS건설의 '자이 헤리티지' 라인업, 내부는 호텔식 아트워크 디자인. 세대 이전·트러스트 자산이다.

출처 인용: 〈데일리포스트〉(2019-10-17), GS건설이 "100년 주거문화 유산"을 표방하며 '한남자이 더 헤리티지'를 공개했다.

4. 롯데시그니엘 레지던스 | 하늘 위의 궁전

• 서울특별시 송파구 올림픽로 300(신천동 29)

• 롯데월드타워 상층부를 차지한 초고층 레지던스. 서울의 스카이라인을 대표하는 123층 건축물 내 76~101층에 위치한다. 호텔식 관리 시스템, 프라이빗 라운지, 하늘에서 내려다보는 서울 전경. 글로벌 거주자 중심의 '아이덴티티+안정성' 자산으로, 한국 최고층 주거의 상징이다.

출처 인용: 〈연합뉴스〉(2017-04-03), "롯데월드타워 내 초고층 레지던스는 세계 5위 높이의 건축물에서 최상급 주거 경험을 제공하며, 아시아 부호들의 새로운 주거 트렌드를 만들고 있다"고 보도했다.

5. 아크로리버파크 | 시간이 만드는 희소성

• 서울특별시 서초구 반포동 19-3

• '영구 불가능 입지'를 확보한 한강변 최후의 신축 단지. 강남 3구 유일 한강 정면 100% 조망권, 2020년대 마지막 한강변 공급. 금융·의료·예술계 고소득 전문직 커뮤니티가 형성된 강남권 상위 1% 주거지다. 더 이상 지을 수 없는, 시간이 증명할 자산이다.

출처 인용: 〈매일경제〉(2020-01-15), "아크로리버파크는 강남 3구에서 마지막으로 공급되는 한강변 신축 단지로, 한강 조망권이 영구 보존되는 희소 입지"라고 보도했다.

현재 국내에는 '슈퍼리치 라이프스타일 큐레이션 자산'에 대한 명확한 정의가 존재하지 않는다. 롯데월드타워 시그니엘 본사 ㈜리치그룹 리서치 연구소는 수천 건의 국내외 프리미엄 자산을 심층 분석해, 슈퍼리치들의 의사 결정 과정에서 일관되게 작용하는 핵심 5요소를 도출했다. 그 결과, 국가와 시장을 초월해 작동하는 불변의 가치 기준이 존재함을 확인했다.

슈퍼리치에게 집은 단순한 거주지가 아니라, 삶의 철학과 방향이 응축된 '인생의 시작점'이었다. 그들에게 공간은 숫자가 아닌 온도, 소유가 아닌 서사(敍事)였다. 그들은 '얼마짜리인가'보다 '그곳에서 나는 어떤 삶을 살아갈 것인가'를 먼저 생각했다. 이번 연구로 정리된 다섯 가지 핵심 요소는 단순한 부동산 가치 평가의 기준이 아니라, 지속 가능한 부(富)의 언어이자 철학적 좌표이기에, 이 기준을 온전히 이해하고 자신의 자산 설계에 적용한다면 부의 폭발적 성장이 일어날 것이다.

슈퍼리치의 자본의 대이동과 함께 '구조화된 부의 재편'이 시작되었다. 부동산 투자 시장은 이제는 단순히 '국내'의 게임이 아니라 '국내와 해외'를 함께 모니터링해야만 승부할 수 있는 게임이다. 슈퍼리치의 움직임을 읽고 그들의 원칙을 이해하며, 슈퍼리치의 안목으로 자신만의 부의 지도를 그려나가는 사람만이 다음 10년의 승자가 될 것이다.

『2026 결국은 부동산』에 담긴 공저 작가님들과 저의 응원의 에너지가 여러분의 성공과 부의 세계를 여는 황금 열쇠가 되기를 간절히 기원하며, 진심으로 깊은 감사를 전한다.

2026
결국은 부동산

직장인보다
적게 일하고 많이 버는
고시원 창업 이야기

내일의행복 나보라

- 고시원창업강사
- 부자지도 초심반 강사, 플랩 이끄미
- 전자책 『대기업 남편보다 적게 일하고 많이 버는 경단녀 주부의 솔직한 이야기』
- 서울·경기도 고시원, 숙박업 운영
- 블로그 blog.naver.com/kyo1902

행복은 늘 가까이 존재한다. 뽀송뽀송한 뭉게구름이 떠 있는 새파란 하늘을 바라보며 걷는 산책, 잔잔한 음악이 흐르는 카페에서 커피한 잔과 함께하는 여유로운 독서, 소중한 사람들과 나누는 따뜻한 대화와 소박한 브런치… 이런 소소한 행복은 누구나 할 수 있지만 '언제나' 할 수는 없다.

우렁찬 알람 소리에 달콤한 아침잠에서 깨고, 허둥지둥 가방을 메고 지하철에 몸을 구겨 넣는 너무도 익숙한 평일의 풍경. 우리는 문득 이런 생각을 한다. '언제쯤 나는 이 모든 걸 내 마음대로, 내가 원하는 시간에 자유롭게 즐길 수 있을까?' 아마 모든 사람의 공통된 바람일 것이다.

어느 날 문득 종이를 꺼내 적어보았다. "내가 무엇을 할 때 가장 행복할까?" 하나씩 써 내려가다 보니 웃음이 났다. 모든 것들이 결국 돈으로 해결 가능한 일이었기 때문이다. 조금 더 깊이 들여다보니, 내가 진짜로 바라는 것은 남을 위해 시간을 쓰는 삶이 아니라 나의 시간을 돈으로 레버리지할 수 있는 사람, 즉 시간을 내 뜻대로 설계할 수 있는 자유로운 사람이 되고 싶다는 것이었다. 결국 내가 진심으로 원한 것은 시간과 돈으로부터의 자유였다.

그 깨달음 이후부터였던 것 같다. 비로소 자본주의라는 파도 위에 올라타기 시작한 순간이 말이다.

자본주의에서 이기는 게임을 위해

자본주의에서는 인정하고 싶지 않아도 돈으로 해결되는 일들이 너무 많다. 사는 집, 먹는 음식, 입는 옷, 교육까지 모든 것이 결국 돈과 교환되는 구조다. 그리고 내가 가진 자본의 크기에 따라 누릴 수 있는 수준은 자연스럽게 달라진다. 예전엔 열심히만 일하면 30대, 40대쯤엔 경제적으로 안정될 거라 믿었다. 하지만 현실은 냉혹했다. 평범한 직장인의 월급만으로는 외부의 도움 없이 누릴 수 있는 가치가 한정되어 있었고, 시간과 돈으로부터 자유로워지기엔 턱없이 부족했다.

결국 깨달았다. 자본주의 사회에서 자산을 불려나가는 투자는 선택이 아니라 필수라는 것을. 그리고 그 안에서 '이기는 게임'을 해야 한다는 것도.

그래서 공부를 시작했다. 책을 읽고, 강의를 들으며 시간과 경제적 자유를 이룬 사람들의 공통점을 찾았다. 그들이 모두 가지고 있던 것은 좋은 자산, 즉 우량한 부동산이었다. 답은 명확했다. 자본주의에서 이기는 방법은 좋은 자산을 갖는 것이었다. 그리고 그 깨달음이 바로, 시작이었다. 하지만 좋은 자산은 언제나 비쌌다. 사실 한 번도 싼 적이 없었다. 그래서 나는 이 사실을 다르게 바라보기로 했다. "좋은 자산을 살 수 있는 힘을 기르자."

그때부터 목표는 단순해졌다. 버는 사이즈를 키워 종잣돈을 늘리고, 레버리지를 활용해 퀀텀 점프(Quantum Jump)하고자 했다. 자산을 사는 데 있어 중요한 것은 '싸게 사는 것'이 아니라 '내가 살 수 있을 때 가장 좋은 것을 사는 것'이라고 믿었다. 그래서 나는 좋은 자산을 소유하는 힘을 기르기로 결심했다. 자본주의라는 파도 위에서 단순히 버티는 것이 아니라, 즐기며 항해하기 위한 첫걸음으로 '좋은 자산의 주인'이 되기로 한 것이다.

저축으로 돈을 모으는 속도보다 자산이 오르는 속도가 훨씬 빠르다. 따라서 단순히 현금만으로 자산을 사는 것은 한계가 있기에 레버리지를 활용해야 한다. 하지만 그 또한 계획 없이 사용하면 자산을 지키기 어렵다. 결국 중요한 것은 좋은 자산을 살 수 있는 힘과 그것을 지킬 수 있는 대응력, 이 두 가지를 함께 키우는 것이었다.

대출 기간 30년, 이자 5%, 원리금 균등으로 돈을 빌렸을 때 한 달에 갚아야 할 금액을 보자(다음 페이지 표). 이를 보면 결론은 단순하다. 약 270만 원의 추가 현금흐름이 생기면 5억 원의 레버리지를 활용할 수 있는 힘이 생기고, 월 1천만 원의 현금흐름을 만들면 최대 20억 원까지 자본을 빌릴 수 있는 힘이 생긴다.

• 대출 상환금액

대출 기간 30년, 5%, 원리금 균등 조건

1억 원	53만 6,822원
2억 원	107만 3,643원
5억 원	268만 4,108원
10억 원	536만 8,216원
15억 원	805만 2,324원
20억 원	1,073만 6,432원

이렇게 현금흐름이 월 300만, 500만, 1천만 원으로 늘어날수록, 종 잣돈을 모으는 시간은 짧아지고, 더 가치 있는 자산을 선택할 기회는 많아진다. 결국 이런 과정이 쌓이면, 외부의 변화에도 흔들리지 않고 내 자산을 지키는 힘이 생기는 것이다.

자산을 사는 것도 중요하지만, 진짜 핵심은 좋은 자산을 꾸준히 늘려가며, 안정적으로 지키는 힘을 현금흐름을 통해 길러 나가는 것이다. 그래서 나는 결심했다. 아끼는 것보다 더 많이 벌어서 기회를 내 편으로 만들자.

먼저 이커머스, 블로그, 유튜브 등등 초기 자본이 없거나 적을 때 할 수 있는 유형부터 시작했다. 월 50만, 100만 원의 수입이 생기기 시작했다. 처음엔 신기하고 재밌었지만, 생각보다 나의 시간이 너무 많이 들어갔다.

그러던 중 한 유명 인플루언서 유튜버가 올린 '나는 건물 없이 월세를 받는다!'라는 영상을 보게 되었고, 무엇에 홀린 듯 '바로 이거다!' 싶었다. 그렇게 나는 고시원 사업에 눈을 뜨게 되었다.

고시원 사업이라고?

고시원 하면 무엇이 생각이 나는가? 1980년대 브라운관 티비에 한 사람만 누워도 꽉 차는 쪽방 같은 방? 아니면 칙칙하고 귀신 나올 거 같고 이상한 사람만 살 듯한 고시원? 나도 그랬었다.

낡고 오래된 고시원을 감성 가득한 공간으로 리모델링하면 결과는 달라진다. 다음 페이지 왼쪽의 낡은 고시원을 보고 오는 사람과, 오른

• 고시원의 전형적인 이미지

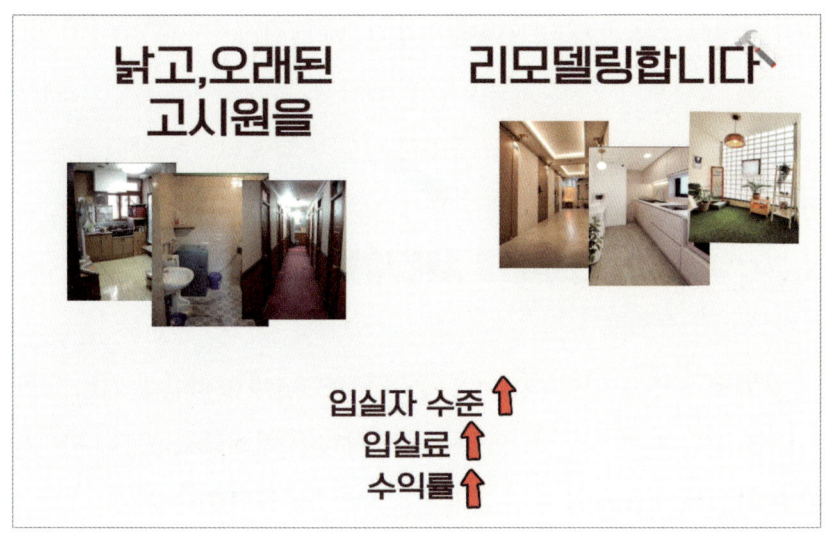

자료: 네이버 지도

쪽의 감성적인 공간을 보고 오는 사람은 전혀 다르기 때문이다.

이처럼 편견 속에 있던 오래된 고시원을 인수해 새롭게 꾸미면 기존의 저소득층 중심 입실자에서 젊은 세대와 직장인 중심의 수요층으로 바뀐다. 공간이 깔끔해지고 관리가 편해지면서 월 30만~40만 원 받던 방을 월 50만~60만 원까지 인상할 수 있으며, 자연스럽게 수익률도 상승한다. 월 200만~300만 원의 순이익을 내던 고시원이 월 500만, 700만, 나아가 1천만 원 이상의 수익을 올리게 되면서 투자금 대비 수익률 역시 크게 향상된다.

고시원의 매매가는 보증금+권리금으로 형성되는데, 리모델링을 통해 관리가 편하고 시설이 깔끔해진 곳은 매달 안정적인 현금흐름 더

하기 권리금과 시세 차익까지 기대할 수 있다. 이런 이유로 최근 몇 년 사이 고시원 창업에 대한 관심이 크게 늘었다.

물론 예전보다 가격은 올랐지만, 세팅이 끝나면 일주일에 1~2회 방문만으로도 운영이 가능하고, 운영 난도가 낮으면서도 매일 꾸준히 현금이 들어오는 구조 덕분에 지속적으로 선호되는 사업이 되었다. 결국 고시원 창업은 이런 말로 요약할 수 있다. "안 하는 사람은 있어도 하나만 하는 사람은 없다." 그렇게 나도 하나씩 늘려가고 있다.

그렇다면 어떤 고시원을 운영해야 할까? 고시원 운영에는 '나만의 기준'이 반드시 필요하다. 직장인, 육아맘, 은퇴를 앞둔 사람, 맞벌이 부부 등 사람마다 처한 상황과 성향이 모두 다르기 때문이다.

"나는 집이나 직장 근처에서 하고 싶어."
"나는 직장인이나 학생 위주로 운영하고 싶어."
"나는 남성 전용 혹은 여성 전용으로 하고 싶어."

이런 선택을 내가 직접 할 수 있다. 다른 업종의 프랜차이즈처럼 본사의 규정이 있는 것도 아니고, 고시원은 오히려 나의 상황에 맞춰 자유롭게 선택할 수 있는 사업이다. 하지만 의욕만 앞세워 너무 먼 곳을 선택하거나, 나의 성향과 맞지 않는 입실자 층을 대상으로 하면 운영이 금세 버거워질 수 있다. 예를 들어 대학생을 상대하는 게 편한 사람도 있고, 여성보다 남성 입실자를 상대하는 게 더 수월한 사람도 있다.

이처럼 나에게 맞는 방향성을 먼저 정하고 그 기준에 따라 물건을 봐야 한다. 왜냐하면 100% 완벽한 매물은 존재하지 않기 때문이다. 내가 포기할 수 있는 부분과 포기할 수 없는 부분을 미리 정해두면 나에게 맞는 물건을 선택하는 일이 훨씬 쉬워진다.

나 역시 그렇게 시작했다. 나의 기준은 단순했다. 1순위 수익률, 2순위 수익률, 3순위도 수익률. 그저 돈을 많이 벌고 싶었다. 통장에 찍히는 숫자를 보며 "이 정도면 어떤 어려움도 이겨낼 수 있다"라는 자신감이 있었다. 첫 투자금이 많지 않아 리모델링 비용이 부족했기에 처음에는 일반 고시원을 인수해 입실자 구성도, 입실료도 그대로 유지하며 운영을 시작했다. 하지만 '수익률'만큼은 포기하지 않았다. 방 하나마다 수입이 발생하는 구조이기 때문에 방이 많은 고시원을 집중적으로 찾아다녔다.

낡고 오래돼 공실이 많을수록, 관리가 안 될수록 오히려 더 끌렸다. 왜냐하면 그럴수록 가격이 저렴했기 때문이다. 공실은 내가 채우면 되고, 관리 부족은 내가 잘하면 해결될 문제라고 생각했다. 그렇게 나는 고시원 원장님이 되었다.

나의 첫 고시원 사업

처음 투자한 고시원에 들어서자마자 난생처음 맡아본 냄새가 코를 찔렀다. 요즘 같은 시대에 핸드폰이 없어 연락이 안 되는 입실자도 있었고, 술만 마시면 고성방가를 일삼는 입실자로 인해 인수하자마자 일주일에 경찰이 세 번이나 출동하기도 했다. 관리는 내가 하면 되는 것이라고 너무 안일하게 생각했던 것이 조금 후회되었다. 그렇게 어둠 같은 나의 첫 번째 고시원 원장님의 생활이 시작되었다.

누가 일주일에 1~2회 출근한다고 했는가! 매일 고시원에 가도 일은 산더미처럼 쌓여 있었다. 또 무슨 민원은 이렇게 많은지… "해주세요", "누가 이랬어요" 초등학생도 아니고 무언가 계속 이르거나 자기 이야기만 하는 입실자도 있었다. 작은방 가득 쓰레기가 차 있거나 곳곳에서 폐기물이 나와 고시원만 가면 시간 가는 줄 모르고 일을 했다. 입실료가 20만 원대의 고시원이라 그런지 저소득층, 노숙자, 기초생활수급자 분들이 많았다. 처음 겪는 당황스러운 일들과 고시원이 아니었으면 나에게 일어나지 않을 일들로 하루하루 채우고 있었다.

그래도 같은 사람이니 사람 공부를 한다는 생각으로 대화를 시도했고, 안 되면 무력 아닌 무력으로 하나씩 맞닥뜨려 나가기 시작했다. 하지만 끝이 안 보였고 너무 힘들었다. 그러나 3개월 후 하나씩 정리가 되기 시작하더니 끝이 없을 것만 같던 고시원이 만실이 되었고 일주일에 1~2회 출근이 아닌 한 달에 1~2회 출근을 하게 되었으며 나의 통장에는 월 순수익 900만 원이라는 숫자가 찍혔다. 이게 자본주의의 힘인가… '망했다'에서 '무조건 해야겠다!'로 바뀌기 시작했다.

두 번째로 인수한 고시원은 공실이 반 이상이고 5층에 엘리베이터도 없는 곳이었다. 주위에 대학교가 있었는데 대학생 입실자는 없었다. 따라서 학생들의 수요만 끌어올 수 있다면 공실은 문제가 아니라고 판단했고, 힘을 쥐야 할 곳과 빼야 할 곳을 체크하며 가성비 인테리어를 시작했다. 인테리어와 가구 및 소품 교체 비용으로 총 3천만 원 정도 들었다.

이렇게 하나씩 세팅해서 깔끔한 고시원 사진을 올리니 역시나 학생들의 입실 문의가 계속 들어왔고 가볍게(?) 만실을 채웠다. 전에 운영하던 원장님은 순이익이 월 200만 원이라고 했는데 가성비 인테리어로 월 700만 원까지 끌어올리게 되었다.

그렇게 나는 월 1,500만 원 이상의 현금흐름을 만들었다. 무언가 회색빛이 가득한 고시원이 빛나 보이기 시작했고, 그렇게 나는 좋은 자산을 사기 위한 현금흐름을 고시원을 통해서 조금씩 키워나가기 시작했다.

고시원 사업은 유효한가?

수많은 현금흐름 중에 내가 고시원을 선택한 이유는 무엇일까? 아직도 고시원 사업이 유효할까? 지금은 늦은 게 아닐까? 지금이라도 고시원에 관심을 가져야 하는 이유를 알아보자.

1 1인 가구 수요 증가

행정안전부 인구 통계에 따르면 1인 가구 천만 시대를 돌파했다.

전체 1인 가구 비율은 36.1%이며 수도권의 경우는 47.7%가 1인 가구다. 전체 인구의 3명 중 1명, 수도권 인구의 2명 중 1명은 혼자 살고 있고, 앞으로 점점 늘어날 전망이다.

그럼 1인 가구 수요의 증가가 고시원과 무슨 상관이 있을까? 혼자 살든 같이 살든 꼭 필요한 것이 '집', 주거의 역할이다.

어떤 형태로든 주거는 꼭 필요하다. 그런데 1인 가구의 경우 모든 지출을 혼자 감당해야 한다. 서울 원룸 평균 월세가 70만 원으로 점점 가격은 올라가고 있고, 보증금 부담에 매달 나오는 공과금 등으로 지출에 큰 부담이 될 수밖에 없다. 주거 지출이 가계에서 큰 비중을 차지하기에 주거에 대한 부담이 덜한 곳을 찾게 되는 것이다.

고시원은 보증금도 거의 없고 공과금 및 추가 비용도 없다. 그리고 고시원마다 다르지만 쌀, 김치, 라면 등 부식이 서비스로 제공되어 식비도 아낄 수 있다. 큰 지출을 통제할 수 있는 고시원이 1인 가구에게는 가성비 좋은 주거 공간이 되어 가고 있고, 가벼운 주거 공간을 원하는 1인 가구의 수요 증가에 따라 점점 그 수요는 늘어날 전망이다.

• 서울 월세 관련 기사

 뉴시스 PiCK · 1주 전 · 네이버뉴스

8월 서울 빌라 원룸 월세 70만원...강남 94만원

지난달 보증금 1000만원 기준 **서울 평균 월세**는 73만원, **평균** 전세보증금은 2억1701만원으로, 7월과 비교해 **월세**는 3만원(4.2%) 하락했고, 보증금은 478만원(2.3%) 상승했다. 자치구별로 보면 25곳 중 12곳의 **월세**가 서...

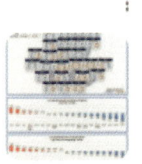

2 외국인 수요

K팝 열풍, 최근엔 애니메이션 영화 〈케이팝 데몬 헌터스〉의 OST가 빌보드 차트의 열풍을 가져왔다. 자연히 한국에 대한 관심도 더 높아졌다. 그러면 여행 수요도 늘지만 더 중요한 건 한국에 대한 긍정적인 관심으로 인해 유학생, 교환학생의 수요도 점점 늘어난다는 것이다. 모든 외국 학생들이 기숙사에 들어갈 수 있는 것은 아니기에 부담이 적은 고시원을 선호하고, 먼저 와있는 외국인 학생이 소개해주기도 한다. 그뿐만 아니라 유학원에서 미리 방을 선점하는 경우도 있기에 외국인들에 대한 수요는 끊임이 없다.

또한 고용노동부 자료에 따르면 매년 외국인 인력 도입 규모는 점점 늘어나고 있다. 일례로 요즘 식당에 가면 한국인 종업원보다 외국인 종업원을 고용하는 곳이 더 많이 보인다. 이때는 본인이 직접 집을

● 연도별 외국인력(E-9) 도입 규모

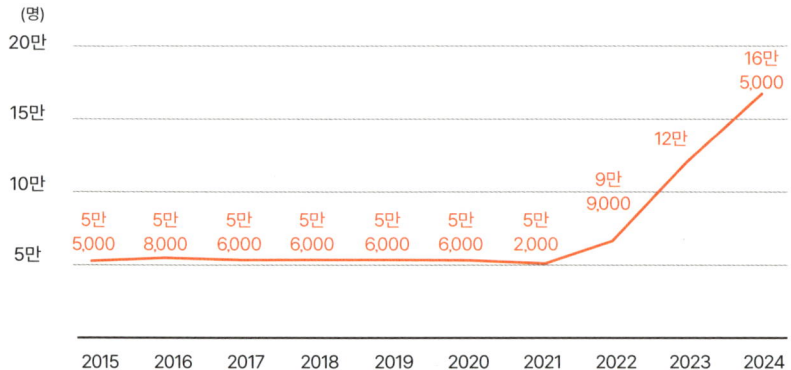

구하기도 하고, 기숙사 형태로 거주하기도 한다. 이런 경우 보증금이 적고 관리비 부담이 없는 고시원은 일하러 온 외국인이나 직원을 고용하는 사장 입장에서 가성비가 매우 높은 선택지가 된다. 이렇게 점점 늘어나는 외국인 수요 덕분에 만실 고시원이 유지되고 있다.

3 단기 수요

원룸, 오피스텔 기타 주거의 형태로 계약을 하게 되면 최소 1~2년씩 계약한다. 단기 출장이나 교육, 여행을 왔을 경우 모텔, 호텔 등 숙박업소를 갈 수밖에 없는데 최소 하루 5만~20만 원 전후의 숙박비가 든다. 출장으로 인해 평일은 잠만 자고 주말은 집으로 내려가는 경우, 교육, 실습으로 인해 1~2주 정도 머무를 경우 숙박비에 대한 부담을 클 수밖에 없다. 이런 부분을 말끔하게 해소해주는 것이 고시원이다.

고시원은 단기 거주가 가능하다. 대부분 한 달씩 계약하지만, 요즘은 단기 임대 앱을 활용해 일주일씩도 계약하기도 한다. 가격도 한 달 30만~60만 원 전후로 저렴하고, 일주일 단기는 10만~20만 원대이다.

그리고 서울에서 대학교를 다니는 지방 학생들은 학기 중에는 서울에 머물고 방학 때 고향으로 내려가는 경우 단기 계약이 가능한 고시원을 많이 이용한다. 지방에 사는 학생들은 방학 때만 학원에 다니기 위해 이용하기도 한다. 이렇듯 중·단기의 거주 수요를 위한 대책은 거의 없기에 단기 수요에 대한 메리트는 앞으로 더 늘어날 전망이고, 당연히 고시원에 대한 수요가 늘어날 것이다.

4 저소득층 증가

지금 서울 아파트 평균 가격이 14억 원이 넘었고 평당 2억 원을 돌파했는데 무슨 이야기냐 하실 수 있지만, 이럴수록 점점 부익부 빈익빈의 격차가 커질 수밖에 없다. 거기에 물가는 계속 오르니 더더욱 먹고살기가 팍팍해지고 있는 것도 사실이다. 2023년 국토교통부에서 발표한 주택 이외 거처 가구 수 변화에 대한 조사에 따르면 일터, 고시원, 숙박업소를 집으로 이용하는 가구 수가 해마다 늘고 있다. 주거에 대한 부담이 커짐에 따라 주택이 아닌 곳으로 저소득층의 주거가 옮겨가는 것이다.

그리고 국가가 저소득층의 생계·의료·주거·교육을 지원하는 기초생활수급자 제도의 대상 가구도 해마다 늘고 있다. 기초생활수급자가 고시원을 많이 찾는 이유가 복지혜택 중 주거급여를 고시원에서는 받

• 주택 이외 거처 가구 수 변화

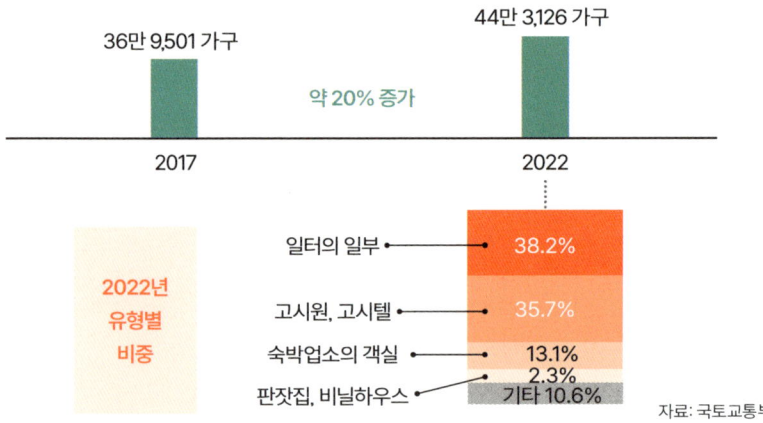

을 수 있기 때문이다. 서울에서 1인 가구가 받을 수 있는 주거급여 상한액은 36만 9천 원이다. 반면 서울의 평균 원룸 월세는 약 70만 원 수준이다. 이 때문에 주거급여로는 원룸 거주가 어렵지만, 고시원은 주거비를 충당할 수 있어 부담이 훨씬 덜하다. 누군가에게는 고시원이 잠깐 머물다 가는 공간이 아닌 집의 역할을 한다.

5 공급 제한

아무리 좋은 투자처라도 공급이 많으면 투자의 매력이 떨어진다. 고시원도 우후죽순 생길 수 있다면 결국 수요를 나눠먹기식밖에 되지 않는다. 이 부분에 대해서 고시원은 너무 매력적이다.

고시원은 「소방법」과 「건축법」의 규제를 받고 있다. 「소방법」은 2009년 5월 15일을 기준으로 '구소방'과 '신소방'으로 구분된다. 개정 이후에는 복도의 폭 기준이 강화되어, 한쪽에만 방이 있는 경우 복도 폭은 최소 1.2m 이상, 양쪽에 방이 있는 경우는 최소 1.5m 이상으로 규정되었다. 또한 간이 스프링클러 설치가 의무화되고, 피난설비를 반드시 갖추어야 하는 등 전반적인 안전기준이 대폭 강화되었다. 이러한 강화 배경에는 2018년에 발생한 고시원 화재로 7명이 사망한 비극적인 사건이 영향을 미쳤다. 그리하여 「건축법」과 「소방법」에 안전 규제가 강화되었는데 2022년 7월 1일부터 새로 만드는 고시원은 최소한의 면적 확보와 방마다 외부 창문을 의무적으로 설치해야지 허가를 내어주게 바뀌었다.

당연히 안전을 위해서는 「소방법」과 「건축법」의 기준을 지켜야 하지만 투자의 관점에서는 방 하나에 따라 입실료가 측정되어 매출이 결정되는 만큼 예전 고시원보다 방 개수가 줄어들어 수익률이 떨어지게 된다. 그래서 예전에 하던 고시원을 그대로 포괄 양수 양도하는 방식으로 인수해 운영하게 되는 경우가 많은 것이다.

다른 사업은 공급에 대한 규제가 없기 때문에 하나가 잘된다고 하면 바로 옆에 비슷한 업종이 들어올 수 있으나 고시원은 「소방법」과 「건축법」에 의해서 공급이 폭발적으로 늘기가 힘들어 다른 업종보다는 안정적인 수익 창출이 가능하다. 이것이 정말로 매력적인 이유 중 하나인 것 같다.

6 자연 멸실

서울을 예로 들어보겠다. 서울의 많은 지역이 재개발·재건축 재정비 구역이다. 공급이 부족한 서울에서 시기의 문제는 있겠으나 공급을 늘릴 수 있는 방법 중 하나인 재개발·재건축 사업이 진행이 안 되긴 어렵고 이 구역 안에 있는 고시원은 자연스럽게 멸실될 수밖에 없다. 공급이 늘어나기 쉽지 않은 데다가 멸실되기까지 한다면 투자자 입장에서는 긍정적인 신호이지 않을까?

7 수익률

고시원을 선택한 이유 중 가장 큰 비중을 차지한 것이 수익률이다. 고시원은 「건축법」상 제2종 근린생활시설, 다중생활시설로 분류되며 주거용이 아닌 근린생활시설로 등록된 건물에서 운영된다. 내가 가지고 있는 건물에 고시원이 있으면 직접 운영해도 되고 일반 상가를 임차해서 운영하는 것처럼 고시원을 임차해서 운영할 수 있는 것이다.

강남구 논현동 상가를 예를 들어보겠다. 1층 상가이고 매매가는 10억 원이다. 보증금 5천만 원에 월 400만 원을 받고 있다. 10억 원 투자에 월 400만 원이 순이익이다. 대출을 활용했을 때 한 번 더 보겠다. 대출을 70% 활용했다고 가정했을 때 투자금은 2억 5천만 원이고 대출이자 291만 원을 차감하니(5% 이자로 계산) 월 순수익은 169만 원이다.

고시원은 1억 원 투자에 200만~250만 원 정도 순수익을 책정하는데, 1억 원 투자에 200만 원 순수익을 가정했을 때 24%의 수익률이 나

• **상가 투자 vs. 고시원 투자**

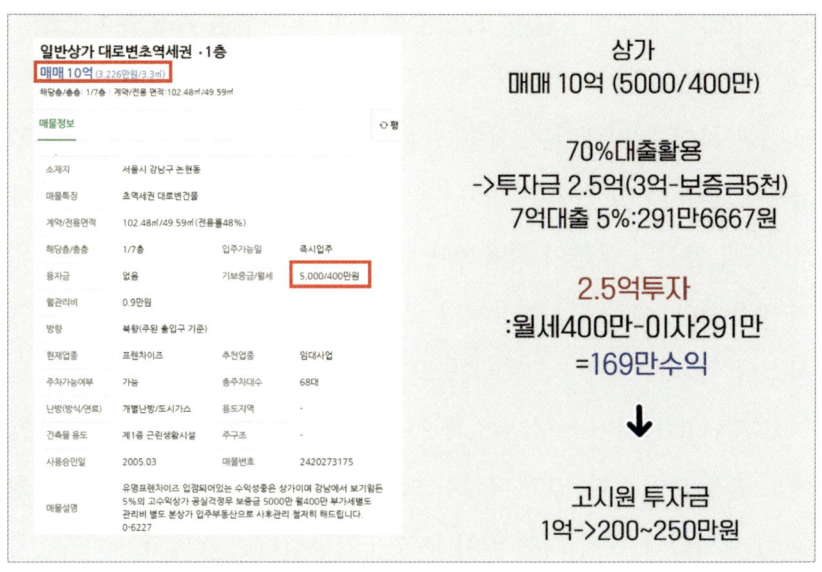

온다. 내 건물이나 내 상가로 인한 자산의 시세 차익이 있을 수 있으나 상가는 오히려 떨어지는 경우도 있고, 건물은 에쿼티가 더 많이 들어가기에 투자금이 적을 때는 수익률이 더 많이 나오는 것을 선택하는 것이 우리가 해야 할 선택이라고 생각한다.

8 인건비 걱정 없음

최저임금이 2025년에는 1만 320원으로 2024년 대비 1.7% 인상되어 사상 처음으로 1만 원을 돌파했다. 최저임금 인상은 저소득 근로자의 생활 안정과 소득 분배 개선에 기여하지만 중소기업, 자영업자에게는 인건비 부담 증가로 이어질 수 있다. 그러면 점점 내가 직접 일을 해서 나의 인건비를 가져가는 시스템으로 변하거나 직원을 고용하게 될 경우는 그 상승분만큼 물건, 서비스의 가격이 올라갈 수밖에 없다. 근로자의 입장에서는 월급이 오르면 좋으나 그 폭만큼 자동화 시스템이나 아웃소싱 증가로 인해 결국은 고용 감소로 이어질 수밖에 없다.

투자자의 입장에서는 직원 고용이나 인건비에 대한 리스크가 없을수록 좋은데, 고시원은 내가 어떻게 운영하는지에 따라 직원에 대한 부재, 인건비 부분이 자유롭다. 왜냐하면 상주하는 직원이 필요 없기 때문이다. 예전에는 원장이나 고시원에 거주하시는 분이 관리하는 시스템이었다. 그러나 코로나19로 인해 비대면 서비스가 익숙해지면서 CCTV, IoT 서비스 등 오토화 시스템을 활용해 사람이 상주하지 않아도 방을 보여줄 수 있고 다양한 앱을 통해 청소 알바, 민원 해결을 할 수 있게 되었다. 결국 직원 없이 운영이 가능하다는 것이다.

9 사이드 잡 가능

사이드 잡이 가능해지는 것이다. 직장을 다니면서, 육아를 하면서 N잡이 가능하기에 '하나도 안 하는 사람은 있어도 하나만 하는 사람은 없다'는 말이 여기서 나온다. 나 혼자 일하지 말고 나의 아바타를 하나 더 만들어서 현금흐름을 만드는 것, 이것이야말로 경제적 자유에 조금 다가가는 게 아닐까?

10 자격증도 기술도 필요 없음

신규 창업이 가장 많은 요식업을 예로 들겠다. 처음 오픈할 때 본사에 가서 음식 하는 법부터 요식업의 기본 기술을 배운다. 어느 정도의 수련 과정을 지나서 오픈하게 되고 영업을 시작하는데 음식을 만드는 기술과 때로는 자격증, 그리고 서비스 마인드까지 갖추어야 하는 곳이 많다. 하지만 고시원은 특별한 기술, 자격증이 필요하지 않다. 주거의 개념이므로 전화가 오면 방을 안내하고 입실 후 입금받으면 끝이다. 성별, 나이, 학벌, 기술, 자격증 어느 하나 갖추어야 할 필요 없이 누구나 가능한 것이다. 단, 하고자 하는 열정, 간절함, 그것만 있으면 된다.

누구나 그렇겠지만 나는 간절함이 더 컸다. 성실하게 사셨지만 자산을 통한 증식이 없어 항상 돈에 쪼들리던 부모님을 보면서 '왜 항상 돈 걱정을 해야 할까?'라는 생각으로 시작되었던 것 같다. 그렇게 나는 자본주의를 공부하게 되었다. 재테크를 하지 않으면 평생 돈 걱정 속에 살겠다는 생각이 들었다. 그래서 부동산과 주식 투자를 시작했다.

하지만 곧 종잣돈과 레버리지의 한계에 부딪혔다. 아끼는 것도 중요하지만, 결국 더 버는 데 집중해 자본의 크기를 키워야 한다는 깨달음을 얻었다. 꾸준한 현금흐름은 좋은 자산을 살 수 있는 기반이 되어준다. 또한 레버리지를 조금 더 안정적으로 활용할 수 있게 만들어준다. 결국 나는 좋은 자산과 현금흐름을 '투 트랙'으로 가져가는 것이 정답이라고 생각하게 되었다.

이어지는 나의 고시원 투자

공부를 시작하기 전, 나는 무지성 투자로 실패를 경험했다. 그래서 이번에는 조금이라도 실패 없는 투자를 하고 싶었다. 그때 내게 정답처럼 다가온 것이 바로 주거를 기반으로 한 고시원 창업이었다.

운이 좋게도 대부분 리모델링을 마친 상태에서 고시원을 운영할 수 있었다. 나는 내 상황과 자본금에 맞춰 시작했는데, 시간이 지나면서 리모델링을 하는 사람들이 늘어났다. 그 덕분에 오히려 그대로 운영한 고시원의 인기가 높아졌다. 운영은 다소 힘들었지만, 수익률은 훨씬 좋았다. 결국 좋은 가격에 양도까지 할 수 있었고, 그렇게 나는 시세 차익과 현금흐름, 두 마리 토끼를 모두 잡을 수 있었다.

나의 세 번째 고시원은 부동산 소장님의 전화 한 통으로 시작된다.

"진짜 좋은 물건이 나왔어! 빨리 와."

"주소 알려주세요."

"안 돼! 그냥 우리 사무실로 와!"

주소도 모른 채 사무실로 향했다. 초역세권에 방 안에 화장실이 있는 고시원 물건이 초급매로 나온 것이다. 한 치의 망설임 없이 계약금을 바로 보냈고 인수하게 되었다.

입지는 좋았으나 관리를 하지 않아 내부가 지저분했고, 다른 분들께 피해를 주시는 입실자가 많았다. 인수 후에 하나씩 부딪혀 가며 반이상 강제 퇴실시키고 깔끔하게 하나씩 바꿔 나가기 시작했다. 위치상 젊은 직장인들이 많은 곳이라 그 수요에 맞춰 최대한 적은 투자금으로 도배, 장판과 소품을 활용해 방을 꾸미기 시작했다. 마케팅 또한 젊은 친구들이 많이 찾는 곳을 활용해 만실을 만들었다.

그러다 나의 네 번째 고시원으로 지인의 프리미엄 고시원을 위탁 운영하게 되었다. 사실 다른 사람의 것이니 조금은 부담이 되었으나 입지도 좋고 시설이 좋아 지금처럼 하면 될 것이라고 생각했다.

고시원은 각 지역에 따라 수요층이 달라진다. 학생, 직장인, 실습생, 서비스직 등등 다양한 수요층이 있는데 이곳은 의외의 수요가 많이 찾았다. 바로 성형 수술을 하러 오는 외국인이나 지방에서 올라오는 수요였다. 이분들은 확실한 거주 이유가 있기에 2~3주 정도를 원했고 그에 따라 고시원 방 가격을 조율하고 마케팅도 단기 숙소로 바꿔서 하기 시작했다. 한 달 거주를 나눠서 판매하다 보니 신경 써야 하는 것은 늘었지만 매출은 더 올라갔고 역대 최고의 매출을 만들었다.

이렇듯 고시원은 위치, 형태, 수요에 따라 개별성이 강한 편이지만 공통점은 결국 주거의 역할로 귀결된다. 어떤 목적이든 내가 일주일이든 한 달이든 지낼 곳이 필요할 때 찾는 곳이다. 그럼 우리는 입실자들이 편안하게 머무를 수 있게 제공해주면 되는 것이다.

투자 관점에서 충분히 매력적인 고시원

2024년 폐업한 자영업자가 100만 명을 넘어섰다. 특히 소매업과 음식점업에서 폐업이 집중적으로 일어났는데, 그 이유는 다양하다. 과잉 공급, 물가 상승, 인력난, 디지털 플랫폼의 확산 등 빠르게 변하는 환경 속에서 버티기 힘든 구조가 되어버린 것이다. 그중에서도 가장 안타까운 것은 조기 퇴직 후 생계형으로 자영업에 뛰어든 사람들이다. 충분한 준비가 되지 않은 상태에서 시작하기도 하고, 운 좋게 자리를 잡더라도 금세 모방 브랜드가 바로 옆에 들어서 경쟁이 치열해진다. 소비자 입장에서는 선택의 폭이 넓어지지만, 자영업자 입장에서는 같은 수요를 나눠 먹는 구조가 되어버리는 것이다. 여기에 더해 오르는 물가, 인건비, 마케팅비까지 감당하지 못해 문을 닫는 경우가 늘고 있다.

물가와 인건비가 오르면 소비자들도 지출을 줄이게 된다. 가장 먼저 줄이는 것이 바로 의식주 중 '의(옷)'와 '식(음식)'이다. 옷은 유행이 지나도 입을 수 있고, 음식은 배달이나 외식을 줄이고 집밥으로 대체

할 수 있다. 하지만 '주거'는 다르다. 잠잘 곳은 반드시 필요하기 때문이다. 나는 이 점에서 고시원 창업이 다른 자영업보다 훨씬 안정적이라고 생각했다. 사람은 누구나 형편과 상관없이, 두 다리를 뻗고 쉴수 있는 공간이 필요하기 때문이다. 비록 좁고 불편할 수는 있어도, 누군가에게 가성비 좋은 따뜻한 보금자리, 즉 '집'의 역할을 고시원이 하고 있다.

투자의 관점에서도 고시원은 매력적이다. 투자에서 가장 중요한 것은 수요와 공급이다. 수요가 많더라도 공급이 무한히 늘어날 수 있다면 결국 수익은 나눠 가질 수밖에 없다. 하지만 고시원은 「소방법」과 「건축법」의 규제를 받아 무분별한 공급이 어렵다. 그만큼 진입장벽이 높고, 공급이 제한적이기 때문에 지속적인 수요가 유지되는 구조다.

게다가 고시원은 소비재가 아닌 '필수재'인 주거 상품으로, 꾸준히 늘어나는 월세 시장 속에서 주거비 부담을 덜어주는 역할을 한다. 청년층, 단기 근로자, 외국인까지 다양한 수요층을 흡수하며, 초기 세팅과 적응 기간만 지나면 큰 노동력 없이도 월 300만, 500만, 나아가 1천만 원 이상의 현금흐름을 만들 수 있다.

이쯤에서 아마 이런 생각이 들 것이다. "조금만 일찍 알았더라면 더좋았을 텐데…" 하지만 늦지 않았다. 왜냐하면 고시원 창업은 결코 갑자기 생겨난 아이템이 아니기 때문이다. 벌써 14년 전인 2011년 5월, 한 뉴스 기사에 이렇게 나왔다. "성공 창업, 고시원·고시텔 창업이 뜬다!"

사실 고시원 창업은 오래전부터 알음알음 아는 사람들만이 공유하던 폐쇄적인 시장이었다. 서로 정보를 숨기고, 노하우를 감추는 시대

• 2011년 고시원 창업 관련 기사

였던 것이다. 하지만 많은 사람에게는 여전히 '고시원은 낡고, 이상한 사람들이 사는 곳'이라는 편견이 깊게 자리 잡고 있어서 아무리 수익성이 좋아도, 그 편견 때문에 쉽게 다가서지 못했던 것이 사실이다.

그러나 이제는 그 시각을 바꿔야 할 때다. 지금 이 순간에도 주거 수요는 끊이지 않고, 고시원은 여전히 꾸준하고 안정적인 수익 구조를 만들어내고 있다. 단지 몰라서, 혹은 편견 때문에 지나쳤던 기회가 있었다면 이제는 그냥 지나치지 말고, 새로운 시각으로 바라볼 때다. 바로 지금, 안정적인 수익 구조를 설계할 가장 좋은 시점이다.

양적완화로 인해 현금의 가치는 계속해서 떨어지고, 반대로 자산의 가치는 꾸준히 상승하고 있다. 그래서 우리는 '좋은 자산'에 한 뿌리씩 자본을 심어 두어야 한다. 같은 상승장에서도 좋은 자산은 더 크게 오르고, 하락장에서도 빠르게 회복한다. 결국 가장 안전한 투자는 '좋은 자산에 나의 자본을 심는 것'이라 생각하고 이를 위해서는 다양한 파이프라인을 만들어 더 많은 수익을 확보하고, 그 돈으로 종잣돈을 키워야 하는 것이다. 자본의 크기, 즉 '내 체격'을 키워야 비로소 더 좋은 자산을 살 수 있다. 단순히 월급만 저축하는 것으로는 자본주의 게임에서 결코 이길 수 없다. 왜냐하면 지금의 구조 속에서는 '버는 크기' 자체가 이미 정해져 있기 때문이다.

결국 내 소득을 키우고, 레버리지 활용을 편안하게 함으로써 내 자본이 더 나은 곳에 닿을 수 있게 하는 것이야말로 가장 안전한 투자의 기본이라고 생각한다.

자본주의 속에서 나를 지키고, 나아가 '이기는 게임'을 해볼 준비가 되었는가? 적게 일하고 많이 버는 고시원 창업은 여러분의 경제적·시간적 자유로 가는 현실적인 발판이 될 수 있다. 지금이 바로 그 선택지를 진지하게 고민해볼 때라고 생각한다.

2026
결국은
부동산

초판 1쇄 발행 2025년 12월 3일

지은이 올라잇 칼럼니스트 16인
펴낸곳 원앤원북스
펴낸이 오운영
경영총괄 박종명
기획편집 최윤정 김형욱 이광민
디자인 윤지예 이영재
기획마케팅 문준영 박미애
디지털콘텐츠 안태정
등록번호 제2018-000146호(2018년 1월 23일)
주소 04091 서울시 마포구 토정로 222 한국출판콘텐츠센터 319호 (신수동)
전화 (02)719-7735 | **팩스** (02)719-7736
이메일 onobooks2018@naver.com | **블로그** blog.naver.com/onobooks2018
값 35,000원
ISBN 979-11-7043-695-9 03320